伊凡的戰爭

重回二戰東線戰場，聆聽蘇聯士兵消失的聲音

梅里杜爾◎著
梁永安◎譯

好評推薦

《伊凡的戰爭》真是本神奇的書。匯聚了梅里杜爾的所有長處：歎為觀止的研究工作（訪談了幾百個生還者和見證人）；以清晰、不露鋒芒的風格，讓材料的錯綜複雜性不影響閱讀；輕鬆駕馭讓人望而生畏的巨大歷史主題；對研究對象抱持罕見的同情心和同理心。梅里杜爾是一位頂尖歷史學家，更是她那一代的佼佼者。

——朱特（Tony Judt），《戰後》（*Postwar*）作者

梅里杜爾以這部論述清晰、觀察敏銳和感性的敘事……讓自己在同時代歷史學家之中位居前列，為自己打開一片天。我不太相信以後有任何人在「伊凡」這個主題上能超越梅里杜爾。

——弗蘭克蘭（Noble Frankland），《觀察者》（*Spectator*）

梅里杜爾的傑作《伊凡的戰爭》記錄了第二次世界大戰俄羅斯砲灰的堅忍人性。

——蒙特菲奧里（Simon Sebag Montefiore），《星期天電訊報》

想了解今日歐洲誕生自哪一段混亂和悲劇，請讀《伊凡的戰爭》讓人難忘的記述。梅里杜爾對紅軍士兵有恢弘的描繪。是這些士兵打敗第三帝國，創造出我們所繼承的歐洲。

——鄧金（Boyd Tonkin），《獨立報》（*Independent*）

靠著這本絕佳的作品，梅里杜爾將再次贏得歷史學家的尊敬和俄羅斯人的感激。

——丘奇（Michael Church），《泰晤士報高等教育副刊》（*Times Higher Educational Supplement*）

從下到上講述了一個讓人錐心的故事。梅里杜爾對紅軍士兵和他們家人受苦情形的描繪難以超越。

——瑟維斯（Robert Service），《史達林：一部傳記》（*Stalin: A Biography*）作者

精采、獨一無二。對二戰中紅軍的驚人原創性記述，既是第一流的社會史，也是重要的軍事研究，更是口述歷史和檔案研究結合之典範。它讓紅軍士兵活了過來。

——佩恩（Stanley Payne）教授

《伊凡的戰爭》是恢弘的成就。它顯示梅里杜爾有能力為戰爭的恐怖提供扣人心弦的敘述，不

致讓大戰的各種部署調度模糊了畫面。她以清晰的論述把極為豐富的材料組織起來。

——麥克貝恩（Barclay McBain），《先鋒報》（*Herald*）

（梅里杜爾）撬開了一直把這段歷史隱藏起來的鎖。透過辛勤研究檔案、日記和書信，以及得來不易的老兵訪談，重現了紅軍士兵的戰爭……任何人想要了解該時代的歷史或了解奠基於該歷史的現代俄羅斯，都是不可不讀。梅里杜爾女士前一部作品《石頭之夜》是探討俄國人如何面對死亡與痛苦的不堪之書。現在，藉著她對人性的敏銳感受，她對俄國語言與文化的豐富知識，加上她對俄國（和德國）資料的深入研究，共同創作出一部深具價值的續集。

——《經濟學人》（*Economist*）

了不起……（梅里杜爾）讓人驚心動魄地直接體驗到戰時經歷——不只是士兵們的經驗，而且還有他們妻子和家人（常常是處於德國占領之下）的經驗……這書既重要又筆力萬鈞。

——麥卡錫（Sean McCarthy），《蘇格蘭人》（*Scotsman*）

推薦序

解構宏大敘事的神話學

陳相因／中央研究院中國文哲研究所副研究員

自二〇一二年普丁（Владимир Владимирович Путин, 1952-）回鍋三任俄羅斯聯邦總統以來，近十年內就有不少關於前蘇聯二次世界大戰的經典影片被重新拍攝，例如，《史達林格勒》（*Сталинград*, 2013）、《這裡黎明靜悄悄》（*А зори здесь тихие*, 2015），以及《卓婭》（*Зоя*, 2021）等等。更值得注意的是，即使這兩年俄羅斯疫情爆發最嚴重的時刻，普丁（這個曾經派駐東德長達五年且十分了解德國政治和文化的情報員）仍執意舉辦二次世界大戰紀念與閱兵典禮。不論是經典重拍的電影，還是「死了都要辦」的典禮，自然不乏諸多政治考量與算計。然而，筆者更關注的是，這些宏大敘事（紀念典禮亦為敘事之一種）神話學底下潛藏著意識形態的確立與塑造。

隨著蘇聯解體，愈來愈多祕密檔案與資料釋出，當那些從二戰中活過來的人們終於明白披頭四高唱的「回到蘇聯」（*Back in the USSR*），根本已經是一項不可能的任務時，也就愈來愈多不同於蘇聯《真理報》（*Правда*）所披露的「實話」被公諸於世。儘管從這本《伊凡的戰爭》所披露的資料中不難發現，蘇聯人內心其實早已明白，《真理報》的報導鮮少真實，但不可否認的是，蘇聯解體後實話曝光越多，即當年歷史事實或真相呈現越多元面向的同時，凝聚全俄羅斯共識的力量與塑造國家意識形態的權威就益發薄弱。生在「普丁」下、長在「普丁」下的新一代俄國青年，大概已經對蘇聯時代所發生的事情感到陌生，甚至漠然。然而，正是這種陌生和漠然感威脅了一心想重拾蘇聯光榮的執政者。於是，重拍二戰經典（Classics），讓它們成為二十一世紀俄羅斯的一種正典（the Canon），抑或將紀念典禮變成重要儀式，潛移默化成為日常生活的一部分，就是確立和塑造意識形態的必要條件之一。

蘇聯驟然解體，帶給普丁這一代戰後新生兒的精神創傷或許更甚於二次世界大戰，誠如他在近期的訪問中所云，最不想面對的過去是一九九〇年代初期為了生計，只好跑去當計程車司機。由此來看，歷史的真相，以及各方面組織如何推動戰爭的史實究竟為何，對執政者與俄羅斯中年以上的一般大眾而言並非是首要。對他們而言最重要的是，前蘇聯的國際榮光與百戰不殆的神話學如何得以持續，能夠讓現有執政者永保權力。也正因如此，俄羅斯在普丁的長期執政之下，想要繼續調閱歷史檔案與明察暗訪各種口述資料，或者聽見與官方不同異議的聲音等等，各種自由逐年縮減，加上歲月褪去，二戰一代人逐漸凋零，沒有人能保證將來會如何。

在上述如此不確定的未來的背景和考量下，竊以為，《伊凡的戰爭》中譯本的出版就顯得意義格外重大：不但幫助中文讀者理解一九三九到一九四五年的蘇聯官方歷史，梅里杜爾更以個體面對群體、民間對質官方等，建構日常生活點滴為一種寫作策略，並驗證過往歷史檔案以拮抗官方意識形態的宏大敘事，讓我們同時看見兩種聲音——官腔與民聲、謊言與真話、神話故事與史實等等的互斥、互滲，甚至有可能是共謀的辯證。

梅里杜爾教授的編著，不論是目前已出版的中譯本，如《一九一七列寧在火車上》（臺北市：貓頭鷹出版社，二〇一九年，*Lenin on the Train*）或本書（*Ivan's War*），抑或其他的英文書籍，諸如 *Night of Stone: Death and Memory in Twentieth-Century Russia*（石之夜：二十世紀俄羅斯的死亡與記憶），以及 *Red Fortress: The Secret Heart of Russia's History*（紅色堡壘：俄羅斯歷史的祕密心臟，其後又依據此書增修，書名改為 *Red Fortress: History and Illusion in the Kremlin*），向來皆以見微、細問再知著的詮釋方法，能看到旁人看不到的觀點深入追查，突破過往官方歷史建構的盲點。本書延續梅里杜爾教授一貫的研究方法論，以個案訪談與口述為基準，並爬梳蘇聯解體後釋出的祕密檔案，重新詮釋不同於蘇聯體制下官方宏大敘事的二戰歷史，提供讀者不同的角度省思：那些藏在紅光耀眼與恢弘偉大的歷史背後，其實是由許多恐懼和渺小的個人總和，以及他們日常生活的一點一滴來組成。此書不僅解構了蘇聯宏大敘事的歷史神話學，也務實地勾勒出二戰時期蘇聯軍民日常生活的豐富面貌。

俄羅斯的未來在強人領導下充滿著不確定性，而這種不確定性亦如同蝴蝶效應一般牽動著東亞，甚至是世界的政治局勢和發展。有鑑於此，了解蘇聯的過去、俄羅斯的現在與未來的走向，應該是一件充滿趣味，並且值得探索的事情。本書以多元、多面與多層次的辯證和詮釋觀點，論述前蘇聯的二戰歷史、軍民組織、架構，以及人民的精神文化，為讀者提供一個契機，能夠更加深入了解這個曾經在冷戰時期與美國對峙，且影響二十世紀中國至深至遠的世界強權。同時，透過本書作者的田調與探訪，亦能感受到殘酷戰爭下人民在日常生活中的無奈與無力，體現出斯拉夫民族精神其實具備多重面貌，不是一句刻板印象的「戰鬥民族」，或者一部「鋼鐵是如何煉成的」即可概括簡化，值得我們細讀與品味。

獻給我的父親

Philip Merridale

東線戰場：1939-1945
0 英里 500
0 公里 800
阿干折
道加瓦河
伏爾加河
古比雪夫
沃羅涅日
頓河
史達林格勒
頓涅茨河
伏爾加河
羅斯托夫
阿斯特拉罕
格洛茲尼
裡海
阿什哈巴特

白海
赫爾辛基
維堡
拉多加湖
芬蘭灣
列寧格勒
塔林
波羅的海
里加
莫斯科
因斯特堡
哥尼斯堡
維爾紐斯
柏林
斯摩棱斯克
明斯克
布良斯克
華沙
奧廖爾
普利佩特沼澤
盧布林
庫斯克
基輔
利維夫
聶伯河
聶斯特河
布格河
亞速海
辛菲洛普
克赤
塞凡堡
布加勒斯特
黑海
伊斯坦堡
愛琴海

伊凡的戰爭

目次

好評推薦……3
推薦序　解構宏大敘事的神話學／陳相因……7
圖片列表……16
前言　真實的戰爭故事……19
第一章　邁著革命的步伐前進……43
第二章　一場燒遍世界的火……73
第三章　災難撲翅……109
第四章　戰爭的黑路……145
第五章　一磚一瓦地……185

第六章　一片成為荒場的土地 223
第七章　願兄弟情誼得祝福 263
第八章　狂喜、悲痛和汗血 303
第九章　掠奪屍體 343
第十章　老劍入鞘 383
第十一章　我們記得一切 421
大事年表 439
資料來源說明 446
注釋 450
參考書目 487
鳴謝 496
索引 500

圖片列表

除了另外標示，所有圖片均授權自莫斯科的俄羅斯影音檔案館（Russian State Archive of Cinema, Photography and Sound, Moscow）。

頁二三　一名士兵與妻兒道別。一九四一年頓河前線。
頁四二　地方老百姓與紅軍士兵聊天。一九四三年九月。
頁八〇　洗蒸氣浴的士兵。一九四一年九月。
頁八二　一個資深軍士教一個年輕新兵把「腳布」裹上。
頁八九　一名政治指導員向部隊朗讀文件，一九四四年。
頁一三〇　紅軍士兵在開戰前領取彈藥。一九四一年。
頁一三三　砲兵向發射位置靠近。一九四二年，南部戰線。
頁一三八　列寧格勒附近的士兵收到一批書本與文件。一九四二年。
頁一五〇　在戰壕中的蘇聯步兵。一九四一年冬天。

頁一五九 考夫諾猶太人遭屠殺的情景。（照片是在一名戰時被俘的德國士官的口袋中發現的，授權自 the State Archive of the Russian Federation）

頁一六〇 德國士兵看著兩個被吊死的俄國人。（另一張照片由德國收藏者珍藏；授權自 the State Archive of the Russian Federation）

頁一六七 在武器旁邊用餐的砲兵。一九四一年。

頁一六八 對「冬天弗里茲」的搞笑描繪，出自一篇題為〈偷竊的軍隊〉的紅軍劇評。一九四二年二月。

頁一九四 紅軍士兵修補他們的軍靴。一九四三年。

頁一九五 烏克蘭第一方面軍洗衣服的女工。一九四三年。

頁二〇三 第一九三聶伯河步兵師在蓋一間地下屋。一九四三年十二月十日。

頁二三一 加里寧方面軍的士兵合唱。一九四二年五月。

頁二四八 一對難民母子在逃難途中休息。一九四二年四月。（授權自 the State Archive of the Russian Federation）

頁二五八 一個醫護勤務兵把一名士兵的屍體放在馬拉的擔架上。一九四三年。

頁二五九 運送傷兵的狗車隊。一九四三年八月。

頁二六二 步兵與坦克逼近卡爾可夫。一九四三年。

頁二七三 戰爭帶來的殘破景象。（Kuyani 的村莊；授權自 the State Archive of the Russian Federation）

頁二八二　戰地郵務為卡盧加地區的士兵帶來信件。一九四二年。
頁二八七　廚子送來士兵的湯。
頁二八八　幾個坦克組員和他們的吉祥物合照。一九四四年。
頁三〇五　中央方面軍的士兵在戰事結束候補眠。一九四三年。
頁三一七　波羅的海第二方面軍的機槍手涉水過河。一九四四年。
頁三三四　被烙上編號的俄羅斯人戰俘。（授權自 the State Archive of the Russian Federation）
頁三三九　愛沙尼亞克魯加集中營發現的火堆和屍體證實德國人的戰爭罪行。（授權自 courtesy of the State Archive of the Russian Federation）
頁三五二　白俄羅斯第三方面軍一隊士兵在一九四五年一月二十四日抵達一個東普魯士城市。
頁三七一　一個近衛團的步兵把他們的腳踏車送去運走。一九四五年五月。
頁三七五　蘇軍進入柏林。一九四五年五月。
頁四〇七　復員部隊抵達小城伊萬諾沃。一九四五年。
頁四〇八　一列載著復員士兵的火車抵達莫斯科。一九四五年。

★前言 真實的戰爭故事

七月的庫斯克市中心沒有半片遮蔭的地方。要做到這樣很不簡單，因為論肥沃，庫斯克的土壤——向南和向西延伸至烏克蘭的黑土——在俄羅斯是數一數二。只要有水的地方就可以生出白楊，而入城公路兩旁長滿剪秋羅和攀緣至高及人肩的紫色野豌豆。這土地也很適合種植蔬菜，例如俄國人愛用醋和蒔蘿來醃漬的黃瓜，以及大白菜、馬鈴薯和南瓜。每逢夏日的星期五下午，城市會立刻變得空蕩蕩。市民紛紛到他們的鄉間小屋「達恰」度週末，這時，處處可見婦女在田裡彎腰澆水。到了上班日又會倒過來，度假人潮又湧回城市。離市中心幾步之遙，你會找到叫賣大草菇、家製餡餅、雞蛋、黃瓜和桃子的路邊攤。在大教堂後面（教堂是十九世紀為慶祝俄國打敗拿破崙而建），有一些小孩坐在草地上，旁邊是一群瘦山羊。

這番活潑景象是中央廣場看不到的。一百年前，廣場區原本有一些建築物和覆滿藤蘿的庭園，但如今完全是柏油碎石路面。天氣很熱，讓我無心計算步數，所以不確定廣場是兩個足球場還是三個足球場大。但它真的很大很大。它的規模和廣場邊緣上的建築物無關，也和各自過生活的本地人無關。計程車集中在廣場最鄰近飯店的一端，全是老舊的蘇聯型號，內有聖像、定心珠和假毛皮座椅。每半小時會有一輛老爺公車拖著沉重車體氣喘吁吁地開向幾里外的火車站。然而，所有活物都迴避這座空空蕩蕩、毫無吸引力的廣場。只有在廣場一邊，有些樹木種在公園的起始處。它們不是能產生樹蔭的樹種，而是藍灰色的松樹，形狀對稱且多刺，僵硬得像是塑膠製的。畢竟它們是蘇聯植物，和種在任何其他俄國城市公共空間的樹木如出一轍，都以軍隊隊形排列著。列寧的人像諦視著它們，戰爭紀念館近在咫尺。在莫斯科，盧比揚卡大樓的血紅色外牆下方也有一列這樣的松樹。

這個中央廣場——至今還稱為紅場——是在第二次世界大戰戰後形成今日的面貌。庫斯克在一九四一年秋天落入入侵的德國人手中。那些在德軍占領期間未被摧毀的建築在一九四三年二月紅軍*收復庫斯克之戰中，落得千瘡百孔。很多建築又在缺乏燃料和木柴的嚴冬被剝皮拆骨。舊的庫斯克（它在一九三九年是個住著約十二萬人的省會）已經完全被摧毀。負責重建它的人沒興趣去保存它的歷史魅力。他們弄一個紅場不是為了供本地人散心（畢竟剩下的本地人已寥寥無幾），而是為檢閱軍隊提供場地。這支軍隊的人數總是遠多於城中人口。一九四三年夏天，有超過一百萬蘇聯男女參與了在庫斯克省發生的一系列戰役。向烏克蘭延伸的波浪起伏田野當時所見證的戰鬥不只決定了俄國或甚至蘇聯的命運，還決定了歐洲戰爭的結果。大戰結束後，庫斯克的市中心被改造成一個舉行超大儀式的舞臺。

不論怎麼想，這場大戰的規模都超過常人所能理解。數字更令人難以直視。當衝突在一九四一年六月爆發時，有大約六百萬士兵（包括德國和蘇聯士兵）準備好要在一條綿延一千六百公里的戰線戰鬥，這條戰線穿過沼澤、森林、海岸沙丘和草原。[1]蘇聯另有兩百萬部隊在遙遠的東部整備。

幾星期之內就會用得著他們。而隨著衝突在接下來兩年的白熱化，雙方將會徵召更多部隊投入這場消耗人力的地面戰。到了一九四三年，在東線†任何時間發生的戰役所涉及的兵員都超過一千一百萬。[2]

死傷的人數同樣誇張。在一九四一年十二月，即衝突進入第六個月的時候，紅軍已經損失了四百五十萬人。[3]這場屠殺的規模超乎想像。目擊者把戰場形容為舉目所見皆是燒焦的鋼鐵和灰燼。在晚夏陽光的照射下，失去生命的圓形頭顱就像從新鬆泥土中鑽出的馬鈴薯。大量戰俘被押解。德國人沒有足夠的衛兵（更遑論足夠的倒刺鐵絲網）去看守他們在開戰頭五個月所俘虜的兩百五十萬紅軍部隊。[4]第一場戰役——基輔保衛戰——讓蘇聯軍隊僅僅幾星期就有近七十萬人陣亡或失蹤。[5]到了一九四一年年底，幾乎整支戰前組成的軍隊（他們在六月時曾共度最初十幾個驚恐的夜晚）不是喪生就是被俘。這個過程將會在下一輩受徵召的士兵身上重新上演：他們被套上軍服，然後被殺或被俘，要不就是得到無法完全復原的重傷。總的來說，在這場戰役裡，紅軍至少被摧毀和全面更新過兩次。軍官的陣亡率是三五%，約為沙皇軍隊在第一次世界大戰的十四倍，所以幾乎就像士兵一樣亟須儘快補充。[6]美國的租借法案讓蘇聯到了一九四五年獲得了刮鬍刀的供應，但紅軍大量少年新兵幾乎用不著這東西。

＊紅軍起源自一九一七年俄國革命，由布爾什維克黨創立以反擊敵人的軍隊。後指蘇聯的主力軍隊。

†東線（Eastern Front）：指二戰期間蘇聯與德國的戰線。

投降從來不是選項。雖然英美轟炸機繼續從空中攻擊德國，但紅軍將士從一九四一年開始便苦澀地意識到，他們是在陸地上與希特勒軍隊作戰的唯一大型軍事力量。他們渴望聽見他們的盟國在法國開闢第二戰場的消息，但他們繼續戰鬥，知道自己別無選擇。這不是一場爭奪貿易或領土的戰爭。它的指導原則是意識形態，目的是消滅一種生活方式。戰敗將意味蘇聯政權的終結，亦意味著斯拉夫人和猶太人被屠殺。頑強抵抗的代價高昂：大戰奪去的蘇聯人命超過兩千七百萬。死者大部分是平民，是放逐、飢餓、疾病和直接暴力的不幸受害者。紅軍的陣亡人數亦讓人毛骨悚然，竟高達八百多萬。[7]這數字超過第一次世界大戰各交戰國死亡人數的總和，也和英美在一九三九年至一九四五年間的陣亡人數形成鮮明對比（兩者都不到二十五萬）。就像一名新兵所說的，紅軍是一部「絞肉機」。另一個士兵回憶說：「他們徵召我們入伍，他們訓練我們，他們送我們去死。」[8]德國人不屑地稱之為大量生產[9]，但紅軍就是繼續戰鬥，哪怕有三分之一的蘇聯領土已經落入敵人手中。到了一九四五年，自一九三九年起被徵召至紅軍的總人數超過三千萬。[10]

這場戰爭的英雄史詩故事業已被講過很多遍，但有關那三千萬士兵的故事卻仍然無人探索。我們對英美部隊所知甚多，而我們對戰鬥、訓練、創傷和戰時求生的了解，很多也是來自對他們的個案研究。[11]不過，對於沿著蘇聯前線進行的戰鬥，我們大部分的所知都是得自希特勒的軍隊。[12]紅軍取得勝利已過了六十年，而蘇聯士兵曾為之而戰的那個國家亦已消失，但「伊凡」仍是個謎——伊凡是對蘇聯普通士兵的戲稱，一如英國和德國的普通士兵分別被稱為湯米和弗里茲。在我們眼中，那幾百萬的蘇聯部隊面目模糊。例如，我們不知道他們是來自何處，更不知道他們信仰些什麼

一名士兵與妻兒道別。一九四一年頓河前線。

或為何而戰。另外我們也不知道戰爭的經驗怎樣改變了他們，以及戰爭的非人暴力怎樣塑造他們的生死觀。我們不知道他們在一起談些什麼，上些什麼課，分享哪些笑話或民間智慧。對於他們在心裡把什麼奉為避難所、夢想著什麼樣的家和愛著誰以及愛人的方式，我們毫不知情。

他們的世代不是一般的世代。到了一九四一年，蘇聯這個始建於一九一八年的國家遭受了規模空前的暴力。一九一四年之後的七年是個危機此起彼落的時期。一九一八年至一九二一年的內戰帶來了殘忍的戰鬥、物資的無比短缺（從取暖燃料到麵包和毛毯皆缺）、流行病，以及列寧稱之為階級戰爭的新禍害。內戰之後的饑荒同樣可怕。不過，一九二一年的大饑荒對比於發生於十年後（一九三二和三三年間）、奪走七百多萬人性命的大饑荒，就像一個見證人所說的，不過是「小兒科」。[13]到了那時候，蘇聯社會將被第一個五年經濟成長計畫弄得動盪不安：農民被趕入集體農場，政敵被整肅，有些老百姓被迫像奴隸一樣工作。所以，那些在一九四一年被徵召參戰的男女乃是一個不到二十年便奪去一千五百萬人性命的時代倖存者。[14]

「這世代的人民是特別的。」老兵們常常這樣說。我在俄國時聽過這種觀點幾十次，它的言下之意是，磨難就像煉淨之火，可以創造出異乎尋常的一代。歷史學家常常接受這種觀點，至少是尊重那些可顯示整個民族堅忍不拔和自我犧牲的證據。奧弗利在其權威的俄國戰爭史著作中表示：「用物質層面解釋蘇聯的勝利從來不能完全令人信服。俄國的靈魂和精神層面非常重要，且不只是一般所謂的感情用事。」[15]老兵們對我說：「愛國精神在現在的年輕人當中已經找不到了。」這話也許是事實，但他們很少人會反思一名生活業已被國家荼毒，卻又準備為國而戰的士兵的動機。另外，他們也很少會好奇，未來的士兵會如何理解那些打過另一場戰爭、看過另一個俄國政府或從見證他人的死亡中學習生存之道的長輩或老兵。士兵們的故事是一個弔詭的蛛網，而六十年的回憶徒添混亂。

當然，在這一切當中，存在著一個歷史悠久的官方版本：蘇聯的英雄神話。你可以在任何蘇聯戰爭紀念館的石碑上看見它，也可以在無數的戰時歌曲中聽見它。它的經典表述是一首講述虛構士兵焦爾金的長詩，該詩讓作者特瓦爾多夫斯基在一九四四年獲頒史達林獎章。在這首詩中，一如在同時期的歌曲和油畫中，主角被刻劃為每個士兵的寫照。[16]他單純、健康、強壯、仁慈、有遠見、無私和不畏死。他（幾乎）從不去想戰爭的陰暗面。事實上，他的目光是朝向未來：一個他準備好犧牲生命去成全的光明燦爛烏托邦。如果說他有時會向情緒低頭（因為他是人，所以一定會有一些情緒），那也是感傷一類的情緒。他喜歡寫押韻詩，喜歡銀色的樺樹、俄羅斯姑娘和純純的愛情。如果他竟會像其他千萬人一樣死去，那麼他的親人和同袍將會感到悲傷，但你絕對不會看見他講粗話、抽菸和挑出敵人的內臟。更重要的是，整個故事沒有一絲對恐慌、失敗或狐疑的描寫，更不可能去暗示這個人也許會對他的軍隊所解放的城市進行搶掠。

這首詩是士兵們的寵兒。他們喜歡它的鏗鏘韻律、舒緩節奏、樸素語言和愛國主題。他們看來也喜歡它對戰爭實況的隱諱處理，因為看得出他們也傾向助長這種方式。直到一九九〇年代中為止，好幾十年間，二戰老兵說話和寫作方式都自成一類。他們知道自己喜歡戰爭看起來是什麼樣子，或者說他們知道怎樣可以讓記憶變得安全，而他們也按照大家同意的劇本剪裁他們的平民生活。他們喜歡的作者是戰爭作家，但從沒有一本談論戰爭的蘇聯著作會提到恐慌、自殘、懦弱或強姦。官方審查（它禁止格羅斯曼之類的作家描寫士兵的恐懼）和生還者為馴服喧囂往事的需要而攜手合作。[17]集體記憶是為了撫慰而不是為了回憶。二戰世代讓自己和年輕時代重新連結的方法，就像是童子軍分享露營故事。在國定假日，這些老兵會舉起酒杯，回憶舊友，然後合唱他們最喜歡的戰時歌曲，把昔日的痛苦和災難轉化為感傷。

我動手寫這本書的目的是要走出神話，尋找談論另一種戰爭面貌的作者所謂的「真實戰爭故事」。[18]這個構想始於我完成另一部著作之後，該作主要是研究史達林受害者的死亡與失喪。當時我訪談了一些老兵，對隱藏於他們故事背後的無聲沉默感到好奇，而想要更加深入。我也想要探索他們作為士兵自尊的兩面刃性質，因為紅軍老兵雖然總是被描繪為勝利者而他們也繼續以此自視，然而他們很多人同時也是現代最殘暴的政權下的受害者。他們因為被授權使用槍砲而感受到力量，但他們在其中長大的那個世界卻是籠罩在專橫國家暴力的陰影之下，而且在他們復員後仍然要回到其中。他們的貢獻獲得承認，但他們為之而戰的很多東西——例如更開放的社會和結束恐懼——卻永遠無法實現。諷刺的是，國家在他們身上灌注的自尊感是那麼的強烈，以致他們很少有人看出國家事實上徹底剝奪了他們的尊嚴。

這個計畫自然是衍生自我的更早作品，不過由於它是關於二戰，因此要到了最近才能夠著手進行。隨著蘇聯共產主義崩潰，一黨專政的國家垮臺，鉗制人民心靈的官方說法開始鬆動，容許有較紛紜的回憶浮出水面。現在變得有可能去談（和去想）那些在蘇聯時期屬於禁忌的事情。研究者所受到的限制也不斷放寬。一度不對學者開放的文件（也因此是對蘇聯集體記憶否認的文件）數以萬計地獲得解密。如果不是有一捆捆的士兵書信、一份份的憲兵和祕密警察報告，以及軍方對士氣的內部評估，本書不可能寫得成。將士在前線寫日記是違法的，但有些人不理會這項規定，我因此得以有機會讀到數以十計留存下來的日記，有些還是用鉛筆書寫的原件。我也找到和研究了目擊者的報告，因為這場戰爭直到最後幾個月為止完全是在蘇聯的土地上進行，而那裡繼續有平民設法生活在村莊和農場中。我去了戰場舊址參訪，例如去了庫斯克，也去了塞凡堡、克赤、基輔、伊斯特拉、維亞濟馬和斯摩棱斯克。在每個地方，我設法查出參戰者的身分，他們做了什麼，以及當地人的目擊證詞。在蘇聯時代，這種事是不可能發生的。

不僅如此，還有些事物也改變了。這些改變比旅遊法令和檔案法令的放寬更無形也更關鍵。在蘇聯時代，德蘇戰爭不是思想正確的學術研究的題材。一九八〇年代我在莫斯科大學的朋友對這段歷史半是感到無聊（他們聽過它太多次了），半是感到驚恐（主要是因為有關死亡和戰鬥的真實記憶已經被轉化為一種愛國神話）。這場戰爭似乎屬於一個腐敗和意識形態破產的國家。就像我們擁擠的學生休息室中的醜陋二手家具那樣，它距今近得不足以成為歷史，但又大得無法完全迴避。不過世代已經改變了，在俄國出生長大的年輕人不再知道蘇聯政權為何物。他們很少人看過沉悶的閱兵大典，很少被迫接受那種對民族主義戰爭神話的狂熱，而這表示他們可以有自由提出一些新的問題。隨著大家對這場發生於蘇聯時期的戰爭重新燃起興趣，而理清了半世紀以來許多的假話，點燃了新的研究、新的對話和新的書寫。[19]在一些情況，因為解除了蘇聯的文化束縛，老兵自己也開始重新省思他們的戰爭。大部分我拜訪的人家中書架上都放著新的歷史著作、新的回憶錄和機密命令的重印本。[20]

二〇〇一年，在開始從事這研究時，我申請到一些俄羅斯學校教授歷史課。每次我都問學生（都是一些少年人），哪個歷史題材是他們最樂見被人重新研究。幾乎毫不遲疑地，他們都表示是第二次世界大戰。一個女孩說：「老人家真的有些特別值得了解。我後悔我祖母生前說故事時，我沒有聽得更加仔細一些。」但其他孩子的親人，像是曾祖父母，尚在人世。有些學生答應幫助我接觸這些親戚，也幫我蒐集他們的故事。裡頭一些有助於形塑本書的證言就是這種合作的結果。其他學生的精力和興趣表現為參加成立於莫斯科的人權協會「紀念館」（Memorial）舉行的論文比賽。很多得獎論文是以訪談為基礎，其他則是根據私人書信。它們共同構成了人類戰爭經驗的非正式文庫。[21]

總計約有兩百名老兵為本書接受了訪談。他們大部分都是直接向我陳述，我有時是一個人，有時是由一名助理陪著（這些助理的任務是幫助我找到受訪者的住處以及讓他們自在些）。[22]我們有時會意識到他們態度拘謹，這也許是因為我是外國人，又或許是因為我缺乏軍事經驗。我是個女的這點也不無影響。為了解決這個問題，我請一位退伍軍人兼專業訪談人亞列克謝（Aleksei）協助進行。回到他位於卡盧加的家，花了一個夏天和老兵談話（很多老兵都是他兒時就認識的）。我們發現，對於性和死亡的禁忌等話題還是無法輕易談論，那是分隔戰爭世代和我們世代的鴻溝。我們也發現，歲月和愛國神話的影響，還有戰爭期間為士兵所創造的自我形象，在人邁入超高齡時都是難以移除的負擔。儘管如此，有些訪談仍然孕育出友誼，發展為持續好幾年的對話。透過茶、伏特加和喬治亞葡萄酒的幫助，一些沒有文字檔案可以回答的問題獲得了解決或轉化。不過雖然老兵談到愛情、食物、旅遊、鄉村和天氣時活靈活現，也很樂於回憶他們交往過的朋友，但他們很少人能夠回憶戰爭現場。

我發現，這現象不是蘇聯部隊所獨有。史坦貝克自己打過仗，也在戰爭一結束後參訪過俄羅斯。就像大部分反思戰鬥的士兵那樣，連他都意識到某些事情，特別是戰爭本身，是無法言傳的。

他指出，當結束作戰後，士兵的身體和情緒都會很疲憊，常常一睡了之。「當你醒來，回想先前發生過的事，」他繼續寫道，「它們業已變得如夢似幻。你設法回憶那是什麼樣子，但就是不太能辨到。你回憶中的輪廓是模糊的。回憶在第二天會溜走更多，直至所剩寥寥無幾為止……在漫長戰役中作戰的人不是正常人。如果他們事後顯得沉默，大概是因為他們記不太清楚。」[23]同樣情況常見於蘇聯士兵的書信和尚在人世老兵的證言。記不住戰鬥的某些暴力面向大概是一種福祐。我用了可能找到的每一種資料——從證言到詩，從警察報告到燒焦的林地——設法重構戰爭的世界。我也用了希特勒軍隊的記述，因為有時候一個敵人會比另一方的軍人看得更清楚。不過到頭來，有些沉默要比好幾頁的文字紀錄更能反映真相。

不過，另一些沉默只會讓人沮喪。俄羅斯對於重新詮釋二戰仍相當抗拒（大部分其他前蘇聯共和國則較少如此）。紀念活動形同一門產業，而很多受益人在準備大型閱兵和肅穆的紀念儀式時，會憎惡別人對事實與細節追根究柢。[24]俄國政府一樣在乎戰爭的正面形象，因為打敗法西斯主義仍然是現代俄羅斯能夠誇耀的最大成就。因此不鼓勵深入探究這場衝突。再來還要擔心賠償要求，以及擔心歐洲人可能會要求返還被掠奪的藝術品。但這些都不是問題的癥結所在。重點是紀念活動可以安慰生還者和提高民族士氣。它還有助於在一個忽略道德操守和金融危機逼近的時代，強化人對軍事力量的信仰。另外，保密也會成為一種習慣。國防部仍然緊盯著它位於莫斯科附近的波多利斯克的龐大檔案庫，大概是擔心官方暴行、懦弱或集體兵變的明確證據被洩漏出去。但此舉也不見得要有理由。對一個藉助諱莫如深來維持權力的國家機構而言，搞祕密本身就是目的。

其他檔案庫也形同國庫，有很多文件我仍然不得過目。他們的封鎖方法有時很原始。有時一份檔案的禁讀頁是直接用公文袋套起來，再以公文夾夾住。有時一整系列的檔案會被封鎖，沒有規則可循。在某個檔案庫，我獲准可以做逃兵紀錄的筆記，但不准寫下士兵的姓名。在另一個檔案庫，醉酒的統計數字是不准過目的。但在第三個檔案庫，一整個團的醉酒和逃兵紀錄都准予閱覽，而檔案人員在我做筆記時還貼心為我泡茶和送上餅乾。國防部應該會監視所有戰時文件，而它也斷然會密切注意它們，但其法規又常常和俄羅斯聯邦開明的《檔案庫閱覽法》衝突。另外，國防部對不屬於俄羅斯的前蘇聯領土也沒有直接控制權。

所以，對「伊凡」的研究，即對紅軍士兵的研究，不僅只是關乎一趟旅程而已，期間有時最明確的途徑往往受到蓄意封堵。這工作也要求努力運用想像力。在我能夠開始尋找真正的伊凡之前，我必須確定我不是在找一個我自己的形象。史達林軍隊的年輕新兵是在一個和我自己大異其趣的環境中長大，所以我必須從那個世界的地貌、語言、家庭、教育、恐懼和希望出發。在一個號稱能改造人類靈魂的國家（史達林的國家就是這樣），國家必然會在每個年輕人身上留下印記：他們的心靈世界必然會被其觸及，即使沒有受其完全形塑。紅軍的人數以千萬計，它既包括被徵召入伍者也包括自願入伍者，既包括普通男女亦包括職業軍人。很多方面，他們反映了自身所源出的社會，而其命運亦隨那現已消失的世界的強盛和衰弱而波動。本書必須要同時兼顧到檔案、圖表和所謂的競爭性戰爭大敘事（也就是硝煙散去後出現的故事）。不過它也會和幾百名個人的故事產生回響，這些人有些寫日記，有些寫信，有些寫回憶錄，有些是孤兒寡婦，有些是歷劫歸來的士兵。我在莫斯科檔案庫的朋友看見我臉露懼色之後哈哈大笑。一如既往，他看得出來一個雄心勃勃的計畫有多可笑。「你想要寫《生與死》或諸如此類的題目。現在你變成是要寫《戰爭與和平》。」他說。

★

蘇聯人不是創造伊凡神話的唯一民族。對分類人種熱情有加的納粹也有自己一套關於穿軍服的斯拉夫人的想法。在戈培爾看來，蘇聯士兵是一群「紅色野獸」，是威脅歐洲生活方式的半亞細亞野蠻人。戰時的情報工作必然要更加科學。納粹的軍事觀察員透過觀看戰鬥、訪談己方人員和盤問戰俘，做出報告。[25]不過即使他們佩服俄國坦克組員和嫉妒紅軍步兵的勇於赴死，實事求是的間諜一樣無法避免使用生物學的語言。一個德國軍官這樣寫道：「紅軍裡面最大的兩個族群（俄羅斯人和烏克蘭人）吸收了同樣的人種元素，形成他們今日的樣子。在這樣的種族混合中，我們可以追溯到來自哥德人時期和中世紀的一絲微弱日耳曼血統。然而，在我看來，一個特別重要的融合是他們混有蒙古人血統。」[26]

這番話除了它所針對的讀者群以外，大概只有古物研究價值。不過，在第三帝國垮臺以後的一九四七年三月，它的前軍官對紅軍所作的種族主義分析卻被美國情報機構的人員接收。當時蘇聯已不再是民主的盟友。冷戰業已開始成形，所以美國的政策制定者有必要更了解他們所面對的超級強權。就連最基層的美國士兵也需要略知他們敵人的強項和弱點。為有助於兵員教育，美國陸軍部製作了一本小冊子，名為《俄國人在第二次世界大戰的戰鬥方法》，裡頭第二部分是描寫「俄國士兵的奇特古怪之處」。

小冊子一開始這樣說：「這些半亞細亞人的個性奇怪而矛盾。」被俘虜的納粹軍官顯然發揮了影響力。小冊子繼續說：「俄國人會被一些西方人不了解的情緒所困擾，他們是憑本能行動。身為一個士兵，俄國人原始而低調，生性勇敢但在一個群體中則消極被動。」與此同時，「他們的情感讓他們融入群體中，帶給了他們力量和勇氣。」艱苦並不能讓這些原始人氣餒。紅軍在史達林格勒戰役中所表現出的堅忍，被詮釋成是文化和亞細亞基因的副產品。「真的不誇張，俄國士兵不受季節和地形的影響……只需供應他們極少的物資。」最後，紅軍會不按理出牌。小冊子在結論處指出：「德國人發現他們必須隨時提防個別俄國士兵和小單位的欺瞞和詭計……沒有戒心常常會讓一個德國人丟了性命。」[27]

這些帶有種族主義思維的冷戰言論，形塑二十世紀晚期英語系國家人民對紅軍士兵的印象。大部分戰鬥人員都會把他們的敵人非人化。要殺死一個完全非我族類和沒有個體性的人要容易得多。哪怕是在史達林與民主國家結盟的那短短四年間，紅軍也總是看似難以理解。紅軍也許勇敢（一個英國觀察者指出他們「八成是世界上用來構成一支軍隊的最佳材料」），但是「他們的驚人力量與韌性」，以及「他們能在極端匱乏中生存下來的能力」，即使是他們的盟友，也會感到不安。[28]

撇開種族主義的有色眼鏡不論，蘇聯士兵確實在為歷史上最野心勃勃的獨裁政權服務，而他們大部分是受其調教長大。在這層意義下，他們比德軍更加浸淫在本國政權的意識形態中，因為當希特勒在柏林上臺時，蘇聯的政治宣傳已影響其國民的意識十五年。蘇聯百姓通常也接觸不到外國影響力，只有非常少的人（例如在一戰期間當兵的人）有機會出國旅行。他們擁有一套共同語言，而這套語言的目的是根據馬克思列寧主義的方式看待世界。不過除此以外，認為紅軍是一個沒有差異化的獸群、甚至是同一個人種的看法是錯誤的。

在整場戰爭中，俄羅斯人都在蘇聯軍隊占大宗。烏克蘭人是第二大民族，而紅軍還包括數以十計的其他族群：從亞美尼亞人到雅庫特人，還有大量寧願自稱為蘇聯人的民族（他們偏好新的公民身分以逃避傳統的種族分類）。[29]新兵之中也包括技術工人，這些年輕人憑著他們對機器的熟悉，輕易就可以駕馭坦克。不過雖然這些人是軍隊偏好徵召的新兵，新兵中還有很多少年來自農村，他們很多人在入伍前從沒有見過一盞電燈，更不要說見過一具引擎。來自沙漠和大草原區的新兵還沒看過寬闊的河流，有待學習游泳。當受命穿越克里米亞沼澤或急渡冰封的聶伯河時，他們是最快遇溺的人。

士兵間的年紀差異也極大。大部分新兵都是生於一九一九年至一九二五年間，但較年長的人（包括數十萬計四十來歲的人）也被徵召入伍。他們都是記得第一次世界大戰的老兵，知道生活在沙皇政權之下是什麼光景。他們的心態和預期完全不同於那些剛從蘇聯學校畢業的年輕小伙子。他們有些人甚至經歷過性質不同的軍隊。沙皇的軍隊是層級制，紀律嚴厲，但在一九二〇年代，政府曾經做過短暫實驗，嘗試建立一支沒有階級的人民軍隊，甩掉浮誇的言語、繁文縟節和金色穗帶。[30]記得這段實驗的人會不信任操練，而且很容易譴責（甚至槍殺）他們缺乏經驗的年輕軍官。士兵從來不只有同一種類人。在和一些前農民、鼠竊狗盜之輩、職業士兵、少年一起上路幾個月之後，立志當詩人的新兵薩莫伊洛夫得出這樣的結論：「一群群的人民並非像準備好餵入歷史灌腸器的加工餡料那樣……單一的語言、文化和命運讓很多人看似共有我們所謂的國民性。但事實上，一個民族有百樣人。」[31]

如果蘇聯文化沒能產出單一類型的人，可以猜想戰爭也許有這種能耐。我們很難在一個工業化屠宰的背景下想像個體性的存在，或甚至在充滿煙硝、腥臭味和震耳欲聾聲音的環境中想像任何的感受性。殘忍化（brutalization）——或巴托夫所說的野蠻化（barbarization）——是很容易就會想到的。[32]然而，這些士兵就像任何其他士兵那樣有著自己的夢想和抱負，有著各種想望（或者是晉升，或者是加入共產黨，或者是放放假，或者是獲得一雙新靴子或一支德國手錶）。他們繼續寫信回家，談到天氣、風景和豬隻的品種。他們也交朋友、談家裡事、捲菸抽、偷伏特加喝和學習新技能。前線不只是活生生的煉獄。弔詭的是，對生還者來說，戰爭為他們打開了一個新的世界和風景，那是他們如果繼續留在農場裡所不可能看見的。德軍經歷了一段相反的過程，推進到被巴伐利亞和薩克森前工人視為原始野蠻、沒有燈和暖氣的土地。起初有些德軍是從巴黎用車載運到前線，反觀最好的紅軍士兵常常是來自農村，在那裡，旅行意味著走五天的路進城。有些後來洗劫柏林、用麥森瓷杯喝陳年干邑白蘭地的步兵在參軍前從來沒有搭過火車。

和其他軍隊比較不只可以顯示紅軍文化的獨特之處，還可以指出一些蘇聯資料不會強調的主題。有一個問題是出生在史達林世界的作家甚至不會想到要去問：一個蘇聯士兵是為何而戰？戰鬥動機就像國民性一樣，在一九五〇年代是美國軍事專家關注的問題。他們得出的是「小群體忠誠」

理論。根據這種理論，最能讓人在戰場上傾盡全力作戰的不是意識形態或宗教，而是他對自己的「哥兒們」、對自己的「初級群體」（primary group）的愛。[33]這個觀念後來啟迪了關於訓練和使用後備軍的新政策，也成為社會心理學家和政策制定者的常識。但是紅軍並不符合這種模式。當然，當一個營在有新的後備軍加入的時候，全體人員會在後方一起接受訓練——至少按照計畫是這樣。不過當傷亡率居高不下，當一個步兵在前線的平均服勤時間（即未因死亡或嚴重受傷而必須退伍的時間）是三星期，小群體極少能夠維持長久。

高傷亡率一樣困擾著德軍，所以有人主張，在德國部隊，「初級群體」的作用一半是被意識形態取代，一半是被恐懼取代。[34]恐懼也在紅軍扮演一個角色，儘管起初士兵對於德國大砲的恐懼尤甚於對自己的軍官，會被砲轟嚇得失去戰鬥能力。[35]意識形態同樣在蘇聯士兵的生活中占據中心地位。根據他們所受的洗腦教育，他們不只把自己看成穿軍服的公民，還自視為革命的尖兵和正義之戰的先鋒。不過意識形態如何鼓舞他們，以及它如何與較古老的信仰（包括宗教和民族主義傳統）產生衝突，仍然是一個有待討論的問題。共產主義修辭也許能夠燃起某種程度的熱情，但尚未被普遍接受。史達林如神般的地位也不是。在一九三〇年代，這位領袖的名字以大寫字體出現在小冊子、報紙和貼在各處的海報上。他的臉也從戰時報紙和小冊子上諦視，他的名字被寫在樺樹間的布條上，用以增添官兵露天會議的神聖性。不過史達林的這種無處不在看來對效忠起不了多大作用——至少在前線部隊中間是如此。詩人別拉什日後寫道：「老實說，在戰壕裡，我們最少想到的就是史達林。」[36]

某種程度上，訓練可以在意識形態無法說服和安慰軍隊的時候建立他們的信心。在一九四一年，蘇聯新兵面對的是歐洲大陸有史以來最專業的戰鬥力量。到了一九四五年，他們已經打敗這力量。在這之間，紅軍發生了一場革命，受影響者包括了士兵的訓練、軍事思想、技術的應用與部署，以及軍隊和政治的關係。這些改變是蘇聯得勝的關鍵之一，關係到每個士兵的生命，而其中有許多人都提到或寫到了這些改變。有些人覺得整件事情讓人厭煩，特別是它使用的方法像是對美國管理方法的謳歌，像是採取生產線的生產方式。但形勢扭轉了，史達林格勒守住了，而紅軍在接下來兩年的斬獲顯示出它的訓練方法愈來愈有效。我們要問它們有多類似德國人的方法，以及雙方從彼此身上學到了多少。另一個要問的問題是，黨的說法和共產主義信仰在這個最專門的領域占有什麼樣的地位。

最後，有一個問題幾乎是所有的蘇聯文獻資料都隱而未說的。創傷在紅軍當中幾乎看不到。雖然戰爭對士兵家人生活造成的傷害極少被談論，[37]但士兵們在前線所經歷的震撼和精神折磨卻形同禁忌。很少有戰場要比史達林格勒、克赤或普洛霍羅夫卡更加駭人，也很少有集體滅絕地點要比娘子谷、馬伊達內克和奧斯威辛更讓人不安。但官方記載中完全看不到有關創傷、戰爭壓力，甚至是憂鬱症的紀錄。心靈疾病極少在同時代的醫學報告中被提及。它們以心臟病、高血壓和腸胃疾病的偽裝大量出現在戰後的醫院病歷紀錄裡，沒有獲得特別的關注。真正的問題不在於紅軍士兵有沒有感受到壓力，而在於他們怎樣看待和處理壓力。

與這個長期問題相關的是他們對和平的適應。在短短四年內，紅軍新兵就變成了專家、高明的戰士和征服者。在史達林的有生之年，這些特質無用武之地。對一個士兵來說，歸鄉之旅就像他穿上軍服的頭幾星期那樣讓他困惑。對他們很多人而言，這個困惑持續到其後幾十年。適應過程可以涵蓋家庭問題、貧窮、憂鬱、酗酒和暴力犯罪。生還者的最終勝利也許是表現在他們老年時的優閒自得，能夠端出茶和糖果招待客人，能夠跟別人分享孫子的照片和在度假鄉村小屋自種的番茄。這種勝利是最不壯觀但卻是最持久的，是戰爭一代獨特性的一部分，也是協助本書完成的那些中學生感受得到卻無以名之的。

★

一個七月中的星期五黃昏，我和助理貝洛娃（Masha Belova）應邀喝茶。那天，我們在庫斯克的檔案庫看了一整天檔案，讀了庫斯克省在一九四三年戰爭逼近時的混亂情況。那些檔案述說著一個讓人困擾的故事。紅軍為所到之處帶來解放，但不是所有人都為此感到高興，因為士兵會到民宅洗劫食物，強徵老百姓的馬匹運輸軍隊的火砲。另外街道上也充滿危險：除了有砲轟還有搶劫和未爆彈。在讀了這一類檔案九個小時之後，大戰看來真實無比，倒是那個寂靜的下午反而像一場夢，讓人需要一點時間才能調適。不過，一離開廣場之後，我們的心情便立刻轉換。我們要去的樓房位於一個有懸鈴木遮蔭的庭院內。每層樓的窗戶都是開著，有些晾著洗乾淨的衣物，有些擠滿種在塑膠盤裡的番茄植株和萬壽菊。一個穿著寬鬆衣褲的男人正在修他的車子，另一個男人在觀看，邊看邊嗑葵花籽，把殼吐在腳邊形成半圓形。我們要來見的女士就在樓梯旁邊等著。我們在前門脫掉鞋子，輕聲慢步走入起居室。

米哈伊羅芙娜一九三二年出生在庫斯克附近。她是個鄉村女子，生在農民之家，說話時喉音很重而子音模糊，混合了俄羅斯語和烏克蘭語。「真是可怕，」她反覆說。「嚇死人了，真希望沒發生過！好女孩，對於這場可怕的戰爭，你想知道些什麼呢？」她坐在一張矮凳上，和我們面對面，一面講述自己的故事一面前後搖晃。「他們來了，我不記得是什麼時候。有坦克車，還有飛機。有德國人的飛機，也有我們的飛機。整個天空都是黑色。但願沒發生過！有些坦克著了火，正在燃燒。炸彈飛來飛去。戰爭在怒吼。我當時九歲。有人在哭，每個人都在哭，媽媽也在哭。我的好女孩。」她繼續前後搖晃，掛著微笑，然後臉色再次凝重起來。「到處都是屍體。我們的情況很糟糕，很糟糕。有些人成了戰俘。我們見過他們。我們的父親被抓走了，他成了戰俘。媽媽仍然年輕漂亮。真是可怕。你們無法想像。天氣很冷。我記得那是冰天雪地。他們把受傷的士兵帶到我們的穀倉。所有的傷兵都在喊叫著：『讓我們死吧，讓我們死吧。』」他們把他們放在我們的穀倉裡。然後，好女孩，他們來把死人的衣服脫下。他們把死人的襯衫和外套脫下，給自己穿上。他們甚至沒有拿去洗過。真希望沒有發生過！」

米哈伊羅芙娜不富有，但她的公寓有電有瓦斯，而她也擁有一臺應該是多數時候能夠收看的黑白電視。她還有一份工作，所以並不是生活在某間遺世獨立的森林小屋裡。不過當她開口卻是最道地的腔調與節奏，和一百年前的農村婦女沒兩樣。災難從天而降，人受苦受難，多希望沒發生過。她的敘述像一首無韻詩那樣，夾雜著疊句：好女孩，我的好女孩，但願沒發生過！曾和拿破崙作戰的昔日少年士兵的母親一定也是如此訴說著兒子的故事。就像她們那樣，米哈伊羅芙娜的故事承認命運的無常，指明誰善誰惡，提供各種細節來證明故事的真實性。奧地利士兵是好人，為人仁慈。芬蘭人是最差的。就連德國人也害怕他們。好女孩，德國人厭惡寒冷。他們討厭冬天，害怕冬天。天暖時，他們喜歡找蛋吃。他們喜歡吃蛋和喝大量牛奶。但德國人轟炸我們，燒我們的房子。我們和他們在一起的那兩年。真是非常可怕。

米哈伊羅芙娜滿臉是關切我們的神情。她想要讓我們明白，不管我們是為何而來，她都希望我們滿載而歸。她早已經把她的故事說過很多很多遍，但這一次她仍然很努力去把它說得活靈活現。她說的事有多少是出自回憶，又有多少是來自道聽途說，我們無法得知。不過有一剎那，她的節奏突然中斷，幾十年的歲月彷彿不翼而飛，她再次站在了她媽媽小屋的門口旁邊。當時我問她紅軍收復她居住的村莊的情形。「我們住在一條橋附近。德國人把橋炸斷，因為他們正在撤退。我們看著他們走掉。他們正從沃羅涅日撤退。他們拿走一切。他們拿走我們的食物，拿走我們的鍋子。」她說到這裡頓了一下。「我們沒預期會看見我們的人。但有人敲門。媽媽說一定是德國人。但原來是我們自己的人……」米哈伊羅芙娜開始哭泣，但也同時微笑，抱著自己身體和搖搖頭，為自己的打住而致歉。「他把我抱起來。他是我們自己的人。他們來了，他們敲我們的門。他們把我抱起來。他們敲門，推門說：我們來了……」

「想起他們我總是會哭，」她在我們稍後喝茶時說。「他們是自己人。我不敢相信。」一九四三年的那個小女孩本來也很可能會哭，但正如她解釋的：「他們當然不能留下來。」解放者正在趕路，而她唯一留存的是記憶中的一張照片：一個出現在門口的自家人士兵。六十年的政治宣傳已經大大改變了戰爭故事，但十一歲的米哈伊羅芙娜的歡樂卻不可能是造假。重聽她訴說回憶的錄音時，我幾乎聽得見沉重的軍靴聲和渾厚的俄國嗓音。那些她用高明技巧在我面前喚起的士兵不再是普通的農民。在她的講述中，他們更像是一則俄羅斯史詩故事中的英雄。

在回家的路上，貝洛娃對我說：「這位的回憶不太有用。她人是很好，但幾乎沒真正看到發生了什麼事，不是嗎？」和我們做的其他訪談比較，確實是如此。同一天早上，我們花了一個小時聆聽當地老兵的回憶，他們其中一兩個有可能認識一九四三年敲米哈伊羅芙娜家門的那名士兵。我們也曾聆聽別人回憶他們被召入伍的那一天、他們的受訓經歷、他們參與的頭幾場戰事，或他們殺過的德國人。幾天前，在普洛霍羅夫卡（那是整場德蘇戰爭中最激烈的坦克戰發生之地），一個老兵描述了他身陷火海中的玉米田時的驚恐。米哈伊羅芙娜比大部分老兵要年輕。她不只沒當過兵，而且還是女性。

只有到了那天晚上當我重新省思她的訪談時，我才意識到那有多麼重要。事實上，沒有了它，老兵們的回憶將失去一個真實的脈絡。小時候的米哈伊羅芙娜所認識的士兵大部分出身農村。在第二次世界大戰中，有近四分之三的蘇聯步兵起初是以務農維生。他們的眼界並沒有比米哈伊羅芙娜更寬廣，而他們的心靈世界被上帝和泥土給緊緊束縛住。他們的人生故事往往是千篇一律的重複著：收割的周期、冬天、死亡和艱辛；一生中主要會發生的事件都已注定，由不得他們作主。然後戰爭爆發了，他們被軍隊帶走，而他們的世界再也不同。

對很多人而言，等待他們的是致殘性的受傷或死亡。但那不是戰爭故事的全部。如果能夠存活下來，他們的人生就可能有所進展。他們將會遇到外國人，包括德國人、義大利人、波蘭人、羅馬尼亞人、匈牙利人和芬蘭人，甚至可能遇到美國人。他們將會和不說俄語的蘇聯公民並肩作戰（這些戰友有些是穆斯林，出戰前會呼求阿拉而不是史達林）。他們將會見識到和操控新的機器，學會射擊，學會駕駛，學會把重砲和坦克的零件拆卸下來。他們也將會成為黑市貿易和求生技能的高手。作為布爾喬亞世界的征服者，他們將會以上好瓷器用餐，暢飲托考伊葡萄酒直至醉倒，把他們肌肉發達的身體壓在布爾喬亞世界的婦女身上。到戰爭結束時，他們將會變得自尊自重。不過即使當他們進入像米哈伊羅芙娜所住的那樣的村莊（那和他們失落的戰前家園何其相似），他們將會意識到自己的轉變幅度，意識到自己從被徵召入伍那一刻起已經走了多遠。

歡迎他們的人也曾目睹了他們有多暴力。德國人的占領遠比米哈伊羅芙娜所記得的殘暴。即使在村莊裡，共產黨人和猶太人一樣會被吊死，婦女會被強暴，男人（如果還有男人的話）會被運到希特勒帝國的奴工營做苦工。紅軍將會解放他們，但它也會做出一些要求，包括強迫一些人從前線戰區撤離，強徵珍貴的食物和用品，以及摧毀穀物和建築。當時的生還者都知道這些事，檔案庫裡一定也保存著相關文獻，記錄著軍民衝突、罪行和憤怒，但米哈伊羅芙娜在門口看見高大俄國人時產生的情緒，不是政治宣傳的產物。它反映的是一種希望，一種信仰，一種至今仍然讓許多老兵受用的感激。

米哈伊羅芙娜不曾出外旅行。她的學業被戰爭打斷，後來沒能復學，一輩子就待在出生的省分

地方老百姓與紅軍士兵聊天。一九四三年九月。

裡。她長大後的蘇聯體制不樂於讓人民獲得太多資訊。現在作為一個老人，她也不太可能購買和閱讀新俄羅斯書店櫥窗裡鋪滿的許多高檔雜誌。她就像一九四三年的紅軍士兵一樣，對外國人充滿好奇。「告訴我一些英國的事。」她說。我不知道她是不是想要知道布萊爾（英國前首相）的事，就像很多老兵那樣想要和我談談伊拉克戰爭。「你們有海嗎？」她問道。我跟她解釋英國是一群島嶼的一部分，以及我們有幾個海。「告訴我，」她繼續問，越過茶杯面露溫暖微笑。「英國的食物都夠吃嗎？你需要的一切都不缺嗎？」原來她想給我做一些酸黃瓜夾麵包。這是送人出遠門的習俗。

★第一章　邁著革命的步伐前進

每當人們認為他們必然有一場仗要打，都會試著去想像它是什麼樣子。他們的故事極少符合真實，但預測不是目的。認為士兵將會很快復員，認為敵人將會被外科手術刀似的精準火力摧毀，還有那個說世界大戰將會在聖誕節來到前結束的神話，都是為了在灰暗氣氛中營造一種信心甚至是樂觀的情緒。在一九三八年，往大規模戰爭推進的勢頭正在聚攏時，史達林帝國的人民就像其他地方的歐洲人那樣，企圖透過安撫人心的童話減輕恐懼。蘇聯對未來衝突的刻劃注定會激起一個世代的人自願從軍，但這些畫面卻是一個小集團的領袖們所創造，他們的意識形態把人民導向了國際敵對的道路。最受青睞的宣傳媒體是電影。烏托邦和野蠻落後的歷史鬥爭在黑白影片中上演。激動人心的配樂加強了觀眾的情緒。在其他時候，蘇聯人民打開報紙會讀到各種不祥的外交消息，顯示他們的國家必須為戰爭作準備。不過雖然報紙新聞充滿威脅，電影卻是設計來灌輸一個觀點：作為人民的尖兵，紅軍必定得勝。

當時最偉大的史詩電影是愛森斯坦的《涅夫斯基》：一部講述俄國人打敗德國入侵者的寓言故事。雖然背景設定在十三世紀斯拉夫王侯和條頓騎士的時代，愛森斯坦這齣在一九三八年上演的巨作對一九三〇年代的政治環境有直接影射，甚至讓條頓騎士的盾牌和軍旗上出現萬字符號。它傳達的訊息在每個細節上和國家控制的政治宣傳相呼應，蘇聯觀眾必然會接收到。《涅夫斯基》雖然內容八股，但加上浦羅高菲夫的配樂助陣，注定成為蘇聯電影的經典。以低成本製作的類似題材電影，雖然比較禁不起時間考驗，但在一九三〇年代，它們的觀眾仍然是目不轉睛。無論如何，《涅夫斯基》看起來是以遙遠的過去作為背景。對那些更喜歡向前看的觀眾而言，吉甘執導的《如果明日發生戰爭》會更合他們胃口。它也是在一九三八年發行，內容預言俄國將會在一場未來的戰爭中戰勝入侵者。看過這電影的人有時會半夜從睡夢中驚醒。

吉甘意在安撫人心。片長一小時，這部電影是由虛構的動作畫面和新聞片拼接而成，講述一場不費吹灰之力的戰爭勝利。它傳遞的訊息——保持決心和堅忍又充滿樂觀——在受歡迎的作曲家列別捷夫－庫馬奇創作的歌詞裡被反覆歌詠而得以加強。[1]《如果明日發生戰爭》很能打動蘇聯觀眾的心，他們在真正的戰爭爆發後仍繼續觀看這電影。到一九四一年冬天，入侵者已占領蘇聯三分之一領土。那些曾經在吉甘黑白畫面上出現的飛機已經被擊落，坦克已經被摧毀，勇敢的士兵已身陷戰俘營。這時眾人已不可能再幻想戰爭會很快結束。那個冬天，觀眾簇聚在破舊學校或空置的小屋裡（這些觀眾包括了來自烏克蘭和斯摩棱斯克的難民，他們的家園已落入德國人手中）。他們擠成一團，靠著彼此呼出的熱氣取暖，耐心等待手搖發電機轉動。但不管怎樣，《如果明日發生戰爭》讓他們看得如痴如醉。[2]這齣電影不是有關戰爭，而是有關信仰。這信仰，還有支撐它的影像，一部分都是在定義德蘇戰爭中首當其衝那幾代人。在接下來可怕的那幾年，眾人將會哼著這部電影的音樂，以保持鬥志昂揚。當他們行軍穿過灰茫茫的大草原，當他們就著營火撥弄吉他，士兵們最常唱的就是列別捷夫－庫馬奇的歌曲。

《如果明日發生戰爭》劇情開始於一個遊樂園，這八成是莫斯科新開幕的高爾基公園。遠處可以看見克里姆林宮的塔樓，每座塔樓頂部都有一顆電燈星星。當時是晚上，但城裡一片歡樂，有摩天輪，有煙火，年輕人手裡拿著冰淇淋四處溜達。這裡是社會主義的天堂，眾人享受著理所應得的優閒和顏色繽紛的食物。這裡沒有犯罪，沒有性愛，一片真純。在這片樂土中，史達林和他的忠實助手殫思竭慮，好讓革命的子女可以自由自在。但他們的自由正在受到威脅。畫面一下子切換到蘇聯邊界，在那裡，多如螞蟻的法西斯部隊正在爬入坦克。觀眾不可能對他們有好感：他們不是那種有魅力的壞蛋而是徹頭徹尾的小丑。他們的軍官蓄著大八字鬍，樣貌浮誇，踩著騎兵的O型腿步伐走來走去。步兵們匍匐前進，飛行員俯衝而下。在整齣戲中，他們都說德語，但他們更像是兒童漫畫書中的普魯士人而不是穿皮靴的納粹。就連他們鋼盔和領口上的萬字符號都有一點怪裡怪氣。這是圖畫書中的法西斯主義，不是真品。

德國人的入侵發生在晚上。這事情可以很嚇人，而我們也許會為那個在離前線不遠處煮湯的肥壯年輕女子憂心，但是邊界守衛讓侵略者無法越雷池半步。我們的家庭主婦扯掉她的圍裙，加入士兵的射擊行列，證明了愛國者做什麼都勝任愉快。不幸的是，這只是一系列背信棄義攻擊的開始。下一波的攻擊來自天上。法西斯主義者的雙翼飛機嗡嗡嗡地凶狠逼近。但危險再次被扭轉。蘇聯飛機——一隊閃閃發光的新戰機——飛到了天上，而這時候觀眾應該認得那些跑去駕駛飛機的王牌飛行員。其中包括參與幾年前北極拯救行動的英雄巴布石金，以及飛行明星沃多皮亞諾夫和格羅莫夫。唯恐觀眾一時認不出他們，銀幕上特地打上他們的名字。一九三〇年代是英雄的年代，飛行員更是菁英中的菁英。接著，一票王牌飛行員大膽無畏地飛到了法西斯主義的巢穴，摧毀了敵人停在地面的飛機，自己則一架無損地返航（三年後，當德國空軍於一九四一年六月和七月進行摧枯拉朽攻擊時，這一幕變得極具諷刺性）。

接著輪到紅軍上場。自願從軍者從蘇聯的四面八方湧現。只見一個徵兵站的排隊行列中站著一個白鬍子的老人。他曾經在內戰中對抗白軍將軍鄧尼金，現在想要再次擊潰敵人。他朝鏡頭舉起了拳頭，向觀眾保證敵人將會「永遠記得這最後一次」。法西斯主義者就像白軍一樣，已經成為所有思想正確的蘇聯人民的死敵。但電影接著告訴我們，不是所有人都適合戰鬥，所以有資格在前線服役是一種榮譽。較年長和很年輕的人只有工作和等消息的分。有些婦女也會留在家裡，但其他婦女則會穿上軍服，挺起下巴，準備好幹一番轟轟烈烈的大事。不是只有俄羅斯人挺身衛國。國防人民委員伏羅希洛夫穿著他最好的軍服向東方的人民——特別是向烏茲別克人——發出呼籲。戴羊皮帽的堅毅東方人馬上回應。伏羅希洛夫的演說成為每個人的轉捩點。很快，蘇聯部隊就會發動進攻，把法西斯主義者趕出他們的戰壕。戰爭接著將是在侵略者的領土上進行，而且一定會得勝。

電影沒有更嚇人的部分。每當蘇聯軍隊和敵人交戰，總是以法西斯分子夾著尾巴逃命收場。不是所有戰鬥都是高科技戰鬥。電影中最大一場戰爭戲碼是以騎兵和刺刀開打，而且沒有人流血。事實上，整齣戲從頭到尾只有一個人嚴重受傷。傷者是一名坦克組員，他和哥哥一起開著坦克上路，要參與第一波攻擊。這對兄弟在一個漂亮年輕女護士的陪同下，在坦克裡度過一些愉快時光。坦克的內部出奇寬敞，就像一輛篷車，不知情的人會以為他們正在度假。然而，坦克在開到一半突然拋錨。但我們的主角——年輕的克里夫・理查——當然不會當一回事。他拿起一把扳手，從艙蓋爬出坦克，接著是砰的一記敲擊聲，顯示他正在工作。而雖然我們看不見他，卻聽見他一面修理坦克一面吹口哨，吹的是電影的主題曲。然而，口哨聲突然被一陣槍聲打斷。只見他在坦克裡的哥哥面容哀戚。但史達林的子女並不需要哭泣太久。小伙子的手受傷了，但僅止於此。當他爬回坦克車裡面，經過護士包紮傷口，他便像沒受過傷一樣。整隊坦克組員再次合唱主題曲，摩拳擦掌準備取勝去。

全劇結束於柏林。一波波的蘇聯飛機像雁陣那樣在天空飛過。不過它們卻沒有投下炸彈。它們投下的是傳單，呼籲德國人民放下武器，加入國際無產階級的社會主義革命。這個訊息來得適時，因為一場大型會議正在舉行：德國工人正準備甩掉資本主義的奴役。銀幕上開始出現各種口號，指出戰爭將會導致資本主義世界的摧毀，指出戰鬥將不會發生在蘇聯的領土。這個振奮人心的信息獲得齊鳴號角聲和更多橫幅的支持。觀眾微笑了。他們安全了。隨著音樂漸漸消失，銀幕上出現了另一句口號，提醒我們自由的代價是要為戰爭有所準備，也就是說要準備好把一輛閃亮的坦克開到柏林，準備好當一個英俊的飛行員或漂亮護士，準備好用槍指著一個健康的人，然後把他射殺而不流一滴血。

如果快速和容易取勝的夢想只停留在大銀幕上的話，它也許不會那麼強大有力，後果也許也不會那麼悽慘。問題是到了一九三八年，這種狂想已經影響了實際的戰略思維。「以低成本取得決定性勝利」已經不只是政治宣傳人員的願景，還是紅軍的官方目標。吉甘的劇本也許有助於讓平民百姓較習慣於戰爭，但較不具建設性地，它也是一個世代軍事思想家的藍本。一九三七年，當史達林起用政治表現優越者取代軍事表現優越者成為主要的戰略制定者之後，莫斯科採取了一種保衛國家安全的新方法。過去，戰略計畫的一大部分是放在防禦策略，但現在，紅軍的整個訓練取向開始被導向主動進攻。長期防禦所需的計畫和訓練被縮減規模，為在蘇聯境內進行游擊戰的初步準備亦復如此。[3]在敵人領土上打敗敵人的想法不再只是一個浪漫夢想。從一九三〇年代晚期開始，它成為了史達林主義軍事計畫的重心。

情形就像是全蘇聯上下都能夠共享一個妄想。就在希特勒和他的將軍們操練歐洲大陸最專業的軍隊時，史達林的顧問們看來迷失在狂想中。起初固然有一些反對聲音，而且是強有力的聲音，但到了一九三八年，批評者已經銷聲匿跡，不是進了勞改營就是進了祕密墳場。政治宣傳人員竭力陳說，既然布爾什維克有能力贏得內戰、在聶伯河上建堤壩、廢除上帝和飛到北極，就斷然有能力擋住法西斯主義者的侵略。畢竟，歷史——那個把所有人類推向一個共同目標的不可變驅力——不是站在布爾什維克一邊的嗎？這個妄想出現在同時期的很多其他電影，包括有一堆坦克參與演出的《坦克人》。電影的主角卡拉蕭夫奉命深入敵人陣線進行偵察，但他決定把任務加碼。他和邪惡的敵人交戰，摧毀了好幾輛坦克，然後開往柏林。在柏林，他直搗德國國會，讓希特勒成為階下囚。回家後，他的同袍為他鼓掌：「幹得好，卡拉蕭夫。但這樣一來，你讓我們無事可做了！」[4]

在一九三八年，觀眾看完這些電影以後會踏出電影院，走進真實的俄羅斯夜晚。這時，他們在銀幕上看到的東西——歡快的群眾和燈火通明的公園——會無處可尋。相反的，他們的回家之路將會穿過幽暗的建築工地、兩旁是貧窮農人木屋的泥濘小徑，或是只有幾條街亮有路燈的街區。他們很多人住的公寓極為擁擠，往往是兩個家庭或三代人被迫同住一室。回到宿舍的年輕人也許會發現他們的宿舍就像營房，十幾個人睡一排。革命並沒有讓這些俄羅斯人變得富有。革命甚至沒有讓他們的國家成為它自誇的工業強權，哪怕工業產出的數字驚人。但讓他們不同於其他為生存而奮鬥的工人的是，他們相信他們是被揀選的。他們也許飢餓，鞋子破舊，但他們是正在為改變世界而工作。他們必須得勝。至少這是蘇聯文化的公眾面貌。

★

蘇聯是誕生在戰爭中。如果有任何國家認識暴力的面貌，那麼非這個國家莫屬。首先是沙皇對抗德國的戰爭，在其中，戰死的俄國士兵要多於任何其他歐洲國家。[5]對俄國將在一次大戰戰敗的預期，還有戰爭帶來的生活艱辛，點燃了一九一七年二月的暴動。在這次人民的怒氣爆發中，沙皇被推翻，一個新政府被推上臺。不過，要等到另一次天搖地動，即列寧領導的布爾什維克政變，沙皇筋疲力竭的士兵才得以解甲歸家。《布列斯特－立托夫斯克條約》（俄國在這條約中拋棄了英法兩個盟國以求和德國停戰）在一九一八年初帶來了幾星期的和平。那些逃不了兵的將士歡欣鼓舞，以為從此不必作戰。但內戰隨即爆發。這場衝突像大火那樣席捲整個未來的蘇聯世界，讓原有的士兵被召回，也讓各種年齡的旁觀者被拉去入伍。這場內戰的暴力程度前所未見。城鎮和村莊除了受到大肆破壞，還受到疫病（特別是斑疹傷寒）的蹂躪，而穀物歉收則讓一整個地區挨餓。當衝突在一九二一年大體塵埃落定之後，絕大部分的蘇聯人民已經了解了何謂戰爭。

新政權的最大承諾是「和平」。還是一九一七年的時候，這兩個字是布爾什維克文宣的最有力元素，也是接下來幾年蘇聯人民求之若渴的東西。雖然領袖們大談和解，宣稱他們的長期目標是和諧與大同，但他們的政策卻讓他們處於和世界其他地區相左的境地。馬克思－列寧主義假設共產主義和資本主義將會有一場漫長戰爭，又雖然這衝突斷然是以共產主義得勝而結束，但沒有人相信這勝利會是不用流血。意識形態專家指出，隨著共產主義的終極勝利逼近，它的對手將會更凶猛地戰鬥，拚死捍衛自己積聚的權力和財富。所以，在世界到達大同和富足的最後階段之前，有些武裝衝突在所難免。而且在蘇聯本國國內，資本主義和帝國主義的殘餘仍有待克服。既然以人民意志的工具自詡，國家已準備好要消滅它們。階級戰爭——一種新品牌的暴力——在下一個十年如火如荼展開。到了一九三八年，為此而死的人已經近一千五百萬，又有好幾倍的人無家可歸、破產和變成孤兒寡婦。

「黃金未來」的願景和對聚集起來顛覆這願景的敵人的恐懼，構成了史達林獨裁統治的胡蘿蔔和棍子。對國家政策某些方面的反對聲音繼續存在，帶有疑心的規避和犯罪也持續著。但蘇聯是一個致力改變人的生命的國家，不是一個無所作為的暴虐政權。某種程度上，一個人的反應端視他的年齡而定。十月革命是一個分水嶺。凡是和舊世界有利害關係的人都很有可能感覺備受新世界的天翻地覆所威脅。對老一輩的人來說，恐懼和艱辛給共產主義的黎明投下了冷冽的陰影，而對戰爭和恐怖的記憶會令他們謹慎戒備。但年輕一輩——他們會在一九四一年之後構成軍隊的大宗——卻是自小受到描寫光明燦爛未來的語言所薰陶。這種分裂大多是隱藏著的。早在大戰的多年以前，蘇聯人民就被訓練成為千人一面。每逢十一月和五月需要慶祝革命成就的時候，幾百萬群眾會遊行和唱歌。複製在無數海報和旗幟上的史達林畫像諦視著這幅統一的景觀。但事實上，將會構成紅軍核心而在二戰中作戰的這些人，其內部千差萬別，有世代差異，有階級差異，有民族差異，甚至有政治態度差異。讓他們統合在一起的，是把他們融合進一個有別於其他政權的國家，是讓他們幾乎完全孤立於外在世界。

在這個封閉的宇宙之內，對大多數人來說最有爭議的議題就是鄉村的轉化。蘇聯仍然是一個鄉村人口占全人口五分之四的國家。好幾代以來，農家子弟都會扛著行囊，前往城市尋找工作。但他們的妻兒常常得留在家鄉，而他們幾乎所有人都夢想著有朝一日會回鄉，哪怕只是死後回去。對出生在俄羅斯農村、烏克蘭農村或高加索山區的人眼中，那是母土（motherland），彌足珍貴。民俗學者主張，它們的傳統可以回溯至時間的初始。這不是事實，因為俄羅斯甚至在十九世紀也經歷了激烈的變遷，但那卻是一個帶慰藉性的想像——對那些在建築工地和鋼鐵廠工作的人來說特別是如此。對農民本身來說，真正重要的是他們的土地、他們的牲口和下一回的收成。但在一九二九年，整個農村的經濟系統和生活方式被徹底反轉。

這是因為，蘇聯政府認定，它的農業部門非常沒有效率，必須把個體農耕（這種文化比宗教還要根深柢固）加以現代化，以更有效的方式管理控制。一九二九年至一九三〇年的冬天，警察和義工前往農村各地推動第二場革命，這次是自上而下的革命。其目的是創造集體農場，廢除個人農地，設立一個以機械化受薪勞工為基礎的系統。為了讓此舉更有革命意味，集體化運動被說成一場新的階級戰爭，而戰爭的敵人（代罪羔羊）被認定是富有的農民，即「富農」（*kulaks*）。這個類別是專門為推行集體農場而發明。「富農」注定失去一切：失去牲口和設備，失去房子，失去公民權，甚至往往還失去性命。在一九三〇年春天，鄉村地區近乎在開戰。之後幾年，有幾百萬本來務農的人被迫前往城市謀生。這是因為他們無法以不定期的穀物配給來維持生活（穀物配給是用來取代原來說好的薪資）。另外幾百萬人將會餓死。到了一九三九年，農村人口從二千六百萬個家庭銳減為一千九百萬個家庭。[6]在那些從鄉村消失的人口中，估計有一千萬人是因為死亡而消失。

在史達林統治期間，沒有政策比集體農場政策引發更大的痛苦和招致更多反對。它始終是個會引起憤怒的話題，哪怕它的主要受害者不被看見。饑荒受害者默默地死去，而「富農」也因為被放逐而大半從眾人的眼前消失——更精確的說是從所有歐洲人的眼前消失。他們的人口稀疏分布在遠北和遠東，他們的生死對莫斯科來說無關痛癢。他們甚至被認為不適合當兵。他們的子女也受到了同樣的不信任對待。「富農」的第二代通常是像奴隸那樣在勞工營展開軍旅生涯，工作是蓋工廠和掘岩石，不是在前線作戰。[7]但即使是在被認為忠心的農民之中（他們是沉默的大多數），仍然有幾千萬人痛恨集體農場和它帶來的所有艱辛。很多人陷入飢餓、過勞和茫然。隨著國家從農村攫奪愈來愈多穀物以外銷到國外，農民的家庭分離四散。眾人被迫生活得像遊民，到處移動以尋找食物和工作。所以當農村子弟被徵召入伍，他們變成了不可靠的士兵。好一點的是他們會憎恨和害怕他們的專制政府，最糟的狀況是他們會伺機報復。

新的集體農場制度存活了下來。能挺得過風暴是因為有夠多的人信仰它們，這些人也有足夠的熱情而不被因新制度的狂熱所釋放出來的暴力嚇倒。推行集體化運動期間，文字看來蒙蔽了史達林主義活動家的眼睛，無視現實。一種呆板的語言讓別人的痛苦變得闇啞。一名史達林主義者（未來的紅軍軍官）科佩列夫寫道：「我不會為『人類』為什麼應該是抽象的而傷腦筋，但『歷史必然性』和『階級意識』應該是具體的。」[8]「歷史必然性」要求武裝團夥和大規模逮捕。執法任務被分派給祕密警察部隊。這些人包括純粹的流氓和無情的職業惡霸（他們的事業可回溯到沙皇的時代），但他們的尖兵是由真正的熱忱之士組成。科佩列夫回憶說：「在一九三三年那個可怕的春天，我看著人因為飢餓死去。我看見女人和小孩肚皮發脹，面色發紫，仍然有呼吸，但眼神空洞呆滯。我還看過成堆屍體，有穿著襤褸羊皮外套的屍體，有穿著廉價毛皮靴的屍體……我看見這一切，但沒有瘋掉或者自殺……我也沒有失去信仰。」[9]新俄羅斯向舊俄羅斯宣示了所有權。

就像吉甘電影中的紅軍部隊那樣，史達林政權的力量也注定要贏。一個重要理由是，農民雖然人數眾多，但住在偏遠地區，而且因為彼此的距離、不同方言和艱苦生活而四散如碎片。決定是在莫斯科做出，不是在距離大路幾公里的某條泥濘村莊。在一個民主社會，被剝奪財產的農民也許可以組成一個有力派系，他們的抗議可以喚起別人的支持。但民主社會本來就不會逼農民走向集體化。蘇聯政權沒有提供抗議的管道。除非一個人有宗教信仰，否則就只有兩個選擇：私底下累積怨氣或擁抱新政權，冀望會有一個較好的未來。宗教信仰可以為一個人數眾多的少數派提供另一組不同的信念，但是就連教會也招架不了國家鋪天蓋地的政治宣傳，況且政府對集體化的推行也伴隨著攻擊有組織性的崇拜：教堂被關閉，改為穀倉和豬舍；教士被逮捕；信徒被放逐。隨著宗教瓦解，不再有任何宗教信條可以和共產主義的世界觀對抗。再沒有一個群體可以撐得夠久而不在國家的壓力下瓦解。人民所受的深重苦難讓他們的孤獨感更形增加。正如一位生還者指出：「如果可以和朋友分享，悲劇就不會那麼深邃和尖銳。」[10]

但是政府無法光靠鎮壓或年輕活動家的理想主義取得勝利。它還得到了大量普通老百姓的真正支持。這些人的基本動機比恐懼正面，比對美好未來的希望具體。巨大的海報告訴他們：「生活正在變好，變得更好和更有樂趣。」對數以千萬計的人來說，情況確實如此，哪怕生活只是以一丁點、一丁點的步伐改善。隨著歐美陷入經濟蕭條，蘇聯得以用它的充分就業和迅速成長自誇。一個從鄉村到城鎮找工作的少年用不著找太久。老的一代也許無法適應，但對年輕人來說，前途開始變得光明。而且，作為蘇維埃國家的工人，一個年輕人也許會沐浴在一種愛國的驕傲中。因為到了一九三八年，蘇聯已經擁有歐洲最大規模的機械工業。這從飛船、水壩和北極破冰船可以獲得證明。每年有幾百萬噸媒從蘇聯的土地掘出：一九四〇年是一億六千六百萬噸。《真理報》在和平時期的最後一個除夕寫道：「在所有領域，我們都取得巨大的成功。」[11]讀者全都知道蘇聯有多少坦克和飛機。事實上，蘇聯在一九四一年擁有的坦克要多於全世界其他國家的總和。[12]更直接的證據在於，如今人民能感受到生活有了改善。畢竟，經濟環境已經惡劣了那麼久，以致任何一丁點改善都會被認為是進步。

弔詭的是，蘇聯是個以利他主義自詡的國家，要求人民拋棄私有財產。然而它號召力的最大賣點是承諾帶給人民物質富裕，而這種富裕（就連受到審查的報紙也是如此認定）不只是以公共財來衡量，還是以手錶和腳踏車之類的東西來衡量。因此，雖然報紙不一定會提到，但受夠了苦頭和暴力的蘇聯人學會了處處尋找機會。即使在大戰之前，論到買賣、囤積和黑市，蘇聯人可是相當精明。[13]在蘇聯這個大同世界，大部分人首先想到的都是自己。與此同時，當報紙談論到集體幸福時，也是以物質性的東西來表達。例如，手錶（既是現代性的象徵又是人人想要）在當時對絕大部分人仍然是可望而不可及，但報紙卻表示，正在不斷冒出的工廠有朝一日必會投入手錶的生產。科佩列夫用同樣具體的思維方式陳述他的觀點：「世界革命是絕對必要的，如此正義才會得勝。革命結束後將不再有邊界，不再有資本家和法西斯主義者……莫斯科、卡爾可夫和基輔將會變得像柏林、漢堡和紐約一樣巨大，一樣建設完善……我們將會有摩天大樓，滿街的汽車和單車」，而「所有的工人和農民出門會穿著上好衣服，戴著帽子和手錶。」[14]

在目前，政府為老百姓提供的小小補償看來預示著更多美好事物的來臨。主其事者的選擇可以被視為帶有麻木不仁的反諷味道。一九三三年饑荒肆虐時，這是一片會讓小孩挨餓的土地，很多蘇聯農村在接下來幾十年也深陷在貧窮中。就連大城市都面臨肉類和牛油的短缺，麵包配給制度一直持續至一九三五年。大量生產的主食的品質總是受到懷疑，不斷有傳言說麵粉中摻了沙子，肉裡混著軟骨。不過，負責食物供應的部長麥可揚卻計劃讓每個有閒盧比可花的人樂一樂。他的目的是為人民提供抗拒不了的點心，所以把計劃經濟的力量集中在生產熱狗和冰淇淋。蘇聯從美國和德國輸入了新的大量生產方法，讓一些基本的速食可以大批產製出來。大眾也許吃不到新鮮蔬菜或喝不到太多牛奶，但政府務求讓人人有冰淇淋可吃。這種新的工業被描繪為即將來臨的美好生活的預告片。另外，食物加工愈多，被認為對希望轉變世界的一代愈具有吸引力。所以，當蘇聯人民除了吃到原味冰淇淋還吃到櫻桃、巧克力和覆盆子口味時，怎會不心花怒放？[15]

戰前在城市長大的那一代只有快樂的記憶。「我們從不會餓肚子。社會上也沒有犯罪。」他們說。這是一種浪漫化的觀點，更多是受到報紙宣傳和回憶往事時的理想化心態感染。偷竊在一九三〇年代非常盛行，而利用人際關係常常是獲得昂貴商品的唯一辦法。[16]一個作家回憶到因為他媽媽想要給他買一套新西裝，母子二人在莫斯科一家商店門外排了一整晚的隊。「即使這樣，」他補充說。「我們還是要在店裡等了五小時才買到，中午一點走出店門。」一套西裝的售價需要一個月工資。[17]但現在大家的回憶都是他們當時能輕易買到西裝。事實上，那時候離商店沒有任何商品可買的時期不遠，而且不久之後商店又會再次沒有商品可賣。另外，在一九三八年的時候，蘇聯很少人有辦法比較他們的生活品質和外國人的生活品質。他們的領袖們不斷告訴他們，他們生活在一個更美好和更平等的社會，只要再做出一點努力，人人都可得到豐衣足食。大多數人也相信，資本主義國家商店外的人龍要排得更長，而且工人完全不被允許穿西裝。

不論如何，蘇聯政權至少還提供工作。它的最熱情支持者，不意外是那些在快速轉化的勞工市場中有一份好職業的人。當兵是通向較富裕生活的最佳途徑之一，至少對出身低微的人是這樣。甚至農民（「富農」除外）都可以用這種方式為自己創造一個新的未來。第一批發現從軍在蘇聯是好行當的，是那些在沙皇時期被徵召去打世界大戰然後加入紅軍的人。第二次世界大戰期間，史達林軍隊的菁英軍官幾乎全是農民出身，後來才從戎。未來的柏林英雄之一科涅夫一八九七年生於北德維納省，如果不是因為沙皇的戰爭被徵召入伍，他終其一生都會是鋸木工廠的工人。同樣地，如果不是被徵召去當砲手，年輕的鐵木辛哥注定一輩子在敖得薩省犁田。他在一九四〇年接替伏羅希洛夫成為國防人民委員。希特勒入侵初期扮演重要角色的博爾金出生於伏爾加河地區，在第一次世界大戰爆發前不久從事的第一份工作是鄉村麵包師傅。即使他們當中最偉大的那位——摘得攻陷柏林桂冠的陸軍元帥朱可夫——也是出生在農村，儘管他少年時期搬到了莫斯科學習補鞋。[18]這些人的職業生涯都是在內戰時期打下基礎，他們的政治信念驅使他們為紅軍戰鬥，而軍隊也用晉升、給予發揮機會和大量金錢來回報他們。

他們的努力為其他人的晉升鋪平道路。很多職業軍人——未來的軍官——都是在他們的農村家鄉飽受風暴蹂躪時建功立業。基里洛維奇的故事就像該時代的一則寓言。我是在他的莫斯科公寓聽到這個故事——他那聲望崇隆的公寓，離勝利公園和博羅金諾戰役全景博物館只有幾步路。他從大戰講起。他記得，當戰爭爆發的消息傳來時，他人在塔林，也就是蘇聯新兼併的愛沙尼亞共和國的首府。那個夏天，德國飛機——基里洛維奇稱它們為「梅瑟」（Messer）——夜復一夜飛過這個港口城市的上空。[19]他所屬的軍事單位的砲兵奉命不得開火。但在一九四一年六月二十二日凌晨，他們接到新的命令。「我們被告知，應該把目前的狀態視為真正的戰爭狀態。我們不害怕，我想這是因為我們還很年輕。我不認為我現在還有這種膽量。但我當時真的一點都不害怕。或許，我們就是被訓練成那樣。」接下來幾星期情況混亂、無眠且士氣低落。「我們必須準備投降，不，我是指必須準備離開塔林。」從海上把部隊撤離愛沙尼亞首都的行動後來被形容為「狼狽萬分……是一次沒有空中掩護的敦克爾克大撤退。」[20]但沒有人懷疑蘇聯會獲得最後勝利。他們也是被訓練成為以這種方式來思考事情。

大戰開始時，基里洛維奇二十一歲，但已經是中尉。他所受的教育讓他得以以破紀錄的速度晉升。「我想要獨立，」他回憶說。「而當兵是一份職業。所以我就考進了一間特殊的砲兵學校。」除了一般課程，學生還得在晚上和週末接受額外的訓練。「很多小孩也接受同類的訓練，」基里洛維奇說，一九三〇年代充滿尚武精神。「但我們的訓練要更多，主要是學習使用步槍。」他們也特別用功地學習數學和德文，彷彿自覺地準備那人人都預料將會面臨的一仗。「我們知道這一仗即將到來，」他肯定說道。每份報紙和每張海報都提醒史達林的人民要提防法西斯主義，每一次談論世界局勢的廣播談話也是如此。「我們都看過那些電影。我記得有一齣叫《馬門教授》，講述人在法西斯鐵蹄下會吃到哪些苦頭。它描寫了如果希特勒在這裡掌權將會發生什麼事。我們也聽說了猶太人在德國的情形。」[21]

基里洛維奇天資聰慧，還很幸運。他念的不只是一所提供些許步槍訓練的高中。他的同學包括了已故戰爭人民委員的兒子提穆爾．伏龍芝和冰淇淋大王的兒子謝爾戈．麥可揚，甚至包括史達林的兒子瓦西里．史達林。這些少年都是由保鏢護送到校，放學後由光亮的黑頭車載走。不知情的人會以為基里洛維奇就像他們一樣，生而享有特權。但他的故事複雜得多，在許多方面在他那一代來說更加典型。他的家庭既不富有也不安穩。他不是莫斯科人，甚至不是俄羅斯人。他的俄語並不流利，抵達莫斯科時身無分文。聽著他講述，我們不難明白為什麼像他這類的軍人會對史達林政權感恩戴德。要理解他們在大戰時的忠貞不二一點都不困難。

基里洛維奇一九一九年出生在白俄羅斯鄉間一個叫杜布羅夫諾的小城。早期的回憶都是有關鄉村生活：日落時跑到聶伯河喝水的馬匹，連綿不斷的小麥田和甜菜根田，夏天和秋天爛泥揚起的黃塵。整個社區都苦哈哈。每逢星期六，女孩會赤著腳走到鎮上，把她們唯一一雙靴子拿在手裡，唯恐弄髒。基里洛維奇家因為是猶太人，所以不得擁有土地。為了生活，他媽媽在當地工廠當編織工。除了農場以外，那工廠是方圓幾十里內的主要雇主。基里洛維奇的父親在他出生前便死於斑疹傷寒。他是他母親的獨子，但有一些同父異母兄長和姊姊，是他父親和前妻所生，其中一位把他帶到莫斯科。沒有人想過他會決定接受砲兵訓練，並熬夜念書以求在數學和語文獲得好成績。有個老師注意到他，幫助他考取那所菁英高中。全家人在聽到他的計畫之後都表示反對。他回答說他需要受教育，但在杜布羅夫諾不可能有這樣的機會。留在那裡的小孩都是稍長便隨父母一起在工廠工作，完全沒有機會學習閱讀和計算。

基里洛維奇離家之後，他媽媽獨自一人留在祖厝。她一直說要到俄羅斯和其他家人團聚，但又總是表示自己需要時間收拾行李。基里洛維奇知道這只是一個藉口，是惰性和對未知事物的恐懼讓他媽媽選擇留在老家。「媽媽幾乎不識字。村子裡的人都是這樣子。幾乎個個都是文盲。大戰爆發後，她給我寫了一封信。我幾乎都看不懂。筆畫很難分辨。她說準備離開家鄉，到莫斯科我姊姊家去。但她始終沒有成行。當德國人到達時，她還在那裡。我當時就知道那意味著什麼，但我要等到戰爭結束才有機會回去查明。」一九四一年，杜布羅夫諾的猶太人像牛群那樣被驅趕到鎮上的主廣場。回到故鄉的基里洛維奇向從前的鄰居打聽接下來發生的事，但沒有人願意回憶那一幕。他們只是指出，所有屍體（八成包括他媽媽的屍體）被埋在一條沒有做標記的壕溝裡。

所以，基里洛維奇有理由感謝蘇維埃政權，因為這個政權救了他的命、給了他訓練和晉升，以及某個意義下為他報了殺母之仇。他懷念蘇聯的往昔，但懷念的不是杜布羅夫諾或貧窮。他懷念的是造就他的紀律、賣力工作所得的獎賞，以及他對勝利的深信不疑。他知道蘇聯有殘忍的一面。他小時候看過很多。杜布羅夫諾離開烏克蘭邊界不遠，而自從一九二九年起，接二連三的饑荒讓難民源源而來。他們帶來了集體農場的故事、屠殺牲口的故事和搶掠的故事。不久之後，基里洛維奇自己家也開始挨餓，不過他們種在土地一角的馬鈴薯讓他們不致真的沒飯吃。沒有東西可以動搖這個年輕人對社會主義的信念。接下來，他在戰爭中見證的事情將會讓他的信念更加堅固。他仍然認為集體農場利大於弊。他記得馬匹變瘦了。大家挨餓了好一陣子。但這一切都只是個前奏。假以時日，農民將會擁有拖拉機，可以一個人幹十幾個人的活。他們也總有一天會有熱水和電燈可用。基里洛維奇在戰爭後期回到塔林，看見了納粹的所作所為。除了從這次造訪以外，他也從別的事情知道，是哪個體制曾經摧毀世界，又是哪個體制一磚一瓦地把這個世界重建起來。

★

「教育帶來了驚人的結果，」一個在一九四一年夏天行軍穿過蘇聯領土的德國軍官發現。「在每間蘇聯學校的牆上，我都找到一幅歐亞的大地圖，上面的俄國部分全部塗成鮮紅色，其餘部分則都沒有塗上顏色。和龐大的俄國相比，歐洲半島微不足道的面積一目了然。」除了學校以外，他也提及五十歲以下的成年人對蘇聯政權沒有多少狐疑。只有非常老或有宗教信仰的人膽敢批評蘇聯政權。他說：「我和很多年輕士兵、農人、工人談過，也和女人談過，他們的思考方式全是同一個模子刻出來，而他們全都確信自己被教導的東西不會有誤。」二十年的學校教育和政治宣傳看來發揮了作用。衝擊了這名軍官的種族主義思想（因為他一向認為俄國人充滿惰性而長年受苦，要像動物多於像人），是蘇聯給人民灌輸了「熱忱、主動性和活力，而這些都是成大事的必要先決條件——不只在和平時期是如此，在戰爭時期更是如此。」[22]

這個德國人所看見的是一種國家政策的威力，這種政策二十年來都是要給年輕人灌輸一種新的意識。生活仍然普遍艱辛，更不用說有很多人憎恨集體農場，以及憎恨在工廠和建築工地的嚴苛工作規定。但那時的中間世代——他們將會是在史達林格勒和庫斯克作戰的士兵——卻是出生在蘇聯體制裡，不知道有其他可能性。雖然老一輩也許從來不能適應新世界，甚至年輕一輩也會說些取笑或嘲諷的話，蘇聯共產主義的語言和優先順序提供了戰爭世代他們所知道的唯一心靈世界，尤其是替代選項皆已被排除。即使是農村子弟——他們是一般人口中最憤世嫉俗的一群——也同樣沒有機會發展一套不同的政治觀，至少是不能公開發展。小孩所受的訓練打從他們踏入幼稚園的大門便開始了。作為未來的蘇聯公民，他們在懂得用西里爾字母拼出史達林的姓名之後，就必須要學習革命的歷史。他們祖父母小時候都是頌唱讚美詩，但這些小孩卻是謳歌電力化、科學和共產黨是非觀的歌曲。他們同樣學會對有小學可念心存感激，因為他們被告知，這代表蘇聯政權關心他們的讀寫能力。[23]到了一九四一年，蘇聯農村一共建立了十九萬一千五百間小學。二千四百萬小孩在裡頭就讀。如果他們夠用功，他們之中最優秀的將可成為全國八百一十七所大專院校每年八十萬名新生的其中之一。最幸運的甚至可以入讀其中一間蘇聯紅軍的專門軍校。[24]

所有小孩都被教導，愛祖國意味為未來的戰爭作好準備。當他們的父母忙著生產穀物或在工廠裡輪班以實現國家的經濟計畫時，這些子女學會了當兵乃是一種冒險，一種尊榮。那表示接過革命的旗幟，繼承漫畫書中蘇聯英雄為之而死的爭戰。有些納粹黨人也許會嫉妒蘇聯教育工作者的成績。他們的成績會那麼好，一個理由是不同於納粹主義，共產主義在大戰爆發時已主宰蘇聯超過了二十年，好幾代的人都是在它的籠罩下長大。另一個理由是，蘇聯並沒有敗仗是需要去解釋，沒有被暗算的仇是需要去報（反觀德國則宣稱它在一九一八年遭人暗算）。蘇聯只有勝利的回憶。但兩個政權一樣是把服務——軍事服務或民事服務——說成為一種菁英特權，又把死亡描繪為不足以讓任何英雄退縮。這些宣傳至少驅使某類年輕人願意接受作戰的訓練，至於他們日後會在戰場上碰到什麼則不是政治宣傳需要去管。

蘇聯學生老是回顧內戰（而不是沙皇的可恥敗北），老是把共產黨歌頌為他們的激勵者和嚮導。共產黨把自己和軍事鬥爭劃上等號，把紅軍描繪為它用來追求進步的工具，把意識形態和戰爭交織在一起。每個小孩都會學習軍隊的紀錄，特別是學習所有未來戰爭的楷模：紅軍打敗龐大白軍的歷史性勝利。＊當其他歐洲小孩都是在讀索姆河、凡爾登和帕斯尚爾的戰爭史時†，蘇聯的學生卻是學習頓河前線和保衛列寧格勒的戰爭。他們在空閒時間也會玩「紅軍對白軍」遊戲。這種教育的暗示是未來的衝突將會和內戰一模一樣，又特別是暗示得勝的關鍵在於明辨是非黑白和嚴守意識形態。一個未來的紅軍戰士寫道：「我們的老師都參加過革命，參加過內戰。」他的體育老師上每一節課都是穿著士兵制服，綠色緊身軍上衣和鞋套一應俱全。[25]這是他用來表示自己隨時準備好再作戰，就像他在革命於一九一八年遇到危機時曾經有過的那樣。他所教導的學生從不懷疑他們是住在一個敵人環伺的國家裡。他們很多人順服地相信，他們若想過上幸福生活有賴武裝鬥爭和無私奉獻。

＊在一九一七年至一九二二年俄國內戰期間，白軍為擁護沙皇與反對布爾什維克的軍隊。最後於一九二二年被紅軍打敗。

†索姆河戰役發生於一九一六年七月至十一月的法國北方索姆河地區，是一戰中規模最大的會戰，也是人類史上第一次使用坦克。凡爾登戰役發生於一九一六年二月至十二月的法國凡爾登，是一戰中破壞性最大、時間最長的戰役，被稱為「凡爾登絞肉機」。帕斯尚爾戰役發生在一九一七年七月至十二月的比利時，當時英軍為乘勝追擊而開始的戰爭，卻因泥濘的戰場導致高傷亡人數成為一場「失敗的勝利」。

學生們（至少是城鎮中的那些）以這種方式一併吸收了意識形態與愛國精神，郊遊和運動社團之於他們等同於列寧和史達林的臉。當他們在假日自願為街道掃雪時，這些兒童的精力部分來自相信未來將會進步。年輕人自然會有的利他主義被導入於一種對黨的義務感中。蘇聯少年人把學習、健行和受訓視為建立一個更美好世界的運動的一部分。莫斯科人奧爾洛娃回憶說：「那時候，我們相信改變一切是可能和必要的，包括改變街道、房屋、城市、社會秩序和人類靈魂。」她對新生活——一種未來的生活——抱有堅定信仰。嚴格地說，這種新生活將會在她住進「一棟新而閃閃發亮的白色房子」的時候展開，「在那裡，我每天早上會做運動；在那裡，理想秩序將會存在；在那裡，我的所有英雄成就將可展開。」[26]

年輕人有很多機會可以去測試他們的英雄抱負。國家積極地讓他們熟悉武器、操練和地圖。到了一九三八年，民間組織「航空與化學國防協會」訓練年輕人已超過了十年。其成員每一年都超過三百萬。後來成為一種蘇聯傳統的是，它為成員提供射擊、閱讀地圖和急救等各種課程。[27]年輕的自願者每年參加幾星期的夏令營，從事強行軍、挖掘散兵坑和為彼此包紮假裝的骨折。「航空與化學國防協會」成員也在政府有需要借款時當先鋒。他們會高舉彩色的旗幟，為資助購買新飛機募款，又或是在工廠發薪日在工廠門外站成一排，戴著紅色臂章，向走出來的工人募捐。

從事動力飛行是所有少年的夢想。飛行是進步和現代的象徵，攫住一整代人的心緒。有一段時間，在一九三〇年代早期，招牌的飛行器是飛船。年輕人發起過一個募款建造飛船的運動，造出的飛船以平易近人的國防人民委員伏羅希洛夫為名。一九三二年十一月的布爾什維克革命週年紀念日上，有許多飛船飄浮在紅場上方，而國家也計劃建造更多飛船，作為其無敵國防計畫的一部分。不過到了一九三〇年底，促使年輕人加入軍事團體的卻換成是飛機（儘管只是一架木頭的雙翼機），尤其是降落傘。跳傘變成了一種全民運動。很多城市的公園建立了塔樓供練習跳傘之用。到了一九三六年，已經出現了超過五百座塔樓，由一百一十五所新的跳傘訓練學校加以利用。年輕的蘇聯公民在那一年共跳了近兩百萬次的傘。國營諷刺雜誌《鱷魚》甚至建議把每間教堂的鐘樓改造，供這種新運動之用。[28]玩笑歸玩笑，據估計，一九四〇年代晚期蘇聯共有超過一百萬受過訓的跳傘者。說來諷刺，在即將來臨的戰爭中，傘兵部隊將不會扮演多少角色。[29]

訓練營的狂熱不是純粹出於國防考量，至少對參加的年輕人來說不是。參加得到認同的社會活動被認為是好公民的標記。想要有所作為的年輕人知道他們必須參加活動以表現他們的熱情。頂尖的社團是「共青團」，任何盼望有一份好職業或甚至可以上大學的人都會參加這個組織。不過大部分人本來就早已參加，因為它是一個讓人交新朋友的地方。一名前軍官回憶說：「只有到了後來，我才明白它是我的事業所必需。」這個人名叫拉霍夫，戰前是念地質學。他會選擇這一科，是因為他就像很多同輩人一樣，熱中於旅行和冒險。「共青團」和「航空與化學國防協會」主要是通往融入政治社會和有益的戶外活動的途徑。在這些年間長大意味著享受遠足、夏令營和舉著紅旗步操（與體操有關，但不是體能類的體操），接受集體紀律的規範。

歸屬（belonging）同時被視為信仰的一種證明。意識形態宣講在日常生活是那麼稀鬆尋常，以致沒有人會認為在一個社會場合——包括「航空與化學國防協會」的夏令營——聽到這種宣講是一件怪事。哲學分析和自由辯論的日子已一去不返。相反地，現在那些急著要使用他們的新雪靴或降落傘的年輕人都必須先聽一堂意識形態說教，題目之一是「讓我們加強蘇聯工人階級和資本主義工人階級的國際聯繫」。[30]這句翻譯的彆扭不下於它的俄文原文，不過當時的年輕人卻是在這句話的耳濡目染下成長。俄語和蘇聯人同樣失去了沙皇時代晚年的俐落和優雅。新政權那些多音節和阿拉丁化的口號現在就像農民口氣中的蒜頭味一樣尋常，就連不漂亮的縮寫，例如 *partkom*（黨委員會）、*komsomol*（共青團）和 *kolkhoz*（集體農場），到了一九三八年都成為了常見用語。政府的每一種創新都需要一組新的口號和好幾個更長的單字。年輕人已經習慣了這一套。

另一類縮寫則絕對沒有人敢取笑。一九一七年，列寧的同志捷爾任斯基奉命執掌新國家的國內安全事務。他組建了一支握有可怕力量的祕密警察部隊，稱之為非常委員會，簡稱 Cheka。到了一九三八年，它已經改換過很多次名字，但它對於謀殺、刑求和未經審訊的囚禁的興趣始終如一。在整場大戰期間，它的名稱是內務人民委員部，簡稱NKVD。其主要任務是執行政府的意志，受害者包括了黨員、軍官、知識分子，甚至是忠誠的工程師。它把警察、間諜、典獄長、奴工提供者、法官、劊子手和殮葬工的角色集於一身。它還有一個準軍事性分支，專門負責監視士兵的言論和軍紀，不過也有一些受訓練去從事戰鬥的分遣隊。在和平時期的最後幾年，這機構的主要角色是運作一個監視、無拘票逮捕和遂行國家恐怖政策的系統，但也差點弄垮了它聲稱為之服務的政權。年輕的共青團團員和跳傘學校的學生應該會知道這個機構的存在。它的許多逮捕行動和處決行動都是公開執行。抗議是不可能的，也不可能有任何真正意義的討論。沒有可供異議抒發的管道，而批評者會發現他們找不到聽眾。一個前布爾什維克黨人日後寫道：「你會變成一名共犯，哪怕你是一個反對者。因為你無法表達反對意見，哪怕你已準備好為此付出生命。」[31]

在內戰期間，非法逮捕和大規模處決是政府政策。之後，恐怖政治的規模大大減少，至少有十年時間左右是這樣。但在一九三四年十二月，列寧格勒省委書記基洛夫在辦公室工作至深夜時被一個民眾槍殺，這事件成了新一輪恐怖運動的藉口。首先是對列寧時代留下來的領導人物進行逮捕和裝樣子公審，在公眾面前羞辱他們和判處死刑。接著較祕密的行動上場，其中包括了大規模逮捕和失蹤。成堆的屍體出現在市中心的墓園，每個人都是被一把警槍從近距離射殺。這場大清洗讓數十萬計的無辜者被捕、被囚和被刑求（還有數不清未經審判就處決的個案），給社會各領域蒙上陰影。軍隊亦未能倖免，哪怕戰爭正在步步逼近。一九三七年六月，副國防部長（前任的總參謀長）圖哈切夫斯基被捕。他的許多資深助手，包括好幾位內戰英雄在內，都被捲入這樁捏造的案子。他們全部被送上法庭、定罪和判處死刑，罪名包括搞陰謀和叛變。沒有人完全相信這個故事，但也沒有人能夠大聲說出他們的懷疑。兩年後，庫斯克一個官員被逮捕，理由是他在一次公開會議期間用舊報紙保護辦公桌面，其中一張報紙（出版於大清洗之前）印有圖哈切夫斯基的照片。[32]

所以當工人快樂地舔著櫻桃冰淇淋時，他們的革命卻浸泡在鮮血中。任何人民的敵人——不管是「富農」、托洛茨基分子、外國特務還是寄生蟲——都注定要被永遠趕出虔誠信徒的共同體。即使那些可以活下來的人也需要付出慘痛代價。到了一九三〇年代晚期，「古拉格」集中營——內務人民委員部的囚犯營和勞工營的總稱——的人犯已經超過一百六十七萬。[33]那些還能夠自由活動的人──史達林主義的忠實子女──被共同的敬畏、共同的信仰和共同的驚懼綁在一起。他們高歌革命歌曲，就像歌聲能掩蓋抗議的聲浪或無數槍決的回聲。他們也想方設法弄懂這些不能說出來的事情的意義。科佩列夫寫道：「我當時把一九三七年和一九三八年大清洗的審判視為一種有遠見的政策的表達。我相信總的來說，為了讓所有形式的政治反對失去信譽，史達林採取這些恐怖手段是正確的。我們是一座被圍困的城堡，我們必須團結一致，不容有搖擺或疑惑。」[34]

人宛如可以在自己的心裡砌牆。私底下，他們也許別有想法，他們也許有所懷疑，但他們在公眾場域表現的是恭順，是蘇維埃的，樂於呼吸流經史達林同志肺部的同一批氧氣。一首受歡迎歌曲這樣寫道：「太陽照耀我們的方式已大為不同，因為我們知道，它也曾照耀過克里姆林宮裡的史達林……不管天空中有多少星星，它們不可能比史達林傑出頭腦裡的好主意多。」[35]諷刺的是，英美二戰文化的主題從來不是史達林主義公共風格的一部分。[36]後來成為王牌飛行員和死於一九四四年的魯德內娃在戰前有寫日記的習慣，曾這樣寫道：「再十天就是行憲紀念日，再十一天就是蘇聯最高蘇維埃的選舉……我的祖國給了我這麼快樂的生活，我又怎能不愛它？」[37]

魯德內娃這類人不是自動機器。他們全都有自己的想法和內心世界。但他們為了生存而演化成符合一個暴虐國家的模樣，將個人人生導向通往嚮往已久的安全和有建樹性的生活。就連懷疑論者也會察現，融入群體和共有夢想要比受到孤立對待和死亡威脅容易得多。一個史達林格勒戰役的老兵告訴我他的選擇過程。在一九四三年，納塔諾維奇毫不退縮地戰鬥，一直待在戰場上，直到受了重傷只能等死。支撐他躺在冰封草原上的勇氣是超乎想像，他手臂和肩膀所受的傷也是如此（這些傷從未完全痊癒）。他相信，他的蘇聯人身分認同和史達林人民的樂觀情緒有助於塑造他的決心。不過，在這之前的幾個月，作為史達林軍隊的一名步兵，他本來很可能成為大清洗的受害人。問題出在他的身世背景，而他的敏銳頭腦和幽默感也讓情況變得更糟。有見地從來不是一件好事，更遑論是愛說笑。

納塔諾維奇出生於維捷布斯克省（位於今日的烏克蘭），時為一九二〇年的夏天。他父親是布爾什維克黨人，不過讓他的童年充滿色彩和刺激的，卻是他母親的幾個姊妹。她們會出其不意地從華沙或莫斯科跑來，一邊跨過門檻一邊說話。納塔諾維奇回自己房間上床之後，會聽見大人繼續圍著晚餐桌談笑和爭論。每個夏天早上，隨著天色破曉，就會有人打開鋼琴，邊彈邊唱，或唱俄羅斯歌曲，或唱猶太歌曲，或唱革命歌曲。「我從小就知道自己成長於一個會發生不尋常事情的家庭，而這些事情總是和革命有關。」他回憶說。

納塔諾維奇的阿姨們從事革命地下工作已經十幾年。到列寧在一九一七年發動政變的時候，她們已經是老手。她們其中之一曾在裡海石油港口巴庫的一個祕密革命團體工作。就是在那裡，她認識了日後改名為史達林的那個年輕人。納塔諾維奇對這個未來領袖的印象形塑自她喜歡講的一件事。這件事表現出史達林的殘忍。她說，一九〇四年前某個四月的一天下午，她和一群同志出外散步，途中行經一條因為春天融雪而高漲的河流。只見一隻還站不穩的初生小牛被困在河中的一個島上。一群人都聽得見小牛哞哞叫，但因為水流湍急，無人敢冒險營救。但喬治亞人科巴例外。他扒掉襯衫，跳入河中，游到小島。然後他當著眾人面前折斷小牛四條腿。

納塔諾維奇半輩子都活在這個人的陰影之下。他父親是第一個直接受害者。布爾什維克革命取得成功後，他父親在一九三〇年代成了史達林政府一名資深官員。他搬到莫斯科，又娶了一個新太太。這太太比第一個年輕，無兒無女，也沒有貧嘴的親戚需要招待。納塔諾維奇和媽媽及弟弟被安置在另一棟公寓。八成就是因為這個原因，他們得以保住性命。一九三七年，他父親被逮捕，從此永遠消失。雖然他被疏遠的妻兒得以逃過一劫，但他們仍因為和一個人民公敵有牽連而蒙上汙名。這個包袱，加上納塔諾維奇的猶太人身分，決定了他的人生選擇。首先，一個同情他的老師建議他放棄入讀威望崇高的首都外語學院的計畫，改為從事教書的工作。所以納塔諾維奇進了一間不起眼的學院，又避免參加共青團，以免被人追問身世。戰爭在一九四一年爆發後，他要求上前線遭拒，改為被派到烏拉山山區幫忙蓋工廠。要到了紅軍面臨崩潰的危機之後，這個年輕人才被批准轉為步兵。不過雖然他在史達林格勒奮戰過，他從未能完全洗去父親在他身上留下的汙點。大戰結束後，他在外省城市斯摩棱斯克找到一份工作。那裡離一間像樣的圖書館有一大段距離（從斯摩棱斯克到他心愛的莫斯科要坐八小時火車），但較不顯眼，也意味著相對安全。

回憶史達林的時候，納塔諾維奇本應感到厭惡。他本應回憶起他那些活潑和觀察銳利的阿姨們來訪時在餐桌所進行的憤怒談話。但帶著一種認可的微笑，這位老兵是以一種近乎信仰的態度回憶往事。他解釋說：「當我們聽到他在收音機裡講話，每次他停頓下來時，我們習慣低聲說：『史達林又要喝一口酒了。』」這種印象也許是來自西蒙諾夫的著名小說《生者與死者》。裡面寫道，人們在一九四一年六月聽到史達林發表他最偉大的戰時演講時，想必都可以在他每喝一口酒時聞到他的酒氣。老兵的回憶常常是取材自書本或電影的意象。二次大戰畢竟是太久遠的事了。不過納塔諾維奇還記得一些別的。「那就像是聽到上帝的聲音。另外我會像夢見一位父親那樣夢見他。我當然也夢見自己父親。至今還會這樣。當鎮壓開始時，我有些懷疑……我不相信我父親有罪，不相信任何其他我認識的人有罪。但史達林是未來的化身，我們全都相信這一點。」

「我們這一代活過了一九三七和一九三八年，」另一個這年代的老兵回憶說。「我們都是那些悲劇事件的見證人，但我們的手是乾淨的。我們的一代是真正在革命形成後的第一代。」當第一批裝樣子的公審搬演時，這個人是學生。他在大字報上讀到大清洗的消息（大字報是一張張的大新聞紙，貼在牆壁上供人站著閱讀）。不管他的內心深處有何想法，他都維持著對烏托邦大業的信仰。另外他也信仰勝利，那種在一九三八年戰爭電影裡被鮮明描寫的輕鬆凱旋。同一種信仰將會在德國入侵的消息傳出後，促使幾百萬年輕人自願從軍。但對共產大業的信仰雖然也許能激勵他們戰鬥，但無法擋住德國人的砲彈。這一代人將會是被戰爭吞噬的一代。上面的老兵回憶說，他的步槍團有一百三十八個年輕人。在第一次作戰後，整團人只剩下三十八人，十天後又只剩下五人。[38]做出過種種應許的國家辜負了他們。歷史學家謝尼亞夫斯卡婭指出：「他們準備好了大有作為，但他們沒有準備好當兵。」[39]

★第二章　一場燒遍世界的火

史達林紅軍的第一個真正考驗出現在一九三九年年底。十一月三十日，蘇聯部隊入侵芬蘭。這場戰役是個災難。一個月內就有近一萬八千人失蹤、被俘或陣亡，近乎第一天跨過邊界的總人數的一半。被屠殺的規模是那麼可怕，伴隨而來的恐慌是那麼讓人混亂，實難估計有多少士兵喪失生命。蘇軍一頭衝向芬蘭人的砲火。坦克與組員遭砲轟和著火燃燒，一整個步兵團被包圍。一整個營的部隊——紅軍的矛頭——被切斷增援和補給，而失去了指揮官的士兵因為飢餓和寒冷而騷亂。有關敵人殘暴的謠言開始流傳。大家談到缺了陽具或手的蘇聯士兵屍體。有些人看見舌頭和眼睛被挖去的人臉。戰爭結束後，很多這些故事被發現只是出於無經驗新兵的錯覺：他們在行軍途中看到許多未埋葬屍體，而這些封凍的屍體往往遭狗啃食或撕扯。[1]紅軍的陣亡人數超過十二萬六千。[2]近三十萬人因為受傷、燒傷、疾病和凍瘡而被後送。[3]芬蘭在戰爭中卻只有四萬八千二百四十三人陣亡，四萬三千人受傷。[4]

兵力和重砲那壓倒性的數字，最終讓蘇聯反敗為勝。生力軍被派至卡累利阿方面軍。一輪新的攻擊——猛烈得就像破城槌——摧毀了芬蘭人的防線。中世紀城市維普里（今稱維堡）的森林變成了一片焦土，布滿燒焦的金屬和松樹。芬蘭人在三月底投降。《真理報》告訴讀者，正義已經獲得伸張，對無產階級自由的另一個威脅業已解除。不過，這些讀者也許聽說過歸國士兵散播的謠言，而在俄羅斯之外，沒有人認為這樣的結果是莫斯科的一個勝利。在那個春天，希特勒的策士們手上拿著厚厚一疊有關蘇聯紅軍弱點的報告，已經準備好入侵。[5]一個美國駐斯德哥爾摩特派員指出，蘇芬冬季戰爭「透露出遠比過去二十年更多紅軍的祕密。」[6]

他心中的祕密主要是有關訓練、戰術和裝備。用軍事眼光打量發生在那四個月的事件，一個精明的間諜會發現紅軍在各方面都乏善可陳。蘇聯情報單位低估了芬蘭人加固的碉堡防線。就連芬蘭人對接著發生的事都感到驚訝，沒想到區區幾門大砲就可以消滅或嚇壞一整個團的兵力。助他們一臂之力的是蘇聯人缺乏在北極作戰的有效裝備。雖然蘇聯本國的冬天極為酷寒，但紅軍部隊沒受過在深雪中作戰的訓練，而當他們看見芬蘭的雪地突擊隊鬼魅般從霧氣中冒出時也嚇破了膽。他們同樣對於會遭遇抵抗感到驚訝。稍後，當第一批蘇聯坦克出現時，芬蘭人的土製反坦克武器大發神威。這種武器是在空瓶裡注滿煤油（通常是用公賣局的酒瓶），透過一根燈芯點燃。它是西班牙的佛朗哥部隊發明，但為之命名的卻是芬蘭人：為「尊榮」蘇聯外交部長（他在那一年的大多數晚上都在芬蘭電臺現聲），芬蘭人給他們的新火箭取名「莫洛托夫雞尾酒」。一個芬蘭老兵回憶說：「我從來不知道一輛坦克可以燃燒那麼久。」[7]

外人同樣會注意到蘇聯的裝備設計不良，社會主義計劃經濟過去十年來大張旗鼓大量產出的坦克、砲彈、火砲和無線電，在實戰中缺點多多。更嚴重的是，年輕軍官常常都是剛從學堂畢業，缺乏想像力和訓練去協調如何使用裝備。他們也缺乏補給品和零件。在面對芬蘭人時，食物、彈藥或軍靴經常短缺。一月，芬蘭部隊報告說他們俘虜了一些靠吃死馬肉充飢和吃雪解渴的戰俘。那些被運回後方的蘇聯傷兵的遭遇常常好不到哪裡去。列寧格勒附近的醫院設備齊全，人手充足，但年輕士兵在等待車輛把他們運送到那裡時，常常因為受傷、寒冷和疾病而死亡。[8]紅軍的士氣無比低落。「整場仗現在已經輸了。」一個烏克蘭營的士兵在十二月抱怨說。「我們必死無疑。他們將會殺光我們所有人。如果報紙說每對付一名芬蘭人得動用十個俄國佬，那麼它們是對的。他們像拍蒼蠅那樣拍死我們。」[9]

士氣是個讓外國間諜著迷的問題。對外人來說，紅軍是一個謎。每個人都知道俄國士兵應該是什麼樣子。這種刻板印象是托爾斯泰在克里米亞戰爭觀察過後所做的詳細描繪，而他的鉅著《戰爭與和平》裡滿是勇敢堅忍的農家子弟，他們的胸懷寬闊得像大草原。這種士兵是打敗拿破崙的軍隊裡的骨幹，他們在最嚴寒的月份裡不斷作戰，而他們給外國人的印象是他們打從一八一二年之後就沒有怎樣改變過。英國中將馬泰爾在一九三〇年代應邀參觀蘇聯軍演之後說：「他們八成是世界上組成軍隊的最佳材料。」「他們在戰場上的勇敢是無庸置疑的，但他們的最傑出特徵是擁有驚人的體力和韌性。」[10]

只有馬泰爾和少數德國觀察家獲得參觀紅軍演練的殊榮，但即使是他們，也沒有機會和普通士兵交談。觀看操練是一回事，偷聽營房牆壁內的私人世界又是另一回事。來自國外的專家所聽到的任何事情，都是來自軍官的觀點，而且是經過精心挑選的軍官，因為和外國人接觸在史達林的帝國裡不是一件隨便的事。不管有多少觀察家設法接二連三地窺探，蘇聯士兵的想法和觀點都是難以企及的。正如所有外人都會發現到，沒有任何出版品可以為了解士兵們的心靈狀態提供任何線索，而戰前的群眾熱忱——每年五月上街揮舞丁香枝條的成千上萬平民——也沒有透露多少訊息。列寧革命的二十年後，紅軍的內心世界仍然是一個謎。

蘇聯對它的軍隊是如此保密，乃至它的社會成分和年齡結構都沒有公諸於眾。想要一探究竟的外人很快會發現他們的路徑都被堵死了。一個一九三〇年代在俄國旅行的外國人很難不引起注意。那些企圖混入群眾中的間諜發現他們招架不了蘇聯的飲食，更應付不了蘇聯的禮儀。一名間諜抱怨說：「你別想在未經練習的情況下一口喝下一點五盎斯、酒精濃度四〇至五〇%的伏特加，或用一個厚紙板菸嘴抽一根菸。」[11]伏特加讓他咳嗽，而當他想用熱茶把咳嗽止住時，手指又會被廉價的薄玻璃杯燙到。某個在德國情報部門服務的軍官指出：「犯錯可以要了一個間諜的命。」[12]

正是這些原因讓德國軍官對來自芬蘭的情報趨之若鶩。蘇聯戰俘看來可以為真實的軍隊生活提供可靠的訊息來源。但再一次，這些報告有時可以是騙人的。就像德國盤問者會在一九四一年第一手知道，筋疲力竭的戰俘會說出任何他們認為可以讓他們保住小命的話。他們所吃的苦會讓他們頭腦混沌。另外，用芬蘭戰爭來預測紅軍遇到大規模入侵時會是什麼反應也不盡公允。即使是那些在芬蘭雪地作戰的部隊，即一九三九年的紅軍，也會在一九四一年時有數以百萬計的新徵兵和志願者湧入，後者是渴望有大作為的愛國青年。在希特勒入侵最初那幾星期，芬蘭戰場上的老兵是數以十萬計被俘、殺死和致殘。一九三九年的紅軍並沒有存活到能夠在史達林格勒作戰。但是芬蘭的災難仍然可以顯示出蘇聯軍隊在德國入侵之初為什麼會崩潰得那麼迅速，以及顯示出軍隊在面臨祖國、家人和家園即將被摧毀時，可以有多大或多麼快速的轉變。

有關士氣的最佳線索是來自軍隊之內而非外人。每一團士兵都有一個政治軍官作為激勵者和政治思想指導者。他們也充當間諜，也就是說，每當有一群士兵聚在一起聊天，他們就會豎起耳朵傾聽。他們當然總是預期會聽到不好的話。軍隊畢竟匯集了大量的前農民，他們的不滿情緒很容易會匯聚成一股具有威脅性的力量。所以政治軍官面臨著壓力，得要回報（甚至捏造）他們主子預期會找到的不滿言論。另一方面，疲弱的士氣又會反映出政治軍官能力不夠，不足以鼓舞人心。出於這個理由，我們在閱讀他們遞交的報告時必須小心謹慎。每份文件的一開始免不了都會有一番報喜的假話。如果這些文件的作者可信，那就不會有更乾淨、更快樂和更不喜喝酒的士兵。這些士兵的訓練總是進展良好，身上總是沒有虱子。這些都是老套。事實上，在一九三九年，任何住著二等兵的營房都跟「航空與化學國防協會」和跳傘俱樂部有著天淵之別。

軍隊和平民世界共有的一件事是政治宣傳。思想教育和口號無可遁逃。每個士兵都被告以，能夠為「工農紅軍」（國家把這個拗口詞語縮寫為RKKA[13]）服務是一種榮耀。被徵召入伍的新兵還會被告以，他們是未來的旗手和一段英勇歷史的繼承人，而軍隊每逢受到召喚，都會集結在用烈士鮮血染成紅色的旗幟下面。[14]這類語言在軍官訓練學校找到最佳聽眾。在那裡，軍職可能被視為真正的革命榮耀。這些學校中有些（基里洛維奇念的學校是其中之一）是要培養真正的職業菁英，也有些軍校生可能感謝史達林讓他們脫離貧窮、學習到新技能和懷有憧憬。蘇聯的軍官不像從前那樣，是選自上流社會。士兵和軍官就家庭背景而言並無多大差異，但其他一切──從教育和人生展望到政治觀念──都大不相同。在大戰前的最後幾年，一般士兵（特別是被徵召入伍的士兵）的情緒頂多能夠形容為不情願的逆來順受。

他們的怨恨靜默無聲，會被筋疲力竭、習以為常和害怕告密者所減弱。但士兵們本來就沒有必要談太多。對農村所發生的戰爭記憶猶新。有些人本身因為政府攫奪農民的穀物而挨餓過，其他人則仍然收到家人訴說物資短缺和恐懼的來信。集體化是一個不需要討論的話題，因為它瀰漫在士兵的心靈裡，一如潮溼浸駐在他們的骨頭裡。在上政治課的時候，沒有話題比蘇聯農場的命運能夠激起更多的質疑。軍隊招募農民，因為大量的農民造就此等必然性。直到德國軍隊在夏天一個夜晚越過它的邊界為止，蘇聯仍然是一個大部分人是出生在農舍的國家。這種人一度是出色的士兵，而農家子弟也身居史達林菁英軍官中的明星之列。不過自一九二九年之後，蘇聯政權理所當然地認定，最好的軍人是來自城鎮人家。[15]

即使是工人家庭的子弟，穿上軍服之後也會很快意識到集體農場的影響。雖然紅軍從未負責把農民趕入可恨的集體農場，他們卻會被要求在收成時期幫忙收割。幹農活（挖馬鈴薯、餵豬和在雨中修補農具）將會成為蘇維埃士兵生活的特徵。那些不得不在這類部隊中工作的政治軍官於一九三九年舔著鉛筆準備撰寫報告時，會發現他們沒有太多好事可寫。士兵嘀咕著：「他們告訴我們集體農場農夫過得很好。事實上他們一無所有。」另一個新兵告訴一個同袍：「我不打算保衛蘇維埃政權。如果真的發生戰爭，我將會開小差。我老爸是個傻瓜，所以才會死於內戰。我可不傻。共產黨和蘇聯政權搶劫了我的財產。」[16]另一個新兵讀了一封家書之後告訴同袍他決定不了怎麼做：「我必須學習，但我一直替家人擔憂。」還有一個說：「我的家人正在挨餓，沒有事情提得起我的興趣。」[17]

★

在一九三九年，服役年齡是十九歲。當年的最後一批新兵在九月入伍，他們都是生於內戰結束之時。就像打老婆和彩蛋一樣，當兵在俄羅斯農村被視為一種傳統。軍隊總是徵人入伍。「那是沙皇的命令和得到上帝的批准。」一次世界大戰的新兵嘀咕說。在那些日子，當兵就像遭遇饑荒和無兒無女一樣，被視為是對罪的懲罰。[18]一代人之後，這個過程改變了，但士兵們的宿命感還是一樣。蘇聯的新兵被認為應該通過一些測試：軍隊希望士兵識字，但並不是總能如願。晚至一九二〇年代晚期，心理學家發現士兵平均識得的單字介於五百至兩千個字之間。[19]那段期間還有些士兵說不出來史達林是誰。這個發現讓軍隊的政治部大驚失色，決心非予以改變不可。[20]政治教育的力度因而遽增。到了一九三九年。無法通過閱讀測驗的新兵人數已經降低，也不再有人不知道領袖是誰。不過最優秀的人員都會被內務人民委員部挑走。[21]軍隊只剩下次一等的。

徵兵是一件費時的事，每年都要耗上兩、三個月。在每一區，徵兵是地方軍事蘇維埃的責任。它們有權把有病或精神不正常的人過濾掉，以及審核豁免服役的申請。他們也會查核政治紀錄，因為把武器交給已知的人民敵人是危險的事。那些通過所有查核的小伙子不會對軍事完全陌生。他們

洗蒸氣浴的士兵。一九四一年九月。

全都上過學，大部分知道他們的國家需要為戰爭作準備。有些新兵還在夏令營瞧過步槍或防毒面具。他們當然也上過大量談紅軍的課程。軍隊也許會被看成為通向男子漢和通往刺激冒險的途徑，也總有些年輕人宣稱他們以被召入伍為傲。有些人是自願從軍（城市特別多這種例子），不過對其他人來說，家裡難免一片離愁別緒。他們的媽媽也難免得大哭一場。要去當兵的人會把幾件能帶的東西——兩套換洗的內衣褲、一些糖和菸草——放入一個帆布袋或紙板盒，然後用走的去到徵兵站（他們除了兩條腿通常沒有其他交通工具）。

「我們的軍事訓練是從蒸氣浴、衣服消毒、把頭剃得像臉蛋一樣光滑和一堂政治課開始。」當時的一名新兵回憶說。[22]對很多學員來說，那堂政治課是在宿醉中度過。年輕人在到達部隊的時候常常已經喝醉。這是一個傳統。就像很多傳統那樣，它可以追溯至沙皇的時代。[23]他們是從離開家裡之前喝起，然後持續好幾天。對此，當局的態度是睜一隻眼，閉一隻眼。這是因為伏特加比說教或額外操練能更有效平息新兵的焦慮。持這種主張的人指出，新兵也許會在火車上醉倒，但如果他們不省人事，那就更容易把他們運到任何一種地獄。[24]

醉眼惺忪和不確定自己身在何處，新兵們排成參差不齊的隊伍，等待領取裝備。不管他們的平民身分是農人之子、工人之子還是礦工之子，他們都會脫下身上原有衣物，換上淡綠色軍服——這是他們新身分的標誌。他們穿上粗羊毛褲子和一件外套。每人還會獲發一條皮帶、一件大衣和一雙軍靴。這些衣物他們每天都要穿戴和保養。但他們收到的內衣褲是暫時的。理論上，他們每隔一段時間就得把內衣褲送洗，屆時會收到一套乾淨的換上。不過他們極少會拿回原來那一套，甚至極少會拿回一整套。這是一個小小的羞辱，是另一件他們無法控制的事。

除非是自己掏錢買，新兵不會有襪子穿。紅軍是一支裹著「腳布」（*portyanki*）行軍的軍隊。「腳布」是長條型，用來像綳帶那樣纏住腳掌和腳踝。它們號稱可以防止起水泡。一個老兵對這個說法報以微笑。「我想穿襪子會更舒服。」他說。但這只是私底下說說，不是抗議。「腳布」畢竟較便宜和較不個人性，一個尺碼人人通用。學習裹上「腳布」需要一點時間，而這個過程多年來都會在起床號吹響後引起拖延和混亂。但「腳布」是人人皆用，在整個大戰中同時被男兵和女兵使用。「完全是靠它們，我們領到的軍靴才會穿起來合腳。」一個女兵回憶說。「另外，當然，有軍

一個資深軍士教一個年輕新兵把「腳布」裹上。

靴可穿我們也會很高興。」

只有軍官獲配發手槍——通常是一八九〇年代設計的「納干」左輪手槍。另外也只有軍官有軍用手錶。大兵獲得包包和槍套，但通常毫無用處。他們收到的各式各樣空袋子，包括一個戶外包、一個裝衣服的袋子、一個放餅乾的袋子、一條用來紮緊大衣的帶子、一個羊毛水壺套、一個裝家裡帶來東西的袋子、一條步槍背帶、一些子彈匣和一條子彈腰帶。[25]至於武器甚至是彈藥，它們是那麼的珍貴，大部分士兵只有參與軍事行動時才會拿到。不過他們每人獲發一個兵籍牌（用作他們新身分的證明）和一個小燒水壺。「我們最寶貝的是起居飲食用得著的物品。」老兵特姆金寫道。「前線步兵在恐慌撤退時，有時會扔掉沉重步槍，但從不會扔掉調羹。」[26]士兵每頓飯後會把調羹舔乾淨，插在靴筒裡。

新兵很快就得找張床睡覺。一如很多其他方面，從一九三八年開始入伍的一代是不走運的一代。軍隊一直迅速擴張。在一九三四年，紅軍連軍官在內一共是八十八萬五千人左右。到了一九三九年底，隨著為了備戰而把預備役軍人徵召入伍，紅軍人數暴增至一百三十萬。[27]軍隊膨脹引起了很多問題，其中之一是營房短缺。根據軍隊的規定，每個士兵的生活空間是十四點六立方公尺，其中四點六平方公尺是地板。[28]但這只是一種理想狀態。就連軍官都不可能指望有足夠的生活空間。列寧格勒軍區一個共產黨軍官在一九三九年一月寫道：「集體農場農夫住得比我們軍官團好得多。」一新入伍者形容他們的環境為「折磨」。[29]一個新軍官表示：「對我來說，自殺要勝於住在這個洞裡。」一名軍校生因為要求住在軍官才有資格住的房舍，被關禁閉三天。軍官和士兵罹患肺結核的比例往往在入伍後的第一年增加，腸胃炎的個案也是如此。曾有過同一營房的一百五十七名軍校生在入伍頭十日內都被送院治療。[30]

大兵們也擠在比規定小的空間。[31]事實上，只有幸運兒才能找到遮風蔽雨之處。一九三九年的動員計畫規模龐大，以致很多新兵到達基地之後發現根本沒有營房。這時候他們只能夠在城中到處尋找住宿處或露天睡覺。在這兩種情況下，他們睡覺時也許都只有稻草可墊。軍隊提供毯子，但床墊總是短缺，也從來沒有足夠的木板床提供給數量不斷膨脹的新兵。稻草雖然溫暖，卻是虱子的溫床。[32]

在軍營裡逛一圈並不能治好一個年輕人的宿醉或思鄉病。在蘇聯，任何一種公共設施都疏於維護。喜好物質財富的文化催生出蓬勃的黑市。只要有什麼是可被偷、可苛扣或可摻水的，附近總有可提供這些物品的小販。與此同時，困擾著中央計劃經濟的短缺和管理難題結出了蕭瑟的果實。一個在一九三九年五月到基輔軍區檢查的巡視官發現廚房堆滿垃圾，肉庫因為高溫發臭，士兵的飯堂仍然沒有屋頂或堅實的地板。穿過院子前往浴室時，他注意到「廁所的排泄物沒有清除，馬桶沒有蓋子，小便池是破的……這個單位形同沒有廁所」。[33]

正如其他報告所示，這種情形並非不尋常。另一份報告指出：「垃圾沒有人收，髒汙沒有人清理。小便池破裂。軍官食堂的水管堵塞。」[34]衛生措施在任何地方都受到忽略。為庫斯克省士兵提供肉食的屠房沒有自來水，沒有肥皂，沒有肉鉤，沒有隔離生病動物的特殊隔間。在那裡工作的人沒有受過恰當的訓練，沒有受過感染性疾病的篩檢。他們的骯髒廁所離肉房只有幾碼遠，而且就像當時的很多其他廁所那樣，是沒有門的。「就連肉都是髒的。」巡視官寫道。[35]

軍中的飲食老是遭到抱怨。這種情形在所有軍隊皆然（因為廉價的膳食總是無法滿足飢腸轆轆士兵的需要），但在蘇聯特別嚴重。不管外頭有多冷，軍營的廚房總是發臭和蒙著一層油脂。午餐（包含極小塊肉塊的湯）在巨大金屬鍋子裡沸騰，通常是配著黑麵包和加了糖的茶一起吃。有個新兵抱怨說：「在家裡的時候，我都是想吃多少就吃多少，但在軍隊裡我變瘦了，甚至變黃了。」另一個新兵說：「這裡的飲食真是可怕，我們午餐總是有難吃死的包心菜湯。麵包是最差的：黑得像土，還會磨你的牙齒。」光是一九三九年一月就發生了至少五起士兵集體拒絕進食的事件，給另一頓難以下嚥的飯食打了耳光。同一個月的頭三星期，軍隊外科醫生報告說有七起重大的食物中毒事件，最嚴重的一起（涉及腐敗的魚肉）讓三百五十人得入院治療。[36]死老鼠會出現在基輔軍區的湯裡，其他地方則出現了麵粉裡有沙粒、茶裡有碎玻璃、飯裡有活蚯蚓等情形。[37]三月，有兩百五十六個人嚴重腹瀉，調查發現他們喝的茶原來是用酸臭的溫水沖泡。[38]來自喬治亞共和國高加索山區（這地區至今仍以美食馳名）一個新兵在烏克蘭待了幾星期後成了逃兵，臨走留下一張字條，大罵軍中的伙食。字條的最後說：「我要回山區去吃好吃的喬治亞食物和喝我們的葡萄酒。」

解決飲食欠佳的辦法之一是在軍隊的土地上自種自養食物。這是其中一件前農民真有可能被要求去做的工作。瑞斯在他對戰前軍中生活的記載中指出：「到了一九三二年晚夏，有一個兵團業已擁有兩百多頭豬、六十頭牛、一百多隻兔子和四十個蜂箱。」[39]情形到了一九三九年沒有改變。士兵們挖馬鈴薯和割乾草，為乳牛擠奶和殺豬。[40]這種工作常常粗重、骯髒和寒冷，所以有時候被用作懲罰。不論如何，幹農活都會讓士兵們疏於接受軍事訓練，忽略了服役的真正目的。然而民以食為天，而成功的部隊農場確實可以讓士兵的飲食品質大幅提升。這也有助於提高士氣。當時，幾乎每個人多少都要挨餓——不只士兵是如此，集體農場的農民甚至有些工人也是如此。雖然有色彩鮮豔的冰淇淋售賣亭，但大部分人仍然被迫大排長龍購買牛油和肉類之類的主食。反觀士兵卻是有保證配額，哪怕品質不佳。這是對蘇維埃生活一個黯淡的評論，但據瑞斯的判斷：「雖然他們的住宿環境可憐兮兮，一九三〇年代軍官和士兵的生活水平一般高於蘇聯社會的其他部分。」[41]

重點是士兵並不需要去覓食。他們不必像他們父母也許需要的那樣，用結婚戒指交換食物。他們可望獲發大部分需要的東西。他們還有軍隊商店可以光顧。在幾乎任何價格的商品皆告短缺的當時，紅軍士兵可以在軍隊商店買到一系列的奢侈品，包括火柴、菸草、針線、剃刀、牙刷和鋼筆。不過就像蘇聯的其他事物那樣，事情總是這樣因地而異。有些商店管理不良而有些商店主營徇私舞弊，所以有時這些商店和穀倉無異。每個人都抱怨物資短缺。從來沒有足夠的菸草，牛油看來會在幾小時內賣光。

肥皂也是稀缺之物，許多士兵都提到他們從來沒有方法可以清潔牙齒。自來水竟是要在軍營浴室能用的時候才有。想要來一趟真正的清洗，士兵們知道他們必須光顧蒸氣浴，也就是知名的俄國「班雅」。這儀式不純粹是為了慰藉。每十日來一趟蒸氣浴（和更換一次衣服）是想要擋住帶傷寒菌的虱子的最低要求。不過「班雅」浴室通常是在鎮上，步行前往大概需要半小時。一個士兵回憶說他們兩星期洗一次蒸氣浴，另一個說他們一個月洗一次。[42]當大戰在一九四一年爆發時，新兵們將會抱怨身上的髒汗讓他們身體搔癢和發臭，長出癬子。但老鳥們已習以為常。和平時期的紅軍士兵生活主要是學習遷就現實。不管一個新兵對蘇聯生活有什麼理解（他們有些人在學校時培養出對機會和社會正義的夢想），軍隊都會狠狠給他們潑冷水。

另一個麻煩是犯罪。軍隊的倉庫和庫房總是吸引黑市商人。雖然軍中飲食乏善可陳，但軍隊廚房的偷竊事件仍然層出不窮。廚子常常被指控把應該加到湯裡的肉和脂肪拿去賣掉。然而廚房只是可回溯至倉庫和運輸火車的供應鏈的最後環節。小偷竊（典型的例子是偷竊五十公尺長的「腳布」布料）無日無之[43]，但如果有機會避開警察耳目（部隊在移動的時候就是這樣），偷竊的規模就會擴大。一份一九四一年的報告宣稱：「我們對該幾個單位的調查發現，物資補給工人即使本身沒有直接加入偷竊，也是默許偷竊。」在一個地區，「有五百八十三件長大衣、五百零九雙軍靴和一千五百一十三條腰帶消失了」。被偷的其他東西包括食物。[44]

所以軍隊當然是一個訓練場，但眾人在那裡所受到的訓練有些不會見於任何正式的工作手冊。當士兵在挖馬鈴薯或一起修理營房的屋頂時，他們也會納悶正式的軍隊工作要什麼時候才會開始。事實上，他們只有很少時間可以當真正的士兵，一大理由是他們的意識形態課程從不被認為應該跳過。在任何的工作天，士兵至少要上一堂政治課，例如史達林對資本主義的分析，又或是對理想軍官的道德品質的答問。意識形態不被認為是軍事訓練的一種補充，甚至不被認為可以像宗教那樣提升士氣。戰前，蘇聯期待士兵擔任宣傳大使的角色。作為人民的尖兵，作為人民的利劍和捍衛者，他們被認為應該在社會整體面前代表正確思想。這種觀念期望士兵退伍之後可以作為社會大眾的楷模，在言行方面作為榜樣。不過要做到這一點，他們自己必須先脫胎換骨。一個謹守本分的士兵——更別說是一個謹守本分的共產黨人——被認為應該不沾酒、深思熟慮、貞潔和意識形態正確。

黨在軍隊裡建立了一個自己的帝國，用以改造士兵的心靈。它的利益由一個叫「紅軍總政治部」的組織作為代表。麥赫利斯是這座非軍事階層頂端的一名人物，他是個陰險傢伙，感興趣的是祕密逮捕而非教育士兵。他對紅軍的影響是有害的，而他在一九四二年的去職也標誌著總參謀部文化的轉捩點。但在一九三九年，軍隊仍然受到來自政治的嚴重干涉。士兵們的軍隊生活受「政委」和「政治指導員」管治，前者在團和營的層次運作，後者在連及更低的軍事單位運作。在第二層運作的是年輕的共青團團員，他們在軍中的代理人被稱為「共青團小組長」。

一個「政治指導員」可能集政治宣傳人員、軍中牧師、軍隊精神病學家、學校風紀員和密探的角色於一身。軍隊的規章指出「『政治指導員』是士兵中間所有教育工作的核心。」[45]「政治指導員」會蒞臨射擊課、步操和步槍拆解課。他們會幫每個人打分數，指出每個科目裡有多少人獲得「優等」，以及為那些拿不到「優等」的士兵找藉口。他們每個月會撰寫報告，呈報本單位的「紀律、士氣和『異常事件』」，而所謂的「異常事件」包括逃兵、醉酒、不服從上級和不假離營。他們也是黨節日慶祝活動的策劃者，這些節日包括十月革命紀念日（因為曆法的修改，該紀念日現在是落在每年的十一月七日）、紅軍節（二月二十三日）和五月一日的勞動節。士兵們對這些節日翹首以盼，因為在這些日子，他們聽完「政治指導員」說教後可以享受一點自由時間和大喝一頓。

真正以政治宣傳為己任的「政治指導員」必然會遭遇抗拒。他們有些人出於野心或虔誠，想盡辦法按照黨的規定去形塑士兵。他們不停討論、舉辦會議和海報運動。他們在部隊的空閒時間高聲朗讀，通常是朗讀報紙內容，例如軍隊自己的《紅星報》的內容。有些人還搞了一間小圖書館。幾乎所有「政治指導員」都有一間宣傳小屋，在裡面設計海報和懸掛布條。所有單位的「政治指導員」都會教士兵認識基本單字，也會調查士兵的抱怨和回答他們有關日常生活的問題。這不是一件容易的工作。就像其他類型的軍官那樣，「政治指導員」得要與物資短缺奮戰。「我們沒有半本列寧的著作。」一名「政治指導員」在一九三九年對他的「政委」說。更糟的是，被派往芬蘭的單位發現他們沒有領袖史達林的肖像。「緊急送過來。」一封電報命令說。[46]雖然事後回想會覺得他們很荒謬，但有一些「政治指導員」和他們較年輕的同志——「共青團小組長」——很認真對待自

一名政治指導員向部隊朗讀文件，一九四四年。

己的使命，為此做出真正的犧牲。也許有些士兵在一九三九年會欣賞這樣的態度；確實有些士兵會在二戰的一片混亂中有如此感受。不過，更多士兵在望向「政治指導員」乾淨的軍靴、光滑的手和未使用過的子彈腰帶時，只會感到虛偽。

「政治指導員」也因為他們是監管紀律的人而受到仇視。告發常常是出自他們，「特別部」（Special Section）的憲兵會出現在食堂或軍營通常是拜他們的報告所賜。這種功能和「政治指導員」的另一種任務——促進相互信賴——發生了衝突。他們的守則指出：「革命紀律就是人民的紀律，而它與一種革命意識牢牢地繫在一起……那不是基於階級順服，而是基於一種對紅軍的目標和目的的自覺理解。」[47]有些人也許會覺得這一類共同的價值觀可以建立政治同志情誼的網絡，但雙重標準的文化、祕密告發的文化和虛偽要求的文化，對營造軍隊所需的團隊精神毫無助益。那些在作戰時絕對需要倚賴同袍的士兵和軍官很快就發現，熟諳馬克思主義和列寧主義並不是在砲火下堅定不移的保證。不過，「政治指導員」又繼續說教了三年。主張把他們留下來的說法認為，共產黨人是可靠的。共同的意識形態應該足以讓一個人相信，當射擊開始時，他旁邊的士兵會掩護他的側翼。已知的敵人將會被移除。黨將會照顧好一切。

即使在和平時期，這個系統也是漂浮在一片虛假的熱情上。就像其他任何地方的共產黨員那樣，「政治指導員」包含大量差勁的榜樣。他們不少人沉迷在伏特加和女色之中。一封一九四〇年的電報說：「必須把資淺『政治指導員』謝苗諾夫交付軍事法庭審判。他道德敗壞……他繼續喝酒，讓一名軍官的名聲蒙羞。」那星期，他和一個妓女被發現醉倒在一個垃圾桶底。[48]但沒有被逮到的要多更多，對他們的不滿需要由士兵來表達。一名步兵告訴他的「政治指導員」：「如果我最後要上戰場，首先我會用我的左輪手槍朝你的喉嚨開槍。」另一名打包前往芬蘭的新兵威脅說：「我會開槍射擊的第一個人是『政治指導員』查依釆夫。」兩名原本得跟所屬單位開赴北方的年輕逃兵在回到基地之後被關禁閉。他們其中一個說：「一等我們到達前線，我就會殺了副『政治指導員』。」[49]有些士兵會在營房牆壁畫上萬字符號。此舉也許會被認為是要讓共產黨難看，不過八成也是因為有許多「政治指導員」是猶太人（猶太人受的教育通常比一般人好）。一九三九年早期的一些報告指出，有些「政治指導員」在士兵中間發現「反猶太言論和親希特勒的傳單」。[50]

這一類緊張關係和仇恨是紅軍對戰爭沒有作好準備的重要因素，但士兵們的戰鬥訓練的性質也難辭其咎。由於意識形態教育在士兵的每日作息時間表占了很大比例，所以必須找出額外時間來容納傳統課程。在一九三九年，「學習日」是一天十小時，而從一九四九年三月起，在經歷芬蘭的災難之後，它增加為十二小時。一個新兵嘀咕說：「我沒有時間為所有這些學習備課，我甚至沒有時間盥洗。」[51]事實上，大部分新兵有時間學習的技巧都是最基本的技巧。他們學習行軍，學習在一個口令之下躺下或跳起，以及學習（這是最累人的）挖掘。他們學會在起床後幾分鐘內穿上衣服，在抽第一根手捲香菸時把「腳布」裹上。這些操練也許看似無甚意義，但它們至少是當一名真正軍人的第一步，可以以反射動作服從命令和鍛鍊出較佳體力。如果還有時間在這個基礎上做出更多訓練，士兵們也許會更加有所得，但政治干涉總是不斷動搖他們的信心，缺乏時間也限制了他們能夠學到的技能。

一個步兵必須學會開槍。俄語單字「步兵」翻譯過來就是「步槍兵」。這個階段所用的步槍是使用彈匣和栓動，裝有刺刀。這種步槍雖是一八九〇年代的設計，卻十分可靠並得到士兵的信賴。問題在於即使圖拉和伊熱夫斯克的工廠在一九三七年之後加速生產，仍然無法做到讓新兵人手一支步槍。步槍零件一樣是到處短缺。[52]一九三九年被派去芬蘭的那些士兵常常是拿著木頭步槍受訓幾星期。這樣做也許有助於他們學習怎樣拿著一支步槍躺下或跪在戰壕裡，卻無法讓他們學習瞄準和感受真槍的重量。坦克也是如此，有時候會用厚紙板坦克模型來訓練新兵。雖然蘇聯工廠也生產一種世界一流的衝鋒槍——狄格帖諾夫設計的ＰＰＤ衝鋒槍，但史達林要經過芬蘭戰爭後才相信它的實戰價值。疑心妨礙了這種衝鋒槍的廣泛部署。直到一九三九年年底，這種精良的武器都是專門給憲兵使用，至於配給軍隊的那些全都鎖在庫房裡。[53]

不奇怪地，評估軍訓效果的報告語氣絕望。大量新入伍者（包括軍官和普通士兵）都沒能達到步槍使用技能的期望標準。[54]意外事故的發生也是頻繁得驚人。即使是大白天的訓練時間，一樣會出現士兵因為喝醉酒而胡亂射擊的情形。事實上，也沒有讓部隊全時間處於最佳狀態的需要，因為這支軍隊主要是供閱兵之用。[55]由於對他們的軍官不抱指望，聰明的士兵學會把時間移作他用，做更佳利用。一個烏克蘭新兵表示：「你們永遠不會教我任何東西，所以我乾脆在崗位上睡覺。我將會繼續睡下去。」[56]一九三九年三月，有一群有進取心的士兵每天早上派出一支分遣隊到當地的堆木場工作，拿到的薪水由全部人平均分配，又聰明地給政治軍官留了一份。[57]

一九三八年和一九三九年入伍的菜鳥新兵也會從老鳥學到東西。一九三九年，後備軍人被徵召入伍，以準備對波蘭、波羅的海國家和芬蘭動武。這些成熟的男人（有些人三十歲尾聲或四十歲出頭）到達基地時一肚子火。他們被迫放下工作和家人，回到一支他們大部分人努力遺忘的軍隊。這種怨氣經常會浮上檯面。其中一個對其他同袍抱怨說：「當兵比在貝加爾－阿穆爾鐵路做苦工還要不堪。」他們有些人則緬懷紅軍在一九二〇年代早期的民主歲月：他們當時可以抽著菸對軍官說話，把命令當作授意辯論的訊號。這種回憶像落空的諾言那樣，讓人耿耿於懷。這些老鳥抱怨說：「紅軍的紀律比舊沙皇時代的還差。」菜鳥們把這一切聽在耳裡，恍然大悟。「我們將會死了才有假可放。」[58]

★

有潛力的軍官——紅軍的未來菁英——有望得到較好的待遇。經過挑選的一群從學生時代便已開始接受訓練。其他的從二等兵幹起，用政治信念和實際技能給上級留下深刻印象，不斷往上爬。隨著軍隊在一九三〇年代的擴大，對新的軍校生的需求亦告增加。共產黨的口號這樣說：「沒有召喚要比工農紅軍的召喚還重要，沒有職業要比當軍隊的指揮官更加光榮。」[59]事實上，要到了一九三四年之後，步兵排的排長才開始比工廠裡的藍領工人賺到更多錢。[60]只有菁英可望得到權力和得到平民世界裡資深經理人與政治家享有的財富。但低微薪資不足以讓有熱忱者打退堂鼓。軍隊提供了享受刺激冒險、旅行和同志情誼的機會。軍校生是出身於貧窮農舍還是市中心公寓並不重要。當他們勤奮學習語言、數學、戰術和歷史等課程，他們的未來事業就有了堅實保障。

至少這是一九三九年之前幾年的希望。無疑，困擾士兵的物資短缺一樣會影響資淺軍官。在一支缺少長大衣、軍靴和槍枝的軍隊裡，你很難可以把事情做好。但這些都是小煩惱，一名忠誠的共產黨員可以置之不理，除非他們是負責緩解他們部隊的艱困環境。從一九三七年起，更有壓迫性的是對政治錯誤無時或已的恐懼。史達林對政治和軍事菁英的清洗開始於一九三七年春天，持續了幾個月，導致了軍官文化向壞的方面改變。畢竟，大清洗的其中一名受害者是圖哈切夫斯基，即總參謀長本人。[61]他和他的同僚遭到的指控包括了叛變，所以死刑判決在所難免。在以前，政治鎮壓的受害者一直是平民，這一次，一場大審讓整個軍事建制為之瑟瑟發抖。

逮捕圖哈切夫斯基是一個由國家主導的恐怖行動過程的第一幕。它把軍隊壓服在新形式的政治控制之下。這個大動盪將會導致戰略的改變，因為圖哈切夫斯基的大縱深禦敵計畫隨著他本人的隕落而被廢棄。總參謀部在一九四一年改為準備打一場進攻型戰爭。不過在當時，和像暴風一樣席捲軍官團的恐懼相比，一場假設性軍事衝突中的戰略看似無關痛癢。一九三七年至一九三九年的三年間，有三萬五千多名軍官去職。到了一九四〇年，已經有四萬八千七百七十三人被清洗出紅軍和艦隊。在和平時期的最後三年，九成軍區司令的職位被下級取代。這種人事更迭讓徵兵、訓練、物資供應和部隊協調在大戰前夕陷入一團亂。[62]隨著職業軍人軍職的朝不保夕，軍隊士氣掉到了谷底。

一個被罷黜的軍官不必然會被囚禁，更不必然會被槍斃。就連那些被內務人民委員部拘捕的人（占了去職軍官約三分之一）有時一樣會官復原職。而根據瑞斯的計算，即使在最艱難的那一年，因為政治理由而被革職的紅軍軍官也少於七·七%。[63]到了一九四〇年，已復職的軍官達一萬一千人。但大清洗讓每個軍官的工作變得更加困難。首先，它清楚顯示，沒有人的軍職（乃至生命）是有保障。在偉大衛國戰爭的將星中，有好幾個是曾在監獄和勞改營待過一段時間，其中包括庫斯克和哥尼斯堡的得勝者羅科索夫斯基。從一九三七年開始，毫無疑問的，軍隊工作的每個方面——包括訓練和硬體部署之類的純軍事事務——都可以成為黨內辯論的主題。在德國入侵的前夕，黨的代表監視軍官做的每件事。與此同時，整個領導文化都受到動搖。現在，軍官不再以積極任事為榮，而是會盡量躲避鎂光燈和推卸責任。軍校生學不到多少在戰場上鼓舞士兵的方法。這被認為是「政治指導員」負責的事。

這是引發壓力的不二法門。年輕軍官本來就滿腦子是黨有關神聖責任的教誨，現在被要求從事他們沒有受過訓練的工作，然後，就像諷刺他們的努力似的，他們受到來自「政委」的百般刁難。對這些見習者來說，官僚制度的陷阱就像祕密警察可能來訪的威脅一樣恐怖。一九三九年，即離開軍事清洗最嚴重日子的好一陣子以後，軍校生和資淺軍官的自殺率一樣令人心驚。從他們的遺書判斷，「害怕責任」是最常見的自殺理由。對那些容易失望的人來說，難吃的伙食和惡劣的居住環境也許足以摧毀他們最後一點點士氣。有一個資淺中尉在地下屋裡住了幾個月之後精神崩潰。作為一個共青團團員，他不能譴責政治系統。所以他在遺書裡說：「我無法把這種艱難生活過下去……我愛我的國家，永遠不會背叛它。我相信有一個甚至更美好的未來，到時燦爛的太陽會照耀整個世界。但有一些敵人從旁窺伺，威脅著一個忠誠指揮官嘗試採取的每一步。我決定自我了結，哪怕我只有二十一歲。」[64]

政治牽扯——特別是大清洗——讓招募、訓練和留住新軍官更加困難。到了一九四〇年，每一類技術專家的短缺已經到達了危機程度。隨著軍隊在一九四一年膨脹至超過五百萬人，它對軍官的需要更加如飢似渴。據蘇聯自己的估計，在德國入侵的前夕，軍官團至少短缺三萬六千人。當戰爭動員開始了之後，這個數字跳至五萬五千人。[65]這表示很多士兵得在沒有戰場經驗的年輕人的領導下作戰。不過就連在一九三〇年代，即軍隊還不需要作戰以前，軍校生就已經被迫在結束訓練前提前畢業。一九三八年，國防人民委員伏羅希洛夫命令一萬名軍校生提早離開校門，接受分派。[66]這些人都是年輕人，他們和他們長輩——父親和老師——的關係只限於追隨，不是帶領。當他們被迫去帶領一個由三十幾歲士兵組成的軍團時，很容易會成為被藐視而非受尊敬的對象。

普通士兵很快就可以看出一個人的不稱職。大清洗和告發的文化對軍官的威望並沒有太大損害，但他們自己的無能卻是要命的。蘇聯軍隊被認為應該是充滿同袍之情和開放的。它並沒有使用對英美軍制來說極具重要性的士官長。在政治代表的從旁協助或扯後腿下，資淺軍官被委以全部操練和訓練的工作。結果可想而知。一名年輕新兵在想到有可能被派到芬蘭作戰時說：「如果他們把我派到前線，我會溜到叢林去。我不會作戰。但我會射擊像我們單位指揮官戈爾季延科之類的人。」[67]一九四一年之前，部隊中最常見的違紀事件是士兵對資淺軍官不敬或不服從。[68]

政治影響一個軍官的每個決策。「政治指導員」和「政委」對正規軍官趾高氣揚，堅稱他們的關懷——培養階級意識和共產黨員的價值觀——要優先於軍事議題。反抗或者甚至只是無禮都可能會讓一個軍官丟職。這種現象是如此地荒謬。一九三九年，甚至連麥赫利斯都覺得必須譴責這種事。[69]新的規定在翌年引入（時為芬蘭災難發生不久之後），用以擴大正規軍官的權威和留住人才。軍官的居住環境是預定要改革的項目之一。軍官地位被認為應該用一些權力象徵來突出。改革者們主張：「應該讓連長騎最高大的馬匹。」[70]這是幫助年輕軍官做好工作的一步——諸多步驟中的一步。但沒有人主張最激進的改革，沒有人建議讓軍官完全擺脫政治的糾纏。每逢雙頭權威的議題被提起，討論結果都是不了了之，讓黨的影響力完好無缺。

★

沒有工作比解釋新聞更需要一個「政治指導員」運用創造性想像力。想到蘇聯在戰前最後幾個月的外交政策，你幾乎會為他們感到難過。大部分士兵的識字能力都不足以讀報，但即使是一個半文盲的醉鬼，也一定會注意到蘇聯政策在一九三九年的一個古怪轉變。八月二十三日，蘇聯外長莫洛托夫和納粹德國簽訂一紙互不侵犯條約。紅軍將士聆聽講述法西斯主義威脅的八股已經十幾年，但現在他們卻突然被告知，德國人變成了他們的盟友。在一九三九年十二月史達林六十歲誕辰當天，其中一封賀電是來自希特勒。這位元首祝福「友善的蘇聯人民未來幸福快樂」。[71]

平民和軍隊都不知該對這新聞作何感想。當解釋的工作落在「政治指導員」頭上時，他們被迫訴諸「歷史進步」的革命修辭。國際無產階級的團結總是可以被拿來做文章，更何況德國工人階級在蘇聯的想像力裡占有一個特殊地位（一大原因是德國的工業讓人敬畏）。但不管怎樣，和希特勒簽署條約一事都令人震撼。一所參謀學院的軍校生還以為這消息只是假新聞。[72]當有人問一個「政治指導員」，下一場戰爭會不會是一場帝國主義戰爭時，他乾脆就放棄了。「數算帝國主義戰爭並無意義……」他回答說。「當戰爭結束，黨就會召開大會，到時他們自會告訴我們那是哪一類型的戰爭。」[73]在營房裡，士兵們開始把德國外交部長的姓和俄語單字「屁股」押韻一事拿來開玩笑。[74]

紅軍也即將要進行一些不尋常的行動。一九三九年八月的《德蘇互不侵犯條約》有一條德蘇相約瓜分波蘭的祕密條款。雙方也約定好將來瓜分波羅的海三小國拉脫維亞、立陶宛和愛沙尼亞。德國在條約墨水幾乎還沒有乾便從西邊入侵波蘭，而僅僅兩星期之後的九月十七日，第一批蘇聯部隊越過邊界進入波蘭東部各省。德國的入侵行動驅使英法在九月三日對德宣戰，但波蘭的敗亡已成定局。華沙在九月二十八日被德軍攻陷。當時，這國家的其餘部分已經被德軍和蘇軍從相反兩個方向吞噬。紅軍沿著蘇聯的新邊界部署，與他們無法好好協調行動的盟友隔界對望。它的士兵變成了一支占領軍。他們名義上是解放者，卻得要每日面對他們駐紮地居民的仇視。這種經驗將會在翌年六月重演一遍，當時蘇聯軍隊向北推進至波羅的海，將幾百萬不願意的公民加入到史達林的西部帝國裡。

在一九三九年，史達林的首要之務是趕在德軍第二次成功改變地圖之前確立一條安全的新邊界。紅軍部隊在新邊界上和同樣有戒心的德國人互相假裝友好。雙方交換了戰俘。在新邊界的後面，士兵逐屋搜索藏起來的武器。殘餘的波蘭軍隊——波蘭民族主義者的「牽制隊」——被抓捕，地方上任何敢言或德高望重的人也是如此。[75]數以萬計的波蘭士兵——幾星期前才被徵召入伍的後備軍人——被拘禁在戰俘營。在史達林的命令下，這些人之中有超過兩萬在一九四〇年三月至五月之間被殺。在斯摩棱斯克以西的卡廷附近的森林裡對四千名波蘭軍官的處決是由祕密警察執行，在卡爾可夫和特維爾附近進行的類似槍決也是如此。這些謀殺都是祕密進行，不過當地人連續好幾晚聽到一陣又一陣槍聲。紅軍士兵對這些事情雖然被蒙在鼓裡，但他們也知道他們每日執行的政策並不是在帶給兄弟民族解放。

史達林的軍事顧問們事先考慮了最可能碰到的問題。被派赴波蘭和波羅的海的部隊受到了特別加強的思想教育。他們被告以，他們的努力將會把安全和幸福帶給這些新領土的人民，而新的邊界將可確保他們祖國的安全。派赴波羅的海三小國的部隊是經過精心挑選，全是「在政治上可靠……

獲供給最佳的飲食、武器和彈藥。」[76]這些英雄的其中一個說：「我很榮幸獲得被派往前線保護祖國的光榮。」與此同時，政治宣傳人員編造了一些美滿結局故事，供讀者歡慶。一個寫給軍隊看的報告這樣說：「西烏克蘭和西白俄羅斯的勞動人民帶著極大的歡欣和極大的愛歡迎紅軍，場面儼如一個人民節日。城鎮和鄉村的居民一律以有組織的方式和穿著最好的衣服迎接士兵隊伍。他們向著前進的部隊撒鮮花……謝謝你們，親愛的同志，」——他們被指控這樣說——「謝謝你，史達林。我們一直在等你，如今終於給我們盼到。」[77]

蘇聯的所謂解放不完全是空話。對某些人來說，特別是猶太人，他們有很好理由寧可被蘇聯而不是被納粹統治。不過就連這些人都很快發現，紅軍不是它假裝成的那種無私的革命之劍。對來自蘇聯的士兵來說，這些歐洲的城鎮和村莊是一個消費者的天堂。生活突然再次愉快起來，雖然很少士兵有錢像在地人那樣到酒館喝啤酒或聽一整晚爵士樂。一個嫉妒的軍官在寫回家的信中說：「他們一坐就是幾小時，慢慢喝一杯啤酒和抽菸。」[78]為防止士兵犯法，蘇聯軍方給占領區每個士兵發一筆小津貼。不過有那麼多東西可以消費，這筆錢實在不夠花。遇到當地人不接受「戈比」作為交易貨幣，士兵們就會用恐嚇來弄到他們想買的東西。他們也會闖入農舍搜刮。受歡迎的物品包括手錶和鋼筆，但木製門把也一度熱門。[79]一些老兵至今還記得，有些波羅的海占領軍的士兵給家裡的太太寄衣服和錢。對他們來說，邊界地區到處都是寶藏。有個士兵因為在一間拉脫維亞書店買了一本反蘇聯笑話集而被捕。稍前有人聽見他說資本主義者懂得怎樣過生活。[80]

不過作為占領軍，正規的紅軍已經算是一種良性的存在。對各新加入的省份而言，更糟的還在後頭。為了讓它們和蘇聯其餘部分看齊，內務人民委員部被派到這些地區，把私人農田集體化。抗議者——最新的「富農」隊伍——被逮捕，用貨運火車遞解到東方。與此同時，在一場社會革命和一場即將來臨的戰爭的動蕩中，軍事蘇維埃開始在新占領區徵兵。軍隊對士兵的需要無窮無盡，而新的人口就像其他任何地方的人那樣，有責任貢獻配額。有些政治人物還期望服兵役可以把資本家家庭的子弟轉化為堂堂正正的蘇聯公民。基於這些考慮，徵兵成為了一件緊急要務，要求快速和果斷地進行。當局很晚才意識到，這些新兵會擾亂軍隊的文化和士氣。

從一九四〇年起，數以萬計來自烏克蘭和白俄羅斯前波蘭地區的十九歲青年加入了基輔軍區、列寧格勒軍區和布良斯克軍區的部隊。因為知道他們可能帶來衝擊，他們被以一小群一小群的方式（一群十五個人左右）分發到各個連。[81]聽懂俄語對他來說是一個問題，因為他們大部分人只會說烏克蘭語或波蘭語。然而，讓他們難以受教的不是語言不通。與那些心靈是由蘇維埃政權塑造的小伙子不同，這些人帶有對一個不同世界的記憶。即使那些感激蘇聯保護他們抵抗德國的人（因為很少人相信《德蘇互不侵犯條約》能夠長久維持），對最新推行的集體農場制度都充滿懷疑。他們全都對政治充滿疑問。他們有些人目睹過蘇聯占領後對所謂「敵人」的大規模逮捕，因為內務人民委員部的部隊從來離前線不遠。[82]還有些人是帶著深厚宗教信仰加入鼓吹無神論的蘇聯軍隊。

「政委」們大表驚訝。他們的報告說，新兵中「有大比例的人有著宗教信仰。有些人戴著十字架，連洗蒸氣浴的時候也不願意脫下。」[83]一個軍官發覺他有一些最新加入的部下「在寫回家的信中會先寫上一句：耶穌萬歲。有個士兵收到母親寄來的一幅聖像，此後每天睡覺前都會對著聖像禱告。」[84]在這一類年輕人所來自的村莊，教徒每逢復活節會在教堂裡守夜。他們有些鄰居秉持的宗教信仰甚至不准從軍。[85]「政治指導員」的上級們指出，忘記這些新兵在政治上是未經考核和甚至對蘇維埃政權懷有敵意是要不得的錯誤。他們也許還懷抱民族主義夢想。一名「政委」以他們時代那種笨拙古怪的歐威爾式語言警告說：「新兵極少不只流露出不健康的心靈狀態，抱怨紀律嚴厲和在紅軍服役的艱苦，而且在一些地方還會設法組成分離主義群體。」[86]

營房牆壁上的塗鴉很有可能就是這類人的傑作。對「政治指導員」權威構成最大挑戰的不是宗教，而是幽默。各式各樣的塗鴉——告密者稱之為「未經審查的語言」——在每個地方都愈來愈大膽。列寧和史達林的半身像，還有政治海報，成為了活靶（有一個半身像的眼睛被畫成青蛙眼）。有些「政治指導員」乾脆放棄努力。一個報告指責說：「這個單位裡沒有任何政治工作。」而事實上，該單位的士兵甚至不再預期有思想教育課要上。一個通訊單位的新兵（他是俄羅斯人）在一九三九年三月這樣說：「法西斯主義者沒有對我做過什麼，我看不出我有什麼理由要和他們戰鬥。依我看，我們是被法西斯政權還是蘇聯政權統治沒有差別。死掉或跑掉要勝於為祖國而戰。」[87]

★

這就是那一支被集合起來去打芬蘭戰爭的軍隊。它不像後來蘇聯神話所形容的那樣，是一塊巨石。相反地，它是一件施工中作品，應變能力仍在打造之中。那些在一九三九年十一月站在他們的「政治指導員」前面接受行軍命令的士兵中除了有兒子一輩，還有父親一輩。年長者留有沙皇國及其最後一場戰爭的記憶；年輕者滿腦子空話，除精力以外沒有太多其他東西。他們知道——理論上知道——他們為什麼被要求作戰。理由是芬蘭法西斯主義者威脅到蘇聯祖國的邊界。就像政治宣傳電影中的士兵那樣，紅軍部隊必須迅速驅趕他們。這將會是一件快速和輕易的工作，至少他們是這麼說。那些相信這話的人也許會希望別人來代替他們戰鬥，因為如果勝利真正得到保障，那就沒有人需要冒太多的險，歷史本身便足以保證正義會得勝。與此同時，也有些人覺得，打仗可以提供他們遊歷的機會，至少讓他們有機會得到一支芬蘭手表或一些好酒。不過不管紅軍士兵們有哪些期望，天氣正在轉冷，而他們的軍靴和長大衣將不足以應付一場長期戰爭。

「部隊的政治－鬥志狀態普遍良好。」一「政治指導員」為了他們上級的福祉而這樣說。維持士氣是他們在戰時的職責。不過在蘇聯軍隊，鬥志的意義迥異同一時期英美軍事心理學的觀念。「政治指導員」關心的不是個人心靈。證明自己夠資格作戰是士兵們的職責，不是他們軍官的職責。如果他流露出懦弱或狐疑，他就是祖國的叛徒，就是革命的辜負者。他的個人權利與利益無關緊要。根據這種模型，一個「政治指導員」需要做的只是確保士兵們知道，他們的任務是正義使命。理解和真正相信他們使命的士兵無需要進一步的幫助，因為他們會知道，他們所做的是社會（以及無產階級革命的未來）要求他們去做的。[88]在這個政權裡沒有自我存在的餘地。健康的「政治－鬥志狀況」的指標不是愉快或個人心理健康，而是申請入黨的人數，是自願從事危險工作的意願，是整體服從集體規範的程度。

這些觀念對那些在芬蘭戰鬥的年輕人來說，既不奇怪也不陌生。蘇聯部隊是時代和文化之子。

在不同程度上，黨的觀念已經成了他們自己的觀念，哪怕他們也會開它們玩笑。他們很多人並沒有比保衛蘇聯祖國更珍貴的願望。他們的英雄是一九三〇年代的飛行員和探險家，他們的夢想是像這些英雄一樣神勇。還有些人被時代的熱忱所感染，自視為共產主義的尖兵，自視為內戰戰士的繼承人。這類人也許會「請求」在前線服役。一個士兵寫道（也許是由一位「政治指導員」口授）：「我想要為祖國和史達林前往戰場。」然後他又像很多其他人那樣，正式要求加入共產黨。「我將會本著黨的精神戰鬥，作為一個布爾什維克而戰鬥。」[89]

情形就像是電影走出了銀幕。在紅軍打完它第一場戰役的二十年後，它的部隊對戰爭所知甚少，主要印象是來自宣揚男子氣概、英雄氣概和自我犧牲的電影。現代戰爭的真正要求（包括精算過的戰術、自我節制和使用精密複雜武器的能力）在這一代人看來近乎不值一哂。例如，一份報告自豪地指出，第一四七步槍營第五團的副政治軍官率領部下進攻，邊進攻邊高喊：「為祖國和史達林而戰！」他是最早挨芬蘭子彈的人之一。[90]另一個團的共青團成員為了慶祝十二月二十一日的史達林誕辰，發起了一連串無意義的突擊。還有其他人發誓要以滿分完成訓練課程，就好像其他成績本來是可接受的。

改善紀律和協調一致性的較好方法應該是培養深厚的同志情誼，亦即組成研究其他軍隊的社會學家所說的「初級群體」。[91]士兵之間較強烈的忠誠感能夠讓他們產生更大的互相信賴感。但在紅軍，並不鼓勵士兵之間的密切關係。密探們擔心，這種關係是一種偏差的標誌，是孕育陰謀的溫床。紅軍在芬蘭作戰的那四十六個步槍師中，有十三個是組成不到一年，即組成於一九三九年至一九四〇年冬天。[92]其他的師（按照當時慣例）是在被調到前線之前的幾星期才補足人員。[93]為了取代長時間培養的互相信任，「政治指導員」試圖在士兵中間培養出一種熱中社交或（這是更糟的）一種虛構的「友好」關係。一份報告說：「我們團的士兵、指揮官和政工人員顯示出勇氣、英雄氣概和在戰爭期間友好地彼此幫助的意願。」[94]這類的「友好」完全不能取代欠缺的專業精神，更遑論取代相互信賴。這些人先前沒有機會一起接受訓練。「友好」大概能形容駐紮在芬蘭村莊馬克拉附近一個砲兵師的精神：該砲兵師「為了鼓舞步兵的士氣」，在沒有接到命令的情況下展開砲擊。[95]這場戰爭的下一階段將會是一片混亂與欠缺協調性所引起的集體恐慌。

熱中社交在士兵們害怕的情況下絲毫不起作用。芬蘭戰場上的蘇聯士兵沒有準備好面對他們武器所創造出的戰場。就連他們的軍官也不知道需要協調步兵、重砲和坦克相互配合作戰的重要性。[96]因為對自己的角色沒有基本了解，士兵們發現戰爭不可理解且可怕。他們有些人甚至會害怕自己的影子。第七軍團有一個步兵有天早上突然放聲尖叫，把整個營的人嚇得半死，也引發了連鎖效應。後來他解釋說他是在一面鏡子上瞥見自己的臉，以為那是一個芬蘭狙擊手。他的可怕尖叫聲刺激到附近的信號部隊，導致他們在沒有命令的情況下放槍亂射，把珍貴的子彈白白浪費。不遠處的鐵路警衛團也聽到了聲音，加入了胡亂射擊的行列。[97]緩慢地甚至不抱希望地，政治軍官設法給士兵灌輸一些戰鬥精神。大家一致同意，自此應該把戰地訓練放在首位。他們按照這種思路所寫的備忘錄讀起來慘不忍睹。一個資深「政委」解釋說：「在戰爭期間搞黨政工作是太晚了，幾乎不可能。」又說其他太晚告訴士兵的事情，包括在芬蘭砲兵開砲時怎樣躺下。[98]

到了新年，士兵們開始抱怨：「他們先前說紅軍會像閃電一擊般粉碎白芬蘭人＊，但戰爭的盡頭到現在還看不見。」蘇軍在曼納海姆防線被攔阻住——之前，蘇聯偵查人員小看了這批芬蘭碉堡。如果說蘇軍起初的心情是恐懼，那麼現在的心情則是近乎絕望。黨有關輕易取勝的說法被證明是胡謅。「我們發現到處都是碉堡。我們甚至不能抬走傷者和死者。步兵是不可能克服這樣的陣地。」[99]一部題為《與白芬蘭人的三星期戰鬥》的小冊子被匆匆編寫了出來，其中一個部分是談「這場戰爭的具體問題和怎樣改善我們的努力」。[100]但紅軍的基本戰術沒有因此而改變。紅軍被認為只該進攻。這方法正合芬蘭人的意，他們的機槍可以好整以暇地撂倒大量蘇聯士兵。有些資深蘇聯軍官認為採取偽裝是懦弱的表示，因此也幫了芬蘭人的大忙。[101]

惡劣的環境讓每個人吃盡苦頭。即使只是在戰爭的第一星期，得凍瘡的士兵也有數十起。到了一九三九年十二月底，記錄在案的數字（只包括那些戰鬥能力嚴重受損的人）增加至五千七百二十五人。[102]與此同時，軍官呈報說毛氈靴、毛皮帽、腳布和冬天外套短缺。雪上加霜的是，有時士兵會一連幾天都沒有熱食可吃，甚至沒有茶可喝。[103]雖然還是初冬，氣溫卻是直直落，掉到攝氏零下三十度，而有很多士兵是直接從氣候溫和的烏克蘭調派過來。這種嚴寒的天氣本來很好預測，因為卡累利阿曾經有好幾十年時間是俄羅斯帝國的一省。它的氣溫狀況應該是記憶猶新。

＊俄羅斯在二月革命之後，芬蘭大公國宣布獨立，其國內有兩大勢力，分成白色芬蘭和紅色芬蘭。白色芬蘭為反對共產主義，親德國的一方。

士兵們開始數以百計地開小差。有時，他們可以藉口找柴火取暖而直接開溜，又或是偷了物資之後失蹤。[104]有一個步兵代表整整兩個營向芬蘭人「投降」。[105]不只是個人，也不只是二等兵，就連整個團的人都可能以這種方式棄守崗位。有時他們會丟棄重型武器，讓芬蘭人可以撿到野戰砲、彈藥和步槍。逃兵可以神不知鬼不覺地跑掉，因為沒有人知道誰該對誰負責。與此同時，前線的混亂讓士兵們有大量搶掠的機會。有一個士兵偷了一些腳踏車，回家之後賣掉。其他人喜歡蒐集冬衣。一個叫馬爾科夫的「政治指導員」被逮到時帶著兩件皮衣、四套西裝、幾雙鞋和一個行李箱塞滿偷來的小孩衣服。[106]

史達林的將軍們按照他們的習俗，採取野蠻措施來讓他們的雜牌軍守規矩。那年冬天，官方下達了槍斃落隊者和逃兵的命令。根據它自己的數字，一月初有十一個第八軍團的逃兵被槍決。[107]但這個時候，士兵們開始射擊自己。自殘的個案在新年急速增加。在山窮水盡的情況下，士兵們已經想不出其他辦法。「督戰隊」是蘇聯詞彙中的另一個新詞，指在前線後方專捉逃兵的部隊。與正規軍不同，他們有機關槍可用。與此同時，軍官本身需要面對的是內務人民委員部的行刑隊。一九四〇年一月，一連串的軍事法庭以懦弱和敗戰的罪名，判處二十幾個軍官死刑。就連蘇聯最高指揮部也納悶，是不是另有促進軍紀的更好方法。他們在一份備忘錄裡謹慎地指出：「最重的懲罰方式應該正被過分地使用著。」[108]

「冬季戰爭」的一名生還者回憶，士兵們在被推向死路一條的前景時，「對迫近的劫數採取一種呆滯的冷漠態度。」[109]這與輕易取勝之說和社交精神是天差地遠。在往北的冰封道路上，前幾波士兵凍結了的屍體從淺淺的墳墓中突了出來。在莫斯科，改革者們注意到這種景象對士兵們的「負面影響」。災難故事在新兵們等待著作戰命令的營房裡流傳。一名在卡爾可夫的新兵告訴他的「政治指導員」：「我不要到芬蘭去。我有兩個哥哥在那裡，這就夠了。」[110]預期中的戰爭和真實戰爭之間的落差讓史達林的將軍們感到震驚，他們聚集在莫斯科，思考改革的方法。他們幾乎已經沒有時間可以思考，因為就在他們仔細審視各種可能的方案時，德國正準備對法國發動攻擊。這場攻擊的致命性和迅疾將會摧毀東線得以保持和平的一切希望。

★ 第三章　災難撲翅

六月對整個北歐來說都是個特別月份。在俄羅斯的歐洲部分和烏克蘭，六月更是神奇。眾人已幾乎不記得冬天的嚴寒黑夜和冰雪，春天的爛泥和雨水也成為了過去式。基輔的著名栗子樹、莫斯科的紫丁香和雅爾達的紫荊樹皆繁花盛放。六月是牡丹和楊柳的月份，在北方是白夜的月份。仲夏之夜落在一九四一年的一個星期六。根據海軍軍官埃夫塞夫的日記所述，在蘇聯黑海艦隊的基地塞凡堡，這晚是個「神奇的克里米亞之夜」。城中「所有街道和大馬路都點亮了。白色的房屋沐浴在華燈中。夜總會和劇院向放假的水兵招手，要他們進來。一群群的水兵和本地人（全穿著白色衣服）密密麻麻擠滿各條街道和各個公園。一如往常地，著名的普列莫爾斯基大道遊人如鯽。音樂在空中飄蕩著。在假日前的這一晚，到處都是快樂笑聲。」[1]一星期前，蘇聯外交部長莫洛托夫堅稱，德國有意撕毀互不侵犯條約及對蘇聯發動攻擊的謠言毫無根據。[2]令人忍不住想去相信他的話。

那個晚上，射過塞凡堡雙港口的其中一道光來自「上因克爾曼燈塔」。在它的幫助下，德國飛機可以毫無偏差地飛向塞凡堡。[3]它們從東方而來，低飛過大草原，以一個大弧形掠過蘇聯國土。它們早就摸清目標：艦隊、倉庫、高射砲。很快，黑海就倒映出岸上的新光線：來自熊熊火焰、四竄火舌和探照燈的光。整座城市陷入了火海。「這些飛機是我們的嗎？」有個人問埃夫塞夫，當時水兵們正爭先恐後搶搭小船，要回到軍艦上。「一定是另一次演習。」坐在他旁邊的埃夫塞夫想得更仔細：「我們的高射砲正在打實彈，飛機上投下的炸彈一點不像是啞彈。」第三個人說：「那我們是在打仗嘍？然則我們又是和誰在打？」[4]

在塞凡堡以北的好幾百公里外，沿著前波蘭領土內的新邊界，紅軍士兵們正放輕鬆享受星期日的假期。那些能夠拿到事假的人會到城裡去，例如去利維夫或明斯克之類的大都會，吃一頓大餐，把煩惱都忘掉。西部特殊軍區總司令巴甫洛夫大將正在劇院裡看戲。一齣叫《馬利諾夫卡的婚禮》的喜劇正在白俄羅斯首都的軍官俱樂部上演，座無虛席。[5]巴甫洛夫不容許任何消息打斷他看戲的興致，包括他的情報首長布洛欣上校帶來的消息：邊界附近的德國部隊看來正準備有所行動。甚至傳言有些地方遭遇砲擊，布洛欣低聲說。「不可能是真的。」巴甫洛夫回答說，指一指舞臺，言下之意是該把注意力放回戲劇上了。[6]事實上，整支軍隊都接到了保持冷靜的命令。西部空防軍軍官卡門什奇科夫這個晚上也是和妻子、父親和兒子一起在軍官俱樂部看戲。三名家人是那星期從史達林格勒的家來塞凡堡度夏天短假。[7]看完戲後，他們回卡門什奇科夫的宿舍吃消夜、上床睡覺。

那天晚上九點，當巴甫洛夫還在看戲時，一個叫利斯科夫的德國工兵偷偷越過邊界，進入蘇聯境內。利斯科夫是少數蘇聯部隊會遇到的德國國際主義者之一。一九三九年被徵召入伍前，他在巴伐利亞小城科爾貝格一間家具工廠工作，期間接觸到了馬克思和列寧的作品。那天晚上他越境進入蘇聯，是要警告他的無產階級弟兄，他們命在旦夕。利斯科夫告訴俘虜他的蘇聯人，駐紮邊界的德國砲兵部隊接到命令，幾小時之後就要開始砲轟蘇聯境內的目標，然後，待天空出現第一線曙光，大量「木筏、小船和浮橋」會被放入布格河——也就是那條從東面分隔波蘭德國占領區和蘇聯占領區的多沼澤河流。[8]對蘇聯的攻擊將會是以摧枯拉朽的力量展開。這一類情報也曾經從在前線其他地方越境的德國逃兵口中說出，對莫斯科的領導層來說不是新聞。英國、甚至連蘇聯的情報機構為此幾星期來已經提出了警告。史達林選擇置若罔聞，沒有下令邊界部隊提高警戒，防範突如其來的攻擊。在蘇聯當局看來，那個晚上的逃兵只是些挑撥者。一個來自柏林的德國人因此被槍決。當迫擊砲的砲火開始劃破黑暗時，利斯科夫仍然在接受盤問。[9]

卡門什奇科夫是被妻子叫醒。她說，大概是她見識不夠，但她從來沒聽過那麼多飛機在晚上飛臨一個城市。她丈夫向她保證，她聽見的是演習——最近演習頻繁。儘管如此，他還是在肩上搭一件外套，走到陽臺。仔細一看，他馬上知道真的發生戰爭。空氣不同於平常：嗡嗡作響、充滿碎裂聲和瀰漫著混濁的黑煙。主要的鐵路線起火燃燒，遠看像一條火索。就連地平線也開始變成紅色，不過這紅色光芒是出現在西面，所以不是來臨中的破曉。雖然沒有收到命令，但卡門什奇科夫還是跑到機場，登上一架飛機升空迎敵——這也是為什麼那天晚上整整齊齊排列在機場的幾百架飛機中，只有他那一架是在比亞維斯托克沼澤上空被擊落，而不是在地面上被摧毀。[10]到了六月二十二日中午，蘇聯已經損失了一千兩百架飛機。光是卡門什奇科夫自己隸屬的西部軍區，就有五百二十八架飛機被德國機槍像打遊樂場靶子那樣擊毀。[11]

和卡門什奇科夫不同，巴甫洛夫大將那個晚上始終沒有上床就寢。戲劇落幕後，有幾名參謀馬上向他做了簡報，然後在深夜一點，他被叫到方面軍的總部接聽電話。在電話另一頭是人在莫斯科的國防人民委員季莫申科，他打來是要查核邊界部隊的情況。[12]「你那邊怎麼樣？安靜嗎？」他問道。巴甫洛夫回答說德國人在前線動作頻頻，摩托車團和特種部隊都有增加。「儘量不要擔心也別恐慌，」季莫申科指示說。「不管怎樣，還是把參謀人員全部集中在一起，因為有什麼讓人不快的事也許會發生。不要對任何挑釁反應過激。如果對方有具體挑釁行為，就打電話給我。」[13]

巴甫洛夫後來回憶說，他和他的資深部下接著開了兩小時的會。部下一一報告了部隊的情況，都表示還沒有為戰爭作好準備。有些單位因為演練而分散了，有些需要補充燃料和彈藥，而且全都因為運輸工具的不足而難以調動。鐵路仍然按照和平時期的時刻表運作，而幾乎前線的每一團都缺乏機動車輛。軍隊甚至無法徵用貨車，因為在史達林的蘇聯，幾乎不存在民用車輛。到了凌晨三點三十分——德國預定發起攻擊的時刻——巴甫洛夫和部下仍然忙著處理這些問題。湊巧的是，季莫申科正好也是這個時候再次來電。「他問我有什麼最新發展，」巴甫洛夫回憶說。「我告訴他情況沒有改變。」[14]不過在當時，已經有十幾個邊界城市陷入了火海中。

德國空軍那天晚上稍早前從高空飛過蘇聯領空。破曉時，它們折而向西，去轟炸一系列有戰略重要性的城市，包括比亞維斯托克、基輔、布雷斯特、格羅德諾、羅夫諾和考夫諾，以及波羅的海港口塔林和里加。陸上攻擊——希特勒的「巴巴羅薩行動」的核心——在東面天空開始有亮光時展開。[15]六月二十二日清晨三點十五分，負責在科登保護布格河橋梁的蘇聯邊界守衛被對岸的德國守衛找去商量「重要事情」，結果被一支德國突擊隊用機關槍掃射而死。去到布雷斯特的鐵路橋梁後，德國工兵拆下裝在中央橋墩上的簡陋炸藥，揮手招呼其他德軍通過。當德國大使馮．舒倫堡在五點三十分向莫洛托夫遞交宣戰書時，巴甫洛夫指揮的戰區已經受到十三個步兵師和五個坦克師的攻擊，而它們都有砲兵和空軍的掩護。

震驚導致報告失實和混亂。格羅德諾受到的攻擊是那麼的猛烈，以致蘇聯第三軍團指揮官庫茲涅佐夫在黎明前得躲在一個地下室裡。但接下來好幾小時，其他地方都看似平靜無事，甚至有報告說戈盧別夫的第十軍團擊退了敵軍。到了七點鐘，有些軍官開始報告說他們和部隊失去了聯繫，一整個單位憑空消失。就像巴甫洛夫後來告訴盤問者的那樣：「庫茲涅佐夫用顫抖的聲音告訴我，第五十六步兵師唯一剩下的是番號。」[16]大批部隊不是陣亡就是被俘，要不就是像第八十五步兵師那樣往南逃跑。無線電和電話聯繫中斷，信息和命令無法傳達。唯一辦法是派出一個可信賴的副手，前往控制局面。那天早上，巴甫洛夫命中將博爾金前赴位於邊界城市比亞維斯托克的第十軍團總部。博爾金直接從明斯克坐飛機出發。

不管他本來有多擔心，一切擔憂都在那個下午獲得證實。他的輕飛機在還沒有到達邊界就受到德軍砲火的攻擊，而當他降落在比亞維斯托克郊外一條泥土路時，被告知有人看見德國傘兵在附近降落。博爾金日後回憶說，當時的「空氣熱得不可思議，瀰漫著焚燒的味道」。當他爬上軍隊能徵用的唯一一輛貨車時，他的感受只剩下震驚和絕望。貨車在難民的人流中緩緩前進。大部分人都是用走的，朝著遠離槍砲聲和熊熊火焰的方向而去，但後來卻出現了一小隊車隊，帶頭的是一輛標緻和簇新的 ZIS-101 轎車。博爾金回憶說：「只見其中一扇車窗突出著一株蜘蛛抱蛋的寬大葉子。車子是某個地方高層官員所有，裡面坐著兩個女人和兩個小孩。」他以毫不掩飾的鄙夷神情看著這一行人，直截了當地建議他們不如把植物挪走，將空位留給其他人。當兩個女人羞愧地轉過頭時，一架飛機向公路俯衝，發射了三枚機關槍彈。博爾金及時跳車逃生，但貨車司機卻被打死。ZIS-101內的女人、小孩和司機也全都死了。「只有蜘蛛抱蛋的常綠葉子仍然突出在車窗外。」博爾金回憶說。[17]

到了晚上，他終於找到了第十軍團。就像所有驚懼的難民那樣，它當天就從比亞維斯托克撤退。現在它的新總部設在城市以東一座樺樹林裡，由兩頂帳棚構成，內有一張桌子和幾把椅子。驚魂未定的戈盧別夫將軍告訴博爾金，他麾下的師團都蒙受了慘重損失。他的輕坦克——老舊的T－26——證明它「只擅長對麻雀開火」。德國空軍專挑第十軍團的油料庫、飛機和高射砲進行攻擊。戈盧別夫指出，他的部隊「像英雄一樣」作戰，但面對那麼強大的敵人力有未逮。第十軍團已形同瓦解。[18]

一等無線電修理好，這個消息就報告給了明斯克。巴甫洛夫又得知第三軍團昨天晚上已經棄守格羅德諾。來自布雷斯特的報告顯示，這個城市一樣不太可能守得住。德國人清楚知道他們的砲兵和空襲應該要鎖定哪裡：先是打擊軍團的指揮中心，然後是攻擊鐵路和工廠。[19]作為回應，巴甫洛夫馬上發出了一長串的命令，它們聽起來就像政治宣傳的臺詞。要知道，他指揮的可是紅軍部隊，而紅軍部隊在敵人進逼時照理說不可撤退。因此，他才會下令他看不見甚至接觸不到的部隊進行一場大膽的反攻，聲稱要把德國人逼回到邊界另一邊，在他們的領土上將他們打敗。[20]幾星期後，當他的性命岌岌可危時，巴甫洛夫將會告訴盤問者，當日他仍然在琢磨戰略，深信布雷斯特可以守得住和逆轉敵人的攻擊。不過博爾金（他在六月二十三日奉命率領已死掉或散掉的部隊發起攻擊）卻認為巴甫洛夫這種說法只是在為自己脫罪。巴甫洛夫連珠砲似地發出命令，只是要給莫斯科做做樣子，表示他有在做事。大清洗文化、裝樣子文化、謊言與恐懼，依然盛行不衰。

在六月二十三日，博爾金設法把第十軍團的殘部組織起來，進行戰鬥。不出幾小時，他們的燃料和彈藥就用光。他們派去明斯克求援的飛機很快就被擊落。就像數以千計其他蘇聯部隊那樣，他們被包圍在一個突出部（後來被稱為「比亞維斯托克口袋」），補給和增援被德軍切斷。博爾金很幸運。他帶領一支殘餘部隊（尾隨著大群難民）向東前往斯摩棱斯克。在經過近七星期的撤退和樹林裡的零星戰鬥後，這位將軍和他的一千六百五十四名部下終於跟紅軍主力會合。[21]這個時候，巴甫洛夫已經被逮捕、盤問和作為代罪羔羊而以懦弱罪槍決。八名其他資深軍官——他們在面對德國攻擊時一樣是無能為力——與他一起就死。國防委員會在七月十六日指出，這幾個人的罪名是「缺乏決心、販賣恐慌和不光彩的懦弱……在面對一個厚顏無恥敵人時驚恐落跑。」[22]在這場戰爭中，任何的敗北不管理由何在，都會像這樣被歸咎為個人道德素質的破產。沒有人會提那個不可能成功的作戰計畫、軍隊的訓練不足或士氣的低落。也沒有人會指出，這是一場史達林起初不容許任何人去打的戰爭。

★

詩人，也是未來的前線士兵薩莫伊洛夫描繪了每個人在德國入侵頭幾天感受到的震驚。他日後寫道：「我們全都料到會發生戰爭，卻沒有料到會是這樣的戰爭。」隨著布雷斯特陷入火海和附近的科布林駐軍逃入普利佩特沼澤，在一日火車車程之外的莫斯科市民只能靠謠言了解狀況。要到了當天中午剛過，才有官方消息發出。在那些日子，重要的廣播都會在公共廣場播放（事實上，不久之後，私人擁有收音機甚至會變成不合法[23]）。所以，在那個星期天，莫斯科市民成群結隊站在中午的陽光裡，望向擴音器的錫製喇叭。「今日凌晨四點，」他們的外交部長莫洛托夫這樣宣布。「在沒有宣戰的情況下，在沒有對蘇聯提出任何要求的情況下，德國部隊攻擊我們的國家。」這是人神共憤的舉動，但莫洛托夫並沒有透露完整的傷亡程度。人群被告知，目前有「超過兩百人死亡」。要事隔多年以後，他們才會知道這個數字有多麼輕描淡寫。但莫洛托夫要傳達的核心信息相當清楚。他繼續說：「蘇聯的男女公民們，政府呼籲你們更緊密地集結在光榮的布爾什維克黨的四周，集結在蘇聯政府和我們偉大領袖史達林同志四周。我們的大業是正義的。敵人將會被擊潰。勝利一定是我們的。」[24]

每個有關戰爭的記述都會進而談到這番講話激起的澎湃愛國情緒。老兵們至今還記得他們當時感受到的義憤。他們有一個告訴我說：「當時我是個小伙子，才十五歲，一輩子都住在一個西伯利亞村莊。我從沒有去過莫斯科。但我還是湧起了愛國情緒。我知道我會立刻自願從軍。」[25]每個城市都有憧憬當英雄的人挺身而出。這種情景再次如同蘇聯的戰爭史詩電影。自願從軍者想像中的戰爭也是一個假象。這些人所說的話讀起來當然就像一九三〇年代的劇本。一個來自庫斯克省集體農場的農夫告訴群眾說：「我在一九一八年和一九一九年德國人統治下的烏克蘭生活過。我們不會為地主和貴族工作。我們將會把滿手血腥的希特勒趕走。我宣布我動員自己，要求被派到前線摧毀德國土匪。」[26]一個祕密警察的報告說：「大家感受到強烈的愛國情緒。城市和鄉村都有大量年輕人申請加入軍隊。」[27]但政府不怕一萬只怕萬一。就在當天晚上，額外的軍官被抽調到祕密警察去，而涉嫌的反革命分子（包括數以百計外籍人士）馬上被拘捕。[28]

這種安全措施的緊縮是有道理的，因為史達林的人民有理由感到生氣和要求知道事實真相。莫洛托夫在廣播中曾提醒他們，德國僅僅幾小時前還是蘇聯的盟友，雙方簽有一紙蘇聯嚴格遵守的協定。蘇聯人民對這一紙和法西斯主義簽訂的協議已經懷疑了兩年。現在聽到德國無緣無故發動攻擊的消息，人民的反應除了震驚，還是不信任。內戰時期的老兵回憶當時的每日報告和公眾輿論，抱怨他們沒有得到任何確實的消息。很多人猜測——猜測得無誤——真相比他們被允許知道得更慘。[29]與此同時，很多其他人依然受到戰前神話的蠱惑，相信德軍已經撤退、華沙已經收復、里賓特洛甫已經吞槍自盡，和紅軍已經朝著柏林進發。[30]各種傳言環繞著一個人的緘默而廣為流傳。史達林一直要到七月三日才對人民發表講話。

我們至今無法把第一星期人民情緒的真貌，從各種政治宣傳中分離開來。沒有人（包括內務人民委員部在內）可以說出人民有幾分愛國情緒，又有幾分恐懼、憤怒和不信任。沒有人可以預測群眾會做出什麼事。其中一個擔心——擔心會出現食物和燃料搶購潮——被證明是正確的。警員被派駐首都各處，防止搶掠。他們其中一個在索科利尼基區防守一間通心麵工廠。他執勤了三個通宵，最後與當地人發生激烈對抗，其中一個是他的親戚。這名老警察回憶說：「我告訴他如果他不離開，我就會開槍。我至今記得他當時的眼神。必要的話，我會毫不猶豫向他開槍。這是我的職責。」[31]鄉村本來也許會陷入內戰，但來自鄉村的報告都描述在第一晚大致平靜。破曉揉著惺忪睡眼時，警察的線人首先寫下這個好消息。可是這大概連他們自己也不敢相信。

六月二十四日，莫斯科兩個國安軍官向上級——反間諜總局局長阿巴庫莫夫——遞交了一份有關首都民眾情緒的報告。他們指出，工人的態度可嘉，主動加班和自願接受民防訓練。一個工人聲稱：「我們將會耐得住任何艱辛，幫助紅軍確保蘇聯人民最終摧毀法西斯主義者。」另一個工人表示：「我們必須堅定組織起來和遵守最嚴格的紀律。我們的憤怒是沒有限度的。希特勒侵犯了世界第一個社會主義國家的邊界……我們將會得勝，因為世界上沒有一個強權能夠征服一群在愛國戰爭中奮起的人民。」[32]同樣反應見於各省首府，包括庫斯克。庫斯克市黨部在六月二十二日中午召開了一個緊急會議。會議報告指出，黨部所有成員很不尋常地都準時出席。「對祖國、對黨和對史達林的無邊的愛，還有人民對法西斯主義的深仇大恨，反映在每一名成員的發言中。」[33]

這是那個六月每個人最重要的主題。他們的愛國宣言讀起來就像是摘自同一個劇本。但隱藏在文字後面的情感卻是強烈而真實的。二十年的思想教育，二十年的共產黨八股，為蘇聯愛國者提供了為數可觀的陳詞濫調。年輕一輩只知道這一套語言。面對最大的震撼，他們很自然會拿起他們一直被訓練使用的句子。接下來幾個月的危機將會測試這種官方臺詞的可信度，也將會顯示有多少人願意為國家和這國家的未來冒性命危險。莫斯科的志加洛夫同志在六月二十六號參觀過該市的「巴黎公社工廠」之後表示：「反蘇聯的行為毫不存在。」[34]

如果他踏出俄羅斯裔工人的要塞之外，他的報告也許就會敲響警報。在莫斯科，祕密警察對有德國人姓名的公民的觀點特別感興趣。一個叫基恩的莫斯科市民指出：「蘇維埃政權不是由人民的意志選出。現在人民將有發言權。」一個叫毛里茨的婦女據稱這樣說過：「農民將會高高興興歡迎戰爭爆發的消息。它將讓他們擺脫他們恨之入骨的布爾什維克黨人和集體農場。俄羅斯也許強大，但不是德國的對手。」[35]蒐集這些言論部分是作為逮捕的前奏，但類似言論在任何地方並非不尋常。在城市之外，最有可能聽見說這類話的人是老一輩人，特別是那些不只仇視集體農場還仇視無神論的人。[36]再來，還有敵視俄羅斯統治的問題。每個共和國都有忠實的共產黨人，也有法西斯主義敵人和不能容忍侵略的愛國者。雖然幾乎到處都有自願從軍者，但也有些人態度保留，冷眼旁觀事情將會朝哪個方向發展。即使在較遙遠的地區，例如喬治亞那樣沒有受到即時威脅的地方，眾人還是意識到莫斯科的危機對其他人來說可能是轉機。[37]

在此同時，忠心的蘇聯大眾大批大批地自願從軍。在庫斯克省，有七千二百人在戰爭頭一個月中請前赴前線作戰。[38]在莫斯科，徵兵中心二十四小時都擠滿人，頭三十六小時就有超過三千五百人報名。[39]工人在他們的工廠裡參加危機會議，一整群人聆聽愛國演說，然後又一整群地大踏步前往徵兵中心報名參軍。殷切的愛國者不是只有男性。女性也出現在徵兵中心，而且也是一群一群。一名女性老兵回憶說：「他們打量我塗了指甲油的指甲和我的小帽子。他們說如果我上前線，這些東西就留不了太久。」這些婦女有時會獲准加入某種訓練計畫（例如當護士），但大部分都是被說服，改為捐血和待在家裡。[40]但不管是哪種情況，都是在迷幻的氣氛中進行。很少有早期的自願人伍者真的知道他們簽名是要幹什麼。

真的置身其中的人常常是態度保留。有軍事經驗的旁觀者不相信大眾的熱情能夠對前線的狀況有任何改變。一個曾為沙皇軍隊打仗的退伍軍人說：「我們的領袖看來以為他們可以透過煽動來征服德國人民，但那完全不管用。紅軍裡充斥著不滿情緒。」[41]後備軍人也擔心要再次當兵。那個六月出現了一些役男因為擔心被派赴前線而自殺的個案，而莫斯科警察局也有好幾起蓄意自殘的紀錄。[42]最初隨著莫洛托夫的廣播引起的震驚消退了，愛國狂熱也開始褪色。一個庫斯克的共青團團員被人聽見這樣向他的朋友們透露：「我只會在政府徵召每一個人入伍時自願入伍。」他剛剛聽到一個謠言，說是基輔和明斯克都已受到攻擊。雖然那是事實，但沒有人認為應該相信。官方的矢口否認只讓負面心態的人更為恐慌。政府辦公室的職員有可能被恐懼癱瘓，而更多的人只是認命地等待德國部隊的抵達，待在家裡靠酒精慰藉。[43]

新兵的狂熱不久也告消退。紅軍部隊沒有在一夜之間改頭換面，它的徵召與供應結構也是如此。戰前制定的動員應急計畫容許有三天時間完成徵召。但在那個仲夏的恐慌中，最高蘇維埃要求徵兵過程在二十四小時內完成。這種要求所產生的混亂將會持續到翌年夏天。[44]受到更直接影響的是前線地區（範圍深入至蘇聯領土兩百公里），因為這些地區業已受到德國空軍的控制，大規模的部隊移動變得極端危險。基地位於西北方的第八軍團有份報告指出：「剩餘士兵的正常動員……是不可能的，因為大部分邊界師已經失去了他們的動員基地。」[45]

那個夏天後方安全了一陣子，莫斯科的自願從軍者也發現軍方沒有準備好。一些徵兵中心的照片顯示，一大群年輕男女環繞著某個資深軍官的辦公桌團團轉，揮舞著護照和彼此推擠，情形就像大減價首日的消費者。根據宣傳，年輕人直接就可以投入戰鬥，彷彿他們隨時都可以一把抓住一個德國人的頸背，把他扔出俄羅斯。事實是，與後備軍人不同，自願者需要經過評估、裝備和訓練幾星期，才能上場對法西斯主義者作戰。報名當天，除起初感受到的光榮感和決心以外，其他時候則是平淡無奇。負責的軍官會瞧他們一眼，把不夠健康的申請者刷掉。接著是對證件的簡短檢查，然後合格的人會開始漫長的等待。就像老兵們指出的，在這個階段甚至沒有體檢。

沒有營房，也沒有食物或運輸工具。大部分徵兵中心都是借用學校校舍。當適合的申請人被挑選出來，文件被蓋章之後，他們就算入伍了。他們不再是自由人。但他們卻沒有溫暖或乾燥的地方可去，而當局在他們等待期間也沒有想到要為他們提供伙食或娛樂。在莫斯科，他們群集在教室中、分散到街上或聚在白俄羅斯火車站的月臺，好像是希望火車把他們載到前線。等黨的記者到達火車站察看這最後一群人時，他們大部分已經在那裡待了好幾天。因為沒有床鋪，所以他們就睡在地上。有人帶著麵包或餅乾，其他人則完全沒有吃的。但他們不知怎地全都弄得到伏特加。[46]同樣的命運也落在首都的後備軍人身上。城中擠滿人群，多者可至幾百人一群。他們光是坐著、等待、聊天、喝酒和沉思自己的命運。警方報告指出：「很多自願入伍者都一臉醉相。」[47]這當然是一種俄羅斯的傳統，但現在可是戰爭時期。

在較接近前線地方入伍的人等待時間要短一些，喝到的伏特加要少一些，也就完全不會沉溺在幻象裡。沃科夫是在基輔快速成長的金屬工業工作。已婚和育有一個年幼孩子，他多年來最擔心是自己脆弱的健康。他患有心臟病，病況又因為他神經緊張的個性而加劇。但他的疾病不足以讓他在多年前免役，而在一九四一年夏天，他是第一批被召回的人。六月二十四日，他和一群資淺軍官同僚被分發到利維夫一個單位。因為急於習慣新的身分，沃科夫入伍前最後一晚甚至沒有留在家裡和妻女多相處一點時間。他將會為此後悔五年。

當沃科夫入伍第一晚設法在一張怪床上睡著時，利維夫正陷入火海。當地內務人民委員部的人員準備要撤退，離開前的晚上把擁擠監獄裡的囚犯殺光。[48]沃科夫對此一無所知。他的難題是怎樣前往利維夫。他的入伍證明包括一張付了火車車資的通行證，但並沒有專門的火車廂或保留座供他乘坐。就像任何其他人一樣，他必須在出現一班看來將會向西行駛十二小時的火車時，爭奪一個位置。根據史達林主義的邏輯，沒有方法保證他到得了利維夫，但如果他不能準時報到，便會被當作逃兵。一如往常，為了上得了火車，他必須拚命。這一次，沃科夫成功推開其他十幾個新兵，跳上火車廂的樓梯，伸手抓住另一個人的外套。但他接著滑了一跤，狠狠摔倒。他在信中告訴妻子，這一跌本來有可能會讓他的背在鐵軌上摔傷，但另有一個人比他早摔在鐵軌上，減緩了他的下跌力度。「這是我的第一個意外。」他寫道。在一列過度擁擠的火車上旅行，這是個與情況相符的前奏。「一路上，」他繼續寫道。「我們經過一列列從利維夫和西烏克蘭其他城市出逃的難民。他們告訴我們，利維夫發生巷戰，城市生活陷入停頓。」

沃科夫和他的朋友很快遭到砲轟，但「我再一次走運，因為我仍然活著」。抵達一片混亂的利維夫後，他發現他原定要加入的作戰單位已經逃跑。讓他再次面臨一個惱人的兩難處境：他的指揮官不見蹤影，但如果他不報到，他就會被視為逃兵。他在利維夫流連了三天，始終沒有接到命令。巷戰從未遠離，商店空空如也，夜晚陰森恐怖。本地人很多都是西烏克蘭民族主義者，他們會往一個蘇聯士兵臉上吐口水的機率不低於幫他指路。沃科夫最後決定離去，帶著二十個看來願意聽他指揮的人一起走。沒有人為他們提供指引或物資。這些人甚至沒有地圖，因為地圖在當時被視為機密文件。他們唯一能做的就是勇敢迎著砲轟和機關槍掃射，向東而行。沃科夫告訴妻子：「我們沒有歇息地走了四十八小時。我們沒有東西可吃，又非常口渴。我們行經深谷和森林，穿過爛泥，掉進坑窪。」有十個人在路上掉隊，他們沒有氣力繼續走。走了一百六十公里後，餘下的人抵達捷爾諾波爾，最終和他們的部隊會合。「當我回憶起來，」他寫道。「我仍然不明白我哪來的力氣，特別是因為我入伍之後都沒有時間鍛鍊。」[49]

沃科夫的信是他和紅軍會合後獲得安全的情況時寫下。他充滿恐慌的幾星期以頗圓滿的方式落幕。不過他知道自己一直有多不安全。那個六月，他無法確知利維夫是不是德國人占領的最後一個要塞，還是就如德國飛機投下的傳單所說的那樣，莫斯科已經淪陷，史達林已經死亡。穿過烏克蘭的樹林和山丘是他信仰的最後作為。身為一名猶太人，他也許知道如果落在德軍手中會是什麼命運。他也許猜到，如果留在利維夫，他將會被俘虜且必死無疑。前線的其他士兵（包括數以萬計的烏克蘭裔和俄羅斯裔士兵）選擇向侵略者投降而不是穿過荒山野嶺，向東撤退。還有些人乾脆撿起長大衣和沉重包袱，步行回家。沃科夫在這最初幾天做出的選擇比他們有過的任何選擇都更孤獨。

在很多人看來，轉捩點出現在七月三日。那一天，史達林終於對蘇聯人民發表談話。他是照稿唸，常常暫停下來，就像是因為憂愁而喝口手邊的酒。這篇談話——就像它在一開始把蘇聯公民稱為「兄弟們、姊妹們和朋友們」所示——是蓄意要和共產黨的八股分道揚鑣，是史達林和人民的關係的一座分水嶺。就像近期一部談二戰時期俄國的史作指出的，這是關係到民心士氣的關鍵時刻。「雖然史達林承認國家處於生死邊緣，」德魯日巴寫道。「但這總勝於讓人民在沒有領袖和被背叛的恐懼中擔驚受怕。」[50]

見證這一事件的少數局外人之一是韋斯，他是《星期日泰晤士報》駐莫斯科記者。在他了不起的大戰史作中（那是他靠著在俄羅斯做的筆記寫成），他形容史達林的表演不同凡響。他認為它的效果「對於焦慮不安、害怕又困惑的人民來說，非常重要。直到當時，人民對於史達林的歌頌都有一點表面功夫的味道。他的名字不但和五年計畫的驚人努力和集體化的無情手段相連，更糟的是和恐怖的大清洗相連。但現在，蘇聯人民終於感覺到他們有個可以依靠的領袖」。[51]

這場談話確實精明，一方面承認國家陷入生死危機，另一方面又對前線的恐慌一字不提。史達林沒有披露德軍推進的幅度，但承認敵人「邪惡和背信棄義……裝備了大量坦克和砲兵」。他又有技巧地承認蘇聯對作戰的準備不充分：「當法西斯德國出人意表和背信棄義地違背一九三九年的互不侵犯條約時，蘇聯部隊還沒有完全動員，也還沒有向邊界集結。」這些麵包屑看來滿足了聽眾中一些渴盼聽到真實消息的人。一名莫斯科塑膠工人指出：「領袖並沒有諱言我們的部隊必須撤退的事實。他並沒有隱瞞將會有艱難處境等在人民前頭。聽他講話之後，我想要更加賣力工作。它激勵了我追求偉大作為。」史達林要求人民自願接受民防訓練的呼籲，還有要求工廠加倍努力的呼籲，看來鼓舞了成千上萬的人，讓他們精神昂揚。有些人因為史達林保證德國人不會得勝，表示他們馬上要前赴前線。「既然我們的領袖說勝利是必然的，就表示我們贏定了。」[52]

有關民心士氣大振的報告遠多於反對聲音的報告。對數以百萬計的人來說，史達林的談話是愛國戰爭的真正開始。沒有他們的獻身和信心，戰爭也許不到一年便會輸掉。但也有些人不受口號和漂亮話所安撫，所以史達林的談話並未減輕每個人的疑慮。韋斯也許不知道（知道了也不可能報導出來），這番談話在某些地方受到激烈嘲笑，甚至在首都亦不能免。人民已經學會在官員說話時讀出字裡行間的含義，所以有些人陷入了最大的恐懼。莫斯科一個工程師說：「說什麼動員人民，說什麼組織民防，都不過是顯示前線的狀況已經徹底無望。顯然，德國人很快就會占領莫斯科。蘇聯政權將難以為繼。」一個女人在辦公室向朋友們咕噥說：「現在開始談自願軍已經太遲了。德國人業已如同占領了莫斯科。」另一個同仁則說：「某種崩潰已經是無可避免。我們過去二十五年來建立的一切已成了鏡花水月。從史達林氣急敗壞地呼籲人民從軍，蘇聯的崩潰在即已是昭然若揭。」[53]

在眾人仍然不信任蘇維埃政權的農村地區，史達林的談話更沒有分量。例如在庫斯克省，有些農民對於當局要他們挖坦克陷阱和防禦壕溝感到憤慨。一個憤怒的婦女對警察說：「你喜歡的話可以開槍打死我，但我不準備挖任何壕溝。唯一需要壕溝的人是共產黨和猶太人。讓他們自己為自己挖去。你們的權力已經到了盡頭，我們不準備為你們工作。」[54]一個農人在開會時對同村的人說：

「一場戰爭已經開始，有很多人行將被殺。我個人不反對蘇維埃政權，但我痛恨共產黨。」[55]另外一個人告訴一些共產黨員：「你們的戰爭和我無關，讓共產黨人去戰鬥吧。」[56]集體化政策是人民憤恨蘇維埃政權的原因之一，另一個原因是政治鎮壓。一個丈夫坐牢的女服務生在那個六月評論說：「希特勒侵略蘇聯是好事。他們將會把囚犯都放出來。」[57]這一類觀點在非俄羅斯裔的族群中間以不同的方式在增強中。

不過，史達林談話的最大考驗卻是紅軍的反應。蘇聯時期的官方史書和回憶錄都主張，軍中很多人把這場談話視為希望的第一線真正曙光。前線將軍費久寧斯基回憶說：「很難描述史達林談話所激起的巨大熱忱和愛國熱情。我們突然感覺更加強壯。只要環境許可，軍事單位就會舉行簡短的會議。」[58]這些會議有時是「政治指導員」第一次敢於召開，它們終於提供了機會去討論德國攻擊的力度。現在士兵們知道了，如果想要把侵略者驅逐出蘇聯的領土，他們需要付出多大的努力。在這之前，戰爭一直顯得不真實，就像一齣突然偏離了劇本的戲劇。現在它終於變得嚴肅認真，讓犧牲與恐懼都變得更站得住腳。西蒙諾夫在戰爭小說《生者與死者》中回憶了士兵們的反應。他讓一個傷兵這樣沉思：「史達林並沒有用悲慘來形容目前的處境。他說出的真相是一個讓人痛苦的真相，但至少他把它說了出來，讓人民覺得心裡變得較為踏實。」那番談話——西蒙諾夫寫道——讓聽眾「熱烈預期情況將會有所好轉」。[59]

這一類來自蘇聯時期的敘述反映出災難所激發的巨大敬畏感。就像同一時期英國的邱吉爾那樣，史達林明白人民的白熱化情緒，也加以回應。但這位領袖的強烈措詞並沒有能夠打動每個人。

史達林說出的「讓人痛苦的真相」離真相的全貌甚遠。不錯，正如他所說的，有數以千計的部隊在英勇戰鬥，但同樣為真的是，有數以萬計的部隊失蹤或被俘，或是等著車輛把他們載到任何地方。領袖的談話也沒有能夠幫助那些被困在蚊子多如牛毛的沼澤裡的人。他們其中一個是「政治指導員」莫斯柯文。

莫斯柯文的戰爭開始於跟其他忠實公民一樣的豪言壯語和崇高冀望。「我深深相信我們的事業是正義事業。」他在六月二十二日的日記中寫道。「我愛我的祖國，會用最後一絲力氣捍衛它。為了人民，我也將不吝惜我的生命。」那個晚上，他和跟隨車隊撤離的家人吻別。他並不認為他們會長久分離。兩日後，他加入了部隊，準備保衛白俄羅斯。但是有關慘重損失的謠言——八百五十架飛機和九百輛坦克——很快向東滲透。精明的莫斯柯文猜到這些數字有可能低估。「誰又會在戰時說出真相呢？」他寫道。他開始衡量勝算。「我們會贏是一定的，但代價將會相當龐大。」十日後的七月四日，真相終於揭曉。「我們的處境糟透了。」他在絕望中寫道。「我們一直準備打一場在敵人領土上進行的仗，竟完全沒有考慮到我們也許要發起一場防衛戰。這種事怎麼可能？我們的軍事綱領肯定出了什麼差錯。」[60]

作為「政治指導員」，莫斯柯文的職責是維持士氣。在短暫的延遲後，他收到史達林談話的逐字稿，也奉令向士兵們朗讀。到了這時候，他的團已經很少時間可以開會。這位「政治指導員」在七月十五日寫道：「沒有時間寫日記。我們有可能還沒有完全被打敗，但處境極端嚴峻。敵人的飛機正在摧毀一切。道路上遍布我們士兵和平民的屍體。城鎮和村莊陷入火海。德軍無處不在：在我們前面，在我們背面，在我們側翼。」兩個來自西烏克蘭的新兵勸他們投降。他們的處境看來山窮水盡。到了七月二十三日，這個團受到包圍。「我能對士兵們說些什麼呢？」莫斯柯文用潦草的筆跡問道，第二天又補充說：「我們不斷撤退。我要怎樣才能得到他們的肯定？是要對他們說史達林同志和我們同在嗎？是要說希特勒和他的將軍們一定會像拿破崙那樣被摧毀嗎？……看來，我並沒有把說服他們的工作做好。」前一晚，在他對士兵進行了精神講話之後，有十三個人開小差逃到了森林去。[61]

★

紅軍在戰爭頭幾個星期內瓦解。這不是對個別部隊戰鬥精神的非難，而是反映出官僚統治、強制、謊言、恐懼和管理不善。這些問題並不新鮮，也不是不為人所熟悉。例如，運輸設備不足——幾乎每個前線軍官都認定這是蘇軍在六月由撤退變為潰敗的理由——本來就一直是蘇聯邊界上各個部隊的一個膿瘡。第四軍團一個步兵師的師長在一九四一年三月十二日寫道：「我們完全不知道我們會在哪裡和什麼時候收到用來運送新兵到部隊的機動車輛。」同一個月，另一份報告指出，沒有一個作戰單位擁有超過他們所需的五分之四的運輸設備。零件、油料和輪胎也沒有能夠充足供應的保證。[62]四個月後，當西部地區的殘缺軍團需要把後備軍人運到前線時，他們發現至少短缺了三分之一的所需運力。[63]

特姆金（一位逃出希特勒虎口和日後將加入紅軍的猶太人難民）在他位於比亞維斯托克附近的

住宿處，目睹了運輸工具短缺的衝擊。他看見，在那第一星期開赴前線作戰的士兵灰頭土臉：「有些人坐在貨車上，很多人用走的，過時的步槍鬆垮垮地掛在肩上。他們的軍服破舊，一身灰塵，兩頰深陷，鬱鬱不樂，沒有半點笑容。」他又指出：「同樣可憐兮兮的是那些拉著載運彈藥、食物和私人物品子車的小貨車。」[64]士兵的士氣低落得可以。這是領導無方、訓練不足和缺乏信心所致，但長途行軍和野外露宿讓情況雪上加霜。談到撤退的部隊時，費久寧斯基寫道：「部隊、砲兵、機動車輛和野戰廚房有時會造成困境，讓納粹飛機得以好整以暇……我們的部隊常常無法挖坑掩蔽，因為他們沒有最簡單的工具。偶爾，因為沒有鐵鍬，我們必須用頭盔挖壕溝……」[65]

其他裝備同樣短缺。德國人十分害怕蘇聯刺刀，所以蘇聯部隊被鼓勵多使用它們。問題是對很多人來說，他們別無選擇。那個六月，白俄羅斯和烏克蘭的士兵用光了子彈。據米高揚回憶，當他的政府得知紅軍沒有足夠步槍可以使用時，倍感震驚。他在回憶錄裡說：「我們本以為整支軍隊斷然有足夠的步槍可用，但到頭來發現我們的師有一部分是根據和平時期的規模組裝。當然也有些配備了足夠步槍的師，但它們全都部署在前線附近。當德國人越境推進時，這些武器被迫遺留在他們控制的地區，或直接被德國人繳獲。結果就是被派往前線的後備軍人完全沒有步槍可用。」[66]撤退部隊也拋棄了所有他們帶不走的東西，包括傷兵和馬克沁機槍。

紅軍在和平時期的最後十幾個月曾經過重組。在芬蘭的潰敗刺激了初步的改革計畫。不過讓總參謀部把注意力集中在防禦陸基攻擊的，卻是法國在一九四〇年的淪陷。根據他們的盤算，如果德國飛機和坦克大舉來犯，他們的戰略之一是用大型的反坦克砲兵旅支援步兵反擊。這樣的砲兵部隊

紅軍士兵在開戰前領取彈藥。一九四一年。

看似陣容龐大，但當德軍在一九四一年入侵時，它們卻中看不中用。前線很快就變成太寬闊，以至於大型砲兵旅只能蜷縮成一團，無法對敵人的動向做出預測和加以反應。這讓步兵師常常在沒有砲兵支援的情況下面對德國坦克。由於蘇聯的空軍也已經被徹底摧毀，以致很多士兵認為蘇聯工業在一九三〇年代拚了命的努力——那是史達林革命的驕傲——已付諸流水。蘇聯部隊一直預期會在戰爭中看見自家的飛機大砲像是科幻小說描繪般的那樣厲害。然而，他們實際看見的卻是密密麻麻遍布地平線上的德國坦克。總參謀部造了新字「坦克恐慌」來形容士兵們看見德國坦克時的反應。[67]

情形本來也許可以相當不同。蘇聯坦克原應舉世無雙。很多坦克的型號都經過一九三六年的西班牙內戰測試，其中一些根據測試結果精益求精。重型的KV坦克——根據伏羅希洛夫命名

——極其厲害，在戰爭的現階段是德國的砲火幾乎無法摧毀。事實上，德國人自己在一九四三年設計的「虎型」坦克就是以它為藍本。較輕型和更好操作的T－34最終將證明自己是二次世界大戰的最佳實戰坦克，但在現階段，紅軍擁有更多的是較老舊的BT輕型坦克，以及過時的T－26和T－28。這些型號的坦克都很老舊，很少得到可靠的維護。KV坦克容易拋錨，而各類型的坦克都被零件短缺所苦，更加缺乏的是高技術人員的保養。在一九四一年，蘇聯所擁有的全部兩萬三千輛坦克中有近四分之三被認為需要重建或大修。那年夏天，它們將到不了保養廠房。蘇聯在一九四一年失去的坦克更多是自行垮掉而不是被德國砲火摧毀，而蘇聯和德國的坦克損失是六比一。[68]

同樣情形有可能也見於一九四一年的砲兵。紅軍配備精良的火砲，但它的僵化指揮結構讓它在實戰環境中失去變通。從來沒有足夠的夠格技術人員去操作複雜的裝備，但那些指揮他們的無經驗軍官同樣不太可能讓他們有太多機會自行摸索。各種類型的重砲都被軍官們藏起來，因為對他們來說，人命也許是廉價的，但新裝備卻太過寶貴，不容失去。[69]另外，人員也比較容易移動。最重的裝備有時會用牽引機拖到就定位，但馬匹是挽力的主要來源。在一九四一年，紅軍仍然使用內戰時期的「三馬馬拉車」（*tachanka*）把較輕的火砲運到前線。但很多馬在一九四一年連同士兵一起被屠殺，而雖然六月的草甜美，但可供倖存馬匹享用的草料很快耗盡。食物供應在整條前線都是一個難題。馬匹和人同樣在加速變瘦。

那個夏天，另一個致命問題是無線電通訊的缺乏。再一次，這問題一點都不讓人驚訝。在芬蘭作戰的紅軍即已體驗過欠佳的戰地通訊的困擾。但提供設備和訓練新操作員的計畫卻遲遲沒有落實。紅軍依賴電報線要遠多於無線電。這樣的通訊系統缺乏彈性和中央化。例如，坦克駕駛很少能夠跟他們的同袍，甚至是戰場上的指揮官聯絡。至於有在前線工作的無線電操作員則往往欠缺足夠的訓練。就像一個黨衛軍軍官在戰後回憶的那樣，蘇聯人「只使用簡單的密碼。我們幾乎可以攔截和破解他們的無線電信息，毫無困難可言。所以我們迅速獲得前線狀況的資訊，也經常得知俄國人的意圖。有時，從我們監聽站收到的報告比我們戰鬥部隊從現場發回來的報告還快。」[70]在一九四一年，有些單位甚至不使用密碼。那個夏天，第六軍團參謀軍官從烏曼發出的重要信息一律不加密。對此，一名中尉沒好氣的說：「不然我們能怎樣？他們要求我們毫無延誤地報告一切。」[71]

最後，在這個階段，衰弱和受傷的士兵可望得到的幫助甚少。德國人的突擊使得把醫院和醫藥物資遷離前線的計畫來不及實行。運輸工具的欠缺也阻礙了它們的撤退。到了一九四一年七月一日，西南方面軍能夠依靠的醫療設施只有原定計畫的百分之十五。德國人發起第一波攻擊的頭五天，在捷爾諾波爾的部隊醫院（此地將會是沃科夫和他的疲倦隊員的第一個落腳點），有超過五千名受傷和力竭的士兵擠在原定只供兩百人使用的設施。[72]六月三十日，一份標示「絕對機密」的報告點算了一星期的損失：「在軍事行動過程中，位於白俄羅斯西部的衛生機構無一獲得動員。結果是西線缺少了三十二家外科醫院和十二間感染醫院、十六間軍團醫院、十三個疏散點、七個管理中心、三個機動衛生連……和其他醫藥設施。」[73]它又補充說，這些設施的設備、藥物和其他物資已經在空襲和砲轟中被摧毀，工作人員也大多死了。

德國國防軍馳騁在俄羅斯大草原的馬匹要多於坦克。才幾星期，它的補給線便跨越無數公里的

砲兵向發射位置靠近。一九四二年，南部戰線。

距離，開始拉長和變細。在那個六月，入侵者不總是戰無不勝。有時，蘇聯部隊會發現一些沒有交通工具或空中掩護的德國步兵。他們發現只要時地得宜，法西斯分子是可以像共青團團員那樣，輕易陷入恐慌。在那段早期日子，德國國防軍獲得一部分地方民眾的支援。他們當時尚未到達俄國固有或蘇聯長期控制的領土。在利維夫之類的城市，市民對紅軍部隊冷嘲熱諷了幾個月。他們在這個加利西亞城市的小巷裡低聲說：「德國人正在前來。他們將會取你們的性命。」[74]這時，來自同一民族背景的士兵——還有數以千計對抵抗德國推進感到絕望的士兵——正在逃走，或者投降，或者從前線開溜。到了七月，有關士兵在衣服上畫萬字符號、拒絕向德國人開火和用崇拜語氣談論希特勒的報告，堆成高高一疊。[75]

逃兵率高得沒有人知道準確數字，更不要

說知道不同族群的逃兵比例。在六月最後三天，內務人民委員部的特別部隊在西南方面軍的前線後方捉了近七百個腳底抹油的士兵。在他處，有五千個逃兵被逮捕，他們是戰爭頭幾天一場災難性戰役的逃兵。最有可能消失的八成是來自西部地區的士兵。他們為家人感到焦慮，因為他們的家鄉是德國人最早占領的地方。他們有些人會逃兵也是因為看不出來有什麼理由要為蘇聯政權而死。四千「西部人」在六月六日逃離第二十六軍團，而在其中一個作戰單位，有八十人拒絕奉命射擊。[76]到了八月十二日，軍方總政治部認為事態已經很嚴重，所以禁止西部地區（烏克蘭和白俄羅斯）與波羅的海三小國的公民擔任坦克組員。[77]

這一切在戰場上引起極大混亂。沒有紅軍的士兵或軍官料到會發生這場戰爭。沒有戰役是按照事先想好的計畫開打。士兵痛恨他們的軍官，不信任他們的命令，懷疑有些同袍是等機會開小差的叛徒。他們如果有駐足思考自己戰鬥的理由，八成會發現恐懼——除了恐懼德國入侵者還是害怕軍官、未知和祕密警察——扮演了重要角色。其次是他們對整個世界的怒火。在前線，不論是哪種崇高觀念極少能生存太久。但這同一批士兵卻被指望在毫無希望的情況下日復一日戰鬥。例如，第二十一軍團的第一一七步兵師反覆撤退和反覆戰鬥了幾星期。到了七月六日，它抵達聶伯河的河邊城市日洛賓，在那裡參與了捍衛基輔的第一場戰事。根據最保守的估計，光是第二十一軍團在這場輸定的戰鬥中每日便損失超過一千人。[78]戰役歷時八小時，日洛賓最終陷落，步兵師的殘部撤退到了聶伯河的東岸。

撤退前他們成功炸毀河上的橋梁，為第二天爭取到更多時間。他們也炸毀了八輛敵人的坦克。

但他們士氣低落。他們筋疲力竭，飢腸轆轆，缺乏睡眠，他們目睹的景象縈繞於心。很多人受了傷。第二天，他們一如往常得要進行戰鬥。軍官們沒有作戰計畫，只知正面攻擊。就像前一天和每一天一樣，他們讓部下直接衝向德國坦克。士兵們唯一能振奮士氣的是他們嚇死人的齊聲吶喊：「烏拉（Hoorah）！」敵人聞之而喪膽。除此以外，很多士兵唯一有效的武器就是一把一八九〇年代設計的步槍和一把刺刀。就連「莫洛托夫雞尾酒」也難於獲得，因為莫斯科方面還沒有簽署命令，讓女工以一日十二萬枚的速度生產這種汽油彈。[79]在現階段，士兵們缺乏瓶子或炸彈可以投擲，只能仰賴赤手空拳。他們接連幾小時一波又一波衝鋒，尖叫著迎向敵人的砲彈。

正是這種絕望和硬碰硬的作戰風格讓一整個師化為塵土。它讓士兵們（特別是已經忍受了幾星期者）深惡痛絕。日洛賓有十個共產黨員在戰鬥開始之後丟掉黨證。至少有另一個人打了自己大腿一槍，企圖避開作戰。一個據說是喬治亞人的士兵在部隊進攻時企圖殺死指揮軍官而向部隊開火。一名伏爾加河地區的德裔士兵被認為準備一有機會就開溜到敵人那邊。不過真正的叛徒的逃走方式要更體面。有兩個資深軍官在破曉時跑了三十二公里的路逃離前線，而一個指揮官在下令展開第一波防空攻擊之後就「坐上他的轎車離開」。當天的報告補充說，這些人一概沒有受到懲罰，因為當地的軍事法官有感於大清洗和說謊成風的流弊，拒絕在有足夠證據之前進行調查。[80]

就連德國人都對他們目睹的混亂情況感到驚訝。彷彿所有蘇聯人，不管是軍人還是平民，都已野性大發。每逢德軍占領了一個有食物和消費品庫存的地區，就可預期會有搶掠的事情發生。在一個城鎮，有好幾名婦女和小孩被衝往軍隊倉庫的暴民踩死。一個德軍的觀察人員報告說：「如果一個男人抬不動一袋糖，就會割破袋子，把半袋糖倒在地上，再將剩下的半袋扛回家。」普哈維茨基的居民一天之內就把他們城鎮儲存的軍事物資搜刮一空，而據他們的新主人觀察，他們「平均每個家庭拿走了兩百公斤的糖、兩百公斤脂肪、近三百五十公斤粗麥粉、大量的魚、單兵口糧和蔬菜油……這裡的居民已經很久沒有見過這樣豐盛的食物。」紅軍自己在博布魯伊斯克加入搶掠的行列。「唯一差別只在於，」一份德國人的報告指出。「居民是搶掠商店，士兵們是搜劫民宅。」[81]

一九三〇年代晚期的史達林政權在那幾個月在烏克蘭和白俄羅斯遇到了它的復仇天使。最終，它的近乎崩潰導致了對政策和領導方式的重新省思，導致了作戰和統治人民的方法的改變。但它的軍火庫裡有一件工具被證明不可或缺。七月十五日，麥赫利斯對在前線工作的政工人員發出一份指示。那是他在翌日簽署的一道命令的前奏，該命令下令恢復「政委」的職位，讓「政委」擁有他們在一九四〇年之前的所有權力。麥赫利斯在指示中間接承認軍隊士氣已經完全崩潰。「政治指導員」未能說服士兵們相信這場仗是可以贏得，甚至無法讓他們相信打這場仗再有任何意義可言。然而麥赫利斯堅稱，士兵們的使命是「透過武力來決定蘇聯人民將會是自由還是變成為德國王侯的奴隸」。

這種雄壯措詞也許會讓大後方的人民和仍然在受訓的新兵感到振奮，但聽在前線將士耳裡卻是空洞甚至帶有侮辱的味道。正如麥赫利斯所承認，騙士兵說希特勒的閃電戰已經失敗，說他最好的部隊已經被打敗，是不對的。然而，他接下來談到戰術的部分卻讓人無語，是借自口號掛帥的內戰時期的八股：「教導所有人員怎樣奔向進攻。教導他們絕對痛恨敵人，勇於打爛法西斯雜種狗的狗頭，準備好為保衛每一寸蘇聯領土而戰至最後一滴血；告訴他們，對一個勇敢和有經驗的士兵來說，坦克並不足懼；告訴他們，沒有得到直接命令而棄守崗位是一種罪。」[82]這些話在那個夏天是空洞的，但它指向了一種戰爭如何被認定及如何作戰的方式。透過用簡單和一再重複的公式灌滿大眾論述，政府打造出新的決心來取代失落了的一九三八年純真。它也有助於排除本來也許會出現在人民談話中的其他話語：一些充滿恐慌的話語，一些對政府表示憤怒的話語。七月十九日，一道進一步的命令要求大舉徵召政治軍官，用以取代自六月二十二日起失去的那數以千計軍官。[83]

政治宣傳從未有過疲憊的時候。紅軍部隊事實上要同時面對兩場戰爭。第一場戰爭——他們唯一知道的一場——發生在戰場上，那是槍林彈雨的戰爭，是撤退和丟人的戰爭。但另一場戰爭是由政治宣傳所創造，其輪廓是由作家形塑。士兵和平民一樣可以從報紙上讀到它（最受歡迎的報紙是《紅星報》，其內容會在前線對著小群體大聲朗讀）。部隊還會看到一些包括新聞片在內的影片，而這些新聞片的內容是經過精心剪輯，所以戰爭場面比個別士兵破碎記憶中的畫面更活靈活現。戰鬥也許看似是發生在真實時間之外，發生在一些事後抗拒回憶的可怕時刻，但史達林的官方戰爭卻是以確鑿無疑、有條不紊和一篇篇地打開。

加起來有超過一千名作家和藝術家參與了報導前線情形的運動，其中四百人死在戰場上。[84]他們的作品受到蘇聯新聞局（Sovinformburo）的控制。該局負責審查從《真理報》到供前線士兵閱讀的新聞單張的內容。每輛被繳獲或打壞的德國坦克和飛機都會受到報導，常常還附有照片，不過所有地方的讀者都會注意到，報紙對蘇聯自己的損失隻字未提（這方面的空白空間是用一些口號或

列寧格勒附近的士兵收到一批書本與文件。一九四二年。

短詩來填補）。[85]問題在於，沒有人能夠進到審查官的辦公室查到數字。保安措施是那麼嚴格，以致全職的新聞局工作人員有時也會發現，他們的通行證在該局的中央大樓無效。[86]在該大樓裡面，受信賴的官員仔細檢視前線報導的初稿，尋找意識形態錯誤，甚至會矯正不符合黨路線的標點符號。著名記者愛倫堡因為抗議這種雞蛋裡挑骨頭的審查，差點辭職不幹。當一個編輯把一篇稿子裡的「勝利」一詞（指前線的真正大捷）改為「進步」時，這位為史達林宣傳戰爭的未來聲音認為此舉完全是在浪費時間。他抱怨說：「我們花了太多時間在更正上。我們浪費了一整天，耗損了我們所有有創造力的時間。」[87]

其中一場新聞局報導的紅軍勝利——或說「進步」——是那個夏天的斯摩棱斯克戰役。這場戰役損失驚人：三十萬名士兵被俘虜，三千多輛坦克被擊毀。蘇聯報紙對此默不作聲。它們把焦點放在德軍向莫斯科推進受挫一事上。[88]也正是在這一場戰役中，山窮水盡的紅軍第一次使用了它最讓人印象深刻的武器。這種武器的研發極為保密，一直沒有取名，後來才由部隊給它取了一個女性化的名字：喀秋莎。這種型號為BM－13－16的多管火箭砲和它的後繼者證明了蘇聯武器設計者的才華不輸世界任何地方的同行。葉廖緬科元帥回憶說：「我們是在斯摩棱斯克附近的魯德尼亞首次試用這種超級武器。七月十五日下午，大地隨著火箭彈的不尋常爆炸而震動。就像拖著紅色尾巴的彗星那樣，火箭彈躍入空中……十幾枚這種火箭彈同時爆炸的效果驚天動地。德國人在恐慌中逃跑，甚至連我們自己的部隊也急忙從前線退卻……為了保密，我們沒有通知他們有這種新武器存在。」[89]喀秋莎射程不佳，在戰爭的現階段需要大量的推進劑才能投送至不超過十六公里的距離，但看見德國士兵慌忙逃跑的樣子讓史達林的宣傳人員心情暢快，有了大做文章的好題材。

★

「撤退導致了盲目的恐慌。」白俄羅斯共產黨第一書記波諾馬連科在九月三日向史達林這樣報告說。更糟的是，「士兵累得要命，甚至可以在砲火下睡著……在第一次砲轟中，隊形瓦解了，很多人直接跑入森林中。現在，前線地區的整個森林區充滿像這樣的難民。也有很多人丟下武器回家去。他們對於可能被包圍感到極端焦慮。」[90]這個坦白的報告將會被祕密警察解釋為呈現集體「背叛祖國」的事例。那個夏天，有幾百萬人被圍困。其他人——他們缺乏訓練、對同袍了解甚少又裝備不良——被投入於對抗敵人的戰爭，而這些敵人在直到下第一場雪之前始終信心滿滿，一如他們十三個月前列隊進入巴黎那樣。那些直接回家去的人是做了再自然不過的選擇。一個前士兵這樣說：「在一九四一年六月，我們的部隊在白采爾科維附近被一些德國部隊包圍。『軍事指導員』把餘下的部隊集合起來，命令我們分為一小群一小群突圍。我和我們單位的兩個其他士兵換上平民服裝，決定回家去。我們會做出這個決定，是因為根據傳言，朝我們而來的德國部隊已經遠遠推進到東部去。」[91]

德國人對擄獲的戰俘人數也是毫無心理準備。根據保守估計，到了一九四一年年底，德軍俘虜了兩百萬至三百萬紅軍部隊。德國人完全沒有想過要怎樣安置這些人，因為根據納粹的思路，這些人的命不值一哂，沒必要預先規劃。隨著德國國防軍繼續向東挺進，很多戰俘被關押在原來的營房或監獄。其他戰俘則露天蜷伏著，以有刺的鐵絲網圍起來。那個六月的震撼是如此之大，以至於殘暴的故事要經過一段時間才流傳開來。傳言說德軍會把猶太人和共產黨員挑出來折磨和非法處決。也有些傳言說戰俘受到毒打、餓肚子、施虐，集體緩慢死去。在戰爭開頭十幾天，當紅軍士兵發現他們被包圍或寡不敵眾，會乾脆投降。

六月二十二日，最高蘇維埃授權軍隊懲罰逃兵。三人軍事法庭按規定成立，在前線和所有其他受戰爭影響的地區運作。軍事法庭有權做出死刑判決，不過根據規定，他們得打電報把此事通知莫斯科。如果莫斯科七十二小時之內沒有反應，死刑就可以執行，不得上訴。軍事法庭判決的任何其他懲罰（有些相當於用其他方法來實施死刑）都可以逕行執行。[92]這種權力相當全面，不過實際情況是指揮官常常自行執法。七月十四日，麥赫利斯有個在西南方面軍的副手向他抱怨，值此軍隊嚴重缺人之際，不應該大量使用死刑。一如既往，這個報告舉了一些駭人聽聞的事例。在一個事例中，一名中尉槍斃了兩個無人指揮的紅軍士兵和一個到他單位來乞求食物的婦女。[93]

這一類報告沒能改變前線的狀況。很少軍官熟悉他們的部下，也沒有人能夠認識所有部下，因為作戰單位都瓦解了且重組得太快。巴甫洛夫的被處決和其他類似案例證明了，一個打敗仗的軍官要不是被法西斯分子所殺，就是被內務人民委員部的部隊槍斃。步兵會被迫硬著頭皮上陣，是因為他們的指揮官也擔心自己小命不保。殘忍因此變成了一種生活方式。一九四一年八月，軍官動輒受罰的可能性再次被強調。史達林親自簽署的「第二七〇號命令」在當時並沒有公諸於世，但其內容廣為流傳，在由前線「政治指導員」被迫召開的會議上大聲讀出。命令是發布在一天之內就有十萬人投降的事件之後。烏曼的受害者別無選擇，因為不像博爾金，他們是被包圍在一個開闊的大草原上，沒有樹林和沼澤可供躲藏。不過莫斯科根據它傳統的是非對錯觀認定，這些部隊可恥、懦弱。為此，它發布「第二七〇號命令」，規定任何軍官或政治軍官，凡在戰場上拔掉軍徽、退到部隊後方或投降成為戰俘者，都被視為惡性逃兵。企圖逃兵的軍官得由上級在戰場上處決。即使不願意帶頭衝鋒也可以被視為逃兵。[94]

這命令的另一條條款規定，惡意逃兵者的家人可遭逮捕。這是個殘忍的觀念。雖然多年來逃兵的家人本來就會受到失去年金或其他物質權利的懲罰，但以監禁作為威脅仍是非常嚇人，因為在蘇聯的系統中，包括兒童上學在內的一切都取決於一個家庭在官方眼中的集體榮譽而定。後來，「第二七〇號命令」還被理解為把任何屍體失蹤的士兵算成逃兵（這樣的人數以十萬計，他們或是被擊中後掉入河中，或是被大砲炸成碎片，或是遭老鼠啃食）。因此，在行動中失蹤是一種不名譽的命運。不過在第一個夏天，有很多人對這一類規定嗤之以鼻。就像莫斯柯文在十三個部下消失後所指出的：「我和指揮官談過。他警告我們不要怠忽職守。他告訴他們，他有一份他們所有親戚的名單。問題是很多這些小伙子所來自的地方已經被納粹占領。他們不再在乎你有沒有他們親友的地址。」[95]

在七月十五日，莫斯柯文初次槍決一名逃兵。那士兵是來自西烏克蘭。三星期的砲轟、行軍、睡眠不足和恐懼把他逼到了崩潰邊緣，他找了哪種藉口也不太重要了。他的罪是勸說所有同袍投降或至少不舉槍射擊。然後他直面莫斯柯文。「他行了個敬禮，我猜是向希特勒致敬，然後把步槍掛在肩上，向灌木叢走去。」他此舉在隊伍中另一個烏克蘭人看來太超過了。紅軍二等兵舒利亞克朝他背後開了一槍，把他打倒在地。這個垂死的人在泥地上咒罵他的舊同志們：「他們會殺光你們。你這個滿手血腥的『政委』，他們首先會吊死你。」莫斯柯文沒有猶豫。他舉起左輪手槍，在整個連面前把倒地的士兵射殺。「我讓大家明白，」他寫道。「狗就應該是狗的死法。」

但是不管他對部下說了些什麼，莫斯柯文自己的信心已經消失。七月底，他的團在德軍的一次攻擊中瓦解。莫斯柯文本人受了傷，他的部下無法運送他，所以他和另外兩個人就留在樹林裡等待救援。始終沒有人來幫忙，他們相信自己已被夥伴們遺忘。事實上，他的團裡大部分人都死了，因為在留下莫斯柯文三人之後，他們就被他們裡頭的一個逃兵出賣。莫斯柯文在八月四日寫道：「我處於鬥志完全崩潰的邊緣。」他的傷口疼痛，而他害怕會生壞疽。「我們迷了路，」他繼續寫道。「因為我們沒有地圖。看來在這場戰爭中，我們擁有的地圖不比我們擁有的飛機多。」兩個小伙子睡在他旁邊，但他睡不著。「我有罪惡感，因為我徬徨無助，也是因為我知道我應該打起精神來。」共產黨信仰本來被認為應該可以讓這位「政治指導員」成為英雄，但「我就是沒有這樣的能力」。

莫斯柯文待的樹林離斯摩棱斯克地區一條村莊不遠。三天之後（期間有人在他睡著時偷了他的小型武器），一群農夫救了他。他後來知道搭救他的人商討過要不要把他們交給德國警察。窩藏他們三人的決定也許是考慮到他們身體還算健康，可以在收割時候幫忙。莫斯柯文描述了他在甜菜根和馬鈴薯長得夠大顆時，被派去採摘它們的情形。當農夫們告訴他，他們已經打散了集體農場，不再為蘇維埃政權工作時，他必須守口如瓶。他必須忍受勞苦的工作、爛泥、取笑史達林的笑話和對世界將會發生轉變的揣測。這位「政治指導員」有一晚寫道：「不是每件事情都是按照我們在書上讀到的那樣運作。」例如，他目前身處的村莊與和平時期人人引以為傲的那些喧鬧和有文化的城市，就截然不同。即使是蘇維埃政權也無法改變農村這個他慢慢開始了解的原始世界。莫斯柯文加入戰爭還不到兩個月。季節仍是夏天，樹林仍然蒼翠，但他已經和所謂的蘇聯生活失去了聯繫。

★第四章　戰爭的黑路

那個夏天一直流連至十月第一個星期才離去。這是一個反常、詭異、陰險的季節。它為莊稼提供了完美的生長天氣，但這些莊稼的命運是熟成、變色，長得過於茂密而擠成一片，最後是爛掉。在整個烏克蘭大草原，本來處處是牛群的田野現在因為長滿野草而發臭。樹林裡飽熟的漿果無人問津：四周圍已沒剩多少人。那些路過此地向東而行的人不是旅遊者。在莫斯科的命令下，整座整座的工廠被拆解、裝箱，遷移到遙遠的腹地，就像是整個世界都搭火車去了。那些沒有特權、沒有人脈的家庭只能靠雙腳走路。捲起的塵埃尾隨著人、牛車、牲口群、兒童和綿延的細長部隊。當難民和最後一批蘇聯士兵遠去之後，便來了坦克、卡車和馬匹，還有瘟疫似的灰衣人。

到了一九四一年八月底，波羅的海三小國、白俄羅斯和大部分烏克蘭已全落入德國人手中。基輔在九月中陷落。當時，列寧格勒的主要補給來源已經被切斷。位於姆加的鐵路——入城的最後一條運輸路線——在八月底落入入侵者手中。現在，德國的重砲和戰鬥機逼近俄羅斯的第二首都，眼睛盯著它的工業和財富。德國國防軍對於在這條戰線取勝極有把握，乃至於把一批部隊抽調往南，去奪取一個更大的獎賞。希特勒的命令是占領莫斯科，把它從這個世界挖掉，變成一個巨湖。那年秋天，德軍出發去執行這項任務。十月二日，他們攻占了奧廖爾，到月中同時占領了卡盧加和加里寧（卡盧加位於莫斯科西南面的奧卡河河畔，加里寧位於莫斯科的北面）。至此，德軍離克里姆林宮不到一百六十公里遠。

紅軍面臨著完全潰敗的前景，反觀他們的敵人看來精力充沛，一派樂觀。第四裝甲軍司令霍普納在一份狂妄的報告裡說：「黨衛軍和坦克師進攻時充滿熱情，讓人以為他們不是激烈戰鬥了四個月，而是剛從長期休息歸來。」[1]他的部隊剛從列寧格勒戰線折而向南，要和古德里安的部隊會合，進攻莫斯科。殺戮看來很適合他們的戰爭胃口。「蘇聯軍隊的戰死人數還多於被我們俘虜的人數。」霍普納繼續寫道。「每晚都有村莊著火焚燒，血紅色的火光染紅了低矮的雲層。」[2]

德國人把接下來發生的事歸咎於天氣。霍普納聲稱，莫斯科的戰壕和地雷對他決心如鐵的部下並沒有構成障礙。他的損失固然慘重，但莫斯科守軍死傷更加慘重。降雪起初看來並不礙事。當他拍去落在大衣上最早幾片乾雪花時，他人在博羅金諾，離克里姆林宮僅僅九十六公里。接著開始下雨，秋雨晝夜不停下了幾星期。正是這場意料之外又乏味的雨「從德國人手上奪走了我們幾乎已經贏得的勝利。」德國國防軍的車軸、膝蓋和馬蹄都陷入了厚厚的灰褐色爛泥中。霍普納回憶說：「推進十公里要花上兩日兩夜，還要視乎部隊是不是開動得了。」卡車和馬車的車輪徒勞地轉動著，只讓車子在爛泥裡陷得更深。士兵在鋪天蓋地的溼漉漉中咀咒和發抖。「我們的物資供應被徹底切斷了，」霍普納繼續指出。「彈藥、汽車燃料和麵包很快就變得和同重量的黃金一樣貴。我們甚至無法把傷兵運送到安全地方。」就像是指責蘇聯在劍擊比賽中作弊似的，霍普納忿忿地補充說，敵人利用這個空檔把受過訓練和有經驗的後備部隊調來。爛泥對向東穿過大草原的鐵路並無影響。

霍普納不願承認，紅軍在截停納粹推進一事上的功勞比他的還要大。除了尊嚴和絕望以外別無其他，有些士兵帶著自殺式的勇氣作戰。但蘇聯的危機深重仍是無法否認的。不到四個月時間，紅軍便損失了超過三百萬士兵。那個夏天，數以十萬計的人被拘禁在基輔和維亞濟馬的鐵絲網圈裡。一支在六月時近五百萬人的軍隊現在只剩兩百三十萬人能夠調動。[3]後備軍人和新兵在大後方被徵召入伍，但數量從來不夠彌補龐大的損失。另外，到了十月，有近九千萬人（戰前蘇聯人口的四成五）是生活在敵人控制的地區。[4]

紅軍在當時和後來都有抽調人力的優先權，但供應部隊物資的工業一樣需要人力。勞工總是短缺，因為勞動力現在只有戰前一半多一點。[5]但最即時的經濟危機是工廠的失去。有大約三分之二的戰前生產是在一九四一年被德國奪去的領土上進行。任何能夠及時搬得走的工業生產已後撤至烏拉山山區，但嚴重的損失仍是無可避免。一九四一年八月和九月的火砲生產量不多。當時，五分之四的蘇聯戰時生產都投入「在輪子上」。[6]莫斯科守軍在那個秋天很快就用光砲彈。他們也用光了子彈，甚至用光了發射子彈的槍枝。組裝更多武器的機具仍然裝在板條箱中。新的工廠已經在簡陋的木造廠房裡投產，而工人也二十四小時輪班，但即使如此，生產力仍需要幾個月時間才趕得上。一九四一年十二月，由後備軍人組成的第十軍團投入服役，但整個軍團沒有一門重砲或一輛坦克。[7]

德國人認定蘇聯已經完蛋。這是一個錯誤，卻也是一個容易犯的錯誤。那個秋天，同樣想法也出現在很多蘇聯人民心中。在莫斯科，六月曾被愛國熱情感染的市民準備逃走。霍普納對自己的坦克部隊引起的恐慌很是得意。他寫道：「大部分人都跑了。工廠裡有價值的設備被摧毀了。第四裝甲軍的坦克和步兵的逼近把恐慌帶給了紅色首都。搶掠開始了。蘇聯領袖們轉移到了伏爾加河畔的古比雪夫。」[8]事實上，史達林仍然留在首都。這種表態讓很多人重燃希望。不過就連他的留駐也不能平息那個十月的恐慌。看見敵人的部隊就在郊區，莫斯科幾乎從內垮陷。「那真是一段可怕得要命的日子。」一個織布工人回憶說。事態在十月十二日開始惡化，但危機在四天後來到。有一名婦女回憶說：「當我看見工廠關起門來，我的心涼了一大截。很多領導幹部都逃走了。」[9]其他工廠的經理人和一些選區的黨部主委也是如此。幾乎任何擠得上一輛朝東而去車輛的人都走了。

政府的反應是準備對人民發動一場戰爭。如果他們不能自行表現得像史詩中的英雄，內務人民委員部的槍枝就會逼他們那樣做。特別部隊被部署在首都四周。他們的任務是對外防禦入侵者，對內防禦失敗主義者。這些祕密部隊中，最重要的是內務人民委員部的「機動化步兵旅」，簡稱OSMBON，它也是戰後蘇聯特種部隊「斯佩茨納茲」的前身。伊萬諾維奇是「機動化步兵旅」的成員，出身農家，是史達林政權的受益人之一。就像基里洛維奇那樣，伊萬諾維奇在軍隊裡找到了晉升之路和刺激冒險。對他來說，「機動化步兵旅」最初的吸引力在於讓他有機會在拳擊之類的運動證明自己的身手。有超過八百名運動員在一九四一年加入了「機動化步兵旅」。[10]一旦入選就能成為菁英的一分子。現在，這群菁英被要求拯救首都，而他們對此要任倍感光榮。

伊萬諾維奇的專門任務是防衛救世主城門。他從「國家百貨商場」的二樓進行警戒，他的狙擊手步槍準備好對任何威脅其守護區域的人（不管平民還是軍人）進行射擊。但搶掠比起敵人的部隊是更嚴重的問題。伊萬諾維奇絕不感情用事。「維持秩序是絕對的必要。」他回憶說。他會毫不留情射擊那些拒絕離開儲存食物與其他貨物的商店和辦公室的人。與此同時，伊萬諾維奇的同袍確保莫斯科不會投降，萬一陷落時市民會與其共存亡。有戰略重要性的建築物，包括莫斯科大劇院，被裝設了炸彈。「機動化步兵旅」本身的總部位於莫斯科木偶劇院，也準備好連同其他建築物一起被炸毀。[11]

在十一月中再起的莫斯科保衛戰後來被認為是紅軍的決定性勝利之一。霍普納率領的坦克部隊在十一月二十六日奪下河邊小城伊斯特拉及其金色圓頂的新耶路撒冷大教堂。但他的部隊業已筋疲力竭：一些老鳥嘀咕說他們即使在第一次世界大戰最黑暗的時刻也不曾如此艱苦。他們井然有序的閃電戰被徒手肉搏的地獄取代。他們占領的豐沃土地在嚴寒中流失了快樂。霍普納指出，就連可以保護他們的黑暗也被曳光彈在雪地上投下的混亂光線驅散。[12]現在紅軍部隊穿的是專為冬天作戰而採用的迷彩服——這是從芬蘭戰爭得到的教訓。和他們的敵人不同，他們已經對寒冷的天氣作好準備。他們像鬼影那樣從黑暗中竄出，讓德國人心驚膽戰。然後，他們看來帶著新的決心和新的隱祕性作戰。到了十一月底，德國坦克顯然已經不可能在聖誕節前有所推進。然後，在十二月五日，紅軍做出反攻，逼退敵人，將原定包圍莫斯科的封鎖鏈一節一節地打斷。

守住莫斯科的功勞一貫是歸給朱可夫。史達林的政治隨從已經頂不住，現在要靠將軍們反擊回去。其他英雄是後備部隊：在十月開赴前線的十二個軍團。[13]但防衛首都的還有來自首都腹地的新

在戰壕中的蘇聯步兵。一九四一年冬天。

兵，甚至包括知識分子、老人和學生。這第二群人是帶著平民的心態和準備上戰場的。七月時，史達林曾呼籲市民大規模入伍。組織一支民兵的行動旋即開動。首都的每一區都組成了一些自願者的連隊。任何想加入的人幾乎都可以加入。他們的年紀從十七歲到五十五歲不等。正如一位生還者所說的，他們大都相信，到了十一月，他們將可在柏林慶祝共產革命的週年紀念。「報紙、電影和廣播幾十年來都告訴我們人民，紅軍無往不勝。」戈登回憶說。就像其他所有人一樣，他也相信，「在共產黨和我們偉大領袖的領導下，任何敵人將會在他們自己的國土被打敗。」

和戈登同齡的男性自願者很快就從挖戰壕的工作畢業。到了八月，這支民兵被派往參與保衛莫斯科對外的戰略公路。戈登本人被派去保衛卡盧加公路。他回憶自己和那些「最不軍事化」的同志一起出發的情形，人人一臉愁容，有人騎腳踏車，有人用走的。在他們的新基地，他們領到了制服。這些制服黑沉沉，讓他們覺得自己像是墨索里尼指揮的法西斯分子，不過這批破舊的軍服八成是一九三九年在波蘭繳獲的。他們也看到了波蘭步槍，不過不是每個自願者都獲得武裝。然後他們的訓練開始了，而讓作為城市居民和知識分子的戈登驚恐的是，訓練項目包括了馬術。他們的「政治指導員」名叫科瓦利琴科，是個老騎兵，使用的訓練方法會讓人回想到拿破崙和庫圖佐夫的時代。受訓者必須一連幾小時騎在沒有馬鞍的馬背上，忍受不習慣的疼痛，直到水泡的血漬染透了褲子。「唯一可以逃離這種折磨的方法是躲到醫護帳棚。」戈登寫道。這個時候，從前線傳來的消息愈來愈灰暗，「不過我們都不願往最壞狀況去想」。[14]

其他城市在召集民兵時經歷了同一程序。在很多地方，民兵表現勇敢，但沒有輝煌戰績。韋斯認為，列寧格勒人對加入民兵的熱烈響應是愛國主義的一種榜樣，但那裡的民兵死傷數字讓人驚心。每逢需要他們迎敵的地方，準備不足的民兵都會成千上百地死去。也有些地方的民兵從未戰鬥。在庫斯克省的小城法捷日，三千名在七月投身民兵的人到了一九四一年十一月都沒有經過訓練。他們不知道怎樣舉槍或瞄準，很多人一輩子都沒有發射過一槍。該地區的集體農夫對號召當民兵的呼籲充耳不聞。在庫斯克附近舉行的訓練課只有頭一星期令人興致勃勃，之後就很少人參加。就連共產黨員都不理會燈火管制和不得吸菸的規定。

有些人仍然相信國家的巨大疆域足以保護他們。晚至九月的最後一個星期，庫斯克省的居民仍覺得危險還很遙遠，而把心思放在別的事情上（例如度假計畫）。[15]在德國坦克六星期後輾過這個地區時，他們將會付出高昂代價。不過也有些人盤算過，過時的槍砲和土製的炸彈本來就不足以對抗入侵者。農村有大量逃兵散播著宿命論調。在莫斯科附近，戈登也從難民口中聽到可怕的故事。白天，自願者受到集體精神的鼓舞而鬥志昂揚；晚上，他們各自揣有的恐懼就冒了出來。

就像很多這類民兵部隊一樣，戈登的部隊在八月被紅軍吸納。在地方黨部黨員的見證下，他和他的朋友們宣誓加入紅軍，把原來的黑色軍服換成步兵的橄欖綠軍服。到當時為止，他們大部分人都沒有摸過一把真槍。戈登發射過訓練用的步槍兩次。這些人成為在那個九月重建的第一一三步槍師。說是「重建」，是因為本來的師幾個月前已在蘇聯邊界附近被殲滅。這個新的第一一三步槍師也是會在接下來幾星期兩度被殲滅和重組，一次是在一九四一年十月，一次是在一九四二年開頭月份。戈登的新師部隊更是一天就被摧毀。

這災難發生在通向首都的華沙公路兩旁光禿禿的樺樹和松樹林。戈登的師奉命攔阻德軍推進，但他們才看見德軍的影子就恐慌起來，像任何地方的菜鳥士兵一樣無法停止射擊。等到敵軍進入射程之內，他們的子彈已經用光。「莫洛托夫雞尾酒」接著用罄。戈登目睹著莫斯科大學地質系和物理系的年輕校友向逼近的德國坦克投擲點燃的煤油玻璃瓶。幸運的人馬上死掉。其他人嚴重受傷，只能在朋友撤退後獨自在樹林裡慢慢死去，或是任由第二天清理戰場瓦礫的德國黨衛軍分隊宰割。

入夜之後，戈登的師只剩下三百人，而他們大部分也將會在接下來幾天嘗試突破德軍包圍時喪生。戈登本人被俘虜。他本來也會死在戰俘營，但戰俘的龐大人數救了他一命。因為德國守衛無法同時盯住每個人，他趁隙鑽入了一個乾草垛，躲了一整晚和第二天大半天。他未來將會成為正規軍，但他也將永遠無法忘懷他從戎後的第一批同袍。最後一個令人諷刺的，是他注意到他們很多人在從民兵身分轉為正規部隊時，沒有辦妥手續。他們的證件並不是正式的證件，而這表示，他們會被算作在行動中失蹤。對失蹤者的規定毫不含糊。國家視他們為逃兵。他們的家人不只不會得到讚美和孔需的經濟幫助，還會在接下來五十年背負汙名。[16]

★

戈登的第一一三步槍師傷亡殆盡，但只拖慢一個德國裝甲車單位一天左右的推進時間。犧牲了這麼多人命和才智，換得的只有那麼一點點，想來就讓人痛心。不過士兵們成千上萬死去的情形並不少見。不管史達林政權缺乏些什麼，它從不吝嗇人命。德國人把蘇聯人的死傷慘重視為一種詭計，宣稱「紅軍是我們面對過最狡猾和最頑固的敵人」。一份報告在該冬天建議，如果想要抵抗一次俄式攻擊，「你的心臟要夠強壯。」[17]德國人也注意到蘇聯步兵的後方駐有一支特殊部隊，手持機關槍等著掃射從戰場逃跑的人。當時的一份報告指出：「作為一條通則，蘇聯士兵不是為了意識形態或祖國而戰，而是出於害怕他們的軍官，特別是他們的政委。」[18]對此，另一個觀察者表示同意：「是恐懼和仇恨讓俄國士兵抱著必死的勇氣作戰。」[19]

士兵們確實害怕。在莫斯科的守軍中，有些人——例如著名的「潘菲洛夫二十八勇士」——會不過，單靠威脅是不夠的，因為有些士兵仍然幻想著乾脆投降。這些又餓又累的人禁不住幻想，法西斯主義對斯拉夫人來說並沒有比史達林的統治更壞。一個第十六軍團的士兵在那年十月對朋友們說：「我們應該停止戰鬥。我們有沒有打敗德國人沒有分別。」另一個士兵補充說：「我們有一半集體農夫是反對蘇聯政權。我們的將軍大談在敵人的領土打敗敵人，但現在的實際情形卻恰好相反。我們俄國人民遭到自己的將軍們出賣。」他的朋友看來同意此說。還有一個步兵抱怨說：「他們設法要把我們餓死。他們要讓我們去送死。他們把紅軍當狗對待。」[21]祕密警察記下這一切，一大原因是怨恨很容易會落實為行動。那個十月有近十三萬人因為違反軍規而被拘留在莫斯科，其中有近五千人是逃兵，另有一萬二千人被控以逃避服役。[22]

這種規模的逃兵現象明顯顯示，光是嚴刑峻法不足以讓恐懼的人變成英雄。它只會浪費更多生命。在一九四一年十一月至一九四二年二月間，法庭判處的死刑數目穩步上升。被告最常見是被控以逃兵和逃離戰場。[23]雖然所有軍隊都會某種程度上採取這一類措施，但就連蘇聯領導層本身都被自己釋放出的殘忍嚇倒。調查人員發現一個中尉無緣無故射殺一個士兵（至少是沒有他們看得出來的理由）。在另外的個案，有一個士官因為抽菸和一個上尉因為直言而被他們的政委射殺。這是一個殘忍的政權，但即使如此逃兵現象依舊持續。比起持槍的政治委員，士兵們更害怕死於戰場和導致傷殘。一個士兵在寫回家的信上說：「一般不會在軍隊待太久。大概一個月左右，你就斷然會命喪在德國人的絞肉機。」[24]

威嚇專家史達林看出威嚇政策開始失效。一九四一年十月，眼見軍隊就要完全崩潰，他下令應該「用勸說而非暴力」來激勵士兵。[25]總政治部和蘇聯新聞局依令而行，採取每一種步驟去「勸說」，為表現紅軍的勇敢和敵人的困頓而編造無數謊話。這一招沒效。「別相信報紙，」有個士兵寫道。「別相信報紙或收音機。它們謊話連篇。我們經歷過也目睹過一切，看到德國人怎樣驅趕我們。我們的人民無處可逃，我們沒有武器可以戰鬥。當德國人趕上我們，我們無處可躲。沒有油料，所以就拋棄車輛和坦克，改為用跑的……」另一個士兵黯淡地補充說：「他們讓我們閉嘴。」[26]

激勵這些士兵本來是他們的軍官的工作。這些軍官有些不同凡響，但很多都是暴君，他們的粗鄙語言和粗暴紀律要求是直接來自農村的原始世界。其他軍官則通常缺乏經驗，老練的士兵會看不起他們，把他們看成小孩或（這是更糟的）官僚。那些最糟的「官僚」包括那些在大清洗之後的氛圍中獲得晉升的人，他們的長才是取悅在上位者。認為這些人可以激勵任何人是荒謬的。西蒙諾夫描寫過這類人。一九四二年，他在克赤認識了一個——「我不太記得他的名字」——他喊作索羅金的軍官。對方讓他覺得「是個非戰爭類型的人，對戰爭一無所知，唯一優點是他知道自己什麼都不懂，所以什麼都不插手。而如果他不得不插手，就會裝出有做事的樣子，雖然他什麼都沒做。」[27]

一拐一拐從前線往回家的路上，生還的民兵會這樣嘀咕：「我們從未看見過一個軍官。將軍們都跑了，他們換掉褲子，留下我們戰鬥。」[28]他們遇到的事在部隊中一再上演。一九四一年十月，第五軍團第五十步兵師師長多諾典伊向上級報告說，他的部下在保衛莫斯科的莫扎伊斯克公路時，沒有獲得承諾要給他們的砲兵支援。考邁拉將軍聽了以後怒道：「砲兵司令萬斯于克夫應該馬上予以槍斃。」這是空話一句，因為第二天的戰役仍然用得著萬斯于克夫和他的大砲。「我會跟進這件事。」考邁拉說，說完就鑽進了他的轎車裡。「從此我沒有再看過他。」多諾典伊寫道。「他看來是透過什麼都不做而讓別人流血來增加他的權威。」[29]

像多諾典伊那樣的軍官會留在戰場上，是出於責任感和可追溯至內戰時期的軍事經驗。他們有些是軍事專家，有些靠著真誠的共產主義信仰加強鬥志。然而，士兵們卻不太有作戰的誘因。如果他們在那個冬天留在戰場，那只是出於惰性，出於對同袍的忠誠，以及出於從共有的恐怖和艱辛經驗逐漸培養而成的團隊精神。[30]他們的世界萎縮了，他們的欲望衰減了。代之以選擇一個未來，他們成為了自己命運的受造物。戰壕以外和軍隊控制路線以外的世界本身就很嚇人，而難民和掉隊士兵帶來的那些故事讓它更加可怕和神祕。不過，有一種情緒是那個冬天幾乎每個士兵都擁有的，那就是復仇的欲望。

沃科夫在一九四二年二月寫給妻子的信上說：「經過半年，我終於找到你們的下落。我今天無比快樂，雖然這快樂只會在收到你的回信之後才會變得完整。」這種快樂的極致不久就來臨。「今日是我人生最快樂的一天，」當砲兵的他寫道。「在尋尋覓覓之後，我終於找到你了。」在這之前，沃科夫備受憂慮折磨。他上一次看見妻子和女兒時，她們是住在基輔的家中。之後因為在前線忙於打仗，他一直沒有寫信回家。然後在九月，基輔陷落了。傳言說所有基輔的猶太人都死了。因為渴盼得到消息，他寫信給每一個他認識的人。最後，在新年的時候，他透過收音機廣播尋人。然後他收到三個素未謀面的人的來信，告訴他，他太太還活著。他們教他怎樣找到她的地址。

「過去八個月我經歷了許多事，」沃科夫寫道。「但我的煩惱當然無法和你們經歷過的相比。基輔的生活本就不容易，然後是疏散和對我的擔憂。我可以想像你有多麼艱難。但至少你沒有留在基輔，也因此沒有落入法西斯禽獸的手中。」他指出，報紙沒有徹底寫出敵人有多壞，現在，他開始明白了自己是為何而戰。「不管報紙把他們寫得有多殘暴，他們事實上要更十惡不赦。我經過一些這些禽獸到過的地方。我目睹被焚毀的城鎮和村莊，目睹婦孺的屍體，目睹被搶掠一空的居民。但我也看過因為看到我們喜極而泣的人……這些地方的情緒影響了我，它在所有士兵之間增長……」[31]

沃科夫之類的軍人沒有機會回家。他們必須信賴軍隊全體——甚至國家——會保護他們陷入危險中的家人。如果他們以前曾懷疑莫斯科和它的意識形態，甚至如果他們心裡有部分繼續是如此，那麼，唯一讓他們可以晚上睡著的方法就是努力相信史達林、政府和其他部隊會照顧好他們所愛的人。另外，他們很快就對這場戰爭有所了解。他們在頭幾星期也許不相信各種傳言（畢竟政治宣傳機器過去總是在編造謊話），但過了不久，他們就自己看見和摸到了證據。那個冬天，在莫斯科附近第一批被收復的村莊，蘇聯部隊發現了大批被燒死、被槍殺或被毒打致死的村民的屍體。

他們的敵人看來對施暴樂在其中。逃脫的難民講述了德軍進行的大規模槍殺和對游擊隊員的折磨刑求。法西斯分子一面看著在柴堆上燃燒的受害者屍體，一面喝酒和大笑。一個曾在斯摩棱斯克作戰的士兵寫道：「根據當地人所述，敵人在一九四一年十二月十三日把俘虜的紅軍關在一棟四層樓建築裡面，四周圍拉起帶刺鐵絲網。午夜時，德國人對建築物放火。當紅軍士兵開始跳窗時，德國人便向他們開火。大約有七十人被擊斃，燒死的更多。」[32]有些德國國防軍把他們的暴力紀念品珍而藏之。在一個倒斃德國步兵胸口口袋找到的一張照片顯示了屠殺考夫諾猶太人的情景。在另一張照片中，兩名德國士兵睇視著兩個被吊死的俄國人。就連心如鐵石的紅軍士兵都不可能對這類照片顯示的凶殘無動於衷。「只要俄羅斯能得到和平，任何獨裁者來統治都無妨」的主張不再說得通。

不是每個士兵都能馬上得出這種見解。有些士兵從來沒有想到，也很少有人可以很容易就得出這種見解。彷彿他們每個人的世界（他們的戰前世界）都必須崩潰，他們才會明白他們生命的目的。沃科夫因為掛念妻女而噩夢連連；莫斯柯文在他的幽暗小屋裡必須重新省思他的共產主義。老一輩的人現在都看似帶著困惑回望自己的人生，回望由國家主導改變的那些如夢年間。過去像是童話書裡的天堂那樣閃閃發光。光是對比就讓每個映像更加清晰。那些和平的年頭，那些一度看起來那麼艱辛的年頭，現在卻讓人感到輕鬆和安全。那是一個充滿機會的年代，讓每個人只有在回顧時才會懂得珍惜。但奇怪的是，當你無所逃遁時，急迫的作戰生活會帶來一種全新的價值。一名士兵談到這種感覺時表示：「就像一個健康的人不會知覺到自己的身體。只有身上開始出現病痛，你才會真正明白健康是什麼。」[33]

對死的恐懼讓有些人，包括三十歲近尾聲和更老的人，第一次感受到生命的真正滋味。在這階段，影響往往是灰暗的。老鳥會落入一種宿命主義之中，基於事實而非預感，他們雖然才剛剛學會珍惜生命，但他們已經和死人無異。現在，他們都把希望的焦點放在家人和小孩身上。「很難知道

考夫諾猶太人遭屠殺的情景。

德國士兵看著兩個被吊死的俄國人。

我還能活多久。」一個士兵在一九四二年一月寫給妻子的信上說。她懷了他們第一個小孩，但他知道自己將沒有機會看到子女。她告訴妻子，他在前線看見的事情非筆墨所能形容。所以，他現在除了妻子和孩子的未來，什麼都不去想。「我的東西可按你覺得適合的方式加以處理。它們是你的，一如我是你的，你是我的。西茉科卡，不管你生的是男還是女，都請按照你自己的信念把他養大。告訴他我的事，告訴他你丈夫和他父親的事。」[34]另一個寫信給妻子和女兒的士兵說：「你們不能說我仍然活著，不能。死人是瞎子，基於這個原因，我唯一感興趣的是你們的生活，唯一的關心是想念你們。」[35]

戰前的祖國意識瓦解得就像輕易戰勝的美夢一樣快。戈登在學校時是個單純的國際主義者。他上戰場後見到的頭三個德國戰俘，一個是軍官，兩個是步兵。其中一個士兵是工人。戈登回憶說：「他起初不明白翻譯人員的意思。翻譯人員問他：一個無產者怎麼能夠拿起武器對付蘇聯，對付全世界無產者的第一個祖國？最後他回答說，在他的單位大部分人既非農民也非工人，他們的祖國不是俄國而是德國。他的回答讓我們全部人都開始反省『蘇聯是全世界無產者的祖國』這句話的意義。」[36]起同樣效果的是對那個祖國的冰冷現實的直接碰觸：急行軍，暴風雪，大霧，飢餓，挖掘——在冷黏土地上的無止境挖掘。一個白俄羅斯老兵宣稱：「黨告訴我們沒有東西比祖國更珍貴。」但想像祖國的方式改變了，因人而異。有些人（像莫斯柯文）的祖國的概念現在擴大至包含新的地貌、農村、不識字的農民和不苟言笑的地方戰士。對其他人來說，這個觀念變狹隘了，從普世的兄弟情誼縮小成了一種仇外的俄羅斯沙文主義。

正是在這段時間，即一九四一年的晚秋，史達林開始修訂他有關祖國的修辭。他在十一月慶祝十月革命二十四週年的閱兵大典上談到俄國的輝煌歷史。不可免俗地，他先是回憶了內戰的嚴峻考驗，然而接著又提到了一系列更古老的著名戰役。俄羅斯將士被要求效法他們的祖先：涅夫斯基、頓斯科伊、米寧和波扎爾斯基，以及蘇沃洛夫和庫圖佐夫。[37]這位領袖繼續說：「願列寧的勝利旗幟祝福你們！」[38]俄羅斯的守衛軍還可望得到來自東正教會的祝福。從戰爭爆發第一天開始，莫斯科和科斯特羅馬宗主教謝爾蓋便宣稱，東正教要和作戰中的人民站在一起。[39]國家放寬了戰前的宗教崇拜限制。不過，正規宗教雖然對一些平民非常有慰藉性，但它對前線的士兵沒有多少用處，哪怕他們會看重十字架和詩集之類的護身符。同樣由國家灌輸的憤怒和仇恨更有可能激發鬥志。一九四一年，《真理報》撤下它和平時期的報紙刊頭（「全世界的無產者聯合起來！」），換上「殺死德國入侵者！」的口號。

「我一直覺得這是一場真正的人民戰爭，」韋斯寫道。「總的來說，這是一場他們的戰爭的想法在平民當中就像在士兵當中一樣強烈。」[40]在目睹了德國的征服在那一年的後果，眾人很難再保持中立。庫斯克在十一月陷落之後，它那些身強體壯的守軍被拘禁在帶刺鐵絲網圈中。幸運者被關進中央電影院，大部分的人則在露天環境中瑟瑟發抖。他們完全沒有獲得飲食供應。然後他們被迫做苦工，凡不能讓監工滿意的人會被橡膠棍棒毒打，受到處死威脅。庫斯克被占領的第二天，有十五個活躍的共產黨人（包括四名年輕女子）被迫在中央廣場附近的黑土區挖掘墳墓，然後被射殺。謠傳有大約七百名年輕女子被抓起來，被迫在一間臨時妓院當妓女，服務德國部隊。蘇聯的情報人員報告說：「街道空空蕩蕩，商店受到搶掠，沒有自來水和電力。庫斯克已經瓦解。那裡的生活凍結了起來。」[41]

庫斯克沒有大型的猶太人社群，否則將會出現更大的亂葬崗、更多的殺戮和更強烈的恐懼。德國國防軍每抵達一處城鎮，大規模槍殺就會開始。有些屠殺——例如基輔娘子谷的屠殺——是由特別行動隊執行，不過很多集體處決——包括在克林齊殺死六百五十個猶太人、在姆格林殺死五百四十個猶太人、在克拉特諾殺死三百五十個猶太人和在古老的帕累猶太區殺死幾千人——都被當成例行的軍事行動。正如一個蘇聯間諜在斯摩棱斯克附近觀察到的，第一波殺戮讓當地人震驚，但這些殺戮的效果最終是讓人更堅強。一九四二年的一份報告指出：「他們現在會取笑德國人。人在面對死亡時變得比較勇敢。他們知道他們必須獻出身上每一分力氣與敵人戰鬥。最初幾星期有很多自願的通敵者，但到了秋天，「大家對敵人的恨意愈來愈強。」[42]

莫斯柯文觀察到，農民的情緒發生了改變。還是一九四一年八月底的時候，這位「政治指導員」幾近絕望。他知道德國人屠殺猶太人之舉並不會讓收容他的農人感到困擾，因為他們把共產黨帶來的大部分災殃歸咎於猶太人。這種反猶太主義和「對上帝的狂熱信仰」攜手一道，而入侵的德國人聰明地在各處縱容這種信仰。有些農民甚至自願成為法西斯主義的地方警察，但歸根究柢他們關心的不是政治問題而是生存問題。「每一場仗結束後，」莫斯柯文指出。「他們會跑到戰場去搜刮屍體，拿走任何找得到的東西。」這些農民的最大願望是看見蘇聯政權的終結，但在一九四一年九月，他們得知德國人下令讓集體農場保留下來——就像戰爭前的蘇聯當局一樣，征服者關心的「是輕易蒐集農民種出的穀物和運走」。這是一個不可挽回的錯誤。「在地人的心緒截然改變了。」莫斯柯文在九月三十日寫道。他的心情仍然因為來自前線的消息而低落。就像他周遭每個人一樣，他害怕沒有人給他指引。[43]但現在他至少不需要再擔心遭到廉價的出賣。

莫斯柯文也感到孤單。他記憶裡的軍隊洋溢著同志情誼的溫暖，而正規部隊的情形則可以更正他的這個錯覺。在戰爭的當時階段，很少士兵會在寫回家的信中提到同袍。對越南美軍來說相當重要的「初級群體」——哥兒們——看來幾乎不是被戰敗陰影籠罩的紅軍的特徵。蘇聯的作戰單位受到屠殺，一整個師、一整個師被殲滅。震驚且力竭的生還者會幾個一群被重新調派到任何需要人手的單位。坦克組員和戰機組員這類因為相互依賴和一起冒險犯難，有著強烈休戚相關的兵種，在現階段不如一九四三年之後那麼常見。而軍隊正在撤退，雜亂無章地分散到一個巨大空間內的各處。人在這個極端時期仍然會締結友誼（一些比和平時代還真切和強固的友誼），但大部分友誼都注定會失去。事實上，同儕忠誠很有可能是在事後回顧中發現，是在悲悼中發現。在一九四一年，最強感情紐帶常常是和死人締結，每個士兵的決心因為血祭而變得神聖。

在這個階段，士兵意識內不存在的一個人物是史達林。莫斯科文極少提到他。這位領袖和莫斯科文身處的偏遠村莊不相干。看來只有關於和平時期的回憶仍然會召喚這位偉人。老一輩的人永遠忘不了一九二九年的背叛，忘不了貧窮和喪親的痛苦。現在史達林再一次虧負他們。但年輕一輩，還有幾百萬因為目睹同袍死去而重新省思自己國家的士兵，隨著冬天的逼近而需要尋找慰藉。這就是領袖被轉化為圖騰的過程，他成為了承諾拯救的永恆象徵。實現這個角色的史達林和想像中的一九三〇年代領袖不是同一個人，或者更精確地說，他代表著從一個消失了的世界裡回憶起的失落天堂。他是有些人在私底下痛恨的護身符、名字和空洞形象。不過在現在的黑暗中，找到一些東西去信仰總強於在絕對荒涼中死去。

根據愛國神話，所有軍團在作戰前都是用同一口號提振士氣。雖然德國老兵記得的大多是蘇聯士兵那「讓人聞之毛骨悚然的『烏拉！』喊聲」，但幾百萬紅軍生還者日後記得的戰爭呼號是「為祖國而戰！為史達林戰！」近年來有一些老兵，特別是沒有當過軍官的那些，開始對這種記憶存疑。「我們有喊過那樣的口號嗎？」農家出身的老兵葛林笑著說。「我肯定我們衝鋒前有喊些什麼，但我不認為我們會那麼文雅。」軍官和警察都站在太後面，無法聽見他們在喊些什麼。不過高喊「為史達林而戰」的人卻有很好理由這樣呼喊。因為不管老兵貝科夫之類的作家怎樣寫，迷信都讓士兵在衝鋒前不會罵些汙言穢語。[44]另外，想要讓某種另類的口號獲得一致同意也很難不引起祕密警察的注意。所以雖然士兵會喊很多不同的口號，也會齊聲吶喊嚇人的「烏拉」，但「為史達林而戰」也許就像生還者所聲稱的一樣常見。重點在於，士兵喊什麼名字並不重要。他們需要的只是一聲互相呼應和可以讓肌肉充血的呼喊。重要的是聲音而不是內容。「為史達林而戰」的口號基於自身而變得神聖，然後口號中那個人才沾了口號的光，慢慢變得有神聖魅力起來。[45]

不過在這個早期階段，最在乎史達林和他形象的人是政治宣傳人員。雖然面對著可能戰敗的壓力，有些軍官仍然覺得他們應該一如既往，把一些時間花在編造神話和捏造內部敵人。一九四二年二月，一個在西伯利亞徵召的士兵被北派到列寧格勒附近的沃爾霍夫方面軍。他加入的雪地營一星期內就被德國人擊潰，所以他被重新分派到一個常規步兵師：第二八一步兵師。這是一場陣地戰，所以他和同袍花了很多時間挖戰壕、躲炸彈和納悶自己究竟是為何而戰。老人日後告訴子女說：「我們唯一知道的是我們正在為了祖國而戰。」這個人姓哈比布林，意味著他的祖國一度是在俄羅斯的東邊，而且解釋了為什麼「特別部」在需要一個代罪羔羊時會挑上他。他們咬著哈比布林在一個烏克蘭士兵企圖開槍打掉自己大拇指未果後，說的一句無心話：「如果你瞄準得比較好，就會獲准退伍。」那個年輕人尖銳地問，他是不是不想戰鬥。「我能說些什麼呢？反正我們正在戰鬥。」哈比布林回答說。然後，也許是出於對那個年輕人的同情，他不小心對有那麼多人死在戰爭中表示痛惜。

他在三天後被逮捕，被指控中傷為了祖國和史達林而戰的戰役。這罪名可以被判處死刑，但哈比布林逃過一劫，只判了十年監禁（諷刺的是他的部分刑期是在四十年前史達林待過的一座監獄度過）。所以，他活了下來。後來，在共產主義崩潰之後，他到KGB總部看了自己的檔案。他到那時才曉得，他的其他同袍曾同意對他做出不利的證供，而調查人員特別咬緊他對史達林的態度。證人證詞猶如是由警察口授，它們更多是道出了國家本身的政治宣傳需要而不是士兵們的所思所想。所以有意思的是，一個幾乎壓根沒想過領袖的人卻在被逮捕後發現，他被說成講過這樣的話：「我不會為史達林而戰。如果是為了史達林，我將不會作戰。」[46]

★

紅軍士兵作戰時很少會想到食物，但他們任何其他醒著的時刻都受到不間斷的飢餓所影響。一個曾參與莫斯科保衛戰的「政治指導員」指出，士兵在六點鐘吃早餐，其中包括一碗「濃稠得可讓調羹以任何角度豎立的湯」。午餐是一碗蕎麥麵糊、茶和麵包，然後晚餐又是湯和茶。一個勤務兵會監督所有食物的烹煮，在每一道菜上菜前先嘗一嘗。[47]一九四一年，前線士兵的食物配給量理論上包括近一公斤麵包、一百五十克肉、蕎麥、魚乾和一大塊板油或脂肪。[48]但該「政治指導員」承認，作戰時，食物的供應要困難得多。[49]

那表示，大部分戰鬥中的士兵只拿到乾糧口糧，有時甚至連續幾天什麼都吃不到。「我們住在

在武器旁邊用餐的砲兵。一九四一年。

樹林的地下防空洞裡，」一個士兵在這時期寫回家的信裡說。「我們像牛一樣睡在乾草上。我們吃得很差，一天兩餐，吃的也不是我們需要的。我們在早上有五勺的湯……一整天肌腸轆轆。」[50]那個冬天，氣溫掉至攝氏零下三十度。有個士兵在一九四二年二月寫給母親的信上說：「我們之中有七個小伙子生了凍瘡。他們正在住院。我們先前有七天吃不到一塊麵包，又累又餓。回來之後，我除了吃之外什麼都沒有做。我的腿在晚上有一點腫起來。我吃了很多，整天胃痛。」[51]就連官僚們都開始為此感到擔憂，那個冬天發布了一連串給前線提供熱食和重要維生物資的命令。[52]

士兵們也短缺基本衣物。俄國

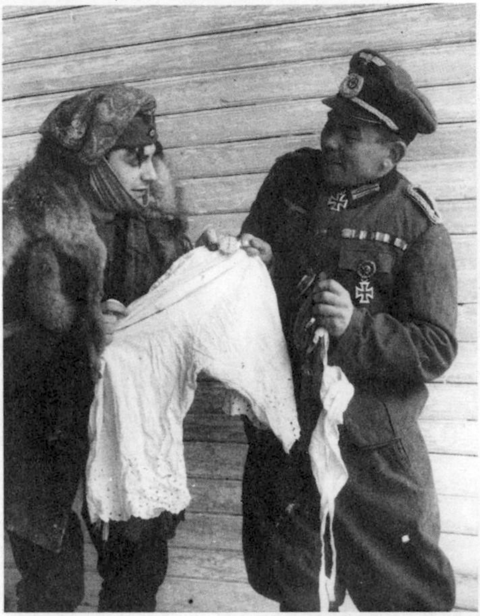

對「冬天弗里茲」的搞笑描繪，出自一篇題為〈偷竊的軍隊〉的紅軍劇評。一九四二年二月。

人就像任何歐洲人那樣對寒冷天氣有感。他們不像隨著十月雨轉為雨雪而瑟瑟發抖的敵人所想的那樣。在芬蘭戰爭之後，總參謀部注意到軍隊需要抵擋寒冷的裝備，冬靴、加內襯的大衣和褲子、毛皮手套和暖帽的供應，在大戰中拯救了成千上萬士兵的生命。與此相反，「冬天弗里茲」——蘇聯人拿來取笑德國士兵的滑稽人物——需要靠偷來的連指手套、報紙包裝紙和俄國老奶奶的內褲保暖。但紅軍一樣有自己的問題。[53]隨著物資生產近乎停頓，無法保證會有新的物資供應。例如，在一九四二年，蘇聯的製鞋工業只能夠為每個士兵提供零點三雙軍靴。[54]庫存、維修和回收再利用變成了是維護生存所必需。但是在與國家官僚和經濟計劃者共存那些年間學來的習慣，有時候很難破除。一九四一年九月，檢查人員發現一批被遺忘在倉庫裡的軍褲，為數共二十六萬六千條。它們沒有覆蓋物，已經長霉。[55]數以萬計雙冬天軍靴苦苦等待修補，數百名新兵面臨著冬天無靴可穿的窘境。[56]到第二年春天，情勢變得極為嚴峻，以致後方的官兵被禁止和夏裝一起領取長大衣。他們只能將就穿著從前線回收的夾層外套。[57]

黑市繁榮興旺。各種類的軍用物資都會被挪用或偷竊，包括軍靴、衣物、油料、食物，甚至是廚房鍋具。[58]菸草在一九四二年極為短缺，以致有些莫斯科市民在點燃一根香菸後，會以兩盧比的收費給路過的人抽一口。[59]軍隊物資因為大量、無記名和好盜賣，是連忠實愛國者都抗拒不了的寶藏。另一門生意隨著軍方在一九四一年八月二十五日起給前線士兵配發伏特加而繁榮起來。根據這命令，每個作戰的士兵每天獲得一百克伏特加的配給。有專門軍官負責發放。沒喝掉的酒應該每十天結算一次。[60]但是伏特加太珍貴，不可以如此墨守陳規。那些沒資格得到配給的軍官和士兵會到軍需品庫房自行拿取。飽受壓力的軍需官會把它們賣掉。[61]據西蒙諾夫的觀察，在一九四二年一月，莫斯科人喝掉的伏特加比喝掉的茶還多。醉酒在前線部隊始終是一個問題。[62]每個人都知伏特加的供給量會在每一場戰役之後增加。一個生還者回憶說：「當步兵真好。當步兵和砲兵真好。他們的死亡率是最高的。沒有人會查核我們交回多少伏特加。」

也沒有人會查核死了多少人。麥赫利斯在一道拗口的指示中說：「不是不罕見，士兵們的屍體……好幾天沒有從戰場上收回來，也沒有人在乎，哪怕原本應當用全套軍禮埋葬我們的同志。」

他提到一個情形：有十四具屍體被擺著五日沒有埋葬。這種事在十二月並不奇怪，因為凍結的地面硬得像鐵，而活著的士兵有必要保存好體力。「戰場上的屍體影響著士兵們的政治與鬥志狀態，也影響著政委和指揮官的權威。」[63]更為迫切的是，死者擁有活著士兵更需要的物品。新的軍服是保留給新組成的軍團，所以需要物資的前線部隊只能依賴回收的衣服和裝備。一位「政治指導員」回憶：「在每次非常激烈的戰鬥之後，我們都需要派士兵回到戰場，把死人和他們的武器撿回來，好讓我們第二天早上再次使用。」[64]那個十二月，麥赫利斯下令所有屍體都該予以適當的尊重快速下葬（並詳細記錄在案）。[65]十個月之後，當局抱怨屍體仍然被留置在戰壕和彈坑，或是暴露在外，任由老鼠啃食。一九四二年十一月二十九日發出的一道命令列出收屍隊應該從死者身上回收的物品，包括「軍大衣、緊身短上衣、帽子、夾層襖和夾層褲、汗衫、手套、軍靴和毛氈靴。」[66]收屍隊每收回一具屍體需要同時帶回來一把槍才算數。

對紅軍部隊來說，死亡（假如死得快的話）八成是勝於被俘虜的命運。一個德國情報官在一九四二年二月指出：「我們對待戰俘的方式不再可能持續下去而不產生某些後果。現在不用『政治指導員』來灌輸，蘇聯士兵自己也深信，如果他們被俘虜，將生不如死。」[67]這種認知讓紅軍部隊更加憤恨，作戰起來更凶猛。一個上校在一九四二年告訴韋斯：「如果德國人善待紅軍戰俘，消息將會很快傳開。雖然這樣說很差勁，但德國人虐待和餓死戰俘的做法真是幫了我們的忙。」[68]

在一九四一年六月和七月投降的數以十萬計紅軍士兵，做夢也想不到德國人會怎樣對待他們到了夏天將盡，恐怖的故事開始流傳。八月，莫斯柯文遇到了他第一個窩藏的逃走戰俘，接下來幾個月還有好幾個。對方對戰俘處境的描述讓他戰慄。「他們說沒有遮風避雨處，沒有水，很多人沒有適當的衣服和鞋子，大量死於飢餓和疾病。他們受到奴隸一般的對待，犯些微的差錯都會被槍殺。不過德國人殺人有時也是為了好玩。」烏克蘭人在戰俘營裡享有特殊待遇，被鼓勵指認共產黨員和猶太人。被指認的人會遭受毒打，被迫挖自己的墳墓，然後從背後被槍殺。

莫斯柯文常常感受到某種精神痛苦。「我明白了我們所受的軍事訓練有多天真。我們從自認為可接受的戰爭想像裡，完全排除了變成俘虜的可能性。但我們告訴士兵和自己的是，敵人會從戰俘逼取口供，用刑求來逼他們背叛。我們所用的例子都是來自上一場戰爭，以及來自階級戰爭的觀念。但我們現在面對的卻是蓋世太保和黨衛軍，而對他們來說我們全是共產黨。」[69]這是其他人也慢慢學到的教訓。德國人不是要和布爾什維克打一場漫畫式戰爭，他們的唯一目的是滅絕所有布爾什維克。

來自一九四一年十二月偷渡出來的報告指出：「小城勒熱夫有個集中營，住著一萬五千名紅軍戰俘和五千名平民。他們被關在沒有火爐的小屋裡，每天只能吃到一、兩顆凍結的馬鈴薯。德軍把腐爛的肉和一些骨頭拋到鐵絲網裡面，戰俘們因此生病。每天都有二、三十人死去。那些病得不能工作的人也會被射殺。」[70]這是一場吞噬幾百萬人性命的大屠殺。在德國人未在史達林格勒潰敗之前，大部分紅軍戰俘都是被關在前線。「他們很多都是死在露天之下，」一名在紐倫堡作證的德國人承認。「爆發了疫病，出現了人吃人的情形。」韋斯指出：「一九四二年那年又過了好一陣子後，德國人才開始把殘存的紅軍戰俘視為奴工的一個來源。」[71]

在為數不多的生還紅軍戰俘中，非斯拉夫裔占了極大比例。他們能夠倖存，是拜德國人的種族主義狂想和少數有愚勇的民族主義者所賜，後者在蘇聯建立初期逃離自己的國家，到柏林投靠德國人。這些人到戰俘營巡視，搜尋自己的國人同胞。他們提供的救援不是無條件的。入選者被認定是自願加入所謂的軍團（高加索軍團、哥薩克軍團、土耳其斯坦軍團之類），肩負起從布爾什維克手中解放自己祖國的神聖使命。但這些人鮮少是甘心樂意選擇這樣做：他們的決定與其說是出於真正的忠誠，不如說是因為無法繼續忍受集中營環境的慘無人道。

圖列巴耶夫就是以這種方式脫身。他在一九四二年被編入土耳其斯坦軍團，但在一九四三年叛逃回到蘇聯陣營。盤問他的警察把他對集中營各種細節的描述向上呈報。圖列巴耶夫待的第一個戰俘營位於波蘭，由十二棟房舍構成，每一棟關了一千五百至兩千名囚犯。他們每天傍晚會被趕入房舍，凡是膽敢外出者都會被射殺。每晚有十到十五個人是這樣死去。到了白天，德國守衛會用囚犯來當靶子，練習射擊，又會放狗襲擊他們其中一些人。有時他們會打賭哪一隻狗咬得最兇。食物極為短缺，飢餓的囚犯會把屍體的肉撕來吃。疾病殺死了在德國人的娛樂活動中存活下來的人。但圖列巴耶夫被轉移到了別的戰俘營：德國人早注意到他的民族背景，要挑選他（和其他可能人選）為民族主義自由戰士。他們有一個可以讓人就範的殘忍方法。圖列巴耶夫估計，他的新營地關著八萬名戰俘，他們大部分都是穿著六月時穿的單薄軍服。到了二月，除三千人以外，其他人全都死於寒冷、營養不良、斑疹傷寒和痢疾。那年十二月，有十二個戰俘因為食人肉被處決。到了四月雪融的時候，剩下的人數已經少得失去了懲罰的意義。[72]

同樣事情在波蘭、白俄羅斯和烏克蘭的戰俘營上演。在杜布諾，德國人把戰俘活活打死。在明斯克，德國人輪流用冰水和沸水折磨打赤膊的戰俘。不管是在哪裡，戰俘中的共產黨員和猶太人一被指認出來就會遭到槍決。然後德國人開始把非俄羅斯裔過濾出來。新的軍團需要幾個月時間才適合拿起武器，和德國人一起作戰。他們很多人都先得在專門的醫院住上幾星期，以從戰俘營所受的折磨中康復。他們不總是能完全意識到有什麼事等著他們去做。「他們那樣做只是為了可以多吃到一片麵包，」喬治亞戰時民族主義領袖麥格拉克利澤的女兒告訴我說。「他們知道我父親救了他們的命。」麥格拉克利澤自從一九二一年就沒有再踏足蘇聯的領土。他相信自己是在組織一支軍隊去解救自己祖國的人民。然而，被他拯救的喬治亞人只是為了一點點生機才投入他的麾下。

死亡的威脅有時對選擇站在德國人那邊的人同樣真實。他們很快就明白了，這是一場滅絕戰爭，一場焦土戰爭，一場大規模殺戮的戰爭。他們沒有多少資訊，同時也不相信蘇聯和德國，每個人都只能為自己的性命權衡利害輕重。一九四一年七月，占領區有數以千計的人加入德國陣營，成為治安警察。有些人完全是樂意為之，他們樂於看見所有有蘇聯、布爾什維克和甚至猶太人色彩的東西消失。其他人這樣選擇則是因為不想坐牢或被殺。一份蘇聯情報單位的報告在一九四二年九月這樣承認：「在紅軍撤退期間，我們的宣傳工作很疲弱。」它堅稱，很多人成為治安警察和加入規模一千多人的「烏克蘭兵團」，是出於怕死或害怕在戰俘營受折磨。但在其他人看來，這現象表現出「蘇聯夢」（如果它曾經有過吸引力的話）已經褪色。

在蘇聯當局看來，占領區內有極多人是因為發現自己沒有了領袖和國家，才會「聽從希特勒分子的蠱惑和追隨他們。」[73]為了重新恢復這些人的忠誠，莫斯科打算藉助一個新的戰鬥群體：游擊隊。在「巴巴羅薩行動」展開的幾年前，蘇聯沒有什麼打游擊戰的計畫。不過莫斯科在大戰爆發不久即明白了游擊隊的潛力。史達林在一九四一年七月便已下令：「必須建立一些打擊敵人部隊的敵後團隊。在占領區，必須要為敵人和他們的共犯創造不能忍受的環境。」[74]愛國神話至今仍歌頌這些頑強的游擊隊戰士透過炸毀鐵路和切斷德國的補給線，為紅軍部隊鋪平了道路。這確實是他們工作的一部分（代價高昂的一部分），但他們的真正作用看來不是破壞。正如一份一九四二年的報告所形容的：「大自然厭惡真空。」[75]游擊隊的主要任務是維持蘇聯政權對地方的支配。[76]

伊萬諾維奇的「機動化步兵旅」單位是最早冒險潛回德國人占領的農村地區的部隊之一。他的工作是抓捕逃兵、槍斃煽動者和在前線後方建立某種紀律。伊萬諾維奇協助建立的游擊隊，成為了蘇聯政權在斯摩棱斯克省偏遠森林地區的代表。他的人馬帶來的不只是紀律：他們的左輪手槍得到提供物資承諾的背書（但這些承諾不一定兌現）。稍後，他們又幫助建立讓信件可以在整個前線區交換的通道（但這些信件當然都會事先經過仔細審查）。來自東部「大後方」的消息讓一些遭受圍困的村莊重燃希望和忠誠。[77]部隊為了討好農民，甚至幫助他們種田。他們進行宣傳工作，蒐集和散播蘇聯新聞局的報導去反制德國人的宣傳。他們組織黨會議以慶祝週年紀念，教導衛教知識和基本求生策略，提醒大家蘇聯生活的樂趣。他們的努力有助於在森林地區建立一支新的、平行的軍隊。根據蘇聯的報告指出，到了一九四二年十一月，從波羅的海到克里米亞，大概有九萬四千支游擊隊在德國陣線的後方活動。在斯摩棱斯克地區活動的游擊隊占了總數的快一成。[78]它們成了莫斯柯文的最後歸宿。

這位「政治指導員」起初決定不了加入游擊隊還是前往最接近的紅軍基地。他在一九四一年十月聽說維亞濟馬附近發生了戰鬥，但因為沒有下文，他開始擔心紅軍已經轉進到他到不了的地方。在下第一場雪的時候，讓他能夠繼續保持振奮的是史達林十一月七日在紅場對士兵們發表的演講（這消息是一些逃走的戰俘告訴他的）。他寫道：「每個人仍然在各自的崗位上。不久之後肯定會到處傳來慶祝的聲音。」但他放心得太早。又過了幾個月，他決心冒險前往蘇聯區。三月當冬天開始退去時，他朝東而去，想要去到卡盧加之外的紅軍部隊。他在行經德國防線附近時被俘虜，德軍把他帶到格蘭奇的營地。那是一個前線的拘留站，只比一個大操場略大。在那裡，他見到了去年秋天在維亞濟馬被圍困的倖存者。他們已經在戰俘營裡待了六個月。「如果你沒有看到這個，」莫斯柯文寫道。「你將不可能想像這齣人類悲劇有多麼可怕。我用雙眼看到了。人因為筋疲力竭、寒冷和毒打而死去。」

命運沒有讓莫斯柯文和他們一起死去。健康且意志堅定，他仍然計畫要逃出德國衛兵的監視（他們在入冬之後一樣感到寒冷而沮喪）。被俘虜六天之後，莫斯柯文再次踏上逃亡之路。但他丟掉了證明文件。雖然忠於國家，但他知道紅軍輕易就會把他看成逃兵，予以槍斃。這種認知驅使他改為朝西而不是朝東而去。那個六月，他加入了一支游擊隊。其他成員都像他一樣，本來是士兵。他在那個月喜孜孜地寫道：「以這種方式對付法西斯分子真是稱心愉快。我們可以躲在路邊殺他們一個措手不及。自己幾乎沒有死傷。」七月二十九日，他的營殺死一群德國守衛，抓了十二個治安警察，又擄獲兩挺機槍。「我在幹大事了。」他寫道。然後在八月傳來了那一年最好的消息。「我今天太高興了。我一次從大後方收到三封信。[79]我的父母還活著。瑪麗亞還活著。萬歲！」

既然信件能夠傳遞而士兵也能逃走，那麼很多游擊隊隊員理應可以穿過占領區重新加入紅軍。但國家卻要求他們留守原地。一如以往，國家的政策麻木不仁，因為游擊隊員雖然奉命留下，卻沒有獲得食物和武器供應。莫斯柯文在一九四二年九月寫道：「我們按照吩咐留在斯摩棱斯克附近的三角地帶，繼續戰鬥。」他的樂觀情緒開始退潮。「這個冬天將會很難熬。我們有一半人沒有夠保暖的鞋子或衣服。」他的部隊開始有人開小差。莫斯柯文自己很快就會咀咒莫斯科的漠不關心。「我們被認為應該靠著偷敵人東西和在地人的幫助維生。」他寫道，但當每個人都挨餓的時候，就只有強取食物一途。一個從斯摩棱斯克發出的報告聲稱：「在很多地方，敵人成群假扮成游擊隊，進行搶掠。」然而，搶掠者更有可能是蘇聯士兵。莫斯柯文證實說：「本地人會跑掉和向德國人抱怨並不奇怪，因為很多時候我們就像土匪那樣搶劫他們。」[80]

再一次，蘇聯政體能夠維持完全拜德國人的殘暴所致。一名游擊隊領袖說：「目前的情況是這樣：我們住在森林裡的人相信共產主義（我們中間有七、八成的人痛恨這種主義）至少會讓我們活下去，但德國人和他們的國家社會主義要麼會把我們槍殺，要麼會把我們餓死。」[81]士兵斯列薩列夫在一九四一年十二月寫信給妻子、三個兒子和一個女兒的信中說：「你們還活著嗎？我不知道。」他要過了七個月才收到回音。他家人也一樣被困在德國人控制的地區。信是他十二歲的女兒瑪麗亞所寫，由游擊隊帶出占領區。小女孩寫道：「我們本來以為沒有人活著，但現在看來你和蘇拉都活著，只是我們沒有謝爾蓋的消息。」在她位於斯摩棱斯克附近的村莊裡，有很多人死了。「爸爸，」瑪麗亞繼續說。「我們的瓦利克死了，葬在蘇馬羅科沃的墳場。爸爸，德國畜生向我們縱火。」斯列薩列夫的家在一九四二年一月三十日被夷為平地。生還者和他們的牲口被趕走。男孩瓦列里（即瓦利克）因為一家人的躲藏處太過潮溼，得肺炎死亡。瑪麗亞寫道：「附近的村莊有很多人被殺。你不能稱那些嗜血的畜生為人類，他們只是強盜和飲血者。爸爸，把敵人給殺了！」[82]

★

這場大戰的許多祕密之一是它所付出的真正代價。史達林在一九四二年二月十三日紅軍節上聲稱，德軍已經失去優勢。紅軍正在把他們往北驅趕，完全收復了莫斯科省和圖拉省的失地。[83]這是少數他能夠拿出來誇耀的戰況。[84]事實上，二月那幾星期對紅軍來說是最黑暗的日子。莫斯科是沒有被攻陷，但列寧格勒正受到圍困，市民面臨餓死的危機。在南方，對黑海沿岸地區具有戰略重要性和作為高加索山區門戶的克里米亞幾乎完全落入德國人手中。只有它的港口塞凡堡雖然受到不間斷的砲火攻擊，仍然挺住了一整個冬天。圖拉省固然就像史達林所說的那樣得到了解放，但其以西的幾乎每個城鎮都遭到摧毀。德軍誠然損失了大批人馬，而史達林說德國後備軍捉襟見肘也是事實，但蘇聯自己的損失要更加慘重。除了有近三百萬人被俘虜以外，紅軍在一九四二年二月的行動中有兩百六十六萬三千人被殺。每一個德軍戰死就有二十個蘇聯士兵陣亡。[85]

這些數字即使不會觸發一場革命，應該也會導致士氣崩潰。但它們並沒有被發布出來。沒有一個人能算出來他們經歷的大戰的人命總損失。目睹戰爭的平民就像作戰的士兵那樣，對個別的戰役所知甚多，但他們的知識都是片段的，而就連他們都不可能猜到死傷的真正規模。蘇聯人民的人命損失是天文數字，超出眾人想像。而且，也沒有數字能夠表達腐爛的、半凍結的累累屍體隱含的巨大痛苦。這些死者還沒有變成白骨，他們的墳墓也還不是黑色大理石的紀念碑。他們仍然是一臉震驚和痛苦的表情，手指還抓著地上的爛泥和雪。在一些地方，屍體互相堆疊成一落落，就像要攔阻血潮流淌。除了前線的戰俘營，能夠知道和分享這些畫面的地方只有醫院。這也是為什麼表情歡快的共青團團員會被派去探望傷兵，為他們讀信、讀詩和讀報。只有到了晚上，真實的故事才會在病房裡低聲流傳開來。

那個春天，最山窮水盡的所在是南方。在那裡，作戰的士兵學會了預期死亡，甚至歡迎死亡。一個在克里米亞東部費奧多西亞附近作戰的士兵在日記裡寫道：「我們習慣對彼此說，誰能夠活得過這個冬天，誰就會長命百歲。」海岸公路布滿屍體，但紅軍卻不能收屍，因為德國人的砲火不斷。他補充一句：「我已經準備好迎接任何死法。」[86]塞凡堡還控制在蘇聯手中的時候，紅軍在一九四一年十二月發起了一場大規模遠征，想要解放克里米亞東部。其目的是奪取克赤半島，以之作為橋頭堡，以減輕塞凡堡的壓力和收復整個地區。這個計畫注定失敗。就像某個年輕士兵在二月所說的：「我們的部隊先前放棄了費奧多西亞。如果我們沒有做出防禦它的準備，把它拿下又有何意義？如果每座城市都必須像這樣奪取兩次，那麼戰爭到了一九四五年也許才會結束。」[87]一支蘇聯部隊留在克赤四周的低地（克赤是克里米亞的最東端），但前景黯淡。五月初德國人發動最後的進攻，迫使紅軍向著分隔克赤和俄羅斯大陸的狹窄海峽撤退。

克赤在那個春天目睹了很多類的悲劇。首先是戰鬥本身。負責主持戰局的是史達林的寵兒麥赫利斯。在他看來，勝敗的關鍵在於士氣。這表示他為最後防禦所作的軍事準備只有最低程度。目擊過這場戰爭的西蒙諾夫回憶說：「每個人都必須向前衝，向前衝！」他注意到，前線後方的十六公里內什麼都沒有：沒有支援，沒有預備部隊，沒有運輸工具。麥赫利斯認為戰壕會腐蝕攻擊精神，所以沒有下令挖掘半條戰壕。這非常不幸，因為在港口之外的地方，克赤半島是一個起伏緩和的草原，沒有樹木，有時是沼澤，讓作戰的士兵毫無可遮蔽之處。第五十一軍團各步兵師很多士兵是喬治亞人，他們剛從截然不同的環境和氣候調來此地，面對敵人的砲火毫無作戰計畫或掩護。西蒙諾夫驚訝地發現德軍第一輪砲擊造成的死傷遠多於他在這場大戰任何時間所見過的。他補充說：「放眼看不見一個軍官。一切都是發生在一片開闊、泥濘且光禿禿的田野。」[88]第二天，更多步兵越過同一片田野，在霧中經過同袍的屍體，急急忙忙迎向自己的死亡。僅僅十二天內就有十七萬六千人在克赤被殺。[89]

結果一如西蒙諾夫所預料。五月中，麥赫利斯軍隊的最後殘部登上小船，渡過八公里寬的海峽，前往大陸。但德軍推進得很快，讓數以萬計蘇聯士兵被困在克赤後方的石灰岩丘陵中。這些男女望向下方的海峽，知道無路可逃。接下來發生的事情讓人極其痛苦，整場大戰也只發生過一、兩次。它是典型的戰爭，因為涉及了個人勇氣、遭粉碎的信念和殘忍的人命耗費。它是獨一無二的，因為整件事情發生在地底下。這故事中的英雄們埋骨在克里米亞山岩深處的地道迷宮中。

「特別部」的軍官們——跟「機動化步兵旅」和伊萬諾維奇同一個模子刻出來的鐵石心腸特工人員——馬上接管了指揮權。他們揮舞手上的槍大聲發出命令，把剩下的人員集中起來。然後，他們組織了一群在地嚮導（那些知曉地形和它的祕密洞窟的人）。這些嚮導把所有人帶到一個採石場：那是一個坑洞和地道構成的巨大迷宮，防衛港口的堡壘就是八十年前用這裡採出的石頭建造。現在，它成為了士兵們的家。三千人，包括克赤的護士和難民（這些人經歷過一回德國人的統治，極為害怕再有一回）擠在一起，走入了黑暗中。有人帶著馬匹和槍枝，有人帶著一包包的物資。如果他們在拖著腳步入地下前有往背後瞧一眼，他們將會瞥見如茵的草原、藍色的春光、盛放的黃色菊蒿和深紅色的罌粟花。這些顏色是他們最後看見的顏色。他們之中只有很少人有機會再次在日光下眨眼，或感受清風吹拂在皮膚上的感覺。

山洞中的生活是有組織的，也就是說，「特別部」的軍官懂得怎樣安排管理。他們把人群分成不同組別，分別負責不同的任務。他們有些人輪值當哨兵，有些人深入地道尋找祕密出口，有些人尋找水源，有些人湊集食物和燃料。負責指揮的人把總部設在最大和最安全的一個洞穴。醫院設在最深的洞穴，很快就派上用場。因為沒有正常的食物供應，難民很快就得吃馬的屍體。三個月後，這種肉仍然是他們唯一的食物。起初，偵察員會爬出採石場，突襲地面，搶奪任何他們能搶奪的東西和騷擾德國守衛，但幾星期後，突襲行動停止了。地底下的人被困住了。在等死的過程中，他們用橡膠輪胎皮製造的發臭蠟燭來照明黑暗。

德軍在各個出口設置了炸藥，又向洞穴中的人投擲石塊和碎木塊。然後毒氣被釋放到地道中，除了幾十名蘇聯守軍外，所有人都死了。這些人在接下來幾星期陷入絕望，最後餓死，但沒有投降。在蘇聯的神話中，阿德希姆斯克採石場變成了另一個列寧格勒，是一個英雄們至死堅守的地方。但事實上，這些勇敢的男女是別無選擇。雖然有些軍官，像是帶著左輪手槍和受過求生訓練的「特別部」人員逃了出來和把故事帶給世人，其他人卻在自家人的槍口下被迫留下。如果他們不表現得像個英雄，不選擇慷慨就義，就會命喪在蘇聯子彈之下。[90]

克赤的陷落注定了塞凡堡的命運。從上一個秋天起，塞凡堡一直堅守著，哪怕這個黑海度假勝地在一年前受到空襲後就如同鬼城。一九四二年五月底，它的守軍聽見德軍逼近，而其中一些市民（老弱婦孺）在那個星期透過海路被撤出。留下的人中，作家暨幽默作家彼得羅夫，他死在圍攻的最後幾天。與此同時，內務人民委員部的部隊著手處決囚犯（據說是在因克爾曼附近的山洞進行），然後在夜色的掩護下逃走。接著德軍展開砲轟。天上出現了很多飛機：海軍軍官埃夫塞夫指出，城市上空的飛機是那麼的多，以致沒有足夠空間供它們盤旋。炸彈爆炸聲像「地獄大合奏」，不間斷且震耳欲聾，任何片刻的安靜反而會讓市民覺得不踏實。埃夫塞夫指出：「轟炸愈是猛烈，我們對敵人的憤怒和仇恨就愈大和愈強。」

這是一種強烈但徒勞的憤怒。到了七月初，容克斯轟炸機在城市北邊的郊區低飛至只有一百公尺高度。一度有許多水兵溜達的人行道和林蔭大道如今滿布屍體，漂亮的大樓千瘡百孔，到處瀰漫濃濁黑煙。「熱得要命，」埃夫塞夫寫道。「我們全都口渴得要命，但沒有人的水壺裡有水。」他和一群其他士兵待在港口下面的洞穴和隧道裡，有些人被派去找水，其他人以想像自己愛喝的飲料

屍體被丟進城市四周的水泥水槽和水庫裡。「我們始終無法把它們清出來。」先前那是在屍體之間流過的。」他補充說：「我們有好幾天一直是喝從屍體底下流過的飲用水。」們一致同意一件事：我們願意飲用任何的水，哪怕那不是冷冽的清水，哪怕那是被汙染過的，哪怕來打發時間。「檸檬水、克瓦斯*、碳酸水、啤酒——如果喜歡的話，你也可以想像冰淇淋。但我

埃夫塞夫是很多逃離塞凡堡的人之一，他在城市陷落幾天前坐船離開。數以萬計的人（很多是像他一樣的軍事人員）逃不掉，只能留下來面對無情的敵人。這座城市已面目全非。「它死了，」埃夫塞夫從軍用貨車上回望時感嘆說。「塞凡堡沒多久前還雪白漂亮，現在卻變成了廢墟。」當士兵登上小船要渡過凶險的黑海時，他們發誓有朝一日要回來復仇。[91]這是一句豪情壯語，有些人最後也說到做到，但對於那些被留在城裡的紅軍男女（九萬個左右）來說，它殊少安慰作用。[92]

紅軍的撤退持續進行。卡爾可夫已在五月失守。牢牢控制住克里米亞之後，德軍現在可以對羅斯托夫發起攻擊，那是通向高加索山區和伏爾加河要塞史達林格勒的重要門戶。到七月中，頓河盆地的大部分地區被占領。只有北面的沃羅涅日堅守住。舊奧斯科爾被攻陷，頓河被越過。一個叫古佐夫斯基的年輕人寫道：「我們的指揮官絕大部分是懦夫。我們斷然是用不著逃跑，可以堅守陣地，面對敵人。給我們發出往西去的命令吧！讓撤退見鬼去！我對於從我生長之處愈撤愈遠已厭惡透頂。」[93]這是他死前所寫的最後一段話。軍隊甚至救不了被他們留在後頭的地方老百姓。一個前線軍官回憶說：「他們把最後的麵包分享給我們。我吃著麵包，心裡知道我們在一個小時內就會離開，就會撤退。但我什麼也沒有說！我沒有這個權力！……如果我們告訴他們，他們也將會逃難，

這樣就會在路上形成一處處障礙。」[94]

這老人又補充說，他感到羞慚。軍隊對人民有所虧欠。那個夏天，受威脅地區的很多平民都對蘇聯部隊失去了信心。一個來自鄉村洗衣房的女工有一晚對兩個士兵生氣地嘀咕說：「天曉得將會發生什麼事。我們工作又工作，但他們卻只是拋棄我們的城鎮！」其中一個士兵眼神痛苦地看了她一眼之後走開。另一個想起自己在沃羅涅日的家。當時沃羅涅日正處於砲火中，而因為往北的道路仍然不通，他甚至不能夢想去保衛自己的家鄉城市。[95]壞消息將陸續來到。七月二十八日，蘇聯人民得知羅斯托夫和新切爾卡斯克已經淪陷。現在，德國人和高加索山區之間再也沒有要塞，也沒有什麼會阻擋他們前往史達林格勒的道路。

＊克瓦斯（kvass）：流行於俄羅斯的低酒精飲料，以黑麥麵包發酵製成。

★第五章　一磚一瓦地

大戰第二個夏天所吹起的旱風既沒有帶來勝利，也沒有帶來希望。若非難以想像的戰敗，原本被認為應該以攻陷柏林結束的戰事眼見就要陷入僵局。「我們從未懷疑過我們會贏。」老兵們這樣宣稱。但戰無不勝的幻象雖然在充滿震撼的頭幾個月還能維持住，卻無法禁得起屢戰屢敗的事實檢驗。警察盡職要求每個人臉上掛著笑容。有個士兵被拘捕，只因為他說了「我們將要撤退，我們不會再回來。」[1]但到一九四二年八月，紅軍本身已經厭倦了絕望和羞愧，厭倦了大草原上一個又一個被他們拋棄的城鎮中居民的責難目光。幾個月以來，他們不斷後撤，撤出了烏克蘭的麥田之後又撤過了頓河和庫班河。在他們後面，在東方地平線的某處，流淌著伏爾加河——那條把俄國歐洲部分和亞洲門戶分開的河流。再往東是連綿幾千里塵埃漫漫的土地，那裡自帖木兒時代以來就沒有怎麼變過，是已經過上定居生活的俄羅斯兒女會感到陌生的景觀。所以至少是在象徵意義上，紅軍已經退到一個他們退無可退的所在。

史達林政權激發出了人民一種心態——在公開場合樂觀而天真，在私底下悲觀和偏激——但在這些艱困的月份對士兵們並無幫助。多年來，他們被教導以把自己的不幸歸咎別人，歸咎於被國家選擇稱為敵人和間諜的代罪羔羊。史達林主義不鼓勵個人嶄露頭角。推諉責任的態度在一九三七年後的大清洗期間名副其實是攸關生死。進入大戰第二年，這些行為模式把紅軍帶到了戰敗邊緣。現在，想要勝利的話顯然需要每個士兵付出努力——大概也需要他們付出性命。幾個月的羞辱已經讓他們鎮日提心弔膽，一聽到有德國坦克逼近的謠言就會陷入恐慌。[2]士氣跌落到了谷底。「我們邊撤退邊流淚，」老兵回憶說。他們流淚是因為筋疲力竭，但也是因為羞愧。「我們為逃離卡爾可夫而跑到任何地方去：有人跑到了史達林格勒，其他人跑到了弗拉季高加索。最終，我們還能到哪裡去？難道是土耳其？」[3]

多年習慣讓每個人都把責任歸咎別人。來自俄羅斯腹地的部隊會指責烏克蘭人，特別是來自前波蘭土地的「西部人」。已經成為軍官的拉霍夫指出：「一整連、一整連的烏克蘭人在前線崩解。他們不是改投德國人的陣營，只是回家去了。」一個年輕步兵當時嘀咕說：「只有俄羅斯人在對抗德國人。大部分烏克蘭人都是留在家裡。」當他望向卡爾梅克大草原的遠處時，他補充說：「我自己的家離開這裡也很遙遠。為什麼我應該埋骨於一片異鄉土壤？」[4]在前線的數以萬計烏克蘭人自然也會找到別的代罪羔羊。一個家住基輔的步兵說：「在很多、很多情況裡……士兵刻意向著自己的手或肩膀開槍，然後他們就可以住院，不必上前線。」當然，也總是有其他人數更少的少數民族可以歸咎。他繼續說：「還有那些來自中亞的士兵，每當他們要吃飯，就會伏在地上，開始喊他們的『阿拉』。他們是要禱告。他們不急著迎敵，甚至想完全不用捲入戰鬥。」[5]種族主義是那麼大行其道，讓莫斯科方面也開始警覺起來。[6]就像他們所來自的社會那樣，軍隊現在就像炸碎的玻璃，正在碎裂。

首都幾乎每日都收到有城市失陷和農田被焚毀的消息。在北方，飽受攻擊的列寧格勒仍舊挺立，但國家領袖們知道它的存續岌岌可危。在南方，情況一片低迷。到了七月底，史達林自己再也按捺不住。他打斷總參謀長華西列夫斯基的報告，責成他草擬一道發給部隊的新命令。這命令象徵著那個夏天的關鍵轉捩點。[7]其目的是改變一代人的心靈。事實上，戰敗本身已經開始打破舊模式，而接下來的幾個月將會發生更多的變化。「第二二七號命令」出現在軍隊狀態最低迷的時點，但戰爭本身將成為一種新心態賴以鎔鑄的鉗鍋。

這道命令在七月二十八日發布。在史達林的堅持下，它從來沒有印成白紙黑字，廣泛流傳。事實上，它的內容是透過口述，向軍中的男女傳達。「政治指導員」接受到這樣的指示：「你的報告必須簡潔、清晰和具體，絕對不可以讓軍隊內有任何一個人不熟悉史達林同志的命令。」[8]士兵參差不齊地擠作一團，背對著太陽和風，聆聽一次令其「丟人現眼」的點名。他們聽見：「敵軍已經占領了伏羅希洛夫格勒、斯塔羅貝爾斯克、羅索什、庫布揚斯克、瓦盧伊凱、諾沃切卡斯克、頓河畔羅斯托夫，以及沃羅涅日一半地區。我軍南部前線的一部分部隊因恐慌而放棄了羅斯托夫和諾沃切卡斯克。他們沒有認真地阻止敵人的進攻，他們的撤退也未獲得莫斯科的命令，因而羞辱了自己的軍旗。」然後部隊聽見他們領袖說出每個士兵都知道的事情，那就是平民已經幾乎完全失去對他們的信心。是時候不惜一切代價堅守陣地。就像史達林的命令所說的：「所有軍官、士兵和政工人員所必須理解的是，我們的資源不是無窮無盡的。蘇聯國土不是沙漠，而是有人民生活在其中——

有工人、農民、知識分子、父母、妻子、兄弟、孩子。」就連史達林這時候都不得不承認，至少有七千萬人生活在德軍占領的地區。[9]

史達林的解方體現在一句新的口號。「不准後退一步！」將會成為軍隊的口頭禪。每個士兵都被告以必須奮戰至最後一滴血。在未來，手冊上將會規定，如果士兵問他們的「政治指導員」：「有什麼理由讓人可以從一個射擊陣地撤退？」那麼標準回答就是：「唯一的理由就是死亡。」[10]史達林在「第二二七號命令」中宣布：「恐慌販子和懦夫必須就地正法。未接到命令而批准部下撤退的軍官將會以死罪被逮捕。另外，所有人員都面臨一種新的制裁。對罪犯來說，監獄太舒服了。以後，落隊者、懦夫、失敗主義者和其他犯行者將會被編入懲戒營。在那裡，他們將有機會用血來洗刷對祖國犯下的罪行。」換言之，他們將會獲派最危險的任務，包括自殺攻擊或深入敵後。對於這種最後贖罪機會，他們應該心存感激。死亡（或某種威脅生命的受傷）可以拯救他們的家人和恢復他們在蘇聯人民面前的榮耀。與此同時，為了幫助其他人專心致意，「第二二七號命令」規定把一些正規軍部隊部署在前線後方。這些「堵截單位」是用來補充內務人民委員部的「督戰隊」。他們得到的命令是處決任何猶豫不前或企圖逃跑的人。[11]

「第二二七號命令」到了一九八八年才作為改革開放政策的一部分被公諸於世。在大戰結束的四十多年後，這道命令讓自小吮吸浪漫蘇聯勝利神話的人民覺得殘忍。在幾十年和平環境中長大的一代認為它缺乏憐憫之心。但在一九四二年，大部分士兵都可看出這道命令只是對既有規定的重申。逃兵和懦夫本來就常常會被槍斃（不管是否經過軍事法庭審判）。自一九四一年起，他們的家人也會被他們的丟臉紀錄連累。就像在臉上打一巴掌那樣，新命令的目的是提醒官兵，要求他們負起責任。而他們的反應很多時候是鬆一口氣。「那是必然和重要的一步，」拉霍夫告訴我。「而我們所有人在聽到這命令之後都知道自己身處何處。我們的感覺好多了。真的，我們感覺好多了。」莫斯柯文在八月二十二日的日記裡寫道：「我們已經讀到了史達林的『第二二七號命令』。他公開承認南方的處境危殆。我滿腦子都是這個疑問：那是誰的罪責？我昨天聽說梅科普失陷，今天聽說克拉斯諾達爾失陷。負責政治資訊的小伙子老是問我，這一切是不是有某種不忠心態在作祟。我也是這樣想。但至少史達林終於站在我們一邊！……所以，『不准後退一步！』這句話來得適時和合理。」[12]

在南方，也就是莫斯柯文厭惡的撤退發生的地方，「第二二七號命令」的內容讓筋疲力竭的士兵們倒抽一口涼氣。有個軍中特派員寫道：「當師長讀出命令時，全體士兵僵住了。它讓我們毛骨悚然。」[13]堅持犧牲是一回事，做出犧牲又是另一回事。不過即使在當時，士兵們聽到的也不過是對熟悉規則的複述。到了戰爭的這個階段，很少士兵會沒有目睹或聽過至少一次的草草處決，即不假思索地把落隊者或逃兵拉到路旁槍斃。因為常常是未經軍事法庭判決，這種事的數目難以斷定，但據估計，在大戰期間有大約十五萬八千人被正式判處死刑。[14]然而，這個數字並未包括那些被控以「出賣祖國罪」而被拉到路邊射殺的精神崩潰新兵，或數以千計因畏敵撤退（或只是看似撤退）而被射殺的士兵。在史達林格勒，據估計短短幾星期內就有一萬三千五百人被槍斃。[15]

「我們槍斃那些企圖自殘的人。」軍隊律師說。「他們一文不值，如果我們把他們送去監獄，只是遂了他們的願。」[16]但這些身強體健的人有更好的用途：這也是史達林的命令的一個具體結果。模仿自一九四一年從德國部隊觀察到的做法，蘇聯的第一個「懲戒營」在史達林格勒戰役開打時已經組成。整場二次大戰的大部分任務都是危險的，但「懲戒營」的成員都是可憐蟲，離逃兵或一般詐欺犯如狗一般的死法只有一步之遙。「懲戒營」的倖存者葛林指出：「我們本來以為加入『懲戒營』會比待在監獄裡好，不曉得那就是一種死刑。」[17]先後至少有四十二萬兩千七百人加入，「懲戒營」致命而摧魂。[18]但紅軍本來就沒有一個官兵會認為他們的生命不是廉價的。

雖然史達林的命令只是對既有規則的正式重申，它在落實過程中卻面對了一個難以克服的難題：心態。事實上，它的被接受程度在很多地方都體現出它原想對治的問題的病徵。由告發文化和裝樣子公審文化養大的人習慣把碰到的災禍歸咎別人。所以，紅軍在聽到史達林的命令之後，很自然會以為那只是用來對付反蘇聯或缺乏男子氣概少數群體的另一步。至少在起初，新的口號被當成為攻擊內部敵人的另一種工具。政治軍官雖然把命令宣布給部下聽，但就像一些巡視官所觀察到的那樣，他們儼然把命令看成「只是和前線的部隊有關……對規定漫不經心……軍官和政工人員對酔酒、逃兵和自殘之類破壞軍紀行為採取一種睜一隻眼、閉一隻眼的態度。」那個溫暖夏天的夜晚看來鼓勵散漫。史達林命令發布之後的那個月（八月），違反軍紀的件數繼續升高。[19]

機械性複述讓最高領袖的話淪為陳詞濫調。新指示一旦受到忽略，就會像「多吃紅蘿蔔」或「提防虱子」的命令那樣陳腐走味。連續幾星期，史達林的信息被設法敲打進每個士兵的腦子裡。在莫斯科，有些受僱文人寫了一批打油詩，為其廣為宣傳。其中一首云（這些打油詩本就有欠優雅，也不會因為翻譯而破壞了什麼）：「不准後退一步！落實這軍令攸關榮譽。凡是動搖者會被就地正法——我們中間不容有懦夫存在。」[20]士兵們因為厭煩了政府的謊言，總是很快能夠發現表裡不一之處，而在那個秋天，他們看見了他們的指揮官迴避新規定。很少軍官樂於把最能幹的部下調至堵截單位任職。他們在戰場上待的時間夠久，不會不了解善於操控武器的士兵多麼有價值。所以新組成的堵截單位充斥著不能戰鬥的人員，包括了殘障者、頭腦簡單者和軍官們的私人朋友。代之以拿著步槍瞄準作戰士兵的背後，這些人的工作很快就變成為洗燙軍官制服或清潔廁所之類。[21]一九四二年十月，以正規軍作為督戰隊的構想悄悄地被拋棄。[22]

與此同時，紅軍部隊在南方持續撤退——當初正是這次撤退促成了「第二二七號命令」。在通向高加索山區的路途上，德軍又多占領了八百公里的蘇聯領土。那個秋天，紅軍為保護裡海油田，又喪生了二十萬人。[23]即使是在史達林格勒，又即使是那個攸關重大的九月，軍隊巡視官仍將發現那裡「軍紀低落，『第二二七號命令』沒有被所有士兵和軍官落實。」[24]在那個秋天，改變紅軍命運的並不是強制性的軍令。相反地，哪怕在他們危機的深處，士兵們看來找到了新的決心，情形就像絕望本身可以把人從戰敗的麻木中喚醒。他們的新心緒是和專業主義的抬頭有關，是和技術與能力的抬頭有關，而那始於領袖們的鼓勵。多年來，史達林政權都把人民當成綿羊群那樣豢養，全力壓抑個性和懲罰創新。現在，慢慢地甚至是不情不願地，它發現自己主導著大批有技能和自力更生的戰士的興起。這過程的成熟將會花上好幾個月，然後在一九四三年加快步伐。憤怒和仇恨的情緒現在終於被轉化為清晰和冷靜的計畫。

第一步是把無能者從軍官團踢走。伏羅希洛夫（戰前易勝夢的大力鼓吹者）因為沃爾霍夫方面軍一九四二年四月在列寧格勒的敗北，而被降職為文職人員。[25]五月，麥赫利斯被解除克里米亞的軍事指揮權，最終也失去了副國防人民委員和總政治部主任之職。[26]老邁的內戰英雄布瓊尼被調去指揮紅軍騎兵。正如科涅夫指出的，布瓊尼「是個屬於過去的人，沒有未來可言」。[27]他們的職位被較年輕和較專業的軍官接替，像是朱可夫和科涅夫之類的元帥，或崔可夫之類的將軍。四十二歲的崔可夫雄心勃勃，在史達林格勒戰役中率領第六十二軍團作戰。

麥赫利斯的下臺標誌著軍中眾多政治軍官開始走霉運。改革的第一個跡象是出現了打小報告運動。有份報告指出：「雖然庫房裡有鹽，但一個單位裡的政工人員連續三日沒發現士兵的食物裡沒有鹽，這種事並不罕見。同樣常見的是，士兵們在飯堂等了三、四十分鐘還不能進食，而原因只是軍需官沒有提供湯勺。發生這些事之後，他們聲稱他們是忙於準備政治教育工作。」[28]「政治指導員」們也確實被指出縱容士兵不把「第二二七號命令」當一回事。[29]隨著麥赫利斯的去職，莫斯科再沒有人保護他們。當一群準備在軍中擔任政治工作的新入伍者去到訓練營的時候，他們發現輪到他們喝稀湯，沒軍靴穿，以及要在過度擁擠和未完工的房舍裡挨凍。[30]照顧他們生活的經費似乎一夜蒸發。一九四二年十月九日，他們在指揮結構裡的特殊地位也告終結。[31]「政治指導員」仍有用處。他們的任務將會是培養政治意識和士氣，以及把官方消息傳達給每一個人。但獲不獲得他們的肯定不再是太重要。軍事決定從此由將軍們全權負責。

專業指揮官將會發現他們的自主權愈來愈大。崔可夫日後寫道：「我在伏爾加河河岸學到最重要的一點，就是隨機應變。」[32]他和同僚都珍惜作決定的權力——不只是任何軍官可以當場做出的那種短期決定。一種新的實用主義隨處可見，而用來衡量一個領袖的標準也從他的政治背景變成他的能耐與技能。現在，史達林從顧問收到的報告是關於當代戰爭的需求和壓力。他們指出，蘇聯步兵、砲兵和坦克之間難以聯繫。他們指出，軍事情報工作的水平嚴重低落。尤其重要的是，他們指出紀律的缺乏導致了盲目射擊、浪費砲彈和在戰場上出現恐慌。[33]他們得出的結論是，此後應該更加看重操練，少強調漫畫式的英雄主義。

自內戰時期開始養成的習慣被拋棄。不再有衝向防禦工事的自殺式攻擊，不再去比賽哪個單位的行軍速度最快或隊形最整齊劃一。[34]新的文化慢慢成形。它最看重的是專業性和各種能力。以前一個士兵的身分是由他的階級或社會出身來定義，但現在軍隊開始強調技能。改善訓練的命令，特別是改善步兵作戰準備的命令從總參謀部不斷發出。[35]那年秋天，集結在史達林格勒附近的士兵聽說有一齣柯涅楚克編劇的新戲上演，劇本內容在八月底於《真理報》連載。《前線！》在莫斯科藝術劇院上演，創作用意是「回答每個蘇聯愛國者有關紅軍成敗的各個問題」。就像《紅軍報》特派員在他的劇評中所說的，《前線！》顯示出「蘇聯土地上沒有東西能支持一個愚昧無知或沒有技能的領袖：個人勇氣不能，過去的光榮事蹟也不能。」「保守主義」的時代已經結束。大戰將會是「他們每一個人的考驗。」[36]

不容爭辯的經濟實況助長了情緒的改變。那個夏天，蘇聯生產武器、彈藥和坦克的能力在經歷了好幾個月的混亂之後重新全速開動。製造業的復活看似一場奇蹟。坦克和戰機很快就會變成蘇聯

紅軍士兵修補他們的軍靴。一九四三年。

復甦的象徵，而位於烏拉山山區的新製造業中心車里雅賓斯克將會被暱稱為「坦克格勒」。大量生產加快了一切的步伐。例如，T－34中型坦克經過改良，砲塔改為沖壓而非鍛鑄。部隊戲稱之為「火柴盒」，部分是因為他們相信它就像它的前身（被暱稱為「打火機」）一樣，極容易著火燃燒。但還有另一個理由：T－34在一九四二年之後已從生產線上大量生產。[37]與此同時，租借性質的軍事援助（主要是來自美國）開始讓武器、飛機和食物供應有了明顯增加。[38]「斯圖貝克貨車」（紅軍在一九四五年收到二十萬輛這種貨車）開始在前線

烏克蘭第一方面軍洗衣服的女工。一九四三年。

的軍營進進出出，而士兵也開始認識午餐肉的滋味。[39]這是一小步（盟軍的援助，以及很關鍵的是不包含開闢第二戰場的承諾），但對於一直只看見絕望和死亡的紅軍士兵來說，最輕微的改善都看似是形勢逆轉。

這些改變是不著痕跡，因為士兵仍然短缺基本裝備。但那個秋天，領導高層開始對階級制度發生興趣，甚至對儀容發生興趣。失敗寫在紅軍士兵髒兮兮的軍服和消沉的步態上。對士兵儀表的漫不經心必須要終結。八月三十日，一個運動展開，務求「讓士兵的軍靴得以修補和擦亮，讓軍官的軍服去除髒汙，教導人人學會自重。」[40]士兵被教以自行更換皮革靴底和縫補衣物破口。婦女大軍在前線附近的臨時洗衣房清洗軍裝。一個洗衣女工回憶說：「我們使用K肥皂去除虱子。」這種肥皂有臭味，「黑得像土。很多女孩因為搬動沉重衣物得了疝氣或因為老是接觸K肥皂而手長溼疹。她們的指甲斷了，以為永遠不會長回來。」[41]洗衣女工也許吃了不少苦，但軍隊士氣卻因此大為提高。一個軍官在史達林格勒戰役前夕寫信給妻子說：「尼娜，不用擔心我們的軍服。這段日子我們穿得比資本主義國家的任何指揮官還要好。」[42]

隨著這種對儀表的新關注，一些區分軍階的設計被引進。十一月十一日頒布了授予勛章的新規定。這個構想很快就大獲成功。在一支沒有假可放的軍隊裡，勛章（有些用俄羅斯歷史上的戰爭英雄命名）成為了重要獎勵。一九四一至一九四五年間，紅軍獲得授獎的人數高達一千一百萬。反觀美國只有一百四十萬零四百零九人得到贈勛。[43]美國軍方常常要花半年時間審核得獎者的資格，但同樣的工作在史達林的軍隊裡往往只需三天。[44]它要傳達的訊息是，軍事上的專業表現都會受到嘉獎。當個人佩戴緞帶和星星時，獲得「近衛」（guard）頭銜和物質獎勵的作戰單位從一九四二年開始增加。不論是個人或群體獲得「近衛」頭銜或佩戴紅色緞帶，凡能夠獲此殊榮的士兵都可指望獲得實質的獎勵。每種榮譽都伴隨著特殊獎勵，包括增加受獎人家屬的津貼，或給予免費旅行或額外肉品供給。軍官們的地位獲得更進一步的加強。十一月中，他們聽到消息，說肩章制度行將恢復。[45]自羅曼諾夫王朝衰亡後，軍階和權威地位從沒有受到這麼大的彰顯。

「他們將會把沙皇帶回來。」較年長的士兵們抱怨說。肩章長久以來都是帝俄軍官專橫暴虐的象徵。在幾乎每部講述十月革命的電影中，都會看見憤怒的士兵包圍某些高階將領，將他們軍服上的金色穗帶扯去。所以，若干有資歷的士官會因為忘不了昔日的憤怒，拒絕佩戴新的肩章，他們不在乎會被送上軍事法庭，被控以不服從命令的罪名。[46]雖然不滿者懷疑他們的革命已經受到出賣，但較年輕的士兵卻認為他們目睹了新希望的黎明。根據一個後來被德國人俘虜的軍官指出，有些士兵認為肩章的重新引入以及很多教堂獲准重開，乃是政府打算取消可恨的集體農場制的第一個徵兆。[47]新的徽章在一九四三年一月開始出現在軍官的制服上，到了春天成為了整支軍隊的標準飾物。[48]當時，在史達林格勒的德軍已經被包圍和打敗，紅軍得以洗雪羞恥斑斑的不光彩紀錄。歷來第一次，士兵們可以認真地去期待戰前秩序（主委、戰俘營等等）的終結。他們相信自己正在為創造那個被承諾和盼望已久的更美好世界而戰。

換言之，紅軍心緒的改變在史達林格勒戰役前已昭然若揭。在這個階段，它只顯示在信件和士兵們一些交談裡的語氣微妙變化。新政策得花很多個月才能夠扭轉一種可回溯至戰前的文化，而十四個月的艱苦戰鬥也帶來了沉重打擊。士氣仍然低落。如果紅軍在史達林格勒戰敗，他們的希望幾乎肯定會完全熄滅，受到恐懼和絕望的吞噬。不過即使在八月和九月，一種個人責任感——一種最後奮力一搏的決心——仍然正在浮現。就像韋斯七月中旬在日記裡所說的：「情況雖然灰暗，但我不知怎地覺得史達林格勒行將會有驚天動地的表現。」[49]

★

當史達林的將軍們正在為那場行將改變敵我士氣對比的戰役作準備時，另一個轉變正在軍隊裡發生。那就是世代交替。戰爭爆發時紅軍的總人數略少於五百萬。一九四一年十月，後備軍和生力軍由西方湧至，加入保衛莫斯科的行列，但是大戰頭十四個月的傷亡數字高得讓人咋舌。到了一九四二年夏天近尾聲，一個在戰場上待過半年的士兵便可以算是老鳥。大量士兵在受傷後回到前線。平均來說，有近四分之三的傷兵是經過包紮後便返回戰場作戰。[50]但這仍然是一個防衛至死的時期。舊的紅軍——投降、兵變和戰敗的紅軍——名副其實是正在死亡中。

戰前士兵的鬼魂如果看到接下來發生的事，將會大驚失色。最引人矚目的創新開始於一九四二年夏天，是招募年輕女子入伍。[51]在戰爭頭幾星期，女性並不被鼓勵從軍，但隨著人手在前線和在工廠到處短缺，情形發生了一百八十度改變。那個夏天，軍方表示自己急著招募「健康年輕的女孩」。[52]某個意義下，這是一種激將法，是要刺激男性更加賣力作戰。另一個目的是刺激平民女性，讓她們更願意在武器工廠或農田裡長時間工作。不管怎樣，大戰期間約有八十萬婦女在前線服役。嗤笑和官架子與她們亦步亦趨。與男性不同，她們發現她們很難把身體套入英雄模子，自視為戰士。俄羅斯以前也曾招募女兵上前線作戰，但從來沒達到這種規模。[53]

老兵們不知道應該稱女兵為娘兒們還是哥兒們。在面對野戰廁所或沒有廁所的情況，新入伍的女兵會極端痛苦和尷尬。她們的軍服（因為是為男生設計的緣故）從來不合身。她們不知道應不應該歡迎那些把她們的身體改變為軍人體魄的肌肉和髒汙。她們把頭髮剪短，用苔蘚擦身體，與別人共用小小塊的肥皂。同樣讓她們困惑的是，軍方在一九四二年八月實驗性地搞了一些流動性的前線茶館（一共四十三間），內設美髮師和小型化妝品專櫃，並有多米諾骨牌和西洋棋可借用。[54]同一個月，一道命令規定停止向不吸菸的女兵配給菸草，改為配給巧克力。[55]一個女性老兵憶述自己帶著一整行李箱的巧克力上前線。另一個女兵在射擊練習後採摘紫羅蘭綁在刺刀上，因而受到懲罰。[56]

女孩子氣並沒有成為練就某些種類士兵技能的障礙。女兵獲分派學習的特殊技能之一是狙擊，而女性狙擊手在戰場上也表現傑出。[57]一個女性老兵回憶說：「我們要學習閉上眼睛，組裝和拆解一把狙擊手步槍。我們要學習判斷風速，評估目標的動靜和距離。我們要學習挖地和爬行……我記得最困難的事是響起警報聲之後馬上起床，五分鐘之內穿戴就緒。我們都穿大一、兩號的靴子，這樣要穿上它們的時候就不用太花時間。」[58]這樣的女性，或者像拉斯科娃領導的全女性夜間轟炸航空兵第五八八團的飛行員在一九四二年夏天開始她們初次任務，也出現在報紙的頭版，作為自我犧牲、以專業自豪和愛國精神的榜樣。[59]不過，那些和自己困惑的角色奮鬥的不知名女兵之所以得以生存下來，只是因為她們年輕和始終有男同袍守在身邊。

那個夏天，紅軍也得到男性新血的補充。雖然戰爭第一年損失慘重，但到了一九四二年年底，戰場上共有六百多萬紅軍部隊。現在軍隊可以招募的人口包括了從前的「富農」和他們的家人，因為禁止他們服役的法律已經在一九四二年四月廢除。但大多數的「富農」新兵都是徵自新一代。當大戰開始時，這些人都是少年，甚至只算是孩子。他們預期自己會被徵召入伍已經一年多的時間。但他們的期待和心態非常不同於那些老鳥。在他們看來，當兵不是出於環境所逼的雜差，而是一種神聖義務、一種死刑判決和一種命運。他們的文化——他們長大過程中的慣用語——是由大戰所塑造。這個過程粗暴和讓人震驚。不是所有人都巴望從軍。有些人千方百計逃避，讓政府必須通過法律來強制年輕人當兵。[60]他們很少人在上前線前是過著安穩生活，但他們不會有時間沉思那些在戰前占滿他們前輩腦袋的不滿。一名老兵向我談到訓練營的情形時說：「為期只有三個月。他們教我們教得很快。我們有什麼好抱怨的呢？他們徵召我們，他們訓練我們，他們送我們去死。」[61]

這些新兵受到粗暴、快速且非常集中的訓練。十九歲的維克托羅夫在寫給父親的信上說：「軍隊生活很殘忍，特別是現在。在短時間內，你就得培養出勇氣、膽量、智謀和用槍命中敵人的能力。這些特質的任何一個都不是你能夠平白無故得到的禮物。」[62]另一個年輕人告訴父親：「我們一天要上課九小時，加上備課是十二小時。」[63]在西面的幾千公里之外，新入伍的德國步兵也以同樣的加速度接受訓練。[64]在東線喪失的人命比歐洲戰場所有戰役加起來的都多。所以就連希特勒的軍隊都不得不改變守則，加快產出士兵的速度。然而紅軍新兵不會因為知道「弗里茲們」（德國士兵）禁受著同樣的壓力而獲得安慰。大部分蘇聯年輕人念茲在茲的是挺過入伍那頭幾星期。

薩莫伊洛夫發現自己進了一個訓練步兵軍官的訓練營。負責訓練他的是一個「狠毒的傢伙和天生的惡棍」，名叫沙迪約克。這個老鳥用操練折磨學員，逼他們天未全亮就戴著防毒面具跑步穿過大草原。薩莫伊洛夫跑步時都得背著一挺機關槍。他清楚記得機關槍重量的細節：「腳架三十二公斤，槍身十公斤，護板十四公斤。」他也記得起床號訓練的無意義折磨。他被命令躺下，起床，穿衣服，脫衣服，把這個過程重複無數遍。這種訓練的目的是要讓他把起床穿衣的時間縮短，最後只需要幾秒鐘就能夠全部完成。但就像所有其他訓練一樣，這訓練也是要打掉學員的驕氣，讓他們脫胎成為一個軍人。薩莫伊洛夫回憶說：「沙迪約克是我有生以來第一個痛恨的人。」[65]沒有人會懷念受訓生活。另一個軍官學員在一九四二年四月寫信給妻子說：「我們一起上課，我們一起吃飯，沒有一刻是自己的時間。」[66]

二等兵卡爾普被分派到砲兵部隊，他在一九四二年夏天一接受完訓練就登上火車。在寫給祖母的信中，他談到軍中的生活：「起床號在早上五點吹響。我們開始起床盥洗和處理早上的事情。最後就是早餐了，通常包含某種的蕎麥麵糊、香腸、牛油、甜茶和麵包，但分量總是不夠我吃。早餐一結束就要上課，沒有時間讓你返回營房。我們受訓八小時，直到午餐為止。」幾星期之後，他上完基本的步操課程，改為學習武器的拆解組裝、射擊練習、幾何和數學。總是有政治課要上，現階段的內容包括戰爭的進展。課與課之間沒有休息時間。到了下午，士兵們已經餓得要命。「午餐總是湯和粗麥粉，雖然我不否認湯裡有肥肉。然後要麼又是蕎麥麵糊和香腸，要麼是肉汁餃子。」士兵們把下午用來為第二天的課備課，結束後是晚餐。「牛油麵包（二十五克）和甜茶（半公升）。」「我們的所有課程都是在露天進行，」卡爾普寫道。「我們必須在灼熱的太陽底下坐上八小時，頭上有時什麼也沒戴……我們現在已經有些習慣，但也全都累得要死。」[67]

卡爾普才剛離家在外。他對伏特加或菸草都不感興趣。就像很多同齡人一樣，這個年輕人嗜吃牛奶、糖果和麵包。他總是肚子餓。他會用一些口糧來換糖，趁野外操練時偷溜去找農民購買牛奶和魚乾。[68]那年秋天，他乞求祖母多寄給他一些錢。有錢的士兵可以填飽肚子，因為他們可以向來軍營兜售的小孩購買漿果和堅果。偷竊是個問題。新兵很快就學會藏起他們的錢，甚至藏起他們的食物。他們也必須迴避那些聲言要揍他們以索取財物的人。[69]從當地農家盜取物資是個讓人心動的誘惑，而在卡爾普的單位，有些士兵晚上偷溜出營，到偏僻的田地偷挖馬鈴薯。他們會生起小火，現場煮食，以頭盔充當平底鍋。更有冒險精神的年輕士兵會偷雞或獵野兔。卡爾普自己的膳食是那麼差，以致不到幾星期便得了急性淋巴管炎。[70]一如戰前那樣，士兵們所幹的農活不全都是非官方。「他們把我們送到集體農場，」卡爾普在十月寫道。「他們事實上是要我們挖馬鈴薯。這工作非常粗重。雪上加霜的是，天氣很冷，甚至不時會下起夾著冰雹的雨。泥土又凍又溼，其硬無比，難以挖掘……我們又黑又髒，筋疲力盡。我們不停地工作，沒得休息。我們只有半小時吃午餐。我們用挖土的髒手拿餐具。我們手上、臉上的泥巴掉到了我們的馬克杯裡……但杯裡本來就沒有多少東西可吃。」當卡爾普因為得了急性淋巴管炎而獲准休息時，他指出他可因此免去「建築的工作、上課和打掃馬糞」。

這些都不是他們簽字入伍時預期會做的工作，但挖土至少是對他們辦正事的很好練習。十一月，卡爾普經歷了「我接受訓練以來最難熬的一天」。他和夥伴們被丟到冰冷的大草原上，去蓋一間地下屋，在裡面度過夜晚。這些稱為 *zemlyanki* 的地下屋是紅軍求生計畫的核心部分。它們可以頗為精緻，有著用帳幕隔開的房間、一個鐵爐，甚至有一扇窗。但整間小屋都是在地裡挖出來的，用樹皮或樹枝遮掩，不通氣而狹促，瀰漫著人人都會抽的「莫合菸」（*makhorka*）菸霧。那個春天一名士兵在寫給妻子的信中，有一段說明很具代表性：「我們像鼴鼠那樣生活在地裡。牆壁是木板，屋頂也是。不過沒有地板或天花板。我們也睡在木板上，雙層的木板床……因為有四百人必須住在這裡，所以難免很吵，有一點點不舒服。」[71]

所以挖土並不是無聊事一宗，不過卡爾普的團隊還得學習真本領。「我們在這裡還有命，」他寫道。「是因為上級發給了我們保暖衣物，包括夾層襖和毛氈靴。但我們還是冷得入骨，輪到站衛

第一九三聶伯河步兵師在蓋一間地下屋。一九四三年十二月十日。

兵的人又特別難挨，回到地下屋之後我們才知道營火是多麼可貴的東西。那一晚，我們全都要輪流去挨凍。」[72]學員們固然有許多嘀咕，但視察他們表現的巡視官也一樣。那個秋天，一份以新的訓練標準為準繩的報告指出，幾乎每個地區的步兵和砲兵都不足。它也指出他們紀律鬆弛、太喜歡不假離營、站崗時打瞌睡和對上級軍官態度粗魯。[73]卡爾普惱怒地寫道：「我們在學校裡學了十年，然後我們現在必須完全重頭來過，毫無休息地進行學習。我厭煩極了。另一方面，我們不可能指望在前面等著我們的事情會比較好。」[74]

諷刺的是，大部分人都是那樣指望。新兵們會耐心地爬進把他們載往伏爾加河或北方的火車，是因為除了透過戰爭以外，他們看不見自己有未來可言。訓練營的羞辱總會結束，等待總會成為過去，他們總會開始辦正事。他們還可以復仇，而且不只是對入侵者復仇。作戰和死亡的前景鬆開了責任、黨和整個共產主義國家的箝制。薩莫伊洛夫記得，和他一起開赴前線的，除了他的同袍以外還有可恨的老鳥沙迪約克。隨著他們火車開遠，他們從前的折磨者看來陷入了自己的思緒中。薩莫伊洛夫指出：「暴君的悲劇源於一個事實：他的權力從不是無邊的。」在那列火車上，權力的天秤將會改變。那是會在其他地方重演的一幕，每當受羞辱的士兵開始感覺到自己的價值，這一幕就會上演。讓人充滿希望或害怕的是（是何者端視你的軍階而定），戰場可以把原有的高低階級抹平。有一晚，一群烏茲別克士兵把沙迪約克擠在中間。他們的牙齒在半黑的環境中閃閃發亮，他們的身體因為在草原上生活多年而肌肉結實，像小囚室牆壁那樣擠向他們的受害人。「我們要到前線去了，不是嗎？」他們其中一個問道。沙迪約克抬起頭，望見的是一個堅定自信的微笑和一雙「帖木兒一樣的丹鳳眼」。一到達軍團的後備部隊基地，他就要求把他改派到其他單位。[75]

★

「毫無例外地，我們全都擔心史達林格勒。」中階軍官阿格耶夫在一九四二年十月寫信給妻子說。「如果敵軍成功占領史達林格勒，我們所有人將會感到痛苦，包括我們單位的人。」[76]那個帶有史達林名字的城市在那年秋天多了一層神祕的重要性。「我是在一個歷史時刻從一個歷史性地點寫信給你們。」巴爾索夫在八月如此告訴父母。[77]他的母親正確猜到他在哪裡。莫斯科的報紙滿是有關那個飽受圍困的城市的報導。整個國家都在等消息。巴爾索夫在十月的另一封信指出：「我正在防衛那個前稱『察』（察里津）、今稱『史』（史達林格勒）的歷史性城市。」寫這信時，他的軍靴溼透，他戴著薄手套的手指僵硬。他沒有比年輕的卡爾普更強壯，一樣也受到飢餓、寒冷和睡眠不足的困擾。不過他身處的不是大草原而是形同廢墟的城市，到處是扭曲的鋼鐵和爛泥巴。但他的信顯示他對自己的職務有某種自豪感。每個人都知道，這場戰鬥極有可能決定大戰的最終結果。

史達林格勒矗立在歐洲最大一條河流伏爾加河的西岸，中間有伏爾加河的支流察里津河流過，所以本稱察里津。後來改稱史達林格勒是為了紀念史達林內戰期間在這裡贏得的一場重大勝仗。部分是這個原因，史達林格勒被建設為地區內的模範城市，有著開闊的空間、公園和可以反映河水與夏天豔陽的純白色住宅大樓。但即使沒有一個顯赫名字，這座城市仍然非常重要。它是機械工業和製造工業的重鎮，設有一所大學和好幾所技術學院，擁有一個供應和儲存設施的廣闊網絡，可以為在頓河附近作戰的部隊提供物資。一九四二年，希特勒把它視為伏爾加河上一個重要橋頭堡，也是軍隊向南開向裡海油田的重要中途站。能夠占領一個以史達林為名的城市當然也會讓他非常快意。

戰役開始於南俄羅斯夏天的炎熱氣溫中，當時俄國部隊部署在頓河，要抵擋從南和從西兩路而來的敵軍。八月四日，德國第六軍團抵達頓河南岸（頓河在這裡彎向東，朝著伏爾加河形成一個大弧形）。到八月中，德軍占領了頓河河套內幾乎所有土地，也占領了史達林格勒以西和西北一帶。這一次蘇聯的防守比從前要堅決，但大環境無助於提高士氣。整支軍隊不止一次陷入恐慌，沒命地奔向頓河遠端的貧瘠溝壑。「我正在參加一場非常大的行動，」沃科夫在一九四二年八月寫給妻子的信上說。「過去幾天以來，還有目前，我都是在前線。我沒有時間描述正在發生的事，但可以告訴你，我的四周是一座地獄。到處都是哭號和怒吼聲，天都要為之裂開，但我的耳鼓已經習慣。有個炸彈曾在離我三公尺之外炸開，我被濺得一身爛泥，但仍然完好無缺。不過，未來會發生什麼事，我無法給你打包票。」[78]

事實上，發生在頓河郊野的戰鬥有助於拖慢德軍的推進。這對後來的戰事大有影響，因為那讓史達林格勒終於等來了大風雪。不過在當時，這個喘息空間看來正好供史達林格勒構築防禦工事。就像一年前在莫斯科的那樣，市民被迫組成民兵隊，獲發鏟子、手推車和木頭堆。民眾動手挖出坦克陷阱和戰壕，民防操練被反覆彩排。這些準備功夫將被證明無一有效，而當地人看來也意識到這一點。就在有些史達林格勒市民正在筋疲力竭地掘土時，他們的鄰居推著手推車、帶著大包小包和趕著牲口，向東前往伏爾加河。[79]他們都急著要逃出水深火熱的城市。很多橫過伏爾加河的橋梁都裝設了地雷，很多道路業已暴露在間歇性的戰鬥機機關槍掃射之下。數以千計的難民將永遠到不了亞洲的土黃色山丘。

德軍在八月二十三日星期天對史達林格勒發起進攻。那天有六百架德國飛機盤旋於城市上空，它們在低空飛行，接力進行地毯式轟炸。到了晚上，地面上除了瓦礫、嘶嘶作響的火焰和菸霧以外，已經不留多少其他東西。崔可夫幾日後巡視過他的新戰場之後寫道：「城裡的街道死氣沉沉。樹上沒有一根綠枝，都被大火燒焦了。木房子剩下的只是一堆灰燼和孤零零的煙囪。許多石頭建築也被燒毀，門窗沒有了，樓板也塌了。不時會有一棟房子垮陷。眾人忙著把包袱、茶炊、器皿從房子裡搬出，帶到碼頭上去。」[80]數以萬計的平民將會無法成功逃走。在那日（攻擊的第一天），一日一夜下來，估計有四萬人喪生。[81]

史達林格勒保衛戰最激烈和最驚悚的階段也是從八月開始。有幾個星期，蘇聯第六十二軍團和第六十四軍團從城市的西郊撤退到市中心和城市的北面，守住幾十個要塞。到了九月中，剩第六十二軍團獨力防守史達林格勒。它接到的命令是在城內摧毀敵軍：包路斯將軍率領的第六軍團。據守伏爾加河西岸狹長廢墟地帶的士兵得到這樣的吩咐：他們要以伏爾加河東岸沒有陸地的心態作戰。這話是什麼意思很快變得清楚。崔可夫的人馬受到任何可以活著過河的部隊增援，透過爭奪每一棟房屋，死守他們的橋頭堡。在廢墟中，有時在一片黑暗中，士兵們會用刺刀和徒手守住每一個樓梯井和每一間彈痕累累的房間。

從十月起，崔可夫在城中的士兵得到組織良好的砲兵支援，這次砲兵明智地部署在伏爾加河東岸。但敵人掌握了絕對的制空權。城中的所有部隊（包括蘇軍和德軍），還有為數不多沒能在頭幾天逃走的市民，受到不停歇的轟炸。從蘇聯那頭載運補給品和人員的小船也是如此。食物吃光，子彈用罄，用來冷卻機關槍的水沸騰。士兵們或活或死處於屍體堆和瓦礫之間。崔可夫回憶說：「慘重的死傷、不停的撤退、食物和彈藥的短缺、接受增援的困難……這一切都對士氣有非常壞的影響。很多人想要渡過伏爾加河，逃離史達林格勒的地獄。」[82]他的部下近乎絕望。一個士兵在十月寫回家的信上說：「情況是那麼的艱難，我完全看不到出路。史達林格勒等於已經投降。」[83]

對數以萬計的人來說，逃走是不可能了。有些高階軍官和警察確實坐船去到了較安全的地方，留下士兵們單獨面對殘骸和火焰。[84]崔可夫自己據說有幾次請求把總部轉移到對岸較安全的地點，[85]但這位將軍別無選擇。他得到的命令是要以身作則，作士兵們的榜樣。他對戰術運用有著頗大的自主權，也獲得了上面每日增補新血的承諾，但未獲准後退。在史達林格勒登岸的部隊別無選擇，只能戰鬥。崔可夫從來不吝於賞給棄戰的士兵一顆子彈。即使用朱可夫的紅軍的標準來衡量，這位將軍賴以維持軍紀的方法仍然相當野蠻。不過，被德軍炸彈炸得冒出蒸氣的伏爾加河是一道比任何祕密警察防線更致命的攔阻。一九四二年七月為防守史達林格勒而集結的部隊高達近五十萬人，其中超過三十萬人陣亡。[86]

他們在肉體上所吃的苦頭超乎想像。日復一日的惡劣環境即足以讓士兵們疲憊不堪。他們得忍受的不只是轟炸、不間斷的噪音、塵埃、火焰、寒冷和黑暗。城中守軍完全依賴船隻把補給品運來。隨著補給品愈來愈難運抵，士兵們開始當拾荒者，從屍體取得軍靴、槍枝，甚至是紙張。屍體的腐臭味、灼熱金屬的味道和汗水味混合在一起。士兵們晚上的棲身處很少會有足夠的清水，所以沖洗是不可能的。虱子在衣服、手套、被鋪和士兵們凌亂的頭髮上蔓延。和在瓦礫堆中移動的老鼠和雀鳥不同，這些害蟲並不能吃。士兵們有自己一種形容他們的圍城戰口糧的方式：「它會讓你活著，但沒辦法讓你打炮。」[87]這種酸話忽略了他們仍然必須戰鬥的事實。只有受了傷的人有機會被每晚渡河的小船載回東岸。醫院人滿為患，醫生護士忙到虛脫。

依士兵們自己的看法，十天是一個人能挺過的極限。即使最強悍的人也認為，一個士兵在戰鬥八或九天之後就算沒有死掉，也肯定會受傷。[88]大部分人慢慢習慣了戰場的聲音與氣味，而老鳥們感覺自己有預知能力。這是他們最接近於能夠控制戰場上的混亂的時刻。「我們看一枚砲彈的飛行路線，就知道它會不會打中你。」一個生還者回憶說。[89]但不停地保持警覺最終會摧毀一個人的精神集中力。各種檔案庫並沒有太多有關精神壓力的資料（紅軍對於士兵的健康與適應性一直不太敏感），但正如一位生還者指出的，隨著士兵們緬緊神經聆聽黑暗中的影子，他們會變得「有點不太像人」。[90]一名軍官後來寫信對妻子說：「縱使我可以說我看過很多英勇事蹟，但我也看過很多紅軍應該為之羞愧的事情。我從沒想過我能夠做得出一些幾近殘忍的無情事情。我本來認為我是個好心腸的人，但看來一個人可以把某些獸性隱藏在自己裡面很長時間，直至這種時候才浮現出來。」[91]

士兵們也明白了有比死更糟糕的結果。前述的軍官寫道：「不管我們喜不喜歡，我們最後全都會想：萬一我殘廢了怎麼辦？我的妻子會是什麼反應？你絕不會想要去考慮變成殘廢的可能性。那當然是一種真實的可能性，但你想要去想其他事情：一個完整健康的人生。」[92]要麼有一個健康的人生，要麼被死亡所煉淨。士兵們開始在作戰中找到狂喜，甚至在自殺中找到狂喜。在他們每日生活的黑暗的反襯下，最奇怪的事情閃耀著意想不到的光芒。有些講述讀起來就像是出自一齣「死亡芭蕾」，也就是說，見證人——所有的士兵——都是用看電影的眼光看事情，而死者——劇中的主角——無法糾正劇本。絕不感情用事的崔可夫就是以這種方式形容水兵帕尼卡赫的死。當這個必死之人準備向一列德國坦克投擲裝滿汽油的玻璃瓶時，一顆子彈射中他手上的瓶子，他馬上全身著火。但這位水兵仍然活著，而不知怎地，靠著尚餘的怒氣或出於純粹的反射動作，他抓起第二個汽油瓶。崔可夫寫道：「大家都看到，這個渾身著火的人是怎樣從掩體裡跳出來，直奔德國坦克的旁邊，把汽油瓶砸向坦克發動機部位的格柵裡。霎時間，大火和濃煙吞沒了我們的英雄和敵人的坦克。」[93]

這類故事很快變成傳奇。在暴力和死亡中，倖存的內疚與快樂編織出強烈的手足情誼紐帶。生命的縮減至極限產生出一種自由感，而戰爭本身常常看似一種解放。[94]黨很快把功勞據為己有。它把士兵們的勇敢歸功於自己，稱他們為忠實的共青團團員和愛國者。雖然黨的官僚提供了一套說辭，但驅策士兵們的那種情緒卻非筆墨所能形容。那是一種巨大的憤怒加上某種很接近於愛的感情。這種情緒在那些把史達林格勒牢牢記住的人身上回響，他們把該城市視為他們最鮮明人生的場景。小說家暨戰地記者格羅斯曼是不願意離開那裡的人之一。他在信中對父親說：「我仍然想要留在那個我見證過最惡劣時刻的地方。」[95]一等勝券在握，其他人也聲稱分享同樣觀點。一個生還者告訴韋斯：「渡河去到史達林格勒真是非常可怕的事，但我們一到達，我們心裡便比較踏實。我們知道在伏爾加河的這邊一無所有，如果我們想要活下去，就必須摧毀入侵者。」[96]

「我不能明白士兵們怎能在那樣的地獄中生存，」一個德國空軍飛行員在寫回家的信中說。「但俄國人就是牢牢地坐在廢墟、洞窟和地窖裡，守在曾經是工廠的混亂鋼鐵骨骸中。」[97]另一個德國人說：「俄國人不是人，而是某種鐵鑄的生物。」[98]這是憤慨之詞，是當勝利沒有迅速不費吹灰之力地來到時所發出的震驚聲音。不過直到十一月以前，包路斯的人馬仍然相信他們能夠打敗斯拉夫魔鬼，就像十七個月以來的那樣碾碎對方。他們的德國後衛會支持他們，他們的飛機會載來維生的食物和運走傷兵。然而，隨著溫度直直落和夜晚變得愈來愈長，採取主動的變成是紅軍而非入侵者。

史達林格勒的廢墟是紅軍堅忍不拔的標誌，然而，決定那個冬天漫長戰役結果的卻不是出自城市內部本身。崔可夫的第六十二軍團固然贏得了「近衛」頭銜，但拯救蘇聯大業的卻不只是堅忍，還有計畫。一九四二年十一月，一個代號「天王星」的大規模行動啟動。其目的是包圍包路斯的第六軍團，截斷他們撤出史達林格勒的退路。正當蘇聯和德國部隊還在殘垣敗瓦中廝殺時，有超過一百萬人聚集在他們的地平線之外。三支大軍從不同方向就定位，對史達林格勒形成巨大的合圍戰。只要信號一響起，他們就會衝出大草原。[99]

這件事本來可以給城內的守軍帶來安慰，但從史達林格勒以北和以東逼近的師團的生活卻幾乎沒有變得比較輕鬆。補給困難的問題——包括冬衣的短缺——一樣困擾著他們。有些士兵在抵達前線前就死於凍瘡和失溫。[100]不過開始於十一月十九日的「天王星行動」取得了迅速和完全的成功。三天之後，第六軍團就投降了（先前「元首」不批准他們棄守史達林格勒）。城中紅軍部隊的情緒將會獲得改善，哪怕他們還有幾個月的苦頭要吃。包路斯將軍將堅持到一月底才投降，而肅清整個地區的戰鬥在那之後還會持續幾星期，但作戰行動和勝利在望讓紅軍士氣大振，心情沒有被十一月的大霧破壞。在大合圍戰役生還者日後的記憶中，接到攻擊敵人命令那一天是他們在戰爭中最快樂的一天。[101]隨著羅科索夫斯基對史達林格勒的包圍收緊，有些躺在醫院裡的傷兵甚至抱怨——如一個傷兵在信中對妻子說的——住院讓他們「錯失殺敵的機會」。[102]

幾個月來，紅軍一直嫉妒入侵者的營養充沛和武器先進。軍中教育程度較高的人甚至對德國懷有一種文化上的敬畏，因為德國文化曾經產生出巴哈、歌德和海涅那樣的偉人（我找不到有提及馬克思名字的檔案記載）。到了十月，有跡象顯示東線其他地方的德軍士氣正在瓦解。駐守斯摩稜斯克附近的士兵據說因為冬天的再次逼近而感到沮喪，而那些從頓河回到烏克蘭占領區休假的德國士兵業已擔心蘇聯復甦的可能。[103]從十一月起，被困在史達林格勒和其四周冰封大草原上的德國國防軍第一次嘗到了絕望的滋味。「雪、風、寒冷包圍著我們，雨雪和雨包圍著我們……自休假回來之後我就沒有脫下過衣服。虱子。晚上老鼠橫行。」魯伯在寫給家人的信上說，他三十六歲，來自卡塞爾。「我們貯存的食物僅夠讓我們不餓死。」[104]

當包路斯奮力抗拒投降時，兩邊的士兵都在黃昏的霧中餓肚子。「陶土和泥巴。」魯伯指出。就像俄國人那樣，德國人也是住在地下屋。空襲和火災沒留下多少木頭可供他們加固牆壁或屋頂。事實上，瓦礫堆中幾乎毫無植物。在十二月近尾聲，魯伯看到一匹皮包骨的俄國小馬漫步到他的地下屋前面，嘴裡嚼著一根斷木條。連木條也拿來吃，可見這隻發抖的動物飢餓已極。魯伯心想：「牠今晚將會是我們的晚餐。」[105]一個月後，當最後一個德國人也被俘虜之後，他們的破陋地下屋引起紅軍士兵的羨慕。[106]紅軍的地下屋要更原始和狹促。他們在前線後方撰寫報告的指揮官對於蘇聯地下屋的空氣不流通和空間不足感到擔心。[107]一個女性老兵形容得活靈活現。她告訴我：「這樣說吧，和一堆人睡在一塊，加上他們的衣服和一團營火，那可不是一個供人呼吸的好地方。」

最後幾星期對雙方的士兵來說都是折磨。他們的可憐程度近乎等量齊觀。兩個死敵被環扣在一起，爭奪在彼此之間不斷易手的空間，每次易手都消耗幾十條甚至幾百條人命。在史達林格勒被收復之後，韋斯巡視這個廢墟，對於近身肉搏留下的戰爭遺物印象深刻。他寫道：「戰壕穿過工廠的院子和廠房本身。戰壕的底部仍然躺著凍結了的綠色德國人和灰色俄國人，還有一些凍結的人體部分。頭盔（俄國人和德國人的都有）散布在磚塊碎屑之間，半裝滿著雪。」[108]當那個春天開始融雪，另一個見證人看見有一大塊冰漂浮在伏爾加河上，冰塊裡有兩具凍結了的屍體，一個是俄國人，一個是德國人。他們是因為同時殺死對方而緊抱在一起。

聽見這樣的描述，這座城市似乎對每個人來說都是一場噩夢。但從十一月起，蘇聯部隊和德國部隊之間的感覺有一關鍵性的差異。對突然被包圍的入侵者來說，史達林格勒是一個可怕的震撼，是尾隨一九四一年的不斷勝利之後的一場災難。「我們還沒有收到任何聖誕包裹，」一個第六軍團的士兵在一月十日寫回家的信上說。「他們答應會把包裹保留在戰線後方，等我們回去再交給我們……我們完全沒有可吃的，力氣不斷流走，我們變成了殘骸……我已經不會再感謝上帝一直以來饒我一命。我每小時都看見死亡。」[109]蘇聯部隊的期望總是較低。他們不會夢想有自己的聖誕樹，不會夢想吃到他們從沒有吃過的糖果蛋糕。如果他們會想家，那麼他們是回憶他們被敵人摧毀前的生活。但現在，受到「喀秋莎」火箭砲和他們自一九四一年以來第一次看到的己方飛機的鼓舞，他們抓住了可以報復的機會。換言之，德國人正在面臨一種倒退，喪失掉一件又一件讓他們感覺自己是人的事物。與此相反，紅軍士兵嗅到了第一次真正打勝仗的滋味。筋疲力竭又髒兮兮，這些被戰爭鍛鍊成鋼的部隊準備要慶祝。「曾經在史達林格勒作戰是一種了不得的經歷。」韋斯寫道。[110]

★

黨把出現在史達林格勒的精神據為己有。由戰場所催生的手足情誼和無私精神，被迅速說成是黨的意識形態的產物，是黨的明智領導的結果。前線的報紙大聲吹噓：「數以千計的愛國者證明了他們是無畏、勇敢和對祖國無私奉獻的榜樣。戰爭結束後，我們的人民將不會忘記那些光榮地為祖國服務的人。英雄的子女將會為他們的父親驕傲，但恐慌販子和叛徒的名字將會受到千夫所指。」[111]在那個十一月的十月革命週年紀念日，報章上刊登了一篇史達林格勒誓詞，據稱是該城守軍所立的誓。寄送它的人說：「我們是在戰壕裡寄給你這封信。親愛的約瑟夫・維薩里奧諾維奇，我們要向你發誓：戰至最後一滴血、戰至最後一口氣和戰至最後一下心跳，我們都將會保衛史達林格勒。」[112]

這篇誓詞在群眾集會中被朗讀，也被印在當日發出的各種命令上。當新入伍的士兵急於知道自己會不會被派到史達林格勒時，他們會被要求坐下來，聽一些歌頌歷史英雄的演講。勇氣是士兵們被迫參加他們的「政治指導員」領導的小組討論時的課題，哪怕他們還沒有人看過一個德國人，更別說見過一具屍體。[113]電影同樣用來加強士兵們的意識形態。那個秋天，駐紮在伏爾加河沿岸的士兵也許會看過《保衛察里津》、《偉大的公民》和講述赫梅利尼茨基生平的電影（最後一齣主要是要給烏克蘭士兵看）。[114]因為被動員完全為前線服務，電影工業現在每幾星期就能生產出一齣這類史詩電影。[115]播放給士兵看的還有報導蘇聯戰勝的新聞片和《在莫斯科附近打敗德國軍隊》之類著名的紀錄片，它們提醒觀眾，入侵者在幾個月前有多狼狽和筋疲力竭。[116]一名士兵指出：「只要看看我們捉住的法西斯畜生，你就會知道我們沒有足夠方法可以懲罰他們的殘暴、背信和犯下的罪行。」[117]

同樣有所幫助的是有些後備軍訓練良好、準備充足且體能優異。紅軍已經開始顯得稱頭。西伯利亞人最受器重。他們看起來專業，一大理由是他們很多人學過射擊。他們也懂得怎樣找掩蔽和挖掘那種又深又窄（因此可以抵擋坦克履帶和空中炸彈）的戰壕。阿格耶夫在這個時期寫回家的信中說：「最重要的是，我們現在不再有在戰爭初期常常看見的那種『坦克恐懼症』。每個士兵……懂得在地裡挖得更深。」[118]看到邪惡坦克時仍會恐慌的士兵會被派去接受這樣的訓練（稱為「燙衣服」）：被迫躺在戰壕裡，讓蘇聯坦克在他們臉上開過。「接受過這種訓練之後，」一份德國情報報告指出。「他們作戰時都異常勇敢。」[119]與此同時，紅軍士兵用黑色幽默來化解他們的恐懼：「你挖得愈深，你將會躺得愈久。」[120]

不管用了多少口水，前線的真正文化不可能被完全隱瞞起來。不管黨做了什麼，有關殘忍、欺詐和浪費生命的故事還是會湧回來。軍醫院不是和民間世界隔絕。地方人士可以聞到血和壞疽的氣味。他們也常常在戰場附近幫忙挖掘亂葬崗。另外，一如往常，他們也會在內務人民委員部箝制力弱的地方參與黑市買賣。傷兵會販售槍枝、手錶、鋼筆，甚至是賽斯照相機。[121]德軍的戰壕裡面滿是珍品。與此同時，一個新的不法之徒階層——逃兵——從事從現金和武器到人口買賣的各種生意。一九四二年十月至十二月間，內務人民委員部在史達林格勒前線附近拘捕的軍事人員超過一萬一千人，其中有一千人原來是逃兵或現在為敵人工作的前紅軍人員。[122]一個常見的掩人耳目方法是穿上女裝，不過有個躲了十一個月的男人被發現把自己埋在一個穀倉底部。[123]

警察遏阻不了這股犯罪浪潮，只能設法殺雞儆猴。最讓他們感冒的犯行是逃兵。「政委同志，」一個帶著十個犯人的內務人民委員部人員告訴他的上司。「我們應該按照史達林同志『第二二七號命令』的規定，把這些逃兵就地正法。他們不為祖國著想，只為自己著想。」[124]這是一種對無法無天的自然反應，但總的來說，逃兵的數目逐漸下降（罪犯的數目則相反）。天氣想必起了重要作用：隨著溫度計掉至攝氏零下三十度，落跑的人在史達林格勒沒有多少活命的機會。不過還有其他理由讓士兵們不會腳底抹油。

有些駐紮在伏爾加大草原的預備部隊之所以不會反叛，是因為他們的生活弔詭地正在改善。涅馬諾夫以自己為例解釋這個過程是怎樣發生的。作為一個所謂人民敵人的兒子，他起初不被允許拿槍。所以在一九四一年的時候，他被分派到一個勞工營。那也是一種服役，所以他別無選擇。但勞工營的任務不是打仗而是從事極費力氣的勞動。政府派他到西伯利亞城鎮茲拉托烏斯特，為後撤的工業建造廠房。勞工營的人——混合了罪犯、新兵和像涅馬諾夫那樣的黑五類——感覺他們是被放逐到了一個荒無人煙之處。「我們在亞洲工作，然後回到歐洲拉屎。」涅馬諾夫打趣地說。就像前線士兵那樣，他們也是住在地下屋。另外他們也像前線士兵那樣，一直工作到垮掉為止。幸得兩個哈薩克牧民的幫助，涅馬諾夫一群人得以達成每日工作配額。那裡的工頭粗暴，那裡的罪犯暴力。「在前線，真正可怕的不是打仗，而是有做不完的工作，是你四周的人一個個無緣無故倒下，是你肚子餓，是你沒有辦法除非鋌而走險，是你只有凍結的馬鈴薯可吃，是你甚至只能吃腐肉，是當你拿走一個死去同志的口糧。這些才是讓人害怕的。而不是子彈！」

一九四二年年底，勞工營中的一群人被抽調去接受操作迫擊砲的訓練。當他們登上一列向南開的火車時，他們知道他們是要被送去史達林格勒。天氣冷得不得了。他們害怕、筋疲力竭和飢餓。他們其中一個想要逃走，被拉到一邊槍斃。連續好幾晚，他們睡覺時穿著全部衣服，用自己的靴子當枕頭。抵達前線之後，他們得到的第一個命令是去洗澡。這些人用藥皂塗遍全身，但接著發現沒有剩餘的水可供他們沖洗。又黏又癢地，他們重新穿上衣服，把迫擊砲背在背上，前往「任何需要人命的地方。」這場仗看來需要的是人命，不是迫擊砲。他們被告知：「我們會幫你們弄幾把步槍。你們現在是步兵了。」出於運氣，他們撿回一命。「我們凍僵了，但他們從沒有派我們上戰場。」

這是一種生活的進展，卻是無情的版本。但在涅馬諾夫看來，前線是一個勝於茲拉托烏斯特的地方。就像數以千計其他被懷疑的公民那樣，他知道服兵役可能可以還他清白。當他瞄準他那把不讓生存變得較容易的槍枝時，他是在等待重新被蘇聯社會接納。[125]更重要的是，這個年輕人在軍營裡學會了一些讓生存變得較容易的技能。「我們都是流氓。」他對我說。這批人很快就把前線當成某種的家，不斷做出調整，直至能夠對它達成某種控制為止。就像所有地方的士兵那樣，他們因陋就簡。如果這仍然行不通，他們就會偷竊。在地的老百姓通常都很仁慈，哪怕他們沒有多少東西可分享。「他們全都愛我們，」涅馬諾夫說。「而我們利用這一點。我的一個兄弟找到一間房子，走進去，在胸前畫十字架。屋裡的老婦人馬上站起來，口裡說『親愛的人，蒙福的人』，讓他在桌子前面坐下。」

因為誤以為那小伙子是虔誠基督徒，她招待他吃了一頓包心菜、麵包和茶。涅馬諾夫又補充說：「我們很多人自然都有一段風流韻事。戰爭就是這麼一回事：一段死與愛的時光。」這個敘述和很多同類型的故事一致，顯示有很多紅軍士兵覺得前線的生活比訓練營好得多。[126]生活在任何地方都不容易，但生活在前線附近讓士兵們有機會建立自己的一片小天地。

有機會殺德國人也是一個快樂來源。[127]士兵們有具體理由恨這些外國人。那些曾參與戰鬥的士兵筋疲力竭，他們的夢永遠被戰爭的惡臭縈繞。其他人則是已經知道自己將再沒有機會看見家人，而到了這個階段，每個人（包括新兵）都經歷過失去同志和摯友之痛。要撩起他們的恨意並不需要多少力氣。但蘇聯的報章還是不遺餘力這樣做。在這一點上，很少有記者比愛倫堡還要出名。他是一個宣傳家，呼籲每個蘇聯公民去殺德國人。他寫道：「如果你已殺了一個德國人，就再殺另一個。沒有什麼比德國人的屍體更加讓人快意。」[128]不過愛倫堡——他的文字在一九四二年最為血腥——不是唯一鼓吹仇恨的人。士兵們的詩人西蒙諾夫也用〈殺死他！〉一詩來鼓勵報復。[129]漫畫家畫出各種醜態的敵人：驚慌失措的羅馬尼亞人，以湯鍋遮頭開溜的義大利人，奄奄一息的德國人。俄文單字「雪花蓮」（*podsnezhnik*）的字面意義是「在雪底下」，而一句雙關語開玩笑說到春天融雪時，將有大量「雪花蓮」以德軍屍體的形式出現。[130]當史達林格勒有一名蘇聯指揮官在冬天死掉之後，軍方下令用槍砲齊射向他致敬，「但不是射向空中而是射向德國人。」[131]

奇怪的是，其他地方的士兵常常羨慕他們在伏爾加河作戰的同志。就連那些清楚知道史達林格勒的戰鬥有多慘烈的官兵一樣有可能會希望有機會加入戰事。軍官別洛夫一九四三年一月在日記中寫道：「我們要什麼鬼時候才會發起進攻？」這位二十七歲的軍官駐紮在利佩茨克，而利佩茨克正好位於史達林格勒以北。他的單位位於駐沃羅涅日附近的德軍的射擊範圍之內，但他接到的命令是按兵不動。別洛夫知道真正的戰爭是什麼樣子。他在大戰一開始就入伍，頭一個夏天因為受傷被後送去治療。這表示他沒有像其他同袍那樣戰死或被俘虜。他在一九四二年夏天再次投入作戰，但在敵人控制了整個俄羅斯南方之前撤退。

那個聖誕節，當羅科索夫斯基的軍隊橫掃伏爾加大草原上的雪原時，別洛夫待著不動。他唯一需要做的事就是挖土、操練人員和等待。現在的生活不像去年七月的漫長行軍那樣累人，也不像在史達林格勒徒手搏鬥那樣凶險，但他卻不怎樣愉快。天氣寒冷，而偶爾的微微融雪會帶來刺骨的雨和霧。他的單位每隔幾日就受到德軍的砲擊，還受到自殺、逃兵、自殘和爭吵打架的困擾。「我變得極端易怒，」別洛夫寫道。「而我對一切也培養出一種可怕的冷漠態度。我感覺一切事情都讓我累得要死。如果我們可以展開攻擊就好，那樣的話我八成可以恢復正常。」[132]測試這個想法的機會將會在七月來到。但在目前，枯坐在被大雪封住的地下屋裡，他鬱悶得快要發瘋。

如果史達林格勒戰役戰敗的話，每個人的感受將會迥然不同。勝利是他們所有人的最大鼓舞。紅軍士兵們開始相信，他們的努力也許有一天會開花結果。雖然他們知道他們還是可能會死掉，但是不是有一些戰勝的機會事關重大。史達林格勒戰役得勝的消息火速傳遍整個蘇聯世界。「我希望離開這裡，前往前線，永遠住在那裡。」別洛夫有一晚在他的日記裡寫道。十一月初，他因為聽說了盟軍在非洲的勝利而歡欣雀躍。「那裡離這裡有一段漫漫長路，但感覺上又相當近。多麼讓人安慰呀。」但沒有什麼比在蘇聯本土取得的勝利更加讓他樂不可支。他在十一月二十七日寫道：「我們的士兵在史達林格勒打勝仗了。根據今天早上的消息，自從攻擊開始以來，他們俘虜了七萬德軍。擄獲的戰利品數目更是天文數字。我們為史達林格勒的士兵們感到無比高興。」[133]

在西面遠處，一整個新年都在等消息的莫斯柯文也是喜不自勝。「前線取得了一場大勝！」他在一九四三年一月十九日寫道。形勢終於反轉了。「我們每個人都想要用盡力氣，放聲大喊：『萬歲！』」史達林格勒已成了希特勒分子的一個巨大陷阱。這之前的幾個月，他和其他的游擊隊員一直躲在幽暗的地下屋裡等待莫斯科的指示。那個秋天曾有過一些小型戰鬥，讓他終於感覺有正經事可做。但隨著第二個冬天的逼近，百無聊賴和生活上的艱苦讓人士氣消沉。不過現在終於來了振奮人心的事情。一如以往，莫斯柯文深自檢討。「我想要撕掉描寫自己意志垮陷的日記，但最後決定保留下來，作為一個教訓：不要因為事情不順遂就遽下結論。」[134]

史達林格勒的勝利甚至有助於士兵們忽視日常生活的艱苦，彷彿這勝利本身可以改變意識似的。生凍瘡的俄國士兵雖然飢餓和受傷，卻因為看見德國部隊過得比他們更慘而興高采烈。他們攫住每一件可以提供補償的小事物，每一個也許可以顯示改變將臨的徵兆。他們的敵人在撤退時丟下了武器、貨車和食物。對半飢餓的蘇聯部隊來說，那是一個無法想像的寶藏。有些士兵在德軍的庫房狼吞虎嚥，另一些則倒在第六軍團的庫藏烈酒裡——偶爾有些人會太遲才發現某些漂亮酒瓶裡裝著的是防凍劑。[135]一名四十七歲的紅軍士兵在寫給妻子的信上說：「目前正有大型的戰役在進行著，各種可怕的事情不斷發生。但沒有差，不用為我擔心……德國人正在跑路，我們擄獲大量戰俘和物資。這些天我們只吃肉品和罐頭食物，還有蜂蜜和諸如此類的好料，但沒有麵包就是了。」[136]

最讓人驚異的是德國戰俘的數目。紅軍在一九四三年一月共擄獲九萬一千五百四十五人。他們身體狀態都極差，隨時可能會掛掉，但內務人民委員部的俘虜營更確保了這一點。只有少於五分之一的德國戰俘獲得熱食供應。在那些獲得熱食供應的少數人中，常常會有人因為吃太快而死掉。其他人有些在前往俘虜營途中死掉，有些因為舊傷或蠶食他們身體的斑疹傷寒和痢疾死掉。膳食不足和飢餓在一九四三年奪去蘇聯戰俘營三分之二囚犯的生命。那些活下來的人——因為營房的狹促和不衛生——受到肺結核愈來愈嚴重的威脅。[137]死亡率是如此之高，以致後來連內務人民委員部亦採取步驟，改善戰俘營的環境，不過其動機更多是為保存一個勞動力來源，不是因為珍惜人命。不過每俘擄一個形容枯槁的戰俘都代表著離戰爭結束又接近了一步。這是大多數人的主要想法。史達林格勒的勝利感覺上是一個轉捩點。

「德國人在跑路過程中丟掉一切。」那位四十七歲的士兵在寫回家的最後一封信上說。他現在相信了吹噓蘇聯力量強大的政治宣傳。「我們用他們的物資餵飽自己。德國人正在跑路，匈牙利人和義大利人棄械投降。我們現在五十個人管著五百個戰俘。他們就像蒼蠅，一點都不能忍受寒冷……路上和街上有一堆堆屍體，但愈多愈好。」[138]在寫完這封信不到一個月內，這名士兵也會死掉。他沒有比他所取笑的入侵者更耐冷，但法西斯部隊也是可以被打敗的事實讓他的冬天變得明亮。阿格耶夫應該可以理解這種心情。他在信上對妻子說：「我正處於一種異乎尋常的情緒中。如果你知道了，也會像我一樣快樂。你能夠想像嗎，弗里茲們正在逃跑，要逃離我們！」[139]

★第六章　一片成為荒場的土地

在大量沒有兌現的應許中，終於來了可以讓人真正懷抱希望的寄託。一年前，當德軍從莫斯科退兵時，眾人曾鬆一口氣，甚至有過一些慶祝。但當時德軍入侵的危機仍是太深重，帶來的震撼仍是太新近，以致沒有人感覺莫斯科的解圍是一個轉捩點。但這一次，就像二月的第一個春天假象那樣，蘇聯軍隊的向西推進看似是一個和平臨近的訊號。一九四三年一月二十六日，沃羅涅日被戈利科夫將軍的部隊收復。二月八日，紅軍列隊進入庫斯克。僅僅六天之後，它攻克羅斯托夫，又在二月十六日解放了卡爾可夫——這個地區最大和最重要的城市。但被蘇聯收復的失地都是一些人口大量流失的城市空殼子，是恐懼、飢餓、罪惡和相互猜疑的溫床。住宅建築被地雷或砲彈炸得千瘡百孔，供電和供水系統全遭破壞。在消融積雪中露出的起伏不平泥地暗示著有巨大亂葬崗存在。經歷過種種恐怖的人們無法以言語描述他們的經歷，但史達林的宣傳人員提供了勝利的論述：敵人正在逃跑，當他們被趕回到他們的巢穴，當他們被擊敗，蘇聯人民將會重新建造出一個更美好的世界。

政治人物們急忙把勝利據為己有。紅軍受到大量高聲讚美——史達林在二月的紅軍建軍二十五週年紀念日稱紅軍為「捍衛和平與捍衛所有地方人民友誼的軍隊」。他又說，紅軍「進行了一次史無前例的歷史性鬥爭」，其「英勇的士兵、指揮官和政工人員」讓它的軍旗放射出「不會褪色的光榮。」[1]但這種豐功偉績不是單靠軍隊締造。史達林現在被認為扮演更重要的角色，值得大大謳歌。他的明智領導，他的「軍事天才」被開始用來解釋那用數以萬計生命換來的勝利。現在黨也被形容為群眾的嚮導和老師。人民也許會認為這場大戰是他們的大戰，是為爭取自由和尊嚴所作的史詩性鬥爭，但他們的領袖們早就捲起袖子工作。偉大衛國戰役的第一間博物館建立於一九四三年三月。[2]它開始生產的戰爭版本很快成為了官方真理的模板。

輝煌戰爭神話的生產全程受到管理。審查官確保了「撤退」或「投降」的字眼絕不會出現在紅軍的戰史中。但更殘忍的是，他們也不讓戰爭的真正人命成本曝光。史達林格勒的勝利是以五十萬的蘇聯士兵和空軍的生命換來的，但這個真相將會繼續被掩蓋。在向西挺進的一路上戰死，甚至在柏林戰死的紅軍男女，都比被他們打敗的敵人多。總的來說，蘇聯和德國的陣亡人數至少是三比一。[3]但各種壓力攜手隱瞞這個統計數字。例如，紅軍有時會沒時間去標示亂葬崗，更遑論去計算丟入亂葬崗的屍體數目。[4]隱瞞數字的壓力在一九四三年之後稍為減輕，但即使如此，官方仍然習慣以少報多。埋葬幾百人的墳墓有時只會在墓碑上列出三十人的名字。[5]官方報告對死傷人數（和軍事硬體的損失數目）輕描淡寫，卻詳盡列出德軍的死亡人數。感情也受到審查。悲痛是被允許，因為那可以激起士兵們的復仇之心，但其他對危險和痛苦的反應卻是祕而不宣。蘇聯新聞局絕對禁止出版品提到士兵們的恐懼和懷疑。到了一九四三年，就連戰爭的第一年也被改寫為一則英勇抗敵的故事。[6]

審查措施起到了效果。六十年之後，很多本來強制性的緘默繼續保持緘默。政府政策在這方面之所以行之有效，是因為它瞄準了人深刻的本能和欲望：人極少樂於回憶痛苦記憶。平淡版本的記憶——輝煌版本的記憶——同時符合士兵們和國家的需要。它讓事情可以簡化，讓老兵們可以維持一定的尊嚴。個人故事——真實的故事——開始變得像是貼在黑白畫面上的彩色圖畫碎片那樣古怪。有些至今還是如此。在二〇〇二年，涅馬諾夫努力回憶他在一九四三年受到重傷時的反應。當時他右邊身體的一部分被一枚德國砲彈炸碎，而他的第一個念頭是：「完了。」但接著其他思緒掠過他的腦海。「我記得，甚至在戰爭開始之前，我媽媽曾經說過，他們不會殺死我，但我的手會被切掉。然後我又想起有個同袍說過，如果我的手受傷，應該設法把斷指縫上，因為如果神經還沒有壞死，你的手也許就還有救。」[7]這些思緒支撐著他，讓他在血流如注中等待救援或死亡。但迷信不是蘇聯官方戰爭故事的一部分，而這類記憶愈來愈難在戰爭的漫長推進過程中——更遑論是在戰爭結束之後——被召喚回來。

戰時審查官的野心很驚人。涅馬諾夫給我說了另一件事，這件事比他本人的故事還要鮮明。一九四三年一月，列寧格勒之圍解除。這城市仍然暴露在德國的轟炸中，但現在已經可以透過鐵路把藥物、燃料和麵粉運入城中，不像以前那樣只能倚靠脆弱的季節性運輸路線，即取道拉多加湖的結冰湖面。列寧格勒要能完全解放，還得再等一年，但它那些絕望的殘餘人口總算獲得救濟。這時刻本來值得反思、哀悼和默默慶祝，但對史達林的手下來說，它是一個宣傳的地雷區。他們不想讓眾人注意到蘇聯曾經置人民於餓死而不顧，也禁止軍隊對這方面有所討論。一九四三年春天，一個列寧格勒附近的沃爾霍夫方面軍的士兵被調派到涅馬諾夫的單位。他向他的新同袍們描述了列寧格勒被圍城時的慘況，接著就消失了。他被逮捕了。涅馬諾夫回憶說：「他提到了饑荒，那不是我們應該聽到的東西。」

女詩人奧莉加·伯格霍爾茲有過相同的體驗。她在列寧格勒被圍城時人在城中，一九四二年年底被邀請至莫斯科，上電臺回顧感受。她在寫給家人的信中說：「我最終確信他們對列寧格勒的狀況一無所知。他們看來對這個城市經歷過什麼事連最模糊的概念也沒有。他們說列寧格勒人是英雄，但他們卻不知道這英勇包含著什麼。他們不知道我們曾經挨餓，不知道有很多人餓死。我無法在電臺說話，因為他們吩咐我：『你可以談任何事情，但不可以談飢餓的回憶，萬萬不可。談談列寧格勒人的勇氣，談談他們的英雄事蹟，這是我們需要的，但不要有一個字提到飢餓。』」[8]

就像在蘇聯這個超現實世界一貫的樣子，人在公開場合表示他們相信一種說法，但私底下知道（至少是有點懷疑）事情是另一樣子。紅軍——人民的救星——是創造神話的精華材料。一批刻板的英雄形象——高貴的戰士、勇敢的俄羅斯人、不屈的游擊隊員——在蘇聯新聞局內部被打造了出來，每種類型的英雄都找來真實人物作為代表。雖然現實上並不缺表現英勇的軍人，但最理想的是殉難游擊隊員科斯莫傑米揚斯卡婭和史達林格勒狙擊手柴契夫之類的人物，因為他們就像知名運動員和聖徒那麼鼓舞人心且受歡迎。典型的紅軍英雄幾乎總是狙擊手、砲兵或坦克組員。他們教育程度相對較高，也就是說會對共產黨較有好感，而如果他們沒有在成名前死掉，他們在大眾面前的言行斷然會比較得體。雖然報紙把數十個二等兵捧為明星，但他們表現的風格和價值觀更像個軍官，更斷然和共產黨員相似。尋常行伍的文化——有血有肉的黑暗世界——被祕而不宣。

士兵們本身適應了這種雙重標準。他們看來至少有兩種文化：一種是官方文化，包括一切他們被允許在軍官和記者面前做的事；另一種是隱藏起來的文化，這種文化甚至可以被稱為部落文化，是由伏特加、「莫合菸」、被稱為「恰斯圖什卡」（*chastushki*）的打油詩和粗俗的農民笑話構成。以詩人之眼觀察普通士兵的薩莫伊洛夫道出了這種彈性。他指出：在軍官面前，一個俄羅斯士兵會「收斂和默不作聲」。這大概是因為沒有共同語言可以把軍官和士兵在意識形態和軍階的差異中連結起來，又大概是因為他們沒有多少話好說。打仗的時候當然沒有時間可供說話，而在這些時候——薩莫伊洛夫指出——默不作聲的士兵可能會變成「一個英雄」。士兵們的死法也異乎尋常。「他不會拋棄任何陷入麻煩的同袍，」薩莫伊洛夫寫道。「他會以有男子氣概和專業的方式死去，彷彿那是他所嫻熟的技藝。」但是服從和壓力的代價要在別處支付。當軍官不在眼前，同一個士兵就會變得「愛發牢騷和罵東罵西。他會自吹自擂和恐嚇別人。他會準備好隨時揍人，不為什麼理由而大打出手」。這不單單是粗野使然。「這種易怒顯示生存本身是士兵的一個負擔。」薩莫伊洛夫補充說。[9]

到一九四三年，紅軍已打了兩年的仗，而除了最高指揮部之外，幾乎每個層級都是由那些從入侵開始後才展開軍旅生涯的軍官所主導。軍官和士兵之間的隔閡正在收窄。沒有人會懷疑，一種共同利益感對維持士氣非常重要。比較優秀的年輕軍官（包括薩莫伊洛夫本人）現在不是採取高高在上的態度對待部下，而是想辦法和他們達成共識。雖然有權享受較佳膳食和住宿，拉霍夫堅持和他麾下軍團的士兵一起吃飯，共享他們的稀湯和蕎麥粥（士兵稱這種蕎麥粥為「彈片」）。

像他這樣的軍官變得比較容易和士兵們交朋友，而這是因為到了戰爭的現階段，軍官與士兵之間的經驗差距縮小了許多。一九四一年的紅軍已幾乎消失殆盡。這位二十六歲中尉（他腦子裡面滿是在尼古拉二世時代從軍的叔叔的忠告）需要激勵和討好的是年輕人和年紀較大的後備軍人，不是不滿的老鳥。要記住部下的名字現在也比較容易，因為他從來沒有員額足夠的部隊可率領。作為一名中尉，他理應指揮一百二十名步兵，但被派到他手底下的很少超過六十人。從來沒有足夠的新兵和後備軍人可以讓紅軍部隊滿員。這表示，年輕軍官有餘暇可以私下安撫初次上戰場神經緊張的新兵，雖然「一點點的咒罵最能讓其他人受用」。建立關係是有好處的。就像拉霍夫回憶的那樣，士兵們認為在行動中幹掉他們痛恨的軍官易如反掌——薩莫伊洛夫的同袍就曾有過這種計畫。拉霍夫向我保證：「這種事是會發生的。當然也常常發生。」[10]

不過，就連最優秀的軍官也不可能完全消除識字的人和半識字的人之間的距離，消除城市人和其他人的距離。這是最後一場大部分士兵都是農民的俄羅斯戰爭。[11]固然，他們現在都是集體農夫，是蘇聯人，不是托爾斯泰筆下的大地之子，但他們不愛寫日記是一樣的。隨著黨把自己寫入戰爭，部隊大眾的聲音受到改編和刪除。政治軍官偶爾會記下士兵們的言談，但只會記下他們自己關心的那些事情，即跟共產主義和史達林的命令有關的那些事情。士兵們的文化、士兵們的戰鬥精神和士氣的基石，還有他們和俄羅斯賴以生存下來的基石，都已隨著戰爭的塵埃落定而消失。現在剩下的老兵已經不多，但他們回憶往事時也是要穿過時間的迷霧，而且他們一樣受到戰後報紙和電影的影響。要追憶士兵們的世界，就要探索到記憶的範圍之外，探索到堆積如山的密封檔案文件的範圍之外。就連他們的同時代人——莫斯科的參謀人員和官僚——都難於理解士兵們的真實生活。農民的村莊是化外之地，對史達林的官員來說近乎是異國，只適合民族學家和民俗採集隊前往。一九四三年的軍隊——因著它的緊密團結、男性親密情誼和暴力——就像是另一個宇宙。

這個宇宙是由命運掌管，一如士兵們日常生活的品質要看天氣而定。如果一切按照規定走，士兵們對自己的生死就沒有話語權，就無權逃離危險，無權決定他們被派到哪裡赴死，甚至無權決定每晚吃些什麼。他們的回應方式是發展出自己的宇宙觀，一套預測未來的方法，以此來馴服威脅著要吞噬他們的瘋狂。這套方法有些部分很古老，是透過他們的父親和叔叔而繼承自打敗拿破崙的部隊。有一些關於性的禁忌（例如：如果一個受傷的人摸了自己的生殖器就會死亡），有一些關於咒罵的禁忌，也有關於作戰前不可穿乾淨亞麻布衣服的禁忌。很多預測都是奠基於天氣的反覆無常。有些士兵相信給槍裝子彈時罵髒話會不吉利，另一些士兵絕對不在出擊前罵髒話。在作戰前給同袍任何東西也被認為是不吉利，而所有士兵都聽過穿借來的軍大衣會讓人陣亡的說法。[12]他們也喜愛護身符。很多人在軍上衣的口袋放一張照片，其他人則會在心口帶著西蒙諾夫的情詩〈等待我〉。老兵們解釋說這樣做是為了好運，也是為了不讓自己惹麻煩。「特別部」的軍官在每次行動前夕都會搜查士兵們的口袋，如果他們發現可疑的東西，所有人也許就會被憲兵抓去。一張內容和其他人一樣的紙張既讓人安心，也不用擔心會受責備。

對士兵們來說，宗教備受爭議。禱告一直被認為是女人家的事。自從一九一七年起，黨就教導每個人相信，上帝是過時的迷信。「政治指導員」和軍中的很多共青團團員同意此說。他們一個對我說：「如果你目睹每分鐘都在發生的殘暴情事，你就會想：上帝啊，如果你真是全能和公義的，你又怎麼會讓那麼多無辜的靈魂受這種折磨和死去！我是一個共產黨人、一個無神論者和一個唯物主義者。我對宗教的反對深入骨髓。」紅軍看來證明了「散兵坑裡沒有無神論者」這句話的不實性。[13]但雖然這是極少上教堂的一代，每個人都看見有些小伙子脖子上戴著銀質十字架（平常隱藏在襯衫領口下面），遇到取笑就會說那是他們祖母送的禮物。有些人會用舊的錫罐給自己裁製十字架。[14]一個老兵回憶說：「士兵們在要死的時候會扔掉黨證，但不會扔掉十字架。」很多士兵——大概是大部分——衝鋒前會在胸口劃十字。這些動作具有圖騰作用，是宗教信仰的回聲而不是形式證據。一個老兵指出：「他們會說『上帝拯救我』之類的話，但他們真正相信些什麼我卻不敢說。我本身是無神論者，但不是非常強烈。我活著退伍。我猜我是活在一顆幸運星底下。」葛林表示：「我有一個守護天使，我感覺得到她隨時在我身旁。」他告訴我，那天使事實上是他媽媽的魂魄。

信仰也許已經發生突變，但士兵們對唱歌的熱情卻不曾動搖。他們在行軍的時候唱歌，他們為了閱兵和節日而唱歌。他們也在醫院裡小聲地唱。他們就是在那裡交換歌詞和發展出新的節奏。[15]流傳下來的歌曲都是感人和抒情，哀而不傷。很多歌曲是從一八一二年的愛國歌謠改編而成[16]，其他歌曲出自史達林的受寵文人手筆，例如包括了列別捷夫-庫馬奇和別德內。有關女性的歌曲自然會增生，它們很多都是以二戰前的經典〈藍圍巾〉為藍本，其歌詞允諾了一件男性最渴望的事：士兵和女孩的快樂團聚。本著同樣的精神，西蒙諾夫的〈等待我〉用反覆出現的承諾——「等待我，

加里寧方面軍的士兵合唱。一九四二年五月。

我一定會回來」——給士兵們提供了一種類似保護咒語的東西。這首詩很快就被配上音樂，而士兵們唱它時是希望如同歌中人一樣幸運：「只有你我明白，我是如何能死裡逃生。那是因為你與別人不同，懂得怎樣等待。」17

一種不同種類的新歌謠是以士兵本身為主角，專門描寫單純、剛毅和樸實的新兵如何為祖國而戰。列別捷夫－庫馬奇之類的御用詩人把史達林寫進這些歌曲中，但老兵們表示他們偏愛更加傳統的歌曲，而當他們現在唱起他們最喜愛的戰時歌曲時，歌詞中也不見史達林的名字。最受歡迎的歌曲——一首源自沙皇時代的民歌——是關於一個俄羅斯姑娘喀秋莎。這首古典民歌在戰爭期間演變為幾百種不同的版本，很多都是賦予她火箭砲發射器的新角色。科技版本的喀秋莎最後殺死了希特勒和他的一票親信，她的超自然音樂也震聾和打敗了一眾弗里茲。她沒有做的是流於淫穢（至少根據記錄在案的資料是如此）。就連顛覆性反諷也沒有出現在她的全套曲目中。不管士兵們私底下怎麼唱，或官方報告稱之為「粗野色情」，沒有民族學家被允許蒐集不莊重的軍中歌曲。[18]唱歌就像漫不經心的聊天一樣，是一種公共行為。除了在指定時間以外，它是被禁止的。[19]

每個人都知道歌曲對士氣影響重大。一個前游擊隊員回憶說：「你不能沒有歌曲而去打一場仗。如果你有一首歌可唱，那麼要死或要挨餓都比較容易。」[20]斯維拉娜・亞歷塞維奇在訪談參與過二戰的女性時有同樣發現。＊「當我問她們，出發前往前線時，她們記憶最深刻的是什麼，答案都一樣。她們合唱了她們最喜愛的歌曲！」[21]歌曲甚至被用來教導士兵口令。一九四一年，兩名士官寫了一首歌謠，用走調的男音唱給新兵聽。歌詞講述一個愛情故事，每行歌詞包含了每個士兵都必須知道的一個口令：左轉，右轉，蹲下，立正，射擊！[22]這首歌在其他連流行起來，最後士兵們拿它來開玩笑，模仿本連士官和連長的聲音，分唱歌中的女聲和男聲。

重點是這一類歌曲的效果勝於「政治指導員」的死記硬背學習法。戰時歌曲的調子輕快，易學易哼。它們是那麼的有吸引力，甚至連德國人都會被迷住。戰爭後期，一個蘇聯砲兵團驚訝地聽見，有個德軍在三不管地帶的另一頭用手風琴拉奏他們自紮營後常常唱的一首歌。幾天後，他們在防線附近一個砲彈箱裡發現一張紙條，上面用破俄文詢問歌曲的歌詞。[23]

詩對士氣的重要性不亞於歌曲，而兩者常常重疊。唸詩對操俄語者——甚至是農人——是種自然而然的行為，會讓他們回憶起逝去不久的口傳文學文化，而他們也熱中於聆聽他們喜愛的敘事詩的朗誦。最著名的敘事詩是特瓦爾多夫斯基的〈焦爾金〉。焦爾金是每個士兵的縮影，為人勇敢但也會犯錯，總是用堅忍不拔的幽默感和堅定的責任感面對槍林彈雨和強行軍。重要的是，焦爾金總是能活下來，哪怕他的同袍對他的生還已經不抱希望。「同志們，是他！」看見他的另一次僥倖脫險以後，他們喊道。這一次，他是游過了一條「連魚也必會覺得冷」的冰冷河流。眾人站在岸上張望，只見「焦爾金精赤，光溜，好像剛出澡堂。」這詩的韻律近似丁尼生和朗費羅，文字（漫畫似的敘事）亦近似，但焦爾金是徹頭徹尾的俄國人。當醫生在木屋裡給他用酒精按摩身體時，他坐了起來，說夢話似地要求醫生讓他把酒喝了：「『浪費在我的皮膚上多可惜！』／給了他一杯，他就活了過來。」[24]

詩容易學，背誦起來令人愉悅，因為將情感壓縮到極致（這在戰爭中是一種尋常經驗）而富有價值。除背誦其他人的詩以外，士兵們也會寫些小詩和警句。他們寫回家的信充滿詩歌：訴說愛和想家的韻作、振奮人心的愛國頌詩。受到時代精神的感染，有些人會以紅旗或共產黨為主題。較浪漫的人從著名的已出版作品中尋求靈感。西蒙諾夫的〈等待我〉啟發了數以百計將士們的情詩，而其他人則從俄羅斯的地貌地景和英雄事蹟尋求啟發。那些不懂寫詩的人會寫寫「恰斯圖什卡」（*chastushki*）——一種農民創作了幾代人的短民歌。「政治指導員」們寫了一些「恰斯圖什

＊斯維拉娜．亞歷塞維奇（Svetlana Alexiyevich）是白俄羅斯記者兼作家，二〇一五年獲得諾貝爾文學獎。在一九八五年出版記錄二戰女兵的口述訪談《戰爭沒有女人的臉》（*У войны не женское лицо*），本文多處引述女兵經歷均出自此書。

卡」，把有關命運和故鄉的民歌格式套用來歌頌史達林和共產黨。但「恰斯圖什卡」就像打油詩一樣琅琅上口。士兵們寫了數以千計這種民歌，題材從悲苦和受挫的愛到戰地郵務的紊亂不等。一首寫道：「以上帝之名告訴我，我在史達林格勒的摯愛是否還活著。」消息常常是壞消息：「一個哥哥從遠方寫道：親愛的妹妹，他們在我眼前殺死了你的摯愛。」另一首寫道：「我收到一封審查官看過的短信。他壯烈犧牲了，但信上沒有更多內容。」[25]

民俗學家靠著「恰斯圖什卡」而能略窺士兵們的粗野幽默。著名戰時民族學家克魯普斯卡婭在晚年告訴一名同事，審查官禁止她記錄色情、諷刺和顛覆性的歌詞。她不被允許記下侮辱少數民族（包括猶太人）的字句，而她蒐集的歌曲中不具愛國主題者也不容發表。[26]這種嚴格的政治正確性保證了她必須無視大部分的現實。那些能夠進入蘇聯教科書的歌曲和警句都是端莊、文雅和符合史達林主義。它們表達的情感確實是戰時情感的一部分（因為人們內心某個部分確實相信有德的共產主義將獲得最後勝利），但它們並沒有讓人了解士兵們是怎樣應付他們艱苦危險的生活。幽默（很多都很淫穢和非常黑暗）是前線生活方式的核心部分。

想要多了解一點這種生活的外人（不管是戰時的民族學家還是今日的歷史學家）會遇到一個難題：士兵的語言是刻意把不是自己小圈子的人排除在外。他們之間說的話極端粗俗，以致今日很少有老兵願意複述。以一種先進的形式來看，士兵們的淫穢就像倫敦東區的同韻俚語一般，自成一套語言。這套語言的名稱（還有很多粗俗性笑話的對象）是 *mat*，即「母親」。「母親」的極盡曲折讓外人無法理解。一個士兵不只會罵髒話，還會使用「三層母親」，把褻瀆層層疊加。那是一種粗俗、創意性、視覺性和排他性的語言。不可能進入史達林的戰爭史之中。

士兵們的幽默也是如此。大戰爆發時，普什卡廖夫正在攻讀民族學的博士學位。他決定利用當兵的時間蒐集有關士兵文化的資料，供寫作博士論文之用。內務人民委員部很快找到他的筆記。起初他們想把筆記沒收，但在和莫斯科大學聯絡過，確認普什卡廖夫是一名真正的學者之後，他們同意讓他保留了一部分蒐集來的歌曲。所以，退伍後他帶著一皮箱文雅的歌謠和小詩回家。不過，笑又是另一回事。普什卡廖夫也有蒐集笑話，但內務人民委員部一開始就沒收他這方面的筆記，又禁止他繼續蒐集笑話。幽默因為可以反映士兵們真實的、自發性的聲音，所以被認為太過危險，不容記錄下來。在國防部某個檔案庫的角落，必然還留有士兵們未經審查的談話例子。在這些檔案對外開放之前，我們能依賴的只有老兵們的記憶，不然就是德國情報軍官從被俘虜的紅軍士兵蒐集而來的反猶太人笑話（他們蒐集這個是要供未來政治宣傳之用）。

今日，老兵們發現他們很難記得過去曾經讓他們發笑的東西。畢竟，這些東西很多都是即興的，例如是為了取笑某個新到部隊的非俄羅斯裔軍官而發。有時，這種不記得也帶有問心有愧的味道。有些老兵不願意回憶他們用來取笑少數民族的笑話。當然，那些和生理功能有關的笑話在過去也許是有趣的，但老兵們現在都是老人了。「我不確定我能告訴你那些事。」他們常常這樣說。不過，取笑敵人是容易的。到了一九四三年，德國人的兵源已經極為短缺，以致他們幾乎把有任何身體殘缺的人都徵召入伍。在一個笑話中，士兵這樣告訴柏林的體檢小組：「但我不可能是合格的。在俄國的時候，他們打掉了我兩條腿、兩根手臂和兩片肺，甚至讓我變成駝背。」醫生回答說：

「那樣的話，你就再沒有什麼好損失的。」[27]這類笑話適合刊登在諷刺性報紙，但蘇聯國家的扭曲地貌卻是顛覆性笑話的沃土。士兵們全都知道，如果他們被憲兵逮捕，那麼他們所受到的控罪和審判程序都將會是多麼荒謬。「你必須要能證明你不是一頭駱駝。」有個笑話這樣說。[28]其他笑話直接來自「政治指導員」和間諜。有一晚，一個軍官對部下說了一個笑話。所有人都笑了，就只有一個人例外，這個人的苦瓜臉始終沒有改變。軍官把這事告訴「政治指導員」，叫他查一查那個人有沒有問題。「政治指導員」問那個人：「你家裡有壞消息嗎？」沒有。他的單位最近也沒有人陣亡。他也沒有感到害怕或不舒服。「那你為什麼不笑呢？」「政治指導員」問道。苦瓜臉男回答說：「我是另一個營的士兵。那個軍官不是我的指揮官。」[29]

笑可以減輕政治宣傳的沉重氣氛。有時，它還有助於驅散恐懼。但它的另一個效果是促進士兵之間的情誼，讓他們可以在前線的極端世界裡彼此扶持。史達林政權不信任小群體。在整場戰爭的過程中，「特別部」的間諜被派往有新友誼締結的地方，不過互相信任卻是打造團隊所不可少。有效的戰術需要士兵們認識和信賴他們的夥伴。所以雖然鄙視大部分的情誼，但國家領導眾人開始勉強模仿他們的敵人。[30]從一九四二年三月起，有需要注入新血的軍事單位會先從前線後撤。理想上，經過增補後，作戰單位被認為應該一起接受訓練幾星期，然後才作為一個團隊去面對真實的危險。[31]這種事並不總是如此，效果卻是眾所周知。美國陸軍要等到一九四五年，回顧了各場戰役的錯誤和教訓之後，才學會建立團隊的重要性。[32]

紅軍士兵的友誼也許無法維持長久，但這種友誼斷然很猛烈。在戰爭的這個階段，一個步兵不太可能和戰友們並肩作戰超過三個月，因為到了那時，他們非死即傷，不然就是獲得晉升，被調到別的單位。他們會告訴你：「一個人只要和你在一起兩到七天，便足夠讓你知道他的素質，知道他的所有感覺。這種認知在民間社會需要一年才會知曉。」[33]可作為戰友情誼見證的是，很多傷兵會在出院後請求回到原單位。[34]一個老兵回憶說：「我們就像一男一女，你可以說就像一對戀人。我們無法忍受分離。」他談的不是同性戀。沒有人會犯這種禁忌。不管怎樣，在又飢餓又疲倦又懼怕的情形下，一個士兵最不會想到的就是性。這是前線和後方的一個差別，是戰壕和軍官飯堂之間的一個差別。前線士兵的友誼非常密切，但他們分享和談論的歡樂集中在飲食和吸菸。當薩莫伊洛夫的單位駐紮在前線時，士兵們晚上幾個小時睡不著，因為「沒有香菸而飽受折磨」。他們不停聊天，最偏愛的話題是各人的婚禮，不過讓他們感興趣的不是洞房之夜，甚至不是對愛和對家的眷戀，而是婚宴的規模和菜式。[35]

不管是顛覆性還是熱情，是粗魯還是黑暗，這都是一個蘇聯新聞局傾全力不讓人看見的世界。蘇聯報紙描繪的士兵並沒有比冒險漫畫中的少年英雄更真實。生還者在戰後可以透過為神話背書獲得很多好處，但有一群人，他們已經沒什麼可失去了。他們是「懲罰營」的成員。他們沒有太多人能活下來述說他們的故事。例如，葛林是從某個三百三十人的「懲罰營」中唯一活下來的。其他人都在同一天早上死去，當時他們奉命帶著步槍，衝過一片空地，攻擊一排德國機槍。當葛林回憶戰爭時，他的起點是一座監獄。

葛林的父親在一九三〇年警察驅逐「富農」時消失：他丟下妻兒，跑到南方去。葛林由一個鄙視他資產階級背景的寄養家庭收養。這是一個不幸的開始。少年時期他淨幹些非法勾當，到戰爭爆發後開始偽造配給證。他被抓到之後，法官給他兩個選項：到「古拉格」或到前線去。他早已決定了要當兵，因為當他還在監獄裡等待判刑時，受到了愛國情緒的感染。他說：「很多囚犯要求到前線去，因為就連監獄裡也瀰漫著愛國熱情。」那至少可以讓人有一點品嘗生命的感覺。不過他們所有人將會很快明白，到前線作戰只是換一種方式被處決。

「懲罰營」的人發現他們的命還不如布瓊尼的愛馬。他們唯一吃到的食物只是灰色的稀湯。另一個生還者回憶說：「老鳥告訴我們，我們只得到士兵正常配給的十分之一。不管這是不是事實，我們每日的菜單包括四湯匙食物和數量不限的最高質量粗話。」他們被安置在營地等待軍事命令。這些營房就像「古拉格」一樣惡劣，其氛圍也大半是借自「古拉格」。在這裡，一個人有可能因為輸掉牌局而被活生生剝皮，也有可能因為有人覬覦他的靴子或一片麵包而被謀殺在床上。[36]每個人生活在對「慣犯」的恐懼中——所謂「慣犯」就是掌管一切的老囚犯。所以，在去到前線之後，葛林雖然沒有受過一丁點專業訓練，還是有如釋重負的感覺。「我們都希望儘快被派往前線，以逃離後備基地的折磨。」他說。[37]

一到了前線，一旦手上有了槍，葛林意識到自己成為了受軍官尊重的人。畢竟，他們不知道他在戰場上會朝哪個方向開槍。另一個「懲罰營」成員回憶說：「要衝鋒之前我們從來不會喊『為祖國和史達林而戰』。我們都是在罵粗話。那是懲罰營隊員的『烏拉』。」葛林承認確實如此，但補充說士兵對於他們的領導人有著一種宿命的尊重。他們喃喃說：「如果史達林死了，取代他位置的會是一樣的人。」他們也不是虛無主義者。俄羅斯人會繼續戰鬥，是因為他們相信他們是為正義而戰，而即使是倖存的懲罰營隊員，也記得他們對祖國的愛。「我們全都想要捍衛它，」葛林說。「我相信罪犯要比領導階層的高層更愛祖國。」他們甚至視死如歸。「懲罰營隊員不會跑掉，」另一個生還者告訴新聞記者。「一般士兵更有可能這樣做。」[38]

懲罰營隊員平均壽命都很短，但他們粗野和生動的文化感染了整個前線。一九四三年四月之後從「古拉格」被送到前線去的罪犯也是如此。[39]被投入到最凶殘的戰爭，他們的生存首先有賴他們從一九三〇年代的飢餓農村學來的技巧，然後是有賴他們從科雷馬學來的技巧。他們有著農奴的生意眼，有著罪犯的自保本能。嚴酷的環境讓他們全部的人成為倖存者。然而他們大部分人都在乎戰爭的結果。一個普通士兵日後回憶說：「這場戰爭是一場滅絕戰爭。它激起了仇恨和報復的渴望，最後成熟為一件正義大業，讓紅軍在四年期間凶猛作戰。」不過，為這大業正名的卻是總有現成口號的黨大老們。「這場大業被稱為『愛國主義』。」[40]

★

慶祝一直都舉行得太早。史達林格勒的勝利固然重創敵人，但沒有讓他們永遠倒地不起。就連一九四三年二月的斬獲都沒能維持長久。蘇聯對卡爾可夫的收復僅僅維持了一個月。三月，他們被擊退，讓該城再次落入納粹手中。這對紅軍來說是個痛苦時刻，對市民來說則是一場災難，因為他們除了要面對另一個飢餓的春天，還要面對征服者的加倍憤怒。在遙遠的遠處，在突尼西亞讓人無法想像的陽光中，蒙哥馬利的部隊正在把隆美爾和他的人馬趕向大海。＊蘇聯戰爭的結果尚未明朗。

那個春天，蘇聯領導階層集會商討未來一年的戰爭計畫。四月八日，剛晉升元帥和獲得歷來第一枚「蘇沃洛夫一等勛章」[41]的朱可夫發表了他對敵人最可能動向的評估。他臉色凝重和就事論事地告訴總參謀部，德國人缺乏資源，無法在高加索山區或沿著伏爾加河進行新一輪的推進。不過，法西斯主義者離被打敗還很遠。冬天從不是他們一年中的最好時光，溼淋淋的春天也不是，因為積雪會在春天融化成高及大腿的爛泥。但在過去兩個夏天，他們的坦克和馬匹都能夠在被太陽曬硬的大地上快速推進，讓紅軍節節敗退，把恐慌傳播到各地。現在隨著白晝變長和清晨變暖，德國人一定會再次出擊。朱可夫相信他們將會選擇一段狹窄的戰線，集中力量狠狠出擊。他們的終極目標將是莫斯科。攻擊將會是來自德國軍力最強的地方，也就是奧廖爾和別爾哥羅德之間的開闊麥田區。它的焦點很可能是庫斯克四周的地區（庫斯克位於鄰近烏克蘭邊界的黑土區）。蘇聯戰線在該處向西突出讓紅軍從西北到西南的側翼暴露在外。朱可夫估計，德國人發動猛攻時將會是傾盡全力。德國國防軍兵源短缺，所以這一戰將會是由飛機、砲兵和坦克決勝負。[42]

朱可夫的評估（得力於英國人的詳細情報）是正確的，只不過德國人發起進攻的時間點很難猜測。這一次史達林難得接受了朱可夫的分析，包括接受了他所建議的，一開始先打一場堅決的防禦戰。這一次不是要搞戰前政治宣傳所描繪的那一套，不是要大膽進攻法西斯主義者的防禦工事，而是作好準備去承受德國人的攻擊，用一條一條防禦線化解他們的攻擊力。只有當敵人的大舉推進被截停後，紅軍才會展開攻擊。準備工作馬上開始進行。各種專門技能的訓練課程加強進行，受過中學教育的士兵受到偏愛。[43]即使前線部隊也要接受新的演練和課程，坦克組員亦受到特殊關注。準備就緒之後，成千上萬的士兵將會朝南和朝西進發，在夜色的掩護下行進。因為預期會有大量傷兵（後來證明完全正確），四百五十間醫院和戰地醫療站被整裝起來。其中兩百間是專門為沃羅涅日方面軍而設。[44]與此同時，在庫斯克四周，還有在前線後面超過一百六十公里的範圍內，民兵和士兵開始挖土。到了七月，當砲擊終於開始時，總長四千八百二十八公里的戰壕已經在前線後方挖好，以幾何形狀縱橫交錯。[45]肥沃的黑土上還被撒滿無數噸的金屬。平均來說，每一點六公里的防禦工事埋藏著五千多枚反坦克或反步兵地雷。[46]

這個戰爭計畫很優秀，但有些障礙存在。戰場不是一片片的綠色空地。未來的前線區是數以千計平民的家園，接下來四個月，紅軍和在地人口將會有密切互動。在最好的情況下，這一類關係溫暖而感人。有些士兵會交到朋友，分享到他們僅剩的麵包。在地人曾受過苦（有些經歷過德國占領），幾乎每個人都有一個兒子或丈夫在前線。士兵們可以指望得到愛國者的支持。工兵塔拉寧契夫在一九四二年年底寫給妻子的信上說：「集體農場的幹部和農人待我非常好，像對待家人那樣為我送行。他們給我烤了一些派和餅乾，煮了一些羊肉，又送我莫合菸菸草等諸如此類的東西。我答應和集體農場的主席保持聯絡，他是個七十歲的老頭，有四個兒子在前線作戰。」[47]這種現象當然

＊蒙哥馬利（Bernard Law Montgomery，一八八七至一九七六年）是二戰時英國陸軍元帥，曾在北非擊敗被稱為「沙漠之狐」的德國名將隆美爾元帥（Erwin Johannes Eugen Rommel，一八九一至一九四四年）。

很可喜，但這時候的塔拉寧契夫仍然身處離前線有點遠的地方，仍然是後備部隊的一員。他的東道主不曾像庫斯克地區的農民後來的那樣，見識過真正的戰爭。在一九四三年的春天和夏天，黑土區的有些部分完全不歡迎任何外人。

「我們的環境非常好。」斯列薩列夫寫信給也是在軍中的父親說。這個年輕人行軍了幾星期，但現在他和戰友已經安頓下來。「我們住在離一座樹林不遠，當然是住在一間地下屋。我們的飲食是一流的，除此以外我們還得到額外的配給。這是因為我們人在前線。我的工作很有趣，必須到處去。」他唯一抱怨的（那個春天的其他人想必會熱烈贊成），是「沒有太多空閒時間」。[48]斯列薩列夫來自斯摩棱斯克，是新組成的第一近衛坦克軍團的一員。他本來應該把春天的時間用在操練，以改善協同作戰的能力（這是前兩年的坦克部隊嚴重缺乏的能力）。不過，由於有其他當務之急，他的軍事訓練再次受到忽略。在那個春天，就連坦克人員在內都需要到集體農場幫忙，以及協助工兵重建該地區的通訊、倉儲和醫院。

別洛夫仍然和他的步兵師在一起。駐紮在奧廖爾地區的小阿爾漢格爾斯克的外圍，他的工作也是非常繁重。「我們必須接受一些激烈的訓練，」他在日記裡寫道。「我們必須再次認真地幹活。你無法從這種激烈的勞動中保護自己。」他筋疲力竭，但活動合他的意。到了五月二十二日，也就是在前線紮營兩星期之後，他「開始有點習慣這種生活。」在那個春天，大多時候困擾他的將會是實際問題而不是憂鬱。「我們的團還沒有真正整合起來。」他指出。他相信這問題很快就可以透過軍事訓練解決。然而，對於槍枝和其他補給品的短缺，他卻是無計可施。[49]

別洛夫的團的士兵並不喜歡等待或操練。逃兵現象持續不斷。五月二十七日，他的單位有五個步兵投敵。「原因很難理解，」他寫道。「明顯是普遍的倦怠致之。」德國人也投下傳單，鼓勵紅軍士兵相信換邊站可以讓他們活命。到了五月三十日，又有兩個人消失。「真是夢魘。」別洛夫寫道。其中一個還是候選的共產黨黨員。[50]紅軍投敵的總數看來每過一個月就多一些。德國情報人員在二月的統計數字是一千人多一點。在四月，這個數字上升為一九六四人，在五月上升為二四二四人，在六月上升為二五五五人。[51]但這些數字並不能反映實際情況。理由之一是逃兵不一定是投靠德軍。隨著紅軍向西推進，內務人民委員部對各個被轟翻的城鎮進行搜查，要揪出偽裝為平民的逃兵。結果發現庫斯克和庫斯克省滿滿是這一類人。他們很多一輩子都是罪犯，有些則是從此時起開始幹犯法勾當。例如，在一九四三年三月，庫斯克的內務人民委員部人員在報告中提到一個叫奧澤羅夫的逃兵。他在一九四二年逃到占領區。戰前他就是被定罪的罪犯，而現在會再被發現，是因為他毆打和殺死窩藏他的女人，還殺死她的年老母親。奧澤羅夫被抓起來槍斃。[52]

庫斯克本身和廢墟無異。在被占領的十四個月期間德軍掠奪它的商店和工廠，摧毀它的民政大樓，並殺死數以百計市民。貧窮和骯髒導致很多人染病：傷寒、痢疾、肺結核和梅毒。那些能夠活著迎接紅軍入城的市民目睹過永生難忘的景象，而他們也學習到仰賴非同尋常的技能存活下去。在一九四一年末紅軍撤離後，滯留的市民搶掠了任何他們搬得動的東西。幾個月後，他們又搬光德軍在匆匆離開時留下的補給物資。現在，隨著庫斯克又駐滿部隊，市民設法透過出售他們奇奇怪怪的各種囤積品維生。一個女人在三月因為兜售床單而被捕。警察搜查她的公寓時，發現兩張床墊、三張毛毯、幾十顆電燈泡和十八公斤肥皂。在當時，肥皂相當於貨幣。有一個男的被發現藏有六十七塊肥皂（全是取自德軍的庫房），另外還有八條褲子、四雙德國軍靴、三條羊毛被和一臺縫紉機。另一個人藏有十塊家用肥皂、八十七罐罐頭肉和五百枝德國香菸。其他得自德國人的戰利品包括腳踏車和裝在手推車裡的細白麵粉。[53]

私藏雜貨的刑罰極少重於嚴厲的罰款。私藏武器卻是另一回事。暴力犯罪——包括搶劫和強姦——成了無日無之的問題。槍枝很容易弄到，而無父無母的少年或逃兵很容易組成集團。一些逃兵靠在城市裡當扒手或在鄉村裡偷豬牛維生。幾乎每日都有兒童因為在未爆彈附近玩耍或直接把未爆彈拿來玩而受傷。最走投無路的是那些因為被強姦或者和德國士兵有非正式關係而生下小孩的女人。這些嬰兒現在沒有了父親，而他們的媽媽也沒有能力養育他們。每個人都在餓肚子，留下這些需要餵養的私生子實屬不智。那一整個春天，警察和路人不斷在溝渠、淺墳，甚至在瓦礫堆中發現讓人沮喪的布包。重返崗位的市政府官員急切想要做點事，但他們知道軍隊的需要居於優先地位。他們沒有足夠的資源去建立警力，更遑論去扶養地區內的平民。[54]不僅如此，筋疲力竭的民眾現在反而被要求——不管他們有多不勝任——協助進行一些重度勞動的工作，例如重築道路、挖除爛泥和清理地雷等。到了五月，他們的領袖還開始呼籲他們捐血。[55]

鄉村的艱辛無法形容。到了一九四三年春天，地區內有二十萬人被認為由於殘廢、失去父母或其他原因，需要政府提供食物和燃料。[56]敵人占領過的地區遭受搶掠，牲口被屠殺或驅散，農作物被毀或掠奪。涉嫌的游擊隊隊員被吊死，然後他們的鄰居——整個社區——受到重懲。近四萬棟房子——超過地區內總數的一半——被縱火焚燒，夷為平地。[57]很多身體健全的成年人被納粹抓去當奴工，沒有留下人來重建房屋、犁田或收割去年留下的農作物。受到驚嚇的家戶主——很多是寡婦或有小孩的孤單女人——常常驚魂未定，未能在一九四二年融雪後耕種田地。集體農場宛如月球表面，放眼是燒焦的灌木、荊棘、蕁麻和野草。但紅軍和這種滿目瘡痍的景象脫不了關係。自一九四二年九月以後，庫斯克地區就是紅軍的前線。為了準備一九四二至四三年的戰役，軍隊著手疏散住在前線方圓二十公里內（有時甚至是二十四或三十二公里內）的平民。有時這會引起儼如內戰的抗爭。這裡不是西烏克蘭或波羅的海地區，不是民族主義反抗軍的沃土，但庫斯克將會證明，士兵們即使在同族裔的俄羅斯人當中也不一定會受到歡迎。

衝突始自一九四二年秋天。當時第十三和三十八軍團在九月抵達前線區，展開疏散農村的行動，結果遭遇民眾的大規模抵抗。後來的報告指出，這個行動手法拙劣，讓農民有機會集結在一起發酵憤怒情緒。不過真正的問題（當局本身也了解）是當地人擔心會受騙上當。在當時，紅軍是一支每天打敗仗的軍隊，還沒有機會透過史達林格勒證明自己的實力，但它卻想要拿走農民的豬牛，把他們整家子趕離家園。這個過程看似是可恨的集體化的重演。在推行集體化的當初，一些地方也曾經動用部隊，而牲口和農民也是被以同樣暴力的方式驅逐。現在士兵們又回來要搶走一切。農民們得到保證，政府將會補償他們失去的牲口，也已經在離前線遠處為他們建造好住處。但是他們壓根兒不相信。

飢餓和恐懼讓農民更加憤怒。聚集起來反抗士兵的群眾人數眾多且有組織性，在其中一區是兩百人，在另一區是三百人，「配備了乾草叉、鐵鍬和菜刀」。第三區有「一百五十名婦女和年輕人參加，大部分拿著棍棒和磚頭等諸如此類工具。」這些狗急跳牆的人群向部隊投擲磚頭，罵他們是「逃兵」和「囚犯」。有個老人對地方官員說：「如果你膽敢撤離我，我就會殺了你。我已經磨利我的斧頭，至少可以用它來殺死六個人。我的妻子和女兒每人可以殺死兩個人，所以你們肯定會死掉十個人。如果每一家都殺死十個人，就不會有撤離行動，對不對？」[58]

這些威脅不是說說而已。第十三軍團放棄執行撤離平民的行動，但當第三十八軍團回到當初有群眾聚集的村莊時，他們遇到了武裝和憤怒的暴民。十月十三日，在一處村莊，他們被全村的居民趕走，婦女們對他們揮舞乾草叉和鐵鏟。第二天，鄰近村莊的村民再次攻擊士兵，打掉了一個士兵的牙齒和敲破另一個士兵的腦袋。不過，士兵們接著收到新的命令。在內務人民委員部部隊的幫助下，他們逮捕了最活躍的反抗分子。他們還對一些人的腿開槍，這種做法嚇壞了群眾。但此舉不利於軍隊的公共形象。與將軍們合作的地區領導人現在的任務是恢復農民對紅軍的信賴。從此以後，改為由內務人民委員部部隊負責疏散農民，紅軍不再介入。[59]紅軍作為人民尖兵的聲譽在接下來幾星期將會受到小心維護。

幸而，一連串貨真價實的勝利（始自史達林格勒）很快就強化了軍隊作為解放者的形象。出現在德國人棄守的城鎮或村莊的第一批蘇聯部隊，往往在居民如釋重負的眼淚中受到歡迎（居民在內務人民委員部開始工作後有什麼反應是另一回事）。不過，要讓庫斯克四周的村民恢復對當局的信任將會花上很長一段時間。他們的恐懼是基於冷峻的事實。一九四三年的五月和六月，就在蘇德兩軍大舉廝殺的幾星期前，羅科索夫斯基將軍不得不把他的作戰計畫放在一邊，把心思放在解決兩頭牛神祕失蹤的問題上，這種事不是頭一回發生。在不到一星期前，也有三頭牛消失不見。牠們是在士兵們駐紮處附近的農田失蹤。接下來，還有各種官方違規行為。羅科索夫斯基讀到：「近日有八十頭牛從（前線區方圓二十五公里內的）民眾那裡拿走，但只發出了三十張收據。另外，各個集體農場也失去了一百五十匹馬和幾乎所有運輸工具。這情形擾亂了我們集體農場的耕種工作。」[60]

戰鬥顯然只是整體戰事的一個面向。食物在各地都是一個難題。軍隊占去了食物的一大部分，士兵們通常吃得比他們在家裡要好，但平民卻面臨嚴重短缺。一九四三年，政府印製了一萬份傳單，教人民怎樣烹煮蕁麻。兩名科學家製作了另一份傳單，討論野味的卡路里價值。傳單一開始這樣說：「獵人為取得毛皮而殺死動物時，往往忽略屍體上還有可吃的肉。」兩位科學家指出，松鼠肉包含的卡路里比臭鼬以外的任何動物都多，更遠多於豬肉。不錯，松鼠平均只有兩百克的肉，但牠們的肉不像狼肉那樣刺鼻，只適合用來餵豬。為驗證這一點，一個委員會那年春天在科學院開會，以斷定從狐狸到囊鼠和老鼠等一系列動物的滋味和營養價值。[61]當院士們正在用餐時，平民卻是飢腸轆轆。塔拉寧契夫的妻子娜塔莉雅在三月寫給丈夫的信中說：「因為百物騰貴，我們不得不賣掉我們的很多東西。單是為了每天給科利亞喝半公升牛奶，就要花掉我們二十盧比。不讓他喝牛奶的話，他會骨瘦如柴。」[62]

飢餓的情形在前線地區要更嚴重。在那裡，男人所剩無幾，沒有男丁可以重建損毀的建築和穀倉、修復道路或播種。在一九四三年的農業季節，庫斯克各區的平均播種率不到一九四一年水平

一對難民母子在逃難途中休息。一九四二年四月。

的十分之一。但這個地區需要穀物餵養居民，而軍隊也需要食物讓士兵維持力氣。婦女像牲口一樣工作，有時候給自己套上犁來犁田。土地因為經過戰火蹂躪，土質需要幾年時間才會恢復。

士兵們得再次捲起袖子去翻土。四月十二日，中央方面軍接到命令，要他們幫助農人播種、犁田和把種子運到農田。這命令又補充說，士兵在幫忙農活時「不可耽誤軍事責任」。[63]與此同時，在不會耽誤食物生產的假設下，平民被組成民兵隊伍，去挖掘戰壕和清理德國地雷。一個紅軍士兵在六月寫給家人的信上說：「當你在各個被解放的村莊走一圈，看到眾人的冷淡態度，會很不是滋味。」[64]整個地區都陷在一場生存掙扎中。那些將會在庫斯克附近作戰的軍隊接受訓練，為野蠻得有如中世紀的戰鬥作準備。

★

他們將要進行的戰鬥會把空氣化為火焰。如果說坦克代表了某種現代主義夢想，那麼庫斯克將會證明這是末日的啟示。這場以庫斯克的突出部為中心展開的戰役，比起整場德蘇大戰中其他任何戰役調動了更多的裝甲車。在那個夏天，庫斯克省的黑土大草原將會密布著七萬門大砲和迫擊砲、一萬兩千架戰機、一萬三千輛坦克和自走砲。[65]大量的部隊——包括數以萬計的步兵——集結在作戰區四周。為了確保這個最重要的攻擊行動可以獲得成功，德國人派出五十個師，包括精挑細選的黨衛軍部隊（有雅利安人血統證明而且能征善戰）。到了仲夏，突出部四周總共部署了九十萬名德軍。但紅軍已經準備好迎敵：在五月底，共有一百三十萬人在迷宮似的防禦工事後面枕戈待旦。

到雙方在七月短兵相接時，他們投入大戰已整整兩年。他們的關係變得醜陋而暴力，但就像任何其他關係那樣，這種關係迫使彼此學習，模仿對方。在德國人這邊，這表示他們開始重視裝甲科技。還是一九四一年的時候，他們沒有在靈活性上可與T－34匹敵的坦克。他們也沒有武器可以對付強大的KV重型坦克——它的裝甲在當時幾乎所有反坦克砲都無法穿透。德軍能夠克制這兩種坦克，更多是因為蘇聯坦克組員訓練欠佳和紅軍措手不及，不是因為德國科技高超。為了解決這個問題，柏林開發出「豹型」和「虎型I」兩款坦克，它們分別是當時最先進的中型坦克和最無堅不摧的重型坦克。「豹型」坦克要比T－34更不容易著火燃燒。它為坦克組員提供更佳視野，並配有非常管用的無線電。「虎型Ｉ」坦克配備讓人望而生畏的八八毫米高射砲。它難以被摧毀，還具有強大殺傷力。除了這些金屬巨人之外，德國工廠又開始生產「斐迪南」自走砲，以及各種經過戰場測試的迫擊砲、火箭和火焰噴射器。[66]

德國國防軍固然可以要求更新和更有創意的武器設計，但他們卻無法說服他們的領袖給予他們更多時間。在整場大戰中，德國製造工業只能夠生產出一千三百五十四輛「虎型Ｉ」坦克和五千九百七十六輛「豹型」坦克。[67]到了一九四三年，蘇聯已經能夠每個月生產出超過一千兩百輛Ｔ－34。[68]在那個夏天，紅軍的一大優勢是擁有更多有實戰能力的現代坦克。德國人雖然擁有一批確實嚇人的坦克，但坦克數量是靠過時的老舊型號來充數。這是蘇聯刻意盤算過的。在一九四一年，紅軍短短幾星期內就損失了九成的坦克，還損失了在卡爾可夫和列寧格勒的主要坦克製造中心。當坦克工廠在東部重建之後，蘇聯決定集中生產既有的型號，而且是大量產出——這是有鑑於蘇聯坦克繼續損失慘重所作的明智決定。經過一些改良後，Ｔ－34在整場大戰中始終是蘇聯坦克的主力。

改良武器——更不用說的是全新設計——會耽誤工廠的生產且需要重新訓練人員。所以只有少量的創新是被允許的。Ｔ－34的一項改良是擴大駕駛的視野，哪怕許多坦克駕駛日後回憶說他們只看得見煙和塵。少數新武器提升了蘇聯的裝甲車輛和火砲的陣容。其中最重要的是ＳＵ－152突擊自走砲車，它是被設計來攜帶一五二毫米榴彈砲。被暱稱為「猛獸殺手」，ＳＵ－152是唯一可以在戰場上打敗「豹型」和「虎型」的裝甲車輛。[69]這很重要，因為這兩款德國最新型坦克甚至對重型的ＫＶ坦克來說都是致命的。兩個敵手之間的科技天秤已經發生變化，蘇聯不再在戰場上領先。

但蘇聯將會再也不缺坦克大砲。在這方面一如幾乎任何其他方面，紅軍對科技的態度是追求簡化和數量。

不過，除了數量上的準備以外，蘇聯還有其他事情需要準備。事實上，以庫斯克為中心的對戰中——包括在普洛霍羅夫卡附近的決定性戰役——雙方有著大致相等的坦克和大砲。[70]在那個七月，最具有決定性的因素不是科技而是人的素質。自我犧牲的勇氣——近乎自殺式的勇氣——對庫斯克的勝利來說是關鍵性的，這一點從蘇聯的傷亡人數——光是防禦階段就死了七萬人——可以得到證明。不過，同樣重要的是紅軍部隊對戰爭技能的愈來愈精通。坦克組員之間的協調因為密集訓練而得到了改善，而對於裝甲武器的部署的軍事思想亦與時俱進。現在，坦克是一種有獨立生命的武器，不再只是馬匹的代替品。五個新的坦克軍團——斯列薩列夫所屬的軍團是其中之一——在一九四三年最初幾個月創立。[71]這些新軍團的坦克組員的作戰技巧亦有所改善。斯列薩列夫原是砲兵，在一九四二年獲得選拔，受訓近一年後以中尉身分指揮一輛坦克。另一位坦克中尉——二十二歲的古謝夫——描述了他在那個夏天面對的工作壓力。他在一九四三年六月寫回家的信中說：「我們每小時都是無微不至地照料坦克。有時你會忘記時間和日期，會忘記一切。」[72]

古謝夫和斯列薩列夫麾下坦克組員的受訓速度雖然破了紀錄，但他們仍舊被要求比他們的前輩更加專注。自從武器工廠後撤和重建後，主要的坦克學校都是設在生產坦克的工廠附近。訓練過程就像所有生產線一樣，講求儉約和專門化。每個人都只學習操作一種型號的坦克，而不管是砲手還是技師，都只接受砲手或技師的訓練。[73]在戰爭的現階段，整個訓練過程為時少於三個月（後來有所延長）。換言之，它生產出坦克新鮮人的時間就像德國人屠殺他們一樣快。

這工作吸引到一些最優秀的學員，特別是來自城鎮的年輕人。這部分是坦克的迷人魅力所致。如果說農村子弟會夢想駕駛曳引機，那麼城鎮子弟也許會夢想開著一頭裝甲巨獸穿過原野，透過一排儀表監察外面的世界。即使是德國人，最後也會學會尊重有著這種抱負的士兵。黨衛軍將領西蒙寫道：「俄國城鎮居民對科技的事情極感興趣。所以，就像俄國農民適合當步兵那樣，俄國城鎮居民非常適合當現代坦克組員……讓人吃驚的是，俄國組員都是用些基本的技術，來幫他們的坦克準備就緒和克服所有的困難。」[74]

坦克組員的技能不只是知道把扳手往哪裡扳。西蒙從這些工人子弟身上觀察到的另一種特質是決心。「一個外加因素是俄國工人常常是堅信的共產黨人。接受革命幾十年的洗禮，他們作戰起來有如充滿階級意識的無產階級那樣狂熱。就像紅軍步兵準備好死在散兵坑那樣，蘇聯坦克兵會準備死在坦克裡，向敵人開火到最後一刻，哪怕只剩他一個人或身處敵人防線的後方。」[75]身為共產黨人的古謝夫對此有較個人化的說法。在度過漫長的一天後，他告訴家人：「你感覺全身有一種可怕的筋疲力竭感，你知道你已經完成了一件重大的困難任務，但你的心充滿歡樂，有種特別的感受，一種類似驕傲或內在滿足感。這些是最美好的時刻。」[76]

像古謝夫這樣的人是為了他所愛的家人和土地而戰，是為了共產黨的原則而戰，但也是為了身旁的最親愛朋友而戰。坦克兵之間的友誼經常是非常強烈。他們長時間共處在一個狹小的空間；他們對自己的坦克有需要負的責任；他們常常在坦克上漆上口號（通常都是一些讓人振奮和沒有爭議性的訊息，例如「有勇氣便有勝利！」）[77]更重要的是，坦克組員必須讓他們的坦克保持良好運作。古謝夫的最好朋友也是一名坦克中尉，那個春天，他和古謝夫還有另外三個人奉派把一輛被擄獲的德國坦克開回基地，為此花了近兩星期。「我們對那輛坦克一無了解。」古謝夫寫道。坦克殘破不堪又「非常任性」，蘇聯組員在第一天花了十二小時才把它開了二十五公里。「我們整天給它敲敲打打，又髒又餓又火大。」他們沒有帶著口糧，「連一塊麵包都沒有」。天氣惡劣，道路幾乎無法通行，古謝夫原以為他的中尉朋友（他負責指揮）會命令每個人離開坦克，改為用走的。然而，那名中尉並沒有這樣下令，反而耐著性子和大家一起修理坦克，花了十二天才把坦克開回基地。古謝夫寫道：「這十二天我們幾乎頭髮都白了。我們吃過的苦絕非筆墨所能形容。」到他寫下這句話的時候，兩個朋友已情同手足。[78]

坦克組員的情誼也因為集體死亡的威脅而強化。除步兵以外，裝甲和機械化部隊（他們有時諷刺地說健康部隊或地面部隊）是最高危的兵種，他們幾乎必然是以殘廢或死亡結束軍旅生涯。[79]在受訓作戰的四十萬三千二百七十二名紅軍坦克兵中，總共死了三十一萬人。[80]就連最樂觀的士兵都知道一輛坦克被擊中後會發生什麼事。炸藥的白熱閃燃必然會點燃坦克上的燃料和彈藥。即使沒有被炸彈碎片殺死或重創，坦克組員頂多只有不到九十秒時間可以爬出車艙。這時間大部分會被花在打開沉重的灼熱艙蓋上，而且艙蓋有時會在炸藥的衝擊下卡住。戰場不是天堂，但總比開始熔化的裝甲棺材安全。著火焚燒的坦克不只會沸騰起來，還會點燃四周的空氣。到了這時候，坦克裡的人已生還無望。通常，幾個坦克組員的屍體會被燒熔，互相纏結在一起。[81]「你被燃燒過了嗎？」是兩個坦克兵第一次見面時常見的問候語。有這麼一則黑色笑話：一名「政治指導員」告訴一個年輕人，他的單位的所有坦克兵在當日都陣亡了。年輕人回答說：「我很抱歉，我保證我明日會被燃燒。」

隨著一星期一星期過去，等在庫斯克附近大草原上的部隊自然會感到焦慮。在五月八日，四個方面軍的指揮官接獲通知，要準備好四天內受到攻擊。[82]在不到兩星期之後的五月二十日，他們再一次被要求提高警戒。[83]雖然沒有人懷疑敵人正在計劃進攻，但神經緊張的士兵和軍官對進攻日期的預測莫衷一是。白天，蘇聯軍營因為各種忙碌的準備活動而嗡嗡作響，但到了晚上，大草原卻是一片死寂。別洛夫在六月十三日的日記上說：「每日都有新鮮事。今天又有兩個人跑到了敵人那裡去。已經走了十一個人。他們大部分是蠢蛋。六月十一日那天，我們的鄰居進行了一些偵察活動。他們什麼都沒有發現，我們躲在這個溪谷裡。很快就一個月過去了，而前線還是一片寂靜。」第二天，他們接到了命令。一個月內，他的人馬就要協助對奧廖爾的進攻。「有個大行動正在準備中，」他寫道。「我們的師要分三個梯隊攻擊，而我們的團在第二梯隊。這個師將會有三十五個砲組，不包括兩個喀秋莎團。事情將會非常有趣。」[84]不過雖然接到命令，別洛夫在好幾個星期內都不會有所行動。「我待在這裡的時間比我在整場戰爭中待過的任何地點都要長。」他寫道。[85]

攻擊在七月的第一個星期來臨。七月四日晚上，一個被俘虜的德軍透露，攻擊會在第二天早上展開。大約凌晨兩點，另一個戰俘告訴他的盤問者，德國一個小時內會展開攻擊。[86]即使在大草原的廣闊地平線上，天空還沒透出黎明前的隱約微光。朱可夫下令立刻展開砲轟和空襲，隆隆爆炸聲撕破了夜空，像是（就像朱可夫所說的）一首「來自地獄的交響樂」。[87]但這不過是個序曲。沒有受到蘇聯砲轟的耽擱，德軍發起了衝鋒，從突出部的兩個側面一湧而出。在庫斯克北面，離別洛夫位於小阿爾漢格爾斯克的基地不遠處，莫德爾指揮第九戰車軍團進攻，主要攻勢集中在一段十六公里長的狹窄防線，目的是向南突入突出部。在南面一百六十公里之外，霍特將軍率領的九個戰車師向北朝小城奧博揚推進。這批人馬是德國最精銳的部隊，包括了精挑細選的黨衛軍骷髏旗隊和希特勒近衛軍。他們的第一個目標是連接奧博揚、庫斯克、別爾哥羅德到克里米亞和整個烏克蘭東南邊的公路。[88]到了七月七日，他們幾乎抵達目的地。

這是別洛夫一直為之做準備的戰役。雖然戰場在他的基地以南一段距離之外，他可以從基地聽見七月五日的砲轟聲。他在七月八日寫道：「在別爾哥羅德地區和沿著庫斯克－奧廖爾的前線部分，也就是在我們的南面，激烈的坦克戰正在進行中。遙遠的砲轟聲可以在這裡聽到。」被聽見的還有喀秋莎火箭的音樂聲——一種讓每個蘇聯人都覺得悅耳動聽的樂聲。「火力非常密集，」別洛夫在第二天寫道。「每個山谷都充滿砲兵和步兵的開火聲。深夜也一樣充斥著不停歇的咆哮聲。我們的飛機在第一條防線的盡頭處附近活動。有為數非常大量的坦克。」[89]這位年輕軍官的樂觀是有道理的。羅科索夫斯基領導的中央方面軍在北面擋下了德軍的猛攻，表現的韌性完全超出敵人料想。在第一天，莫德爾的戰車軍團只推進了六點四公里。接下來一星期，他們的前進速度依舊緩慢，不過蘇聯也為禦敵而犧牲了一萬五千人。[90]然而，在南面，沿著沃羅涅日方面軍的防線，人數較少的蘇聯部隊在瓦圖京的率領下正面臨最慘烈的戰鬥。

參加戰鬥的有第一近衛坦克軍團（包括了斯列薩列夫和他的朋友），有羅特米斯特羅夫指揮的第五近衛坦克軍團，還有第五近衛軍團的砲兵和步兵（地質學家出身的中尉拉霍夫隸屬這個軍團）。在七月五日攻擊開始時，第五近衛軍團離前線三百兩十多公里遠，而羅特米斯特羅夫的坦克軍團位於一個不太遠的基地。兩天後，兩者都接到命令，要在三天之內冒著敵人的砲火趕到前線。夏天的酷熱、蒼蠅和漫漫的灰塵已夠累人了，然而在那之後，士兵們還得冒著更多的砲彈和機關槍攻擊連續戰鬥八小時。[91]當時，斯列薩列夫和他的戰友業已身處敵人的直接進攻路線上，而這攻擊比紅軍當初所預料的還要凶猛。霍特的人馬在戰爭第一天遭到意料之外的挫敗，但他們隨即重整旗鼓，在五百多輛坦克的帶頭下直取奧博揚。由於蘇聯步兵單位在敵人的砲火下潰散，第一坦克軍團在七月七日成為了唯一守住——或說設法守住——的屏障。[92]斯列薩列夫沒有時間寫信。他幸運地存活下來，但像他之類的士兵的勇氣和韌性逼得霍特改變計畫。代之以直取奧博揚，德軍把目標改為小城普洛霍羅夫卡附近一處地勢相對較高的高地。

歷史上最激烈的坦克會戰在一些稱為「十月」或「共青團」之類的聚落附近的開闊原野展開。如果蘇聯在此戰敗，讓德國人得以長驅直入庫斯克，則幾乎肯定是意味著整場防禦戰的失敗。德軍為了這次大進擊出動了六百輛坦克。八百五十輛蘇聯坦克隱藏在灌木叢、果園或叢生的雜草中，準備攔截它們。當破曉的第一縷光線穿透薄霧時，未來的戰場一片寂靜，「彷彿戰爭並不存在。」[93]第一批烏鶇開始鳴叫，聲音響徹山谷。「我看著我一個朋友在一塊麵包上塗上奶油，」一個老兵回憶說。「他動作很慢，好整以暇。我不斷告訴他快一點，因為德國人要來了。但他只是微笑。『別催我，』他說，帶著一種後來會讓他的朋友覺得神祕的先見之明。『我要好好享受這一刻。這將會是我在世界上吃的最後一餐。』」[94]他在早上六點半前一刻吃完早餐，接著，寧靜就被第一批數以百計的「容克斯」飛機的投彈所震破。[95]但一九四一年夏天的歷史將不會重演，因為這一次有數以百計蘇聯戰機起飛迎戰。空中纏鬥先於坦克對決而開打，空氣中充滿煙硝味和金屬燃燒味。

普洛霍羅夫卡注定會因為坦克大戰而被世人記得。德國和蘇聯的坦克在煙霧和急雨中短兵相接。到了十點左右，起伏的原野上布滿扭曲的金屬團塊和燒焦的人體。生還者回憶說當天天氣酷熱，但實際上當時涼颼颼。老兵們的印象十之八九來自燃燒的金屬、燃燒的橡膠和燃燒的空氣。雖然「豹型」和「虎型」性能卓越，蘇聯的坦克組員拒絕屈服。當他們別無他法，就會直接衝撞敵人，務求同歸於盡。古謝夫和他的組員就是這種死法。和他同一個團的朋友將會對他的父母說：「中尉的坦克一直向前衝，用所有能用的槍砲維持火力。但一枚敵人的砲彈讓他的坦克著火焚燒。著火後的坦克沒有停止開火。它打上最高速檔，衝向敵人的其中一輛坦克。古謝夫中尉的坦克繼續在開火，由此可見他們必然還活著。他們全速衝向敵人的坦克。那輛「虎型」想要轉彎逃跑，但只來得及轉了半圈。我們燃燒中的坦克撞上去，兩輛坦克同時爆炸。幾位英雄就此殞命。」[96]

坦克組員不是唯一陣亡的兵種。一隊隊的步兵和砲兵（包括拉霍夫的單位）也被派去攔截敵人的坦克。當其他方法都沒用時，步兵就會本著老戰爭電影的精神，向坦克投擲手榴彈和燃燒彈。他們也會對付德國步兵，有時展開徒手肉搏。他們發現德國步兵不像坦克組員和黨衛軍那樣可怕。[97]有些德國步兵醉了（紅軍步兵八成也有喝醉的），但這並沒有讓戰鬥少一些慘烈。「天空在震動，大地在震動，你感覺你的心將會爆炸，你背上的皮膚將會爆裂。」一個女兵對亞歷塞維奇回憶說。「我

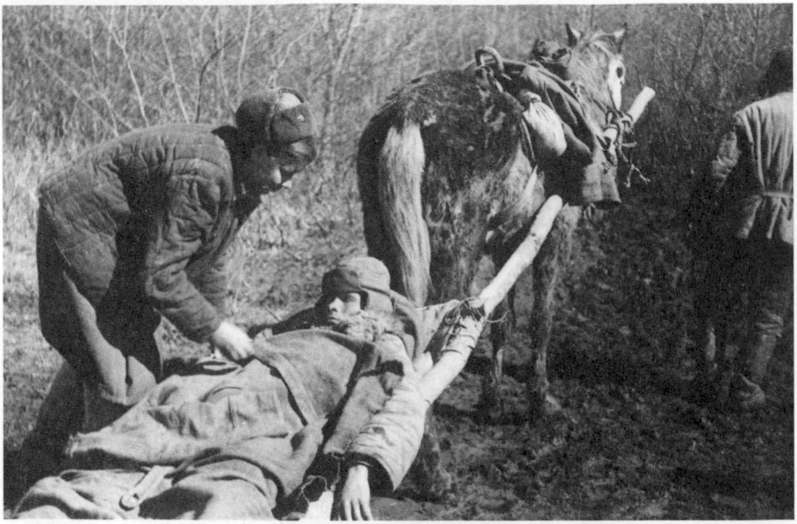

一個醫護勤務兵把一名士兵的屍體放在馬拉的擔架上。一九四三年。

本來沒有想過世界有可能裂開。但當時一切都裂開了，一切都在怒吼，整個世界看似搖搖擺擺。」但這只是接下來發生的事的背景。她回憶說，徒手廝殺「不是人幹的……士兵們用刺刀插入別人的小腹或眼睛，扼死彼此。嚎叫聲、哀號聲和呻吟聲不絕於耳。場面可怕極了。」[98]讓拉霍夫能夠挺下去的不是抽象的責任感，而是每小時不同的具體目標。他不斷接到新的命令，要他「瞄準這條戰壕、那棵橡樹或左手邊三指寬之處……這些命令很有幫助。」此外，對他有幫助的是他太高傲，不容許部下看出他也感到害怕。

到夜幕降臨時，戰場上至少躺著七百輛燒焦和扭曲的坦克。戰鬥將會再持續兩天，但這天的戰鬥已決定了整場戰役的勝負。此後，普洛霍羅夫卡在俄國神話中的地位將會跟庫里科沃原野和博羅金諾並駕齊驅——前者是頓斯

運送傷兵的狗車隊。一九四三年八月。

科伊在一三八〇年擊敗金帳汗國之處，後者是打敗拿破崙的戰場。就像庫里科沃原野和博羅金諾那樣，普洛霍羅夫卡被認為是俄羅斯神聖天命獲得拯救的地方，且人命傷亡同樣巨大。接下來幾星期，方圓十幾里內都瀰漫著腫脹的腐爛屍體惡臭味。衛生工作隊和地方志工幫忙把傷者運走。地方團隊也幫忙挖亂葬崗埋葬士兵。地區內沒有一處村莊是沒有亂葬崗的遺址。沒有被德國人收走的德軍屍體將會稍後埋葬在大坑裡，但不是為了維護他們的尊嚴而是防止屍體傳播疾病。清理地雷、被丟棄的武器和金屬碎片的工作，將會持續幾十年。時至今日，大人還會警告小孩不要到樹林裡去玩。田地變成了沙漠，只會長出苦味的莊稼。

發生在庫斯克的戰役不是只有一場而是有好幾場（它們構成了至少兩條戰線），但被認為是休戚相關。保衛普洛霍羅夫卡的同一天，即七月十二日，蘇聯在北面發起一場反擊，向西進襲奧廖爾。因為預料到這一點，也讓紅軍鬆一口氣的是，霍特麾下的一部分坦克在普洛霍羅夫卡保衛戰開打前就被調到北面。[99]但紅軍的進攻規模大出德國人意料之外。七月十一日午夜，別洛夫在日記裡寫下了一行短促和激動的日記：「我們要去攻擊……舒切利亞伯了。」之後要再過兩星期，他才有工夫重新提筆寫日記。就像他在二十五日所寫的：「過去幾天絕無可能寫東西。」紅軍這段時間一直攻打防衛森嚴的德國防線，目的是打亂德國的中央戰線。[100]別洛夫的軍團損失慘重，超過一千人喪生。可堪告慰的是，他們現在距離奧廖爾只有十二公里。他們還「殺死了一堆弗里茲們，真是棒透了」。[101]進攻奧廖爾的事還要再等等，但敵人現在的防線已經後撤了許多。

與此同時，人在南面的斯列薩列夫也找到片刻閒暇可以寫封短信給家人。他在七月十八日寫給父親的信上說：「你將會從報紙得知，那些頑強和激烈的戰鬥發生在這裡。我們狠狠揍了弗里茲們一頓，戰鬥不分日夜。一天二十四小時你都可以聽見『戰爭的音樂』。」在二十七日，他的樂觀情緒更濃了，調子呼應了黨的洋洋得意心情。事實上，他那天寫的信反映出他新獲得的共產黨員身分。就像其他數以百計的坦克兵一樣，斯列薩列夫在庫斯克中請入黨，讓他可以把他對進步、社會正義和勝利的期許結合於「政治指導員」灌輸的意識形態信息中。他在信中說：「數以百計的飛機，數以千計的敵人坦克，包括『豹型』和『虎型』，都在戰場上找到它們的墳墓。數以萬計的弗里茲們成了烏克蘭土壤的肥料。德國人正在撤退。和他們算總帳的時候到了。」[102]

在這種勇敢字句的後面，是許多筋疲力竭、害怕和甚至忿忿不平的人。德國方面的資料顯示，在兩軍交戰之後，蘇聯的逃兵人數急速上升，從六月的二五五五人上升至七月的六五七四人和八月的四〇四七人。[103]不過，這種大失血現象不再只是發生在單一陣營中。[104]當紅軍嗅到自己勝利在望時，德軍普通士兵的士氣也在迅速崩潰中。這種失去士氣的過程早在戰役還沒開打前便已發生在非菁英部隊中間。中尉布蘭特七月六日在日記中寫道：「黨衛軍軍官對於我們的師的悲觀程度感到驚訝。」如果說黨衛軍讓蘇聯人感到害怕，那麼他們的高傲和特權就傷害了普通德國士兵的感情。「光是看見他們，」布蘭特繼續寫道。「就會在我們筋疲力竭的部隊中間激起強烈階級仇恨。我們的士兵是匯聚自從德國刮出來的可憐渣滓，他們（指黨衛軍）則是來自歐洲最優秀的人類材料。」[105]

這些「渣滓」在那個夏天蒙受了第一次大規模羞辱。隨著蘇聯節節推進，布蘭特和他的部下倉皇逃跑，乃至於無法為死去的戰友哀悼。他在八月一日寫道：「我們現在甚至無法記錄每一個陣亡者死在哪裡，因為我們來不及拿走他們的證件或兵籍牌。我們甚至沒有水可以把屍毒從我們皮膚上沖走……死在法國和波蘭的人是多麼幸運啊。他們仍然可以相信勝利是必然。」[106]現在，相信勝利是必然的信念開始在蘇聯這邊滋長。八月二日，別洛夫第二次投入作戰。三天後，他加入了將會解放奧廖爾的前鋒部隊。他在八月五日寫道：「昨天晚上德國人完全撤走了。我們今天早上抵達城市的西郊。整個奧廖爾陷入火海中。市民迎接我們，神情異常欣喜。婦女們喜極而泣。」第二天，他的團就像師中的其他團那樣，被重新命名為「奧廖爾團」，以紀念解放這城市的大戰。[107]那個晚上，在遙遠的莫斯科，政府下令以一百二十響禮砲慶祝勝利，是為歷來第一次。史達林在電報中表

步兵與坦克逼近卡爾可夫。一九四三年。

示：「我對所有參與進攻的部隊表示感謝。永恆光榮歸於那些在解放我們國家的戰鬥中倒下的英雄。德國入侵者，納命來吧！」[108]

在南面，在通向卡爾可夫的路上，斯列薩列夫也在移動中。紅軍在收復奧廖爾的同一天收復別爾哥羅德。現在，沃羅涅日方面軍和大草原方面軍的部隊正在向南馳行，追逐更大的目標。斯列薩列夫的心情苦樂參半。他最要好的朋友在八月十日戰死，兩人從投入軍旅就並肩作戰。但他朋友為之而死的那個目標不再是遙不可及。斯列薩列夫在寫給父親的信上說：「我們正在穿過被解放地區，這片土地被德國人占領了超過兩年。居民歡天喜地迎接我們，送我們蘋果、梨子、番茄、黃瓜等等。在過去，我只從書上讀到過烏克蘭，但現在卻親眼看見它。這裡有如詩如畫的風景和許多花園。」[109]至少有片刻時間，紅軍可以陶醉在它艱苦贏得的勝利中。八月二十五日，它收復卡爾可夫。

★第七章　願兄弟情誼得祝福

史達林政權不管戰時或平時都是本著同一種精神行事。它秉持的第一條原則是，人命和國家利益相比無足輕重。第二條原則是，人民應該聯合起來對付敵人。在一九四三年，這兩條原則的第一條引發了壓力。健康部隊的供應逐漸枯竭。因為人力短缺，那個冬天的戰役被綁手綁腳。[1]然而，第二條原則依舊活躍。在戰爭的前十年，「富農」、間諜、托派和內戰時期白軍成員，一直是受歡迎的代罪羔羊。但現在，法西斯分子——「希特勒分子」——變成真正的敵人。蘇聯人民以空前的踴躍回應了從軍的呼籲。但這卻不代表全民團結一致。大戰創造了高低階級，創造了贏家和輸家，創造了幾百萬死人。分隔兩地、飢餓和暴力並不會團結社群。每個人記憶中的戰時團結是史達林的另一招魔術。眾人會相信這個，是出於史達林政權的第三條原則：控制人民可以知道什麼和不可以知道什麼。

大戰的其中一個贏家——至少和在前線的將士相比是這樣——是留在安全後方的官員。一九四三年十一月六日，一群這類官員應邀前往莫斯科，聆聽史達林演講。該場合是布爾什維克革命二十六週年紀念日的前夕。會場外，初冬時節的首都因為燈火管制和停電而一片灰濛濛。會場內，坐在大吊燈底下的聽眾沐浴在自我恭賀的氣氛中。雖然離上一次週年紀念聚會才十二個月，但這些人的前途已經徹底改變。這當然是一連串戰爭勝利帶來的。首先是史達林格勒會戰。但那畢竟是一場冬天的勝仗，不像庫斯克會戰那樣能證明紅軍在夏天一樣可以打敗法西斯主義者。自那之後，勝仗便一場接一場，沒有間斷。斯摩棱斯克在九月二十五日被收復，克里米亞門戶塔曼半島在十月七日被收復。靠著無與倫比的勇猛（和巨大的人命損失），紅軍在十月七日強渡聶伯河，突破了法西斯主義者最堅強的防線。十一月六日那天，與會的政府菁英們知道了每個人在第二天才會曉得的事：烏克蘭首都基輔終於落入蘇聯手中。

紅軍無疑是國家的救星。但史達林在演講中強調，紅軍不是只靠自己。黨和政府，還有留在後方的男男女女，一樣居功匪淺。他先提了一些真正的英雄，就是那些在戰時出力的勞工。他說，軍隊會不缺武器和物資，全賴「我們的勞工階級」。還要感謝的是「集體農場農夫的愛國精神」，是「我們的運輸工人」，甚至是「我們的知識分子」，因為設計和生產都需要他們規劃。史達林要傳達的訊息明確無疑：共產革命是正確道路。他說：「這場大戰告訴我們，蘇維埃政權除了在和平年代是一個國家的經濟和文化發展的最佳組織形式，還是在戰時動員所有資源抗擊敵人的最佳形式……蘇維埃政權建立了二十六年，在這麼短暫的歷史時期便把國家變成固若金湯的堡壘。」[2]

前線將士一樣為勝利感到驕傲，只不過他們傾向於把大部分功勞歸給自己。工兵塔拉寧契夫抽空寫信回家給妻子。他寫道：「現在是淩晨一點，一九四三年十一月七日的深夜。自從第二十六屆偉大十月革命週年紀念日的前夕起，我就在值勤……今日四點，我們聽說，在我們最高指揮官史達林同志的命令下，我們英勇的軍隊已經收復烏克蘭的首都基輔。娜塔洛奇卡，我可以想像你聽到這個消息時有多麼高興。法西斯主義者控制天空的時代已經過去了：今日他們徒勞地想擾亂我們的基地，結果一事無成。一切還是像鐘錶發條一樣運作，一切都是向前邁步，向西進發，向摧毀法西斯主義進發！」[3]

數以千計的前線將士都抱持著這種看法。他們知道自己已經走在通向勝利的路上。就像很多其他勝利的軍隊一樣，他們發現自己以新的信心和熱情擁抱自己國家和文化的一些價值觀。他們開始想像，他們的犧牲可以在那個框架內打造一個較美好的世界。很多人相信，他們正在為和平鋪設新基礎，正在摧毀戰前時代的仇恨和困惑。前線士兵之間的同志情誼就像是對即將來臨的手足情誼的預嘗。再來，還有新武器帶來的悸動。庫斯克的坦克會戰，那個夏天蘇聯空軍在天空的制霸，還有喀秋莎的死亡音樂，這一切看來都是五年計畫方向正確的證明，是對一個更美好和大量生產的世界的應許。紅軍心目中的真正英雄八成是朱可夫而不是史達林，不過即使是史達林——因為他主要只活在士兵們的想像裡——看來也體現著勝利所應許的那些特徵：進步、團結、英勇和解放。簡言之，將士們和領導階層看來都是服膺於相同的目標。

納粹幹過的好事為他們上了一堂嚴酷的意識形態課。塔拉寧契夫在寫回家的信上說：「我開車去過很多德國人前不久放棄的聚落。你無法想像這些地方現在的樣子——它們不久前還是繁榮的人口中心。沒有一棟房屋是沒有損壞，一切都被燒毀，凡是他們無法燒毀的就從空中轟炸摧毀。」[4]一個二十歲的機槍手在一九四三年十月寫回家的信上說：「我最近日夜行軍。」他從奧廖爾一直走到德斯尼亞河和再過去，所到之處都曾遭撤退的德軍縱火焚燒。「人民熱烈迎接我們，我甚至沒想過我們會受到那樣盛大的歡迎。他們流淚，他們擁抱我們，每個人都把僅有的食物送給我們。」眾人如此喜樂，理由顯而易見。「我看見過德國人怎樣火燒村莊，真是王八蛋。我看見過德國人暴力下的受害者。」[5]

對士兵來說，紅軍現在是拯救集體的工具，是復仇和解放的武器。他們在西俄羅斯和東烏克蘭所受到的歡迎常常是鋪天蓋地。雖然他們很多人以他們的集體力量為榮，但有為數不少的人還感覺到個人的進步。軍隊促進了千百種技能。大戰爆發時，葉爾莫連科還是學生。德軍入侵第一年，他居住的城市卡爾可夫被占領，他母親被困住，他父親被徵召入伍。但成為難民後的葉爾莫連科獲得了訓練。當紅軍在一九四三年解放卡爾可夫的時候，他已經在前線其他地方擔任了好一段時間的無線電操作員和通信工程師。科技成為了他的生命，這特別是因為他人生中的其他地標都已經被摧毀。他在一九四四年春天加入共產黨。正如他當時在日記裡所述，戰爭除了教會他愛祖國，還堅定了他對社會主義的信念，讓他相信社會主義「一定會帶領人民過上幸福的生活」。在他心中，紅軍的勝利與黨和領袖密不可分。[6]

葉爾莫連科這類士兵心目中的「黨性」和史達林手下的意識形態家那一套相去甚遠。士兵們信奉的共產主義也有別於他們的政治軍官的那一套（這些軍官很多都是戰前便入黨）。一般士兵的信念除了來自說教，也來自經驗，而且和他們對政治宣傳的厭惡並存不悖。一個戰鬥動機專家指出：「大量經驗證據顯示，洗腦對部隊的影響就像雨下在鴨子身上一樣，也就是會從他們的背上滑走。」[7]士兵們的信念雖然都是受到他們聽來的一切所形塑（這個「一切」其實很有限，因為他們從來不被允許聽或說許多的事情），但感覺上卻像是他們自己琢磨出來的哲學。民族主義作家阿斯塔菲耶夫寫道：「如果是由『政治指導員』領導我們，那我們六星期內就會輸掉戰爭……我們的第一批勝利是我們不再理會他們的話之後得到的。」[8]前線的意識形態強烈且根深柢固，但它和平民菁英的意識形態大相逕庭，就像是各自在不同的宇宙中發展出來。

國家設法把士兵們據為己有，這特別是當大部分士兵都是某個人的兒子被徵召入伍。報紙喜歡刊登喪子母親聆聽與自己兒子一樣年紀士兵說話的照片，或是地方民眾把部隊視為自己的子弟來照顧的照片。作為回報，很多士兵學會以更大的熱情愛俄羅斯和它的人民。西蒙諾夫一首名詩中的士兵回憶說：「戰爭第一次讓我把／我對到各處村莊旅遊的渴望／和一個寡婦的淚／和一個女子的歌／連結在一起。」[9]雖然士兵們探索了一個新的和更大的祖國，但他們拚命要抓住被他們拋諸腦後的生活、他們的妻兒，以及年少的記憶。戰鬥讓他們徹底疏離。前線部隊長久以來都鄙視「老鼠」（即各種留在大後方的人，包括物資補充人員、參謀軍官和後備部隊），但隨著時間流轉，他們也開始疏遠他們努力拯救的平民，甚至疏遠他們所愛的家人。

也許在紅軍的想像裡，連結他們彼此的紐帶已經取代了舊有的忠誠。在某種程度上，事情確實是如此。前線的生活甚至加深對失去的家園的鄉愁（或是對想像中的家園的鄉愁），所以當士兵們知道有個和他們同一省的人被派到他們營地附近，常常會趕去和他打招呼，想要知道一些故鄉的消息。戰爭本身就是那麼不尋常，蘇聯領土又是那麼難以想像地廣大，所以這些人會馬上被認為是

「鄰居」。女兵告訴亞歷塞維奇，每逢有某個地方的新兵來到前線，同鄉的士兵就會擠在他四周，希望聞一聞也許還附在他身上的家鄉氣味。

不管當局口頭上有多麼鼓吹團結，親密的友誼仍然會引起警察圈子的疑心。內務人民委員部負責監視前線士兵的談話，「特別部」和它的後繼者「施密爾舒」（SMERSh，俄文「間諜去死」的縮寫）負責追查每一則異議的傳聞。[10]「施密爾舒」和它的同類型機構是一種必要之惡。部隊正在向西推進，一一收復被敵人占領的領土。每個城鎮都一定有一些通敵者，他們或曾供應納粹住宿飲食，或曾告發過游擊隊員，或者甚至曾執行處決自己鄰居的命令。解放區還有一些德國間諜，其中一些是「海威斯」（hiwis）[11]，即紅軍的逃兵，他們靠著俄國人的外表隱藏身分。「施密爾舒」的存在有助於阻嚇各種詭計，以及脅迫前線用得著他們勞動力的那些人。[12]在打擊真正敵人的同時，反間諜機構的密探也會背叛前線的精神。如果他們找不到真正的間諜，就會毫不猶豫虛構一個陰謀，拿自己人開刀。士兵們必須時時看緊自己的舌頭。薩莫伊洛夫寫道：「我們知道我們可以談打贏的仗，但不可以談打敗的仗。我們知道我們的資淺軍官也被這個陰影籠罩。對『施密爾舒』的恐懼……腐蝕了人民抗擊入侵者的崇高觀念……我們極少知道我們中間誰是告密者。」雖然軍中同袍仍然團結一心，但人際關係受到了「史達林主義的猜疑桿菌」所汙染。[13]

隨著作戰季節拖長至冬天，這些疑慮侵害了士兵們的心靈。一九四三年的最後幾個月是一段持續移動的時間。坦克和機械化步兵在聶伯河的陡峭河岸上吃力前進。一整個軍團跌跌撞撞穿過甜菜根田。西南部日復一日的滂沱大雨滲透了長大衣和皮靴。然後砲擊開始了。有些坦克在開過看似結實的莎草時沉沒，失去全部組員。來自中亞的步兵淹死在聶伯河，因為他們從沒學過游泳。「懲罰營」的隊員被派去拆解地雷、衝擊砲陣和找出隱藏的散兵坑。紅軍的死亡率正在降低，但現在打的是攻擊戰。每次交鋒之後，紅軍的陣亡率仍高達二五%。[14]對已經在夏末的戰役中筋疲力竭的士兵來說，這些挑戰想必是難以忍受。換成是其他年份，雙方的軍隊都可以在冬季月份找到一些休整的時間，但這一次，南部的溫和冬天不讓人有喘息餘地。

移動意味著收復蘇聯的城鎮和村莊。士兵們常常會穿過他們自小長大的地方。但這不是歸家之旅。德國國防軍奉命在向西撤退的過程中到處縱火。任何在納粹統治兩年後還剩下來的東西——包括牲畜和收割的穀物——都被付諸一炬。殘破的地貌因為戰爭的殘骸而更顯可怖。「路邊有一堆德國人的屍體。」別洛夫在一九四四年一月指出。腐爛的屍體不會妨礙到誰，更不會引起同情。地方政府要到了天氣回暖才會擔心這些屍體：斑疹傷寒業已奪走了太多性命。[15]就像別洛夫知道的，目前，「沒有人會去清理他們……他們直到春天前都不會被搬動。」[16]現在，只有出其不意的不協調景象才會讓士兵們大吃一驚。當葉爾莫連科（他是烏克蘭本地人）在一九四四年春天向西行進時，看見了他小時候總是會歡迎牠們歸來的候鳥，回到了牠們的築巢地點。這些鳥兒看來滿心困惑。牠們無法安頓下來。牠們熟悉的地貌已全然改變，牠們一年前才築過巢的樹木已完全消失。[17]

沒有什麼比共同的戰鬥經驗更加讓部隊自成一群。即使士兵們努力想要告訴妻子或朋友他們的戰鬥經驗，一樣發現他們無法彌合打過仗者和未打過仗者間的鴻溝。薩莫伊洛夫覺得自己的戰時詩歌「差得無可救藥」，但認為問題出在戰爭本身。他後來指出，當一個在戰火中生還的人坐下來寫東西時，他的目的不是再次經驗戰爭的地獄而是逃離它。[18]一個坦克技師在一九四三年九月寫給母親的信上說：「我不能告訴你太多，這是不被允許的。」躲在審查官的寬闊肩膀後面是一種方便之舉。「當我們再見面，我會告訴你那些我必須經歷的可怕戰役。」[19]阿格耶夫設法解釋他為什麼不在信中多談一點戰鬥本身。他對妻子說：「我今晚才執行完行動回來。在這些情況下，那種知名的反作用總會出現。作戰的緊張會被遲鈍所取代。當你處於壓力之下，你不會去想任何事情，你的所有努力都是指向單一目標。但是當壓力轉變為遲鈍時（也就是疲倦），你就真的需要稍稍甩掉這壓力，得要有片刻時間沒有事情可做。」[20]

平民百姓永遠不會了解戰爭。另一個士兵在信中對妻子說：「我無法描述我的所有感覺和經驗。」他覺得他無法靠文字碰觸到她，她也無法靠文字接近他。他繼續寫道：「勝利之後的重聚是目前讓我們中間很多人感到擔心的問題。」[21]軍官馬爾托夫在一九四四年二月寫信給家人說：「我很多朋友都死了。我們曾經一起作戰，而他們每個人的死都是我自己的死。有時，在一些緊繃的時刻，生者會嫉妒死者。死亡不像我們向來所認為的那樣可怕。」[22]悲痛就像共同經歷的艱辛一樣把士兵們連結在一起，但戰鬥卻讓他們有別於其他任何人。不管史達林就全民的共同努力說過什麼，但到了一九四三年，大部分的前線士兵只珍視戰鬥和同志情誼。透過製造軍人和平民的對立，透過加深對間諜和警察線人的恐懼，以及透過讓前線將士與不用作戰的「老鼠」不睦，戰爭是裂解而不是團結了蘇聯人民。最糟的是，戰鬥也讓前線士兵疏離自己。

★

阿格耶夫有一晚寫道：「何謂厚顏無恥？厚顏無恥就是住在大後方，卻和前方將士的妻子睡覺，拍打胸部大喊：『法西斯占領者納命來』，然後在因勇氣受表揚的名單中找自己的名字。」[23]士兵們一離家就是很多個月，而紅軍很少提供省親假。[24]隨著對戰敗的恐懼消退，晚上縈繞士兵們的變成是私人方面的恐懼。他們現正穿過蘇聯的領土。他們知道兩個冬天的全面戰爭帶給了眾人多大的艱辛和絕望。已婚士兵看見各地女人常常怎樣對待願意提供她們食物或現金（甚至只是一些伏特加）的男人。他們開始擔心自己家裡變成什麼樣子。

他們有些恐懼是任何長期征戰的士兵，都無可避免的，但紅軍部隊面對的是比收到分手信還要讓人沮喪的恐懼。「告訴我一些有關媽媽的事，」一名年輕中尉在一九四四年二月這樣請求他的教母。「我自一九四一年九月就沒有收到她任何消息。」他上一次收到媽媽的來信時，她是住在列寧格勒的公寓裡。[25]在這個個案，一如在很多其他個案那樣，消息都是不會再有。法西斯主義者的占領拆散了無數家庭。斯列薩列夫——來自斯摩棱斯克的坦克中尉——至少知道他的一些親戚還活著。游擊隊員在一九四二年給他帶來了他妹妹瑪麗亞所寫的信。[26]那是納粹統治下的死亡和暴力的一本目錄。隨著德國人撤退，斯列薩列夫收了更多的信，對家人的遭遇開始有一個大體輪廓。後來因為到烏克蘭南部和西部征戰，他得等幾個星期才收到信。瑪麗亞都是把信寫給父親，然後父親再將信轉寄給兒子。十四歲的瑪麗亞在集體農場由早忙到晚，找不到時間同時寫信給父親和哥哥。

斯列薩列夫一家在入侵者抵達前逃離了村莊。有兩個冬天，他們都是住在地下屋。地下屋又溼又冷，幾個小孩不斷生病，但至少他們還活著。「德國人燒死了丹尼金一家，」瑪麗亞在信中寫道。「又把雅舒卡抓走。他們也燒死了埃利塞夫全家和加夫利克夫全家，另外被殺的還有十四個從亞爾采沃工作回來的女孩……我們還失去了彼特亞叔叔，他是從魯契科夫來，德國人把他抓去和燒死。」然後，他們聽說紅軍逼近了。德國人開始抓走牛羊，讓村民挨餓。冬天帶來了斑疹傷寒，然後是肺炎。因此又死了一批人。「當德國人最後一次撤退時，媽媽、尤拉和我，還有米提亞叔叔，一起躲在一條壕溝裡。科雅、艾戈爾叔叔和舒拉全跑到了森林裡去，在那裡待了四日四夜。我們在三月十八日被解放，他們〔那三人〕第二天從樹林裡出來。」[27]

當斯列薩列夫中尉得知自己的母親、妹妹和兩個弟弟還活著，想必如釋重負。他在手頭方便的時候會寄他們錢，但通貨膨脹、物資短缺和嚴重的住房危機讓他們的生活近於絕望。瑪麗亞在一九四四年一月的信上說：「現在食物不夠，衣服是一個大問題，特別缺鞋子。」[28]情形在庫斯克也是一樣，在兩支大軍到過的任何地方都是一樣。一個庫斯克省的農婦寫道：「我們現在沒有牛，生活非常艱苦。德國人兩個月前把牛從我們這裡搶走……我們已經準備好吃彼此……家中沒有半個年輕人，他們都去打仗了。」[29]另一個女人告訴他的士兵兒子：「一切都被前線毀了。」她失去了房子、牛和土地。就像很多人那樣，她現在住在妹妹的一室公寓外頭的走廊。另一個女人寫道：「我們已經兩個月沒有麵包可吃。是時候該讓莉迪婭上學了，但我們沒有外套可以給她穿，也沒有鞋子可以給她穿。我想我和莉迪婭最後會餓死。我們一無所有……米夏，即使你能活著回來，我們也將

戰爭帶來的殘破景象。

不在人世。」[30]

聽了妻子的艱難故事之後，士兵們會有被出賣的感覺。他們會願意為國賣命，是原以為國家至少會照顧他們的家人。士兵們寫給政府的乞求信讀起來就像指控。一九四三年一月，共產黨中央委員會以一個祕密決議作為回應。明日之星柯西金被指派負責福利事務。他的職責是確保軍眷可以獲得麵粉、馬鈴薯和燃料的供應。然而各省的地方官員無法一夜之間把瓦礫堆變為房屋，無法從灰燼中變出麵粉。一九四四年五月，庫斯克地區的一項調查發現，有一萬七千七百四十個孤兒和近五十萬個士兵家庭亟需緊急救濟。在這些家庭中，只有三萬二千零二十五個有領取年金和獲得食物供應。[31]相同的情況在整個俄羅斯歐洲地區上演。在一九四四年的斯摩棱斯克地區，登記在案的軍人家庭共有二十五萬多戶。其中有超過一萬二千個家庭住在地下屋。近一萬一千名軍人子女因為沒有鞋穿而無法到新建的小學上學。[32]

受勛士兵的家眷照理說可以獲得額外幫助。這是真正有吸引力的誘因。承諾讓他們的妻子和母親享有食物和木柴補助，可以讓他們覺得特別受重視。然而當政府無法兌現承諾，這些人的憤怒也比其他士兵更甚。受勛士兵寫的抗議信在政府單位的辦公室裡堆得高高，但再多的憤怒也無法化解危機。一九四四年春天，一些地區的鄉村蘇維埃警告說，出現在他們村莊的飢餓很快就會導致災難。蘇聯英雄帕申回災區探親時，發現他的家人處境危殆。他懇請當地的集體農場發給他家人麵包或馬鈴薯，但農場委員會卻無法照辦。另一個英雄的家人被發現「孔需」衣服、鞋子和乾燥的住處。[33]瑪麗亞·斯列薩列夫繼續寫信給父親。她在一九四四年七月寫道：「麵包的供應狀況真的很差，馬鈴薯也是一樣。」她哥哥一個月寄給她五十盧布（偶爾會多一些），但一公升牛奶就要價十五盧布，一杯鹽要價可高達二十四盧布，一普特麵粉要價八百盧布。[34]

物價是受到黑心商人的哄抬，但軍隊（有時是用不法手段）也把地方農民榨乾。雖然士兵擔心自己家人的生活，但有些士兵對其他人的家人毫無同情心「一切為了前線」是一句很容易被濫用的口號。如果士兵沒有地方睡覺，就會把在地人從他們的小屋趕走。如果他們需要馬，就會到集體農場強取。有時他們會用他們新得到的貨車去搶奪和販售農民的穀物。非法貿易在軍隊的非正式幫助下蓬勃興旺。[35]沒有任何軍階或兵種的軍人是清白的。一九四四年二月，有個內務人民委員部的邊界部隊隊員被人聽到這樣說：「我們都是打赤腳和穿半套衣服。我們有權搶掠，否則我們就沒法子活下去。」[36]

其中一種關鍵商品是「私釀酒」（*samogon*）。只要找得到糖和穀物或馬鈴薯的地方，就可以蒸餾這種酒質粗糙的烈酒。巡邏的部隊會留意哪些穀倉藏有非法「私釀酒」，然後算準時間，在酒釀好時進行突襲，全數沒收。這種酒可以在軍中賣得好價錢。意外事故和打鬥，甚至謀殺，常常是喝了過量「私釀酒」的後果。但這種烈酒激起的不只是打鬥。「私釀酒」也是貨幣。其釀製受到犯罪網絡的支持。穀物被偷來釀酒，商品被搶來資助釀製過程。[37]在納粹已走和蘇聯政權尚未建立的混亂狀態中，出現了一種原始的以物易物經濟，它以「私釀酒」為核心，以其他一籮筐的商品為零錢。一九四三年十月，一群駐紮在斯摩棱斯克省拜伊哥爾摩附近的軍人從當地的集體農場徵用了四噸馬鈴薯，但他們也各自強取麵粉、糖、蜂蜜和甚至農民的靴子。[38]這個犯罪集團則正在接受中尉訓練課程。

黑市交易中最受青睞的物品之一是德國商品。任何人都知道德國商品做工精良、先進和難以取得。有關戰利品的法律在一九四二年和一九四三年兩次收緊。主要是由婦女和少年組成的特別隊伍被派去荒廢的戰場和其他軍事地點，蒐集任何找得到的東西：屍體、武器或私人財物等。[39]國家宣稱擁有這一切。不過，戰場上物品的取得有先後順序。排最前面的是前線士兵，但他們的機會為時短暫。舍韋廖夫告訴我：「我在德國人某個戰地墳場的角落碰到一具德國人的屍體。其他人都被埋了，唯獨漏了他。我掏出他的皮夾，事實上我是感到好奇。皮夾裡有一張照片，那是他的太太。另外還有一個保險套。我們沒有這種玩意兒。紅軍沒有安全性交這回事。但我想要的是他的靴子。我設法把靴子拔下來。我拔了又拔，結果把半腐爛的腳一起拔了下來。看見這個情形，我掉頭就走。」

繼戰鬥士兵之後是支援部隊和任何懂門路的在地人。要從屍體上取下靴子對他們來說毫無困難。凍結或腐爛的腳只需正確的方法就可以搞定。一九四一年冬天，格羅斯曼遇到一個背著一袋結冰人腳的農民，每隻腳都是他像收割那樣割下來。他計劃用鍋子煮這些腳，那樣皮靴就可以輕易被脫下來。[40]與此同時，被丟棄的頭盔和徽章變成了兒童的玩具，雖然他們看來更喜歡玩手榴彈和刀子。[41]官員會蒐集的是更精緻的玩具。庫茲涅佐夫是一名軍隊律師，他的福利之一是可以在德軍留下的東西被打包送走前先行過目。一九四四年二月，他賞了自己「一臺非常漂亮的收音機。這東西目前還不能用，因為它需要插電」。[42]

和平時期的基本規範早已經解體。人對性愛產生了新的態度。前線雖然不是清一色只有男性，但厭女症卻是大行其道。一個年輕士兵在一九四三年寫道：「在軍中，他們把女人看成留聲機唱片。你把它播啊播，然後扔掉。」[43]這是種一年後——當時紅軍推進到了普魯士——會挾著邪惡力量爆發的偏見。不過不管是男兵還是女兵，人對性的態度業已發生改變。男性軍官以「收養」迷人女子而惡名昭彰。有時他們會把情婦加入軍人名冊，好把她們帶在身邊。[44]軍中取 PPSh 自走砲的諧音，戲稱這些女人為 PPZh（出征的戰地妻子）。一個軍官同時有五、六個這樣的「妻子」並不稀奇。但總是有更多女人在等著後補。阿格耶夫認識一個中尉，他在收到妻子的分手信後寄了一張明信片到莫斯科的郵政總局，收信人寫的是「最先看到這張卡片的女孩」。阿格耶夫補充說：「雙方的通信以最熱烈的方式持續了幾個月。」[45]

擁有前線「妻子」一般是軍官的專利。涅馬諾夫回憶說：「我的指揮官五十幾歲，本來是個老師，人很兇，但每個士兵都愛他。他有一個二十歲的愛人，名叫尼娜。她已經懷孕。她喜歡我，但我沒意識到，只用平常心對待她。有一次，她邀我聽留聲機，我們站在一起，彼此挨著。雖然我們沒有怎樣，但有人看見了，把事情報告給指揮官。他勃然大怒，拿起手槍指著我說：『即使德國人不殺你，我也會殺了你！』但他並沒有開槍，只是把我調到遠離他情婦的崗位。他派我去當電話員，讓我除了要揹步槍以外還得揹最重的裝備。」一個二等兵在一九四四年寫道：「波莉雅，你一定以為我左擁右抱。沒有，親愛的，我絕不會接受那種誘惑。等我們團聚，我會告訴你軍中生活的很多事。但我的性格不會改變，還有就是，如果你有女朋友，有可能很快便會被調到懲罰營。」[46]

只要紅軍士兵還是在蘇聯的土地上，那麼他們的主要消遣就是伏特加而不是女人。但住在他們寄住處附近的女人知道，如果他們可以偷溜出去尋找兩者，麻煩就會開始。得性病的比率將會快速上升。當初德國國防軍已經為性病的傳播做出了一點貢獻。現在輪到紅軍。雖然當時報告中的陳述彷彿這是值得驚訝之事，但軍官（甚至共產黨員）得梅毒的比率幾乎不亞於士兵。[47]光是在斯摩棱斯克省，記錄在案的梅毒個案在一九三四年至一九四五年間增加了十二倍。[48]雖然德軍入侵和紅軍收復失地的雙重衝擊可以部分解釋梅毒的大流行現象，但蘇聯人對性的態度也難辭其咎。紅軍士兵都沒有得到性教育，也沒有獲發（就像舍韋廖夫指出的）保險套。感染性病的士兵會被以叛徒般對待。當局有時會故意不給他們治療，以作為對他們所做的「不道德事情」的懲罰。[49]對有些士兵來說，得性病的羞慚和恐懼是不可承受之重。士兵因為感染性病而自戕的個案在一九四三年之後開始大量增加。[50]與此同時，地方政府考慮把常往部隊跑的女人遞解出境。他們也曾幻想逼她們接受檢查和治療，只是沒有資源實現這個構想。[51]

女兵總是受到不平等待遇。蘇聯的道德觀以雙重標準看待她們。同樣一件事如果發生在男性身上會受到諒解甚至豔羨，發生在女人身上卻會受到譴責。有些戰場「妻子」希望嫁給她們的軍中丈夫，但大部分只是為了獲得慰藉和親密關係。把她們形容為妓女是一種男性偏見。一九四四年初春，阿格耶夫寫信給太太尼娜說：「我前後收到過你四封信，所以至少有些根據可以相信，我的家庭完好無缺。尼娜，你不知道，我們前線將士的最大疑慮是戰爭結束之後會怎樣。發生在男兵和女兵身上的瘋狂只存在一個差別，那就是，女兵為了確定她們可以替未來立下榜樣，把規範拋到九霄雲外，比男兵還要瘋十倍。」[52]

老兵們常常提到，大戰對待女孩的方式有多殘忍。它讓她們——特別是選擇戰鬥角色的女兵——老得比男人還快。男兵要找女朋友，更願意找護士和電報操作員而不是女兵。老兵們在一九八〇年代告訴斯維拉娜．亞歷塞維奇：「我們沒有把她們看成為女人。我們視她們為朋友。」[53]這是一種仁慈的說法。事實上，前線女兵因為女兵的聲名狼藉而深受其害。一個女兵談到了她嫁給了戰時愛人之後發生的事。她丈夫的父母怒不可遏。他們認為他破壞了他們的好家聲。「你幹麼要娶一個軍中女子！」他們咆哮說。「你還有兩個妹妹，現在還有誰願意娶她們！」[54]一般認定，女兵和軍官睡覺是為了可以向上爬。至少，懷孕可以讓她們被調離前線。獲得勛章的女兵飽受質疑，直到戰後多年還是如此。大家會取笑說，女兵會獲頒勛章不是如勛章上說的，是因為「在軍事服務上」

有功，而是因為「在性服務上」有功。[55]

刻薄幽默是沒安全感的面具。男性士兵們共同的笑聲就像是在黑暗中吹的口哨。只要一群人在一起取笑女人，大兵們就不用面對自己的內心恐懼。少年兵用笑來掩飾自己的童貞未開，較年長的士兵用笑來掩飾他們已經很久沒有見過妻子。問題不只在於時間已經過了幾十個月。更重要的是時間在戰時會以加速的步伐前進。如果是在和平時期，三十歲的人可望再年輕十年，但在軍中，一滿三十歲便讓人在一夜間成為老人。在壕溝裡待上一天也許就可以讓一個士兵老去不少。他們頭髮變白，皮膚乾澀，笑容不再閃亮。然後，還有傷口和疤痕。阿格耶夫在一九四三年寫回家的信上說：「交戰雙方都有大量這類故事：當軍官們受了傷躺在醫院時，收到太太寄來的信，說她們已經知道了丈夫受傷的事，而基於丈夫已經殘廢的理由，她們決定結束婚姻。」[56]

在士兵們的想像裡，妻子仍然和他們離家的時候一樣年輕，然而他們自己卻已經老去。如果他們沒有開始擔心妻子偷人，就會害怕被拒絕，因為他們知道自己變成了什麼樣子。忠實的塔拉寧契夫擔心他的白髮會把妻子娜塔莉雅嚇跑。那是他經歷過的一切改變的隱喻，是讓他入迷又讓他害怕的暴力的隱喻。阿格耶夫坦然說出戰爭對他的身體帶來的衝擊。他在寫給尼娜的信上說：「你也許會問，我怎麼了？我可以告訴你，我的欲望本來過剩，但頭部受過兩次傷後，因為擔心受害而被迫放棄整個念頭。」幾個月前，他曾在信中表示白髮和臉上的未老先衰皺紋讓他擔心。現在，他是告訴尼娜他變成了性無能。[57]

★

蘇聯的二戰神話刪去了離婚、雜交和性病。它聚焦在等待之苦，從西蒙諾夫的名詩獲取靈感。它的意象是靜態和思考，但大後方的實際生活卻是充滿變遷和艱辛。西蒙諾夫的詩描寫一個女性待在家裡，有耐性地數日子。但事實上，士兵們的妻子都必須學習新技能、掌握求生方法和每天工作極長時間。她們很少人有空坐著數算日子，眼睛望向西邊，充滿想念。事實上，她們難得有獨自一個人的時候。住房稀缺，難民源源不絕抵達，以致到了一九四三年，士兵們的家裡除了住著妻子，還會住著表親、姊妹和鄰居。

塔拉寧契夫的家遠在離伊朗邊界不遠的阿什哈巴特。大戰爆發前，他把妻子從基輔娶回家裡。娜塔莉雅和婆婆同住。如果說這種安排曾經能夠讓兩個女人勉強接受，大戰也保證了她們一定會翻臉成仇。最主要是，家裡少了她們兩人都愛和信任的塔拉寧契夫。頂替他位置的是一長串的難民。到了一九四三年，塔拉寧契夫的房子除了住著他母親、妻子和兩個小孩以外，還住著他剛從烏克蘭而來的岳母、他的小姨子和她的小孩。三不五時還會有娜塔莉雅那浪蕩哥哥的一些「妻子」前來投靠。

婆媳倆為從錢到小孩膳食的各種事情爭吵。她們也爭奪塔拉寧契夫的金錢支援。塔拉寧契夫把一部分薪資用匯票寄給她們。他在一九四四年四月給娜塔莉雅的信上說：「我今年寄了你們兩張貨幣憑證，每個月給你三百五十盧布，給媽媽一百盧布。我認為你應該不會對這種安排表示反對，因為你曾經告訴我，媽媽總是向你抱怨，稅金等等都是由她支付……我是要透過這樣做讓媽媽在老年獲得一點快樂——當然不是因為一百盧布，而是因為我照顧她。你必須在這件事情上體諒我。」[58]

兩個女人繼而鬧翻。每年夏天，果園都會結出一批杏子，塔拉寧契夫媽媽把所有杏子據為己有。當兩個小孩逃學曠課，娜塔莉雅的婆婆又責怪她疏於管教。一九四三年，娜塔莉雅被迫賣掉塔拉寧契夫一些舊衣服，以換取現金，他媽媽見狀氣得要死要活，指責她是想要丈夫死掉。塔拉寧契夫求娜塔莉雅說：「我求求你不要理會她在氣頭上說出來的話。我不相信媽媽會詛咒你和我們的小孩……把我這些話讀給她聽，你就會知道我是對的。」關於衣服的問題，塔拉寧契夫吩咐妻子賣掉他的褲子、外套和夏天衣物。他說他回家之後可以繼續穿軍服。「但要保留我的幾雙鞋子。因為在戰爭結束後，四十五號的鞋子會很難找。」[59]他還要她把家裡的手槍保留下來。到戰爭結束後，他們將會對這個先見之明心懷感激。

雖然有丈夫的資助又有自己的薪水和賣杏子得來的收入，娜塔莉雅和兩個孩子仍然吃了許多苦頭。她在一九四三年夏天寫給丈夫的信上說：「我消瘦了許多，現在只有四十八公斤。我們都設法應付食物的問題。」這是當時任何婦女都會講述的故事：不只是一則手頭緊的故事，還是一則飢餓的故事。[60]娜塔莉雅繼續說：「工廠的飯堂並不能真正餵飽我們。主管單位准許使用泛著彩虹七色的混合油。」[61]至於小孩，他們打著赤腳，像野孩子一樣到處跑。上課變成了一件斷斷續續的事，家裡因為每個人都忙，對孩子的管教很鬆。在家裡，只有小嬰兒科雅仍然能夠讓每個人微笑。娜塔莉雅在他三歲生日時為他找來一些彩色磚塊當禮物。「他可以坐在桌子前砌東西，一砌就是幾小

戰地郵務為卡盧加地區的士兵帶來信件。一九四二年。

時。他說：『德國人破壞建築物，科雅把建築物砌回來。』」這個小孩還沒有三歲就學會高喊「為祖國和史達林而戰！」[62]

通信是塔拉寧契夫和娜塔莉雅能有的唯一聯繫，而這種情形還會持續好幾年。郵務在一九四二年之後沒有改善，信件常常會失蹤或是延誤幾個月之後莫名其妙出現。娜塔莉雅在一九四三年六月的信中說：「你的信寄到的時間很不規則。我剛剛收到的是三月的信。但我們的士氣要靠這個來維繫，不是嗎？」她還擔心錢的事：有六百五十或七百五十盧布還沒有寄到。[63]塔拉寧契夫自己也一樣為郵務的耽誤苦惱。那個六月，他收到一疊信件，那是他整整六個月以來第一次收到家書。「最終，我知道了你們平安無事。你可以想像，我收到你的信時有多愉快。整整三天我都把它們放在口袋裡，每有一分鐘空閒就拿出來重讀！」[64]這一次他沒有提漫長的等待讓他起疑心，但他寫的其他信件顯示他常常這樣做。

有時，一個渴盼收到妻子來信的士兵會發現自己的駐紮地點離家裡只有幾公里。阿格耶夫在一九四三年寫給妻子的信上說：「我們中間有些指揮官，還有更多的士兵，他們的家離前線只有二十至五十公里。但他們無權回家。在有些情形，女人會想辦法去到前線（這是絕對禁止的），以便可以和丈夫見面。但這是很罕有的。大多數時候她們都會被攔截，送回後方接受盤問。」[65]要再過三年，在大戰結束了好一段時間之後，塔拉寧契夫和娜塔莉雅才會再次見面，而他們能夠再次生活在一起，又是更久以後的事。他們的小孩形同有六年是沒有父親。戰爭爆發前締結的婚姻能夠不以離婚收場純屬奇蹟。

一如往常，適應得最好的是非常年輕的人。一對老夫妻告訴亞歷塞維奇：「那些在前線結婚的人是最快樂的和最幸福的夫妻。」[66]這番話讓人感到甜蜜蜜，但真實的情況卻常常有個黯淡的背景。基里洛維奇是在列寧格勒被圍期間認識他太太。當時是一九四二年，基里洛維奇和一個已婚的朋友在戲院附近值勤，而一名年輕女子引起他們注目。那少女穿著軍服，配戴著左輪手槍和防毒面具。基里洛維奇的朋友說：「我活了三十年，從來沒有見過這麼漂亮的警察。」十八歲的尼娜是個倖存者。才幾星期前，她的其他家人活活餓死。她父親在公寓裡死了三個星期後才找到夠強壯的人搬走他的屍體。讓她獲救的是她的年輕和她的求生本能，但她對生死的選擇是基於責任感。當她下了決定之後，她自願捐血。這表示她可以獲得定量的麵包供應。[67]這一點點食物讓她恢復了體力。

尼娜會自願成為夜間巡警是為了復仇。她在六十年後涕淚交零地自述時指出，她決心要看見自己心愛的城市從灰燼中再次崛起，決心要為父母報仇。她並不在乎自己的安危，什麼任務都願意擔任。基里洛維奇的朋友向她要了電話和地址。基里洛維奇當時還是個二十三歲的靦腆年輕人，所以沒有動靜，但回到營房之後，他向朋友要來那張寫著電話和地址的紙條。然後兩人開始在列寧格勒滿目瘡痍的街頭約會。兩人都在戰爭中失去了父母，兩人都不知道他們日後的家會在何方。尼娜在一九四四年產下一女，這對戀人於是決定註冊結婚。基里洛維奇回憶這件往事時笑著說：「我是個副指揮官，有一個私生女兒讓我感到非常難為情。」

靠通信產生的男女感情要脆弱得多。從戰爭爆發開始，平民就被鼓勵認養士兵，給他們寫打氣信和捎去禮物。這種鼓舞士氣的舉動被認為是人人都應該為戰爭做出的貢獻，但寫信雙方往往是逃避現實者，彼此看似有相似的願望但實際上卻是住在迥然不同的世界。安菲洛夫是另一個列寧格勒圍城戰的受害者，當他在前線作戰時，他的太太、子女和兩個妹妹死在被圍困的列寧格勒。他在一九四四年三月宣布，自己已經準備好認識另一個知心人。他開始和一個同袍的女鄰居通信，內容充滿文化八卦，也會略微談談最新的電影或詩歌，但從來不提自己的生活。「譚雅，我的生活很灰暗，所以最好不要去談它。」他寫道。一個月後，安菲洛夫向譚雅要了照片，自此兩人的通信內容益發親密。[68]不過譚雅將會在幾個月後為之心碎，因為介紹他認識安菲洛夫的那個朋友告訴她，她只是安菲洛夫的一長串「妻子」之一。

薩莫伊洛夫曾幫一個叫阿尼斯寇的小伙子回信給寫信給他的女人。「你是文人，」阿尼斯寇說。「一定知道要寫什麼。」最終，薩莫伊洛夫一信多用，稍微變化一下後同時給幾個女人回信。每封信都是說阿尼斯寇孤單寂寞，家人被殺，準備好把心交給任何夠愛他和願意送他照片的女人。收到回信時，阿尼斯寇會把它們交給哥兒們傳閱，讓他們大聲唸出來。他在栽了一次跟頭之後就不再搞這一套了。「孩子，」一個戰友這樣唸。「你寫信給我談愛，但我已經七十好幾。」他聽到[69]

國家總是準備好各種計畫。新聞局和黨的喉舌報並沒有因為前線士兵和後方平民缺乏相互了解，而被難倒。他們知道他們可以打造一個想像出來的共同體，一大原因是有幾千萬人真的為了支援前線而勞動。愛國熱情不斷被煽動起來。每一場戰役之後，國家都會為前線蒐集禮物。一九四二年二月，正值嚴冬最凜冽的月份，鄂木斯克居民準備了一整列火車的禮物，要送給列寧格勒周圍的士兵。火車上除一萬兩千七百六十封打氣信以外，二十四節車廂還擠滿一萬八千六百三十一個包裹，每個包裹都包含肉、冷薰培根、撒拉米香腸、煙薰乳酪、蜂蜜、魚和菸草。火車上也載了大量的伏特加和其他烈酒。有人在禮物中加入一百八十三只手錶、一批文具、一個馬桶和一千五百份《鄂木斯克省真理報》的特刊。[70]

送給軍隊的禮物不是只有消費品。包括士兵本身在內，每個人都面對認購國家戰爭債券的壓力，但有些熱心人更進一步，掏錢為前線購買武器。一九四三年，一個養蜂人在庫斯克省挺身而出。他送給軍隊的第一份禮物是七百五十公斤蜂蜜，但他內心有更宏大的計畫。一九四三年的一整個冬天，他把出售蜂蜜賺來的錢全存起來，存到十五萬盧布之後買了一架 Yak-9 戰鬥機。這架新飛機將會用他的名字別斯梅爾特內命名（意為「不朽者」），而駕駛它的飛行員指天誓日聲稱，它是一架幸運飛機。[71]另一對愛國夫妻捐了五萬盧布購買一輛重型坦克。夫妻兩人一起在車里雅賓斯克受訓，然後開著自己的坦克，一路打到德國。一個叫瑪麗亞·奧克佳布斯卡婭的女人在丈夫死後捐出所有積蓄買了一輛T－34坦克。她後來也是成為了坦克駕駛，一九四四年在維捷布斯克附近陣亡。[72]正如別斯梅爾特內所說的：「我工作愈賣力，紅軍就會得到愈多食物，而我們離打敗敵人也變得愈接近。」[73]

當平民們忙著認養部隊的時候，部隊也會認養一些流浪兒。最單純的感情是最深刻的感情。我在庫斯克見過的老兵中，有一個相對年輕，才七十出頭，名叫安德烈耶維奇。他告訴我他才十三歲時便加入了一個部隊單位。事情發生在德軍撤走之後。德國人走時抓走了他母親，放火燒了他們的小屋。變成孤兒的安德烈耶維奇在樹林裡到處躲藏，一個人待了三天又或者更多天。期間他試著吃松針和草葉充飢，滿腦子想的都是自己的飢餓。然後他跌跌撞撞去到一個紅軍的營地。雖然事隔六十年，但他回憶起軍營的廚房時，眼睛仍然睜得大大。「那裡有一口很大的湯鍋，」他說。「士兵們排成一長排，要打一杓湯。」安德烈耶維奇走到隊伍最後面排隊。他注意到士兵們人人拿著一個錫碗，自己卻沒有，於是脫下鴨舌帽，向前遞出。廚子忍住不笑，大夥都明白到他們撿到了一個新的「兒子」。他們「收養」了安德烈耶維奇，給了他一套制服和飲食，而他以打雜作為回報，包括每日清洗湯鍋。「我在整場戰爭中從頭到尾跟著他們。」他說。即使後來他在途中一條腿受了傷，仍然拒絕入住野戰醫院。「我捨不得和軍隊的廚房分開。」

廚子送來士兵的湯。

由於軍隊收養小孩的事情極其隨興，所以沒有人說得上來前後有多少小孩被收養。有人估算過，最多可能有兩萬五千名六歲到十六歲的孩子曾一度跟隨軍隊行軍。[74]他們有些還稚氣未脫。士兵們可憐他們，把小孩當成——如果不是當成吉祥物的話——自己想念的家人的代替品。有些被收養的小孩還參加了戰鬥。他們有些坐在坦克裡，有些挺著步槍，有些學會發射野戰砲。[75]那是他們唯一的教育。他們沒有學校可上，無法和別的小孩一起學習讀書寫字。他們的睡前故事是士兵們自己的英雄故事。很多小孩在跟著軍隊以前，已經是硬心腸的戰士。薩莫伊洛夫認識一個十五

幾個坦克組員和他們的吉祥物合照。一九四四年。

歲的少年，名叫萬卡，對方是跟隨一群游擊隊員加入他的團。當薩莫伊洛夫的部下俘虜了一個德國兵，萬卡主動請纓，把那人押送至關著其他戰俘的屋子。「他帶著戰俘走出十幾步之後便把他殺了。萬卡無法忍受看見一個活著的弗里茲。他是在為被謀殺的家人報仇。有權審判他的是上帝，不是人民。」[76]

這些小孩可說是有助於提振士兵們的情緒。在艱辛和千篇一律的軍旅生涯中，突然多了一個需要你照顧的人，可以讓人轉換心情。有時，士兵們照顧的不是小孩而是馬或牛：紅軍常常是帶著一整批牲口一起行軍。[77]薩莫伊洛夫自己的單位便出現養小狗的狂熱。一九四四年，當他們駐紮在波蘭時，他們的指揮官被上級找去了兩星期。回來之後，他發現整個部隊上上下下都是狗。薩莫伊洛夫自己也養了一頭雜種狗，當牠睡在身旁的時候，他感覺自己「儼如父親」。在士兵的工作天，狗會到處亂跑，對任何走近營地的人吠叫。指揮官博戈莫洛夫上校又驚又怒，下令二十四小時內必須把所有狗打發掉。那天下午，一個簡陋的狗展在森林裡舉行。每隻小狗的售價是一公升伏特加，結果全數售出。[78]這可能是因為當地人知道可以把狗轉賣給其他團的士兵圖利。在一幅一九四四年的照片中，幾個坦克組員和他們的小狗站在砲塔上面對鏡頭，人和狗臉上都是掛著燦爛的笑容。

★

隨著紅軍向西推進，前線反作亂的時代真正來臨。蘇聯人現在已經深入到敵人曾經統治的地區。地區內任何身強力壯的男人都是可疑的。大眾（莫斯科人）認為他們是被解放的人口，而確實也有幾百萬人對納粹的被趕走感到如釋重負。有些照片顯示微笑的小孩向紅軍士兵打招呼，或顯示在斯摩棱斯克或基輔的殘破街道上擠滿飢餓和感激的人群。不過，獨裁政權的密探不肯放下他們的疑心。從一九四二年起，前線附近建立起一大批拘禁營，用以拘留任何被內務人民委員部認為可疑的人，甚至包括擁有軍隊極需要技能的前士兵。[79]

蘇聯以兩條基本政策對待涉嫌的敵人。第一是武裝鎮壓。內務人民委員部的部隊在「機動化步兵旅」之類單位的支援下，從一九四三年起在邊界地區捕殺法西斯特務和游擊隊員。有關戰俘的國際公約極少被當一回事。[80]與此同時，「施密爾舒」僱用的特工致力於「過濾」解放區的其餘可疑人士。這些臉色蒼白的警察在搖搖欲墜的前線營房裡爬梳各種搜集來的線報，包括在地人提供的線報。嫌犯必須證明自己是無辜。例如，前士兵通常必須提供三個證人，以證明他們不是逃兵、通敵者或懦夫。[81]不過，「施密爾舒」固然致力於揪出間諜和敵人，但它最重要（但未明言）的任務是建立一個新秩序。「過濾」就像恐怖手段一樣，可以給戰場上無法無天的人口傳達一個訊息：蘇聯人守紀律和懂害怕的習慣必須恢復。不管他們在一九四一年之後那些無政府的夏天是怎樣想和做了什麼，他們現在只被容許效忠一個領袖和一個思想體系。

在這之前，前線地區的所有政府形式都已完全垮掉。有好幾個月，納粹一直為自己的生存而戰。即使在遭遇到八成會戰敗的可能性以前，他們本來是一支占領軍，更別說這支占領軍的目的是種族滅絕。撤退時，他們縱火焚燒建築和物資，留下一片荒原。紅軍因為推進得太快和太過專注於軍事事務，沒有空建立法律和秩序。於是聶伯河兩岸的廣大解放區變成了一些武裝團體的地盤。在一些地方，游擊隊有好幾個月是唯一有效的政府。在其他地方，統治的是土匪（有時是由紅軍的前軍官領導）。[82]安全機構致力於把真正的愛國者從所有其他人中篩選出來。動員的游擊隊員——他們從黨的觀點來看是最有能力評估地方線報的人——在清洗過程中扮演了重要角色。就像他們其中一個（「米提亞大叔」）對韋斯所說的：「我們現在必須對叛徒無情。在戰爭時期，哭是沒有用的。」[83]

獨裁統治靠著子彈或懲罰營慢慢重新建立起來。在每一個地區的混亂政府辦公室網絡裡，一個新的黨統治結構確立。在這裡，反間諜人員在共產黨官員旁邊工作，因為共產黨基於本身的利益隨時考核黨員的紀錄。凡是被認為可疑的倖存共產黨員都會受到清洗。他們有些人馬上被徵召入伍。其他人被遣送到「古拉格」。在戰爭後期，將會有數以千計的共產黨員加入他們的行列，因為這些人隨著紅軍進入資本主義世界而變得怠惰或有批判性。[84]

位居「施密爾舒」要犯名單之最的群體是「俄羅斯解放軍」。這是一支得到納粹贊助的軍隊，主要由俄羅斯裔組成，認同弗拉索夫將軍。弗拉索夫原是紅軍的一顆閃亮明星，但一九四二年七月在沃爾霍夫戰線被俘虜之後變成了叛徒。他漸漸成為一批心懷不滿的反共產黨人和一大群希望透過和德國合作獲得生機的戰俘的領袖。一九四三年，斯摩棱斯克附近的游擊隊報告說，印有弗拉索夫及其副手馬雷什金肖像的傳單被空投在該地區，並有謠言指出，弗拉索夫自己曾在一九四三年七月造訪斯摩棱斯克。[85]莫斯柯文一行游擊隊員曾在一九四三年四月受到「弗拉索夫分子」的包圍和攻擊[86]，但這個詞語通常涵蓋德國人用來摧毀游擊隊的所有武裝團體。透過給地方通敵者（包括受夠了游擊隊的敲詐勒索的人）貼上「弗拉索夫分子」的標籤，「施密爾舒」營造出有一個更大和更邪惡陰謀存在的印象。這一招總是很能滿足祕密警察的需要。

事實上，貨真價實的弗拉索夫軍隊孤苦伶仃且裝備欠佳，在一九四三年夏天便被派到了法國和南歐。[87]這是因為，弗拉索夫的後臺老闆不再放心讓他的部隊留在蘇聯的土地上。即使在此之前，呼籲蘇聯人民反抗史達林的傳單已不一定是由弗拉索夫下令投送。不管有沒有他，整個一九四三年都有一些影子「解放軍」在烏克蘭和俄羅斯西部各省工作。在很多被占領的城市都設有「俄羅斯委員會」和「俄羅斯人民黨」，它們都是在德國人的監督下致力於動搖蘇聯的思想習慣。它們恢復使用被遺忘已久的旗幟，承諾取消集體農場，又斷言共產主義一定會覆滅。其中一個委員會甚至把SSSR用在刊頭，但這一次它們不是「蘇聯」的縮寫，而是代表Smert' Stalina spaset Rossiyu（史達林的死可以拯救俄羅斯）。[88]這為「施密爾舒」帶來了方便，因為哪裡有真正的叛徒，哪裡就有可以讓人信服的逮捕。

事實上，在一般民眾當中，真正的「弗拉索夫分子」要比通敵者和「海威斯」少，而兩者又不如雞鳴狗盜之徒、逃兵和騙子來得多。意識形態在戰時的重要性不如為生存而奮鬥。如果可以選擇，很多人也許寧願完全逃離獨裁統治，而這種衝動反映在民族主義團體的訴求。這些團體在大戰開始之後活躍於一些地區，有些規模龐大，甚至能夠在他們控制的地區內實施類似邊境法的法律。在一九四四年的烏克蘭，最強有力的群體是「烏克蘭反抗軍」。[89]這個運動（據信成員人數在戰爭結束時是兩萬）在一九四四年二月發起過一次矚目的事變：行刺能幹的蘇聯將軍瓦圖京，最後重傷而死。[90]不過，「烏克蘭反抗軍」只有在烏克蘭西部（即新近被兼併的地區）獲得強烈支持。聶伯河另一邊的烏克蘭因為傳統上忠於莫斯科，確保了民族主義無法形成氣候。[91]所以，在這個階段擾亂紅軍的補給線和支援部隊的是無政府狀態，不是有組織性的不忠誠。除了逮捕以外，對治這種情況的最佳方法是強迫入伍。此舉的另一個好處是，在紅旗底下服役會讓一個人無法被其他團體吸收。

一九四三年十月，前士兵安德烈耶夫對這種形式的解放有第一手的體驗。他寫給母親的信共五頁，讀起來就像遺言。那也是他自一九四一年八月被俘虜之後第一次捎消息回家。一九四一年，他的作戰單位當時被坦克包圍，但在隨後的一片混亂中，他趁隙擺脫了押送戰俘的德國守衛，躲到了一個叫安諾夫卡的村子裡。在那裡，他娶了歐克沙娜為妻，對方是收留他的婦人的女兒。他們自己的女兒尼娜在一九四三年誕生。促使他寫信告訴母親這一切的，是紅軍的臨近。「這裡今日發生了一場大戰，我、歐克沙娜和妮諾奇嘉被迫和所有老人瑟縮在一間小屋。他們說一個軍事委員會正前來這裡，讓所有的前戰俘接受檢查。身體強健的人會被派到前線去，也就是說，我不只不能回家，反而有可能會上戰場。」[92]安德烈耶夫通過了「施密爾舒」辦的體檢。但是他既不強壯，也缺乏訓練和裝備。幾星期後，他死在聶伯河河岸。

游擊隊面臨了不同的難題。到了現階段，他們很多都作為紅軍的助手在運作。不管是在庫斯克戰役、奧廖爾戰役還是卡爾可夫戰役，都是靠游擊隊在戰前擾亂德軍的補給線。他們也協助正規軍捉拿也許會透露敵人部署方式的潛在通風報信者。游擊隊還能夠從德軍防線的大後方送出情報，讓莫斯科知道訓練基地、修理坊和甚至德軍鴿舍的位置。[93]莫斯柯文在一九四三年的日記讀起來就像一系列軍事行動的清單。他在四月寫道：「我們每一天都執行某些對敵人不利的行動。」他們的目標通常是鐵路和道路。這些任務讓莫斯柯文意識到自己又再次投入軍旅生涯。他的部隊分成幾個營，每個營包括大概十個爆破小組。他們逐漸變成了埋藏和清除地雷的專家。在「連續一個月不停的戰鬥」的最後，莫斯柯文感覺到了「我在一九四一年摧毀維捷布斯克機場時一樣的創造力，只不過當時我們的悲劇才剛要開始。」[94]

問題是恢復戰鬥意味著傷員不斷增加。他在三月二十五日寫道：「我要告訴後代子孫，游擊隊經歷了非人的苦難。」[95]這種人員的損失只有透過招募新進人員才能夠填補。那個春天和夏天，在庫斯克戰役之後，這個任務變得比較容易，因為農民們看出來了大戰的走向，決心要拯救自己。所以，格里辛團——莫斯柯文的營隸屬這個團——規模本來只有六百人左右，但到了一九四三年夏末卻增加至超過兩千人，[96]所有這些人都必須重新訓練，包括用擄獲的槍枝進行打靶練習。新的游擊隊員還必須學習「以寧靜面對死亡」，和學習「打敗懦弱、恐慌和嗚咽」。[97]不過還有其他類型的課程需要學習。老一輩的游擊隊員很多人在一九四一年前都是勞工階級，反觀年輕的游擊隊員都是農村老粗。[98]「我們必須加強這一整群人的紀律，」莫斯柯文寫道。「我們必須改善他們和地方民眾的關係，不容許蘇聯人民表現出粗鄙和可恥的行為。」

解決辦法是執行嚴格的軍紀。庫斯克坦克大戰前夕，莫斯柯文的營奉命突襲考斯的車站。任務完成後，莫斯柯文記錄了死傷人數。三個人被殺，十八人受傷，其中三個將會死去，包括營指揮官拉欣，他也是莫斯柯文的好朋友。參與突擊行動的其中一位女性是醫療軍官帕莎，她的手臂受傷嚴重。救她的唯一辦法是截肢。這場手術以私釀烈酒作為麻醉劑，直接灌入她的喉嚨。「那個女子堅毅得驚人。」莫斯柯文說，又指出「我們擄獲了一百四十把步槍、四挺機關槍……以及一臺新的無線電」。最奇怪的是，這次突襲還擄獲了大量的法國香檳和干邑，還有香菸和哈瓦那雪茄。[99]對於住地下屋的一群法外之徒來說，這批東西是從天而降的獎品，只不過他們沒有資格品嘗美酒。莫斯柯文的營受到軍令的嚴格節制。上級代表國家擄有所有戰利品。

隨著紅軍不斷逼近奧廖爾，俄羅斯西部森林的情況變得更差。莫斯柯文的團情緒非常緊繃，但團指揮官格里辛看來陷入了自己的夢幻世界裡。莫斯柯文指出：「要不是我對他的才智極為尊敬，我不會這麼忍耐。」德軍的撤退對游擊隊構成新的威脅，因為游擊隊的地盤直到當時已經深入到德軍大後方。格里辛最後下令向東推進，要和逼近斯摩棱斯克的紅軍會合，但他和他的人馬出發才幾天便遭到包圍，受到撤退中敵人的猛烈攻擊。到了一九四三年十月十六日，莫斯柯文自料必死。他痛苦地寫道：「我只有一個願望。如果我行將要死，就讓我死得快一點，不要身受重傷。身受重傷將會是最可怕的事情。」[100]到了當時，游擊隊已吃掉他們所有的馬匹。隨著冬天逼近，雖然紅軍在東部打了一場又一場勝仗，游擊隊看來卻即將要餓死。

圍攻持續了大約三星期。格里辛決定要貫徹史達林的命令。他在十月十一日寫道：「我們受到包圍。離開森林的出口被封鎖。你可以聽得到前線正在逼近。所以我們必須守住我們的陣地，撤退將意味被殲滅。我們中間不容許有懦夫或恐慌製造者。每個忠誠愛國者必須把這類人就地正法。」[101]莫斯柯文在十月十七日寫道：「生命在過去幾天已失去了它的全部意義。」他近乎崩潰。「我的自保本能無法一如既往地那樣運作。它沒有完全消失，但變得非常遲鈍，就像吃了阿斯匹靈之後的頭痛。」[102]這些想法只能留在心裡，因為他是一名政治軍官，職責是維持士氣。但動機不夠強烈的軍官，他們的想法情緒就很容易暴露出來。一九四三年十月十三日的一道命令說：「因為擅離職守，因為懦弱，因為恐慌和不執行命令，著令將小隊隊長巴沙羅夫槍斃。」[103]

莫斯柯文注定能夠逃脫。十月十八日，就在他寫完最淒涼的一段日記之後，他接到進行突圍的命令。這近乎是自殺之舉。當他們衝向德國的陣線時，他們是毫無遮蔽的活靶。幾秒鐘內就有十五人被殺，每跑過一公尺就有一人倒下，損失非常慘重。但整團人最後成功突圍。它接到的命令是向西南進發而不是向東進發，以避開德國人。整個過程中，游擊隊並沒有得到紅軍的任何幫助。莫斯柯文不帶評論地在日記裡指出：紅軍不過就在十幾公里之外。

★

紅軍的推進讓史達林有很多機會證明他的民族團結政策。到了一九四三年底，幾乎整個烏克蘭已經落入蘇聯手中，但有一個地方仍待收復。希特勒鐵了心要守住克里米亞。這不只是因為該半島是通向羅馬尼亞油田的戰略門戶，它還美得讓人屏息。德國人認為克里米亞是黑海的直布羅陀，把它視為他們的第二個家。在他們占領克里米亞的兩年期間，曾計劃興建一條連接柏林和雅爾達的公路。還有謠言說希特勒挑選了利瓦季亞一座海邊宮殿，作為他日退休後的居所。[104]由於德蘇雙方都志在必得，爭奪克里米亞的戰事非常激烈，但其後果對半島上數以萬計的居民來說更加殘酷。當史達林大談蘇聯人民和他們的集體成就時，業已有數以十萬計的人注定享受不到大戰的成果。

克里米亞的解放發生在一九四四年四月的短短幾星期內。蘇聯的軍事行動——同時從北部和東部發起的協同攻擊——大膽和有效，同時也犧牲大量人命。正如韋斯指出的，從北面入侵的先遣部隊得先通過霧茫茫的沼澤區，而當他們在錫瓦什湖鋪設第一條浮橋時，必須在「及肩或及腰的水裡待上幾小時。這水又冰冷又鹹，鹽分鑽進士兵的每個毛孔，讓人感到幾乎難以忍受的疼痛。」[105]但是一踏上克里米亞的堅實土地，他們的前進速度便迅速得多。短短兩天之內，第一批紅軍部隊就抵達首府辛菲洛普——它位處克里米亞內陸大草原的心臟地帶。與此同時，從克赤附近出發的第二批部隊開始迅速向西推進，沿著海岸公路先攻下克赤然後再攻下費奧多西亞。從那裡，他們繞過科克捷別利的峭壁，走過葡萄園的梯田和陽光照耀的山毛櫸樹林，然後取道韃靼人的漁村古爾祖夫，先後到達雅爾達、利瓦季亞、阿魯布克和塞凡堡的郊外。

當時是春天。在大草原上發霉了一個冬天之後，克里米亞儼然是個天堂。塔拉寧契夫的妹夫菲多在寫回家的信上說：「我用一種美妙的方式度過五一勞動節。首先，因為完成了指揮官分派給我的軍事任務，我獲頒紅星勳章。其次，我們喝掉的許多酒讓我們樂不可支。」他是在宴會的一整星期之後寫這封信，但他補充說：「我要到了明天才會清醒到足以繼續追擊敵人。」[106]他喝的酒不只是本地貨色。自一九四一年以後，高階德國軍官就常常到克里米亞度假。為了幫助他們放鬆，他們的副官從阿爾薩斯、香檳和萊茵河輸入最頂級的佳釀。緊急撤退時沒人有空把它們打包帶走，所以當紅軍去到德軍幾天前撤出的地點時，像菲多之類的紅軍軍官就能縱情暢飲陳年「麗絲玲」。就像很多其他紅軍戰士一樣，這個年輕人發誓將來一定要以克里米亞為家。

只不過現在不是假期。敵人仍然控制著塞凡堡。每多一公里的腹地落入紅軍手中，就有更多潰散的德國國防軍和他們的羅馬尼亞盟友逃入塞凡堡。五月初，防守塞凡堡的德國第十七軍團指揮官耶尼克對於他的部隊是否抵擋得住紅軍即將發動的攻擊表示懷疑。他隨即被撤換，由更忠貞的納粹黨人阿曼丁格取代。希特勒下令死守，不許投降。當初大戰爆發時，塞凡堡堅守了兩百五十日，現在面臨再一次的圍困。它是不是有充分準備，馬上就會見分曉。五月五日，也就是耶尼克被撤職的兩天後，蘇聯展開了攻擊。

第一輪猛攻來自北面。五月七日，第二波攻擊向著名的薩蓬山推進：這個地名會讓人聯想起奔跑到這個高地的馬匹如雨般的汗水。[107]不到一百年前，當英法部隊在克里米亞戰爭面對托特爾本指揮的俄軍時，山谷四周回響著不停歇的砲火聲，瀰漫的煙塵不時會散去一剎那，讓一條金穗帶或鋼鐵閃光閃過眼前。這一次，大地因為喀秋莎而震動。火箭砲攻擊之後輪到步兵上場。他們有些是專業戰士，有些只是小孩子；有些是共產黨員，有些是懲罰營隊員。不過，他們大部分都不同於一九四一年入伍那些裝備差和訓練不到位的新兵。這支一九四四年的部隊懂得作戰，而且裝備精良。蘇聯工業讓他們的子彈腰帶滿載子彈，美國的租借為他們提供了運輸工具和罐頭食物。現在，拾荒者隨便就會在紅軍士兵屍體之中找到手錶、刀子、鋼筆和吉列刮鬍刀。就連他們的軍靴現在也常常比德國人的更好。[108]

塞凡堡港口不到一星期便失守。一個敢面對現實的領導人也許會讓剩餘的德國部隊撤退，以免全軍覆沒，但希特勒仍然拒絕讓出他的獎品。現在，面對蘇聯的推進，城中群龍無首的守軍陷入恐慌。有些人設法擠上僅有的船隻，向西逃走，有些則背對著千瘡百孔的港口投降。其餘的人沿著海岸逃往赫爾松的古代遺址。它的山頂廢墟成了殺戮戰場。蘇聯人把德國殘兵圍困在石灰石山岩上，用各種火力猛轟他們。那些沒有在灰色煙塵中倒下的人會在跳入海裡之後溺斃。戰後幾天抵達現場的韋斯形容這地方「陰森恐怖」。「『土牆』前方和再過去的所有地區布滿幾千個彈孔，受到喀秋莎火箭的燒灼……地上滿布著德國的步槍、刺刀，還有其他武器和彈藥。」散滿一地的還有「數以千計的各種紙張，有照片，有護照，有地圖，有私人信件，甚至有一本尼采的作品，想必是某個納粹超人自始至終帶在身邊。」[109]各家估計的死傷人數有所出入，但德軍應該至少有兩萬五千人在這一役戰死或被俘。[110]

解放克里米亞的工作在五月十三日全部完成，但至少有一群蘇聯公民不會歡慶太久。韃靼人（他們可以宣稱是斯基泰人、哥德人和希臘人的後裔）在克里米亞務農維生已經至少六百年。[111]十八世紀開始定居此處的俄國人從來沒有帶給他們什麼好事。他們的效忠對象、他們的建築和他們很隨興的伊斯蘭信仰，都讓他們和黑海對岸的土耳其人更加接近。就像任何地方的農人那樣，韃靼人中間的農民也痛恨集體農場。一九四一年，他們有些人把德國入侵視為一個擺脫蘇聯箝制的機會。雖然有數以千計的韃靼人在紅軍服役，但有些留在家鄉的韃靼人歡迎德國人，視他們為解放者，或至少視他們為史達林獨裁政權的一個替代方案。與此同時，一些被德軍俘虜的韃靼人士兵為了生存別無他法，只能加入反蘇聯的韃靼軍團。[112]克里米亞的全部韃靼人在赫爾松之役的僅僅一星期後為此付出代價。

一九四四年五月十八日晚上，數以千計的韃靼人家庭在日出幾小時前被敲門聲驚醒。他們打開門之後，看見來者是拿著槍。在紅軍消滅掉克里米亞最後的德軍之後，數以萬計的內務人民委員部士兵被調派到韃靼人居住的鄉村聚落和海岸農村。現在這些警察命令韃靼人火速收拾細軟，十五分鐘內帶著行李和小孩到路邊集合，等待吩咐。很多韃靼人看過納粹在一九四一年做同樣的事，當時當地的猶太人被集中起來，每人只帶一個放著衣服和食物的硬紙板盒。被驅逐的一個韃靼人後來回憶說：「我們全都以為我們將會被殺。」諷刺的是，這一次持槍逐人的是蘇聯同胞。

約有二十萬人或四萬七千個家庭——大部分都是婦女或較年長的男人——被驅往火車站，關在運牛的火車車廂裡直到天亮。[113]這個過程迅速而有效率。事實上，內務人民委員部的部隊早有這方面的經驗。他們用來把韃靼人運往東方的火車車廂是剛完成其他運輸任務，包括用來放逐車臣、印古什、卡巴爾－巴爾卡利亞共和國的山民。[114]由內務人民委員部首腦貝利亞策劃，放逐韃靼人的過程相當順暢。據目擊者所述，火車廂裡仍然留著前幾次運送的人群的糞便和乾血。[115]如果乘客幸運的話，火車會在中途停靠，把熱死、渴死或因斑疹傷寒而死的人抬下車（斑疹傷寒很快在火車上擴散開來）。據信約有八千名被放逐者死在不通風和散發惡臭的車廂中。其餘的會在到達中亞之後從零開始建立新生活。他們會發現自己不太受歡迎，因為當地人（同為穆斯林和蘇聯同胞）相信一個說法：所有韃靼人都是叛徒。

有些被驅逐的人確實是通敵者，有些支持過納粹政權的建立。[116]但他們也有很多人心繫蘇聯。好些游擊隊成員——例如第五游擊旅的政治軍官阿赫梅托夫和伊薩耶夫——自一九四四年四月一直在幫助紅軍。至少有四個蘇聯英雄——他們全因為一九四三年十一月登陸克赤有功而獲頒勛章——同樣被關在火車廂裡。[117]在前線作戰的士兵的妻子、父母和子女也一樣，更不用說是那些戰死將士的家眷。有些白俄羅斯士兵（例如菲多）渴望戰後可以到克里米亞建立新生活，但同一支軍隊裡的韃靼人將會很快發現自己無家可歸。

一個在克里米亞度過大戰的女游擊隊員回憶說：「森林裡有三十四個不同的民族，大部分人是俄羅斯人，但也有烏克蘭人、白俄羅斯人、克里米亞人、希臘人、亞美尼亞人、喬治亞人、斯洛伐克人、捷克人和西班牙內戰時期的西班牙老兵。我們極其小心謹慎，不對他們做出區分。」她的自我身分認同是「蘇聯人」。這種身分在她所居住的政治宇宙裡最說得通，可以喚起民族團結、平等和無產階級正義的夢想。它也符合政府的官方路線，符合新聞局的政治宣傳。但是到了大戰結束時，卻有一百六十萬蘇聯少數民族的成員被挑出來抹黑，驅逐出祖居地不到幾年，他們將會有三分之一人離世。

★第八章　狂喜、悲痛和汗血

四月和五月的克里米亞天氣溫暖，但在其以北超過八百公里的白俄羅斯，吹過沼澤的風仍然冰冷刺骨。在一九四四年，那個稱為白俄羅斯的國家儼如沙漠，被兩支軍隊和三年的戰爭蹂躪成為一片荒場。別洛夫在這片冰雪和泥巴覆蓋的地貌中被困了近半年。身為軍官，他不能對他的住處抱怨。他住的是用圓木搭成的小屋，不是會滲水的地下屋。另外，和部下不同，他獲得充分的食物和取暖燃料供應。但白俄羅斯冬天的單調讓他心情憂鬱，一望無際的松樹和腐臭沼澤讓他彷彿身處船難。他煩悶、冷漠和焦躁不安。為了打發時間，他讀了一些傳記，第一本是拿破崙傳。一九四四年四月，他讀完他的第二本傳記，主角是一個在博羅金諾作戰陣亡的喬治亞將軍，名叫巴格拉基昂。如果別洛夫知道莫斯科接下來會派他從事什麼任務，一定會大呼巧合。

他即將要參與的「巴格拉基昂行動」是整場大戰中最大的會戰之一。在西面的極遠處，艾森豪指揮的盟軍正準備發起他們自己的大規模攻擊（稱為「大君主行動」），要強渡英倫海峽，入侵法國。但是論規模，蘇聯要把德軍趕出白俄羅斯的計畫並不亞於諾曼第登陸。它的代價也更高昂，終究來說更加關係重大。計畫在夏天初期已經制定，卻因為補給和後勤的無數難題而一延再延。最終，因為一個意料之外的巧合，戰鬥在六月二十二日打響：這一天剛好是希特勒「巴巴羅薩行動」的第三週年。[1]就像「巴巴羅薩行動」一樣，「巴格拉基昂行動」將會像一場風暴那樣刮過白俄羅斯。要不是前有史達林格勒會戰和後有庫斯克會戰，「巴格拉基昂行動」——史達林用自己的喬治亞同鄉來為這行動命名——也許會被認為是整場大戰中最重要的轉捩點。

事實上，「巴格拉基昂行動」幾乎完全沒有得到歷史學家如同對待史達林格勒會戰和庫斯克會戰的重視。一個重要理由是，在歐洲和英語世界，它被同一時間發生在法國北部的大戲搶去風頭。另外，「巴格拉基昂行動」也被發生在它之後的一連串勝利蓋過，就像它不過是一個雄偉的前奏。不過最重要的是，在這行動中作戰的軍隊雖然仍是紅軍，卻再也不能假裝是英勇的弱者。在「巴格拉基昂行動」之前，蘇聯部隊仍然在努力解放自己的國家。但在「巴格拉基昂行動」之後，他們卻有了征服之師的態勢，摩拳擦掌要向西進入歐洲，讓人（至少是讓中歐人）聯想到蠻族大軍。蘇聯衛國戰爭的故事如果有一個快樂結局，講述起來會容易得多。然而，與時代的野蠻氛圍一致的是，在「巴格拉基昂行動」之後所發生的事並不是童話故事的材料。

自一九四一年之後，朱可夫和他的同僚學到了許多。「巴格拉基昂行動」的規劃顯示出他們已經變得眼界宏大，在協同作戰、保密、欺敵和詳細的戰術準備上有了長足進步。到了這階段，紅軍也是歐洲武備最佳的陸基軍力。在那個春天部署的無數噸武器中，前線每一點六公里平均有三百二十門火砲。[2]然而，和通向庫斯克會戰的那幾個月比起來，「巴格拉基昂行動」的背景並沒有少一些激烈，對人的身心也沒有少一點苛求。它最大的奇蹟是那些作戰了幾個月甚至一、兩年的士兵，

中央方面軍的士兵在戰事結束候補眠。一九四三年。

還能夠振奮身心，投入戰鬥。

那個冬天，大部分士兵都處於困惑、疲倦和震驚之中。樂觀的德國間諜在一九四四年一月向他們在柏林的主子報告說：「夏天和秋天的愛國熱情正在消退。」普通士兵大多希望趕快恢復和平。他們看來只希望把法西斯主義者趕出蘇聯的土地。把這場仗帶到國外，為奪得別的土地而戰——這些目的不值得他們在戰壕裡待上另一個冬天。[3]年長一點的士兵都渴望回家，而新徵召的士兵（很多都不是俄羅斯人）一般缺乏一九四一年的愛國者為明確目標而戰。每個人都有理由抱怨。他們很多人身上都帶著傷（這些傷將會困擾他們一生，減短他們的壽命）。另外，戰爭改變的不只是他們的身體。到了這階段，戰爭已淹沒了他們的思想，改變了他們的語言，扭曲了他們的品味。戰爭讓他們筋疲力竭，有本領在溼冷的戰壕或坦克的車背上睡著。事實上，他們在任何地方都能睡，卻沒有太多能睡的機會。自去年秋天以來，大部分前線部隊幾乎不曾休息過。

對活下來的人來說，庫斯克令人陶醉，而向著奧廖爾和卡爾可夫的進軍則是英雄們的推進。九月曾經有過一個歇息時段，有時部隊甚至會在同一個地方停留幾天，讓士兵們有時間寫信或修補軍靴。別洛夫在九月九日寫道：「我給了我的虱子睡覺的機會。」幾個星期以來第一次，他坐了一整個下午。戰爭還沒有停止，但現在作為一名參謀軍官，他的職責是規劃戰鬥。他討厭這工作，渴望作戰和經驗腎上腺素的另一次急升。[4]就像他對戰爭反感那樣，他現在也對戰爭成癮。但他在接下來幾個月將會有大量作戰任務。到了十月，別洛夫的師抵達索日河——這條河向南穿過戈梅利，流入聶伯河。「我們將要在白俄羅斯境內作戰。」他指出。到了十一月底他們幾乎到達了聶伯河。這是一次進展，是邁向勝利的另一步，然而情況依舊悲慘、折磨人和艱難。他在十一月二十八日寫道：「我們將在樹林和沼澤度過冬天。我們在十點發動攻擊，二十四小時內推進了大約六公里。我們沒有彈藥和砲彈。食物不夠。後勤單位落後了。有很多人完全沒鞋可穿。」[5]

別洛夫的抱怨赤裸裸地道出了集體的悲慘概況。紅軍正準備做出在自己領土上的最後一擊，但許多部隊狀態都很悽慘。他們在抵達歐洲之後將會給人極端怪異的印象，因為他們渾身骯髒、發臭和頭髮篷亂，但這並非他們所願。他們不會多想自己的可憐相，因為那已經成為生活的一部分。到了一九四三年年底，像虱子、關節疼痛和未癒膿瘡之類的日常現實，對他們而言已經是再熟悉不過了，實在不值一提。前線士兵很少有機會看牙醫，儘管有很多城市長大的年輕人在最初一兩星期會對難於買到牙膏感到不適應。到最後，就像其他人一樣，他們習慣了一種不同的口腔。就像痔瘡和結膜炎一樣，牙痛也列在士兵必須安之若素的惱人事物的名單上，一如他們對待老鼠那樣。在三月和四月，未治好的傷口和牙齦流血導致了第一批的壞血病病患。當庫房只剩下茶和乾蕎麥的時候，來自莫斯科的命令也變不出大白菜來。早春是最糟糕的時間，當時漫長的冬天剛過，但距離第一批綠色作物能生長還有一段很長的時間。另外，早春（在克里米亞是三月底，在白俄羅斯是五月）也是爛泥巴的季節。

一如既往，遷徙的雁群在四月向東掠過普利佩特沼澤，前往築巢地點。別洛夫聽見了雲雀的叫聲。不過有三個月時間，他和他的部下待著不動，等待命令，「像鼴鼠那樣」挖土。[6]他們目前只是處於暫停時期，而不是休息時間。一個原因是他們仍然必須不停搬來搬去，雖然每個地點就像上一個地點一樣讓人不愉快。另一原因是，他們仍然要面對敵人大量的砲彈轟炸。「弗里茲們不讓我們探出頭來，」別洛夫抱怨說。「不管是什麼東西都遭到砲轟，甚至晚上從一棟建築物走到另一棟建築物都會有危險。」讓人不愉快的還有溼漉漉。「一切都在融化。大量的爛泥將會出現，不到六月清不完。」[7]他所言為真。他在四月寫道：「時間再次過得緩慢，日子沒完沒了地拖沓著。沒有什麼比防禦更讓人討厭。」[8]

春天的無所事事（或者說，那一輪又一輪沉悶的演習和訓練）讓負面思想浮上心頭。不管接下來幾個月會發生什麼事，晚冬和春天幾乎對每個人來說都是黯淡的。一份德國的情報報告宣稱：「推動軍事進展的熱忱仍舊未能產生。」士兵的不滿情緒表現在要求放省親假、毆鬥和自殘。[9]別洛夫任由自己意氣消沉，一種夾雜著對自己被浪費了的人生感到忿忿不滿的倦怠。「這段時間我對戰爭有一種很強烈的倦怠感。我猜一定是因為我每晚都夢見家人和戰前的生活。但那當然是沒有用的。戰爭不會在這個冬天結束。我的頭很痛。」一個月之後，他在寫回家的信中表示，他從未有過如此這般的漠不關心。[10]就連解放諾夫哥羅德和列寧格勒最終解圍的消息，都無法讓他真正開心起來。駐紮在烏克蘭的葉爾莫連科也有一樣的感覺。他在五月寫道：「打了三年仗之後，蘇聯軍人在身體和精神上都累了。」[11]

這一類疲累太過尋常，不足以引起醫學關注。那個春天，別洛夫得了重感冒，但醫生只讓他住院三天。他們有太多肺結核病人需要治療，沒空把時間花在肺部健康的人身上。對心理苦惱問題的醫學態度也同樣粗疏，更遑論是對「創傷後壓力症候群」之類的複雜症狀。紅軍醫務兵對「創傷後壓力症候群」的陌生程度不亞於對布爾喬亞的歇斯底里傾向。一代人之前，俄國人曾經領先世界，藉助發生在巴爾幹和遠東的衝突來理解戰爭的壓力，然而個人創傷就像個人欲望一樣，對史達林主義來說是個陌生的概念。[12]士兵是集體的一部分，保持良好的士氣是他們的責任，不是他們的權利。那些抱怨、裝病或顯示懦弱跡象的人很有可能會受到懲罰：被處決或送進懲罰營。

紅軍在這場戰爭中不把精神病學當一回事。這表示有關這方面的紀錄少之又少。因為沒有紀錄，我們很容易忽略紅軍就像他們的盟友，也會受某些情緒的困擾。不同軍隊士兵所受到的心理壓力是一樣的，有差異的只是他們看待心理壓力的方式。別洛夫不會想到他的冷漠是「久戰勞傷」（battle strain）的徵候，也不會想到軍中流行的自殺和各種「意外事件」是戰爭的拖沓所帶來的創傷的結果。[13]與它的英國和美國盟友不同，蘇聯當局唯一承認的精神障礙必須有明顯器質性原因。其他的症狀則全歸咎於軟弱和個人缺憾所致，是應該掩蓋起來的羞恥。數以千計的士兵因為筋疲力竭和反覆的壓力而變得軟弱，而在戰場上以逃兵罪加以處決。[14]其他心理傷員在被殺之後紀錄消失：他們太過疲累，頭腦太過混亂，以致活不過另一輪的砲轟。精神創傷非常真實，但只有情況最極端的那些（包括在被徵召入伍之後導致思覺失調症者）受到承認。[15]在紅軍的兩千萬人作戰部隊中，只有大約十萬人最終被認定是永久性心靈傷員。[16]

對在這場戰爭中工作的醫生來說，「創傷」意味著身體損傷，意味著腦震盪或腦挫傷。在一九九六年所進行的訪談中，我無法說服一群退休的軍醫相信，除了每個士兵都感受到的筋疲力竭和暈頭轉向外，還有其他種類的戰爭恐懼（battle shock）存在。意味「砲彈傷害」的「挫傷」是一個他們可接受的詞語，但他們從沒聽過現代西方意義下的「創傷」。因為聽錯了我的發音，他們要求我解釋我提到的「戲劇後壓力症候群」＊是什麼。[17]他們的驚訝不難解釋。他們當日的教科書並沒有提到心理創傷這回事，而他們的醫生同仁或作戰將士的回憶錄裡也沒有提到。恐慌是軟弱的表現，是一種該羞愧的狀態，所以就像醉酒和犯罪那樣不容被寫入戰爭的歷史裡。

軍醫在戰地的無知（他們大多是一九三〇年代受訓，甚至是倉促完成訓練）反映的是一種蓄意的政治選擇。在前線後方仍然存在擁有各種必要專業知識的專家，他們的見多識廣不下於美國或英

＊他們把 trauma 聽成 drama。

國的任何人。他們當中較年長的一些在一戰期間曾領導歐洲學界就戰爭壓力進行辯論。晚至一九四二年，仍然有一些對戰爭恐懼的高層次討論（一或兩場會議）[18]，但這種觀念從未傳至前線的醫療團隊。事實上，並不存在方面軍或軍團層次以下的精神醫學人員。[19]一個理由是資源不夠，另一個理由是軍事心理學在史達林崛起之後轉了一個彎。大部分實驗都是為了向「泰勒主義」看齊，是致力於讓士兵在心理上適應他們將會操作的機器或武器。戰爭被認為與服從於大量生產適用於同一批規則。[20]人員和武器被認為可以和諧運作。在這種思路中，歇斯底里沒有存在的餘地。

但有些症狀是不能忽略的。那些患有緘默症、抽搐症或神遊症的士兵無法在隊伍中站好，更遑論是組裝大砲或操作精密器械。這些人一般會被留在前線附近治療，一個理由是較大的醫院擠滿了受傷或垂死的人。醫療方式都是最簡單的。注射看來總是有幫助：對於沒有醫學知識的農民來說，注射有著神祕力量。再來是讓這些人多睡覺。這種方法被認為可以讓病人很快康復，不然至少可以恢復至足以參與戰鬥。這一招在很多情況中都是有效。另外，及早發現問題（這只有在前線才可能辦到）也同樣有幫助。

但有些病人仍然拒絕康復。那些需要更長時間休息的人有可能會被分派到大後方的營地或運輸站工作。他們做管理庫房、抬擔架、清潔打掃或煮飯的工作，但只有極少數人有機會入住精神病房。要能夠住進精神病房，病人需要經過幾星期的檢測和「治療」，包括接受電擊和用溼毛巾引起一種溺水的感覺（用以測試病人的症狀是不是不受意識控制）。[21]這些初步步驟預示了精神病病房的嚴酷世界。對那些通過診斷的人，人生將會是悲慘、飢餓和沒有愛，鎮日在藥物的作用下昏昏沉沉。[22]

在前線，沒有被官方認定是問題的問題很快就會消失。在這個意義下，蘇聯應付創傷的方法很有效率。美軍對精神病症狀非常在意，所以美軍士兵因為出現精神症狀而被解除作戰任務的情況，是紅軍的四到六倍。[23]史達林的士兵認知到，戰爭壓力不是用來抱怨筋疲力竭、恐慌和失眠的最佳理由。身體受傷（精神創傷很快就會尾隨而至）是更有效的獲准退伍方法，至少可以讓人在軍醫院裡分配到一張床。一個老兵回憶說：「當時我們只有一種想法，那就是儘快受傷，以便可以住進醫院，不然至少可以獲得一段休養期，暫時休息一下。」[24]幸運的人可以逃過永遠殘廢的命運，但在一九四四年春天的白俄羅斯前線，就算是那些數以萬計被認為是健康的人，鮮少是完好無缺的。

前線文化不得不發展出空間去容納筋疲力竭的人、害怕的人和有攻擊性的人。與此同時，它也是罪犯的寄存處。本來有一列又一列的火車把謀殺犯和小罪犯從「古拉格」源源不絕地運送至西部來補充兵員，而現在，更是把所有被定罪的罪犯——包括模糊地被稱為犯有「反革命罪」的人——幾乎全送到前線附近，讓他們在懲罰營裡服滿刑期。[25]最初，這些人的編制是和紅軍的其他部隊分開，但後來罪犯和懲罰營隊員有時也會被分發到正規單位執行危險任務，特別是到敵後進行突襲。[26]這讓罪犯的文化和語言在軍中大行其道。報紙也許會稱這些人為英雄，但當他們聚集在前線的時候，他們的言行風格是奴隸的言行風格，不然就是受刑犯的言行風格。[27]不只是一九四一年的愛國狂熱開始褪色，嚴格的共產主義價值觀也在其他價值觀的崛起後逐漸消失。

暴力無處不在，端視士兵們接到的是什麼軍事命令而定。不戰鬥時，他們就可能會為了戰利品、酒、地位或女人爭吵。最常見的後果就是鬥毆，但有時候屍體會留下來給當局處理。死者也許是天剛亮時被發現頭被轟掉，又或者是被步槍槍托毆擊致死。[28]有時候，就像德國人蓄意放火燒農村來製造恐怖氣氛，紅軍也會因為慶祝而向乾草堆開火。[29]這常常是酒精在推波助瀾。很少人喝酒是為了品嘗酒味。現在，喝酒的目的（一戰時候的「湯米」們〔英國大兵〕完全了解箇中原因）只是為了麻痺腦袋，讓自己可以在不離開崗位的情況下擺脫戰爭。[30]有些作戰單位的士兵把他們的伏特加配額集中在一起，讓其中一個人喝掉（大家輪流當這個人），好讓那個人可以醉上一整夜。[31]

酒的重點在於酒精濃度而非品質。崔可夫在波蘭攻陷每一個納粹營地之後，都會命人把藏酒的地窖密封起來。但有時候他會到得太晚。有一次當他巡視一個酒窖時，發現一個砲兵團的駕駛已經翻看過一箱箱的葡萄酒。「我找不到任何夠烈的酒。」那個人喃喃自語說。他打開的每個箱子都是裝著上好的香檳。他抱怨說：「我已經打開了六箱酒，但全是起泡的玩意兒。」[32]為了表示不屑，他拿起一瓶香檳往地上倒。不過士兵們雖然敬謝進口葡萄酒，卻會喝任何聞起來像烈酒的飲料，包括「私釀酒」和防凍劑。一名中尉表示：「當我們的士兵找到了酒，就會完全喪失理智。在他們喝完最後一滴以前，你不可能指望他們會做任何其他事。」在他看來，「如果我們不是爛醉如泥，會早兩年打敗德國人。」他說這話的時候是一九四五年。[33]

犯罪也隨著士兵們的自信大增而增加。到了戰爭的現階段，犯罪的規模已經大到讓人瞠目結舌。物資供應情況的改善就像是在引人犯罪。這種勾當是從上層開始。根據軍隊巡視官的報告，在一九四三年一月到一九四四年七月間，前線地區有「很大比例的軍官」從事大規模的侵占和投機活動。數字本身（這些數字是根據「不完整的資料」而且只涵蓋一九四四年頭六個月）就道出了精采的內幕。當時紅軍還駐紮在蘇聯領土，從德國人大量奪得戰利品還是幾個月後的事。然而在那半年間，光是被查到的軍官侵占物品就包括了四百五十萬盧布、七十噸麵粉和麵包製品、二十二噸魚和肉、五噸糖、四千八百七十二臺器具、三十三噸汽油、七輛汽車和「其他價值兩百萬盧布的軍事物資。」[34]

這個總數字讓人側目，但一連串的個案顯示它被嚴重低估了。這時期，食物在大草原上每個飢餓的村莊裡等同於貨幣。已經成為蘇聯軍官的科佩列夫沉思道：「在家鄉，有些農村被火灶般的戰爭掠過，有些農村（這是從遠處看不見的）被吸乾了麵包和血。在那些地方，能有一塊糖是一件不可思議的事情，而小孩子們（有著一雙大眼睛和一張蒼白的臉）咀嚼著一些天曉得用什麼做成的泥黑色苦麵包。」[35]因為庫房裡有了多餘物資，第二〇三後備兵團一群軍官挖空心思給自己牟利。一九四三年秋天，他們有兩個月從士兵們的膳食中汙了三十四噸麵包、六點三噸糖、二點六噸脂肪、十五噸粗麥粉和兩噸肉。這些物資所賣得的錢被用來提高軍官們在軍營中的奢侈享受。就像一份有關犯罪活動的報告所說的，在軍中，「喝酒、狂歡和盜竊蔚為平常」。[36]

翌年六月，烏克蘭第一方面軍一些坦克軍官更大膽的貪瀆東窗事發。侵占只是其一，另一部分是賄賂。看來，戰地的軍官非常熱心巴結他們在首都的上級。涉案的少將為了仕途順遂，向莫斯科送上一系列的孝敬物品，光是其中一次寄運便包括了二百六十七公斤豬肉、一百二十五公斤羊肉和一百一十四公斤牛油。另一次，他的禮物包括五頭活山羊。與此同時，那年六月在第一方面軍庫房裡不見了的東西包括一萬五千一百二十三公斤的肉、一千九百五十九公斤香腸、三千公斤牛油、二千一百公斤餅乾、八百九十公斤硬糖、五百六十三公斤湯、一百件冬天外套、一百件長大衣、八十件毛皮背心、一百雙毛氈靴和一百雙軍靴。[37]這一類向軍事法庭提交的報告每星期都會看到，甚至每天都會看到。這證明了犯罪集團規模龐大和組織良好。然而，紅軍又是一支幾乎每個連都至少安插了一個間諜的軍隊，所以這些報告同時證明了貪汙現象已經擴大到了安全警察。他們無疑也是樂於收受活山羊和牛油。

當然，沒有一個老兵會提起這種往事。盜賣是另一個時間和集體記憶會掩蓋的幽暗真相。盜賣引起的短缺也是招致不滿的來源之一，一個可能會喚起不好回憶的恥辱，所以在戰爭的光明記憶裡毫無位置。輸家自然是獲分發物資變薄的士兵。他們每天要忍受清水般的湯、沒加糖的茶和不能賣錢的大塊軟骨。即使有飯可吃，可能沒有可用來吃飯的碗和調羹。[38]每個人都了解後備部隊應該要過得差一點，但即使是在前線的士兵，有時也會遇到整天沒有熱食或沒茶喝的情形。[39]抱怨有可能會讓一個士兵背上發表反蘇言論的罪名。內務人民委員部的軍官會臉不紅、氣不喘表示：「經過檢查，食物符合要求的標準，分量也完全和當前的規定一致。」[40]對此，士兵們只能用大白菜湯噎住自己的怒氣。記錄在案的犯罪數字掩蓋了事實，[41]因為如果每月報告的整體數字是可信的話，那麼部隊裡曾經因為犯罪（犯行不拘，包括盜賣）而受到訓誡的人會不到一成。[42]果真如此，士兵們的抱怨就是沒有根據的，他們的軍官如此宣稱，不過，這部分是因為高犯罪數字主要反映出了「政治指導員」和他們上級的作為。當有人承諾送你一箱沙丁魚，那麼低統計數字的誘惑自然難以抗拒。

與此同時，普通士兵發現有很多方法可以讓他們免除飢寒。一個方法是偷竊，那是對尊嚴的一種補償。另一個方法是向在地人強索豬羊。自助（可以訴諸很多形式）稀鬆平常。當朱可夫在為重大攻擊作準備時，白俄羅斯的紅軍士兵每天都有一定時間在農場工作，負責鬆土和把一車車的小豬載到農場養肥。[43]一如往常，雖然有仗要打，農活被認為是士兵工作的一部分。只不過到了現在，農活已變得有利可圖。農場貯有穀物和養了大量的雞，還有可供屠宰的較大型牲畜。除了牛欄以外，廣闊的野外也有很多免費食物。一九四四年夏天，由於白俄羅斯發生了太多打獵意外，第十一近衛軍團的士兵被禁止打鹿和其他野生動物。[44]

那些穿破了的靴子和長大衣同樣有需要替換。「我的靴子四分五裂了。」葉爾莫連科在一九四四年七月哀嘆說。他距離供應美國的租借物品的站點很遠。但他人在白俄羅斯，而且正在作戰。買一雙靴子是一個選項，找一具穿著好靴子的屍體或戰俘是另一個選項。正如他自己說的：「我必須在那裡找到『鞋子戰利品』。」[45]有些士兵會用德國坦克的座椅皮革給靴子重貼鞋底，有些士兵會拿防水布布條修補外套。如果說紅軍在一九四四年春天的穿著看起來古怪，那麼他們至少可以從一件事情獲得安慰：他們的敵人大部分看起來比他們更糟。

這就是那個夏天準備向西進擊的那支大軍的模樣。它的參謀和軍官下達的命令是精準和有計畫的。前進供應基地和後勤供應基地都已經建立起來，滿載燃料、彈藥和大量食物。重型大砲毫無遺漏地安然運抵，因為它們太巨大，無法盜竊。其他軍備則端視參謀軍官的警覺程度而定。不過，每個人都卯足了勁。「巴格拉基昂行動」的準備工作儘管有些毛病和疏漏，仍舊令人望而生畏。[46]因為行動的成功主要取決於出其不意，所以幾乎一切物資的供應都是一式兩份，其目的是讓德軍相信，如果俄國人會發起攻擊的話，絕不會是在明斯克「陽臺」（直指柏林的突出部）。大規模的欺敵行動隨之展開：假裝調動部隊，在森林裡開闢假飛機場，把一些貴重的重砲拉到一些不準備展開砲轟的地點。真正的部隊只在晚上移動，部隊走過的路徑會加以清理，好讓坦克的履帶痕跡在第二天日出前消失。無線電通訊一律禁止。就連在沿途上一些露天地點洗澡的行為也被禁止。[47]這場行動將會被證明是一次巨大的成功，但對不知情的士兵來說，他們的移動只是——就像別洛夫一個煩悶夜晚在日記上所寫的——「一次老歌重唱」。[48]

別洛夫在六月十八日寫下幾乎是最後一段日記。除了積極規劃作戰，他已好幾個月幾乎沒有看見任何動靜，但當朱可夫在兩個最資深副手的陪伴下出現時，他知道漫長的等待已經結束。夜間移動開始了，緊張逐漸升高。他的部下既疲累又愛爭吵。「有理由相信，」別洛夫寫道。「我們會在六月二十一或二十二日發動攻擊，那湊巧是戰爭的第三週年。有意思的是，六月二十一日也是我們渡過聶伯河之後的第四個月。出於某些理由，我最近感覺我的體力很差，勇氣也幾乎完全潰散了……還是沒有收到家裡的來信，一定是被魔鬼偷走了。在這方面，我非常能忍耐，因為我們即將上戰場，然後我將會忘記一切。整件事情讓人不快，並且非常奇怪。」[49]這不是他所寫的最後日記，但從那天開始，他再沒有時間寫日記。

★

「巴格拉基昂行動」包含沿著蘇聯西線發動的五場各自獨立但又互相協同的作戰。雖然最重要

波羅的海第二方面軍的機槍手涉水過河。一九四四年。

的戰鬥是進攻明斯克和在白俄羅斯向西推進，但第一場戰鬥是發生在北面，它瓦解了芬蘭人的最後抵抗。稍後，在南面，隨著另一群軍團跨越喀爾巴阡山脈向西進攻，利維夫被包圍了起來。所有這些方面的推進速度都快得令人屏息。戰略性獎品明斯克在七月三日被攻陷。不到三個星期，羅科索夫斯基率領的白俄羅斯第一方面軍便越過邊界，進入了波蘭。

為了去到那裡，他們在沼澤裡用圓木鋪設道路。一路上，他們涉水或游泳渡過了很多條河流。每條他們占領的戰壕都埋設了地雷，會垮下來，充滿老鼠、大便和死亡的臭味。但他們將會面對和擊潰仍然在蘇聯土地上的最可怕敵人。僅僅十二天時間，德國中央集團軍失去了二十五個師和超過三十萬人。[50]紅軍的死亡數字也是數以萬計。朱可夫後來告訴艾森豪：「當我們去到一片雷區，我們步兵攻擊起來的樣子就像是把雷區當作不存在。我們估計，我們被反步兵地雷殺傷的人數會和德軍改用機槍大砲防禦同一片地區的一樣多。」[51]有些師，包括在莫吉廖夫附近作戰的那些，極其支離破碎，以致在七月底被迫撤退和重組[52]，但當時白俄羅斯的德軍已幾乎全部清除。

大多數紅軍將士在這場巨大風暴中都沒有多少時間寫東西。一個例外是葉爾莫連科。他的日記還是一貫的簡短，但它們現在都帶有共產黨人的口吻。「我們終於在我們的前線部分展開攻擊了。」他在六月二十二日寫道。蘇聯空軍現在獲得一隊駐紮在烏克蘭的美國戰鬥機支援，對德國的防線空襲了兩星期。在普利佩特沼澤上方的天空，紅星就像萬十字在整整三年前的那樣，享有絕對的控制權。地面上的部隊仍然在等待攻擊命令。對明斯克的攻擊（「巴格拉基昂行動」的核心戰役）以讓天地變色的砲轟展開。葉爾莫連科繼續寫道：「在十六點，數以百計的武器挾著龍捲風般的力量開火，數千噸熱燙金屬隨即被扔向德國人的陣地。不到兩小時，德國人的陣地就被一堵煙塵構成的牆壁所遮蔽。」敵人位於極遠之外，以至於這堵煙塵牆成了得知德軍戰壕和大砲陣地所在的唯一線索。那些大砲接著發砲還擊，整個前線被一團炎熱的黃色濃霧所吞噬。死傷人數一定極為龐大。但震動的大地和火焰的氣味就像是紅軍對三年前的羞辱的姍姍來遲回應。「每個人的情緒都馬上振奮起來。」葉爾莫連科指出，與那個月的德國情報報告的看法一致。[53]與前三年一些防衛戰形成鮮明對比的是，這是一次讓蘇聯士兵歡欣鼓舞的戰鬥。

紅軍在白俄羅斯能夠迅速推進，游擊隊居功匪淺。不過，莫斯柯文正在調理頸傷（這傷將會困擾他一輩子）。他的戰爭正在走向結束，不過，它將會有一個令人敬畏的結尾。紮營在莫吉廖夫附近的樹林，這位「政治指導員」自一九四一年就沒有見過戰鬥中的蘇聯部隊。現在他聽得見重砲的隆隆砲聲，看得見俯衝飛機上的紅星標誌。一切都前所未有，都如此壯觀。他記憶中的紅軍——一支屢戰屢敗的丟臉軍隊——已經脫胎換骨，成為了一個科技奇蹟。事隔長久之後目睹這一幕讓人熱血沸騰。他在七月四日寫道：「現在我們在蘇聯的後方了。紅軍像一場颱風那樣經過，敵人陣腳大亂地潰逃。四天前我們還在被占領的土地，但今天，前線已經在我們前方兩百公里遠。」紅軍的推進速度驚人。「就連德國人在一九四一年都沒有這樣厲害。」[54]

能夠參與這種規模的戰鬥是士氣大振的原因之一。有機會殺幾個弗里茲比乾坐著捉蝨子強多了。士兵們長久以來都渴望大幹一票，把書本和靴蠟收入包包。官員們把部隊的成功歸因於訓話和同志情誼。在發動總攻的幾星期前，政治軍官被派去以小組方式和士兵們詳細討論了攻擊行動的各個方面。他們也傾聽士兵們的心聲，聽取他們對家鄉的擔心和對未來愈來愈強烈的憂慮。這些談話的成功與否，視乎「政治指導員」和士兵們是不是能開誠布公。有時這種談話形同羞辱或浪費時間。不過有經驗的老鳥對身邊新兵的精神喊話通常很有用。崔可夫堅稱：「這些個人性談話意義重大。」[55]對士兵們更具體的誘因是俘虜德軍或打下德國飛機可獲得現金或放假獎勵。獎勵多寡各單位各不相同，但打下一架德國飛機有時可獲頒發一星期薪水，而俘虜一個德國軍官理論上可獲得放假兩星期的獎勵。[56]即使獎勵之說只是傳言，一樣可能振奮人心。有機會拿到額外薪水要比和「政治指導員」閒聊更吸引人。

大批德國國防軍放下了槍枝。最大幾群是蘇聯在七月包圍明斯克和博布羅伊斯克時的倖存者。

地區內有近一半的法西斯守軍（約四萬人）被殺。他們的屍體像掉落蘋果那樣散布在街道和溝渠，裂開和腐爛。剩下的德軍有五萬七千人，包括幾名高級軍官。自史達林格勒戰役之後，蘇聯已經學會怎樣讓戰俘保住性命，但他們仍然不可能指望活得愜意。大部分戰俘首先會被送到盤問營（常常是使用德國人丟棄的那些），再分發到全蘇聯各地，從事強制勞動。[57]不過明斯克的德軍受到特殊待遇。他們被趕上火車廂（內務人民委員部無間斷用了一整個夏天的火車廂），直接運送到莫斯科。一場獨一無二的展示正在籌畫中。

史達林想要讓世人知道，東線仍然存在著真正的敵人，諾曼第登陸並未減輕紅軍的壓力。來自單一場戰役的五萬個戰俘被用來說明這一點。這些戰俘就像古羅馬凱旋儀式的俘虜那樣，列隊在克里姆林宮的外面通過。他們步履輕快，二十人一排。儘管如此，大軍仍然花了三小時才走完。「他們有些人面帶微笑。」《真理報》的記者這樣告訴讀者。那些德國戰俘會微笑，大概是因為高興自己還活著，也可能是高興自己能夠像遊客那樣參觀俄羅斯的歷史心臟地帶——至少有些愛國者是這樣假設。不過，參加的觀眾卻無法不得出一個結論：德國已經破碎，俄羅斯是戰勝的強權。[58]受到政治軍官的助長（他們現在常常大談德國兵源嚴重短缺，需要動員少年人和病人），紅軍士兵們開始注意到他們的戰俘不再是德國的「風暴兵團（衝鋒隊）」。這些戰俘很多是半殘廢、營養不良和滿身膿瘡。他們有些是青少年，其他人是疲憊的店東或職員。在六月底，抓到了一些戰俘的葉爾莫連科寫道：「他們看起來全都可憐兮兮。他們的樣子像是銀行職員。很多人戴著眼鏡。這毫無疑問是德國全民動員的結果。」[59]

就像葉爾莫連科一樣，大部分士兵都相信德國已經戰敗在即。這個凱旋時刻是苦樂參半。祖國面對的威脅消失了。即使還被敵人占領的土地，其收復也是指日可待。就像大部分烏克蘭人一樣，葉爾莫連科從來沒有看過白俄羅斯的村莊。「他們大部分人都是說白俄羅斯語。」他帶點驚訝地寫道。從殘破的房屋到新掩埋的亂葬崗，德國人的惡行舉目皆是。不管紅軍士兵對他們的勝利有多欣喜，這欣喜總是夾雜著憤怒和憎恨。但還有其他情緒浮現。葉爾莫連科深信，地方人士歡迎他。他們的紅旗在他走過路上兩旁的殘破房屋上招展。這位士兵有了一個決定。「這些村莊的女孩非常漂亮。她們很多都穿著民族服裝。在戰爭結束後，我要回來這裡娶一個女孩為妻。」[60]

在南面遠處，另一個軍人——坦克軍官斯列薩列夫——也愛上了一個新的國家。他在給父親的信上說：「我寫信給你是要讓你知道我還活著，而且活得好好的。我已經有一段時間沒有寫信給任何人，因為我一直在趕路。我們日夜兼程，曾經四晝夜沒有睡過一覺。這個夏天，我途經很多地方。」[61]他最喜歡的所在是西烏克蘭，它的丘陵和果園讓他入迷。「那裡的大自然很美，有漂亮的城鎮和村莊，有豐盛的花園，有大量甜和酸的漿果。」與陰鬱的冬天大草原形成鮮明對比，利維夫四周的花園長滿魯冰花、萬壽菊和玫瑰，鮮豔一片，讓人宛如瞥見伊甸園。

問題是這些地方幾乎不是蘇聯的土地。收復奧廖爾之類的俄羅斯城市是一回事，但當紅軍向西行進時，經過的卻是一些史達林在一九三九年之後才兼併的領土。葉爾莫連科也許看不出來街上的年輕女子微笑中暗藏焦慮，但西白俄羅斯很多村民都不信任他們的所謂解放者。對他們來說，正在發生的事只是由一個帝國主子換成另一個。尤有甚者，他們業已知道紅旗是可怕的預兆。他們的農場還留著強迫集體化和大規模逮捕的新傷疤。西烏克蘭的情況要更糟。利維夫是烏克蘭民族主義的大本營，永遠都不會接受莫斯科的權威。民族主義者在戰前散播的訊息——一個超民族帝國一定會摧毀烏克蘭的高貴文化——看來已經從近幾年的事件獲得證明。利維夫目睹過一場又一場暴力：蘇聯人、德國國防軍、土匪、黨衛軍的謀殺小隊，以及游擊隊。對當地人來說，如今攸關重要的是逃出被奴役的命運。他們知道史達林會怎樣對待抗拒他統治的民族。

同一個故事稍後將會在波羅的海重演。在那裡，紅軍象徵著布爾什維亞霸權讓人痛恨的一切。焦慮的當地人喃喃抱怨：納粹至少趕走了共產黨，帶來過秩序。因此，很多人歡迎納粹，甚至為他們的種族主義、反國際主義、反斯拉夫和反猶太政策鼓掌。沒有人能忘記一九三九年的逮捕和放逐。沒有人能夠忘記不斷膨脹的監獄和行刑隊的槍聲。有大比例的愛沙尼亞人、立陶宛人和拉脫維亞人幫助過德國人，甚至幫助過他們的謀殺小隊，因為那看來是建立一種合宜的有秩序歐洲生活的方法。但現在戰局的演變讓他們感到無助和恐懼。雖然機會不大，但美國人不無可能比蘇聯人先一步到達波羅的海地區——這是塔林和維爾紐斯的居民那個夏天的夢想。那是對蘇聯勝利的怨言，也種下了未來的苦果。除了紅軍向北和向西席捲，來自東部的俄羅斯士兵將會接二連三面對敵視他們或不信任他們生活方式的居民。

★

史達林是在當年稍早為紅軍安排新任務。他在一九四四年五月一日的演講中證實，已經趕走四分之三遭到占領的蘇聯土地上的德軍。「但我們不能只以清除掉祖國邊界內的敵人為滿足。」他宣稱。「今日的德國部隊是一頭受傷的猛獸，必須爬回自己的巢穴去舔傷口。但一隻回到巢穴的受傷猛獸仍然是一頭危險的猛獸。如果我們想要解除我們國家和盟國被奴役的威脅，必須窮追德國猛獸，在他自己的巢穴對他施以致命一擊。」[62]「猛獸巢穴」的德文單字是 *berlog*，從這時開始，有些蘇聯部隊改用 *berlog* 來稱呼柏林。「到巢穴去！」的口號被用紅漆漆在很多T－34坦克車身上。德國情報報告指出，共青團團員和軍官特別熱中迎向這個新挑戰。[63]

前線報紙賣力說服士兵，任何向西推進都會是一趟刺激冒險。它也被形容為正當的復仇。當第一批部隊一越過邊界，報紙就開始刊登坦克人員和砲手在外國土地插上紅旗的照片。[64]所有這些政治宣傳並不是多此一舉。有一些強力抗拒需要克服。因為並不是所有俄羅斯裔士兵——更遑論是其他族裔士兵——都樂於跨越邊界。[65]像斯列薩列夫這樣的年輕人，因為心無罣礙，所以樂於處在像觀光旅遊的行軍之中。但是較年長的人（為人夫和為人父的人）和那些疲倦的人（身體和心靈受了傷的人）相信，只要把最後一批納粹從蘇聯的土地上趕走，他們就任務已了。他們不願意在那之後繼續戰鬥。世界上的其他國家長久以來都孤立著蘇聯，如今他們理應可以自己清理歐洲。這種觀點的後面隱藏著恐懼——還不只是對死亡的恐懼。紅軍雖然規模龐大，卻沒有人知道資本主義是什麼東西，因為他們沒有人見過它。三十年來，他們一直被告以，資本主義是一頭危險的怪獸，專門吞噬工人的幸福。跨過邊界之後所看見的景象將比登月後所見還怪異。

這種觀點在來自俄羅斯和其他東部國家的農民之間相當普遍，但最大的憤慨卻是由一群新入伍的人所表達，而諷刺的是，這群人對資本主義有著第一手的認識。他們是來自新近被解放的地區，即來自西烏克蘭和白俄羅斯的西部各省。他們是活過最黑暗時期的生還者，但現在卻被紅軍強行徵召，被迫發誓效忠蘇聯。這些新兵中有一大部分是在敵視蘇聯國際主義的民族主義傳統中長大的。[66]他們之中很少人對莫斯科有感情。他們很多是被迫入伍（甚至是被槍枝所迫）[67]，其他則是因為內務人民委員部的部隊威脅會對他們的家人不利。[68]這些新兵知道，他們很多俄羅斯同志認為，他們光是沒有在納粹統治下死掉就是一種必須用鮮血清洗的汙點。[69]現在，他們被迫在一支形同是外國軍隊的部隊中服役期不定的兵役。「他們被當成二等士兵對待，」一份德國情報報告說。「他們被貼上『西部人』（*zapadniki*）的標籤，如同戰俘一樣不受信任。」[70]

第一批蘇聯部隊在一九四四年春天開進資本主義世界。他們從烏克蘭西南各省出發，直趨羅馬尼亞。帶頭的精銳部隊是老練的戰士，但跟隨在後以壯聲勢的後備部隊樣子看似一隊難民。他們很少人有正式的入伍證明文件，也沒受過什麼政治或軍事上的訓練。他們不是昂首向羅馬尼亞挺進：有些人是用閒逛的方式，有些人是一拐一拐。在有些單位，多達九成的人沒有鞋子穿，更遑論有標準的軍靴。在其中一群士兵裡，有十五個人是穿著襯衫和內衣。抵達之後，他們軍紀散漫。不過，他們很多人事實上從未抵達，因為中途想要溜走太過容易。[71]那些留下來的人怨恨他們被暴露在危險之下，怨恨他們「在戰爭即將結束前」被派到前線[72]，但他們至少可望獲得一些補償。搶掠是艱辛的終極獎賞，是一個許多人抗拒不了的誘惑。[73]他們自己的國家幾星期前才被莫斯科的部隊收復，而現在他們卻紮營在另一個國家。重點是這一次他們是占領者。

羅馬尼亞不是普魯士。這次蘇聯軍隊第一次侵入外國領土不是一次復仇狂歡會。雙方的震驚也因為一個事實而沖淡：大部分紅軍將士都是借住在人口流失的鄉村地區的人家。布加勒斯特透出閃閃發光的誘惑，距離戰鬥還有幾個月之遙。這個時候部隊對意識形態的態度有點鬆弛，近乎有點厭煩。他們的政治軍官幾乎已經放棄要加強他們的蘇聯意識。[74]新聞局敦促要更多宣傳羅馬尼亞的殘暴，好在士兵們心中灌輸仇恨，但看來沒有人有心搞這個。事實上，有些單位將會好幾個月上不到一堂意識形態課。士兵們要麼是在戰鬥，要麼是紮營在後方，在那裡，戰爭的危險近乎一場夢。在有些地區，羅馬尼亞士兵放下武器，乞求蘇聯人不要開槍。[75]那個五月，第二五一步槍團的唯一傷員是那些在自己營地打鬧嬉戲時受傷的人。[76]正是在這個脈絡下，有些在德國人統治烏克蘭時候的前受害者將會測試他們從雅利安超人學來的技能。

摩爾達維亞葡萄酒將會扮演一個角色。一群蘇聯工兵在被派去重建羅馬尼亞的道路和橋梁期間，迅速讓自己有回到家的感覺。有一個軍官醉了整整十天。酒精解除了士兵們僅有的性抑制。當地婦女看見軍官持槍把他們鄰居帶走，很快便學會躲藏起來。兩個士官突擊他們營地附近一處村莊，要找尋女人，發現他們期望找到的妓女都已經逃走。一怒之下，他們射殺一對母女，企圖強姦她們鄰居。一個特別有心機的士兵假扮成情報人員，要求他區內的婦女前往他的辦公地點接受審查。他看中了其中一個女人並加以強暴，後來她被發現陳屍在一條戰壕裡，腦袋被一顆蘇聯子彈貫穿。五月有一晚，當局在小城博托沙尼進行突擊檢查，結果發現有一百個軍人（主要是軍官）在床上和當地女人燕好。[77]向平民偷竊和強索的事天天發生，但也有一些計畫性的犯罪勾當。一群懂得經營之道的軍人命令他們營地附近的村民給他們送來兩百隻羊。收到羊之後，他們又要求村民第二天早上再送來兩百隻。[78]毫無疑問，他們早已備妥運輸工具和買肉的市場（任何軍官都會這樣做）。

這一類事件引起政治委員的震驚。那個六月，莫斯科通過一項有關駐羅馬尼亞部隊政治教育狀態的特別決議。「政治指導員」們按照吩咐，把他們的教科書重新拿出來。[79]在羅馬尼亞的烏克蘭第二方面軍的例子，也被拿來警告其他人。在北邊遠處，在立陶宛城市考納斯，葉爾莫連科八月時上了一堂以羅馬尼亞亂象為戒的課。他事後寫道：「紅軍是正義之師，我們不是搶匪或掠奪者。當然，如果我們遇到武裝抵抗的話會予以摧毀。但我們不允許非法搶劫和謀殺。」問題是，在寫下這番話幾天前，他和他的「哥兒們」才「去拿了一趟戰利品」。[80]他們接到的命令看來讓人困惑。這些人周圍的世界業已受到侵犯和毀壞。每個人都失去了他們寶貝的東西。有時士兵們會接到命令，要他們就地自給自足。蘇聯公民本來就沒有多少財產權的觀念，而在飽受蹂躪的地區，這個觀念更是沒有多少意義。再來還有報仇的渴望，更不用說士兵們有他們的物質需要。「政治指導員」們是可以曉以大義，但就連他們對規定也不甚了了。而且，每天都有一輛輛貨車載著一箱箱掠奪品開向後方，往參謀人員的家裡送。

總之，一九四四年的晚夏是一個失去方向感和令人焦慮的時期。曾為解放自己妻女而戰的軍隊成為了一群暴民。新種類的人正在取代死去的人，但這不是唯一的改變。就連老鳥——庫斯克和奧廖爾戰役的英雄們——都面臨著想像不到的挑戰，一些他們抗拒不了的誘惑。筋疲力竭的士兵們帶著五味雜陳的心情掃視邊界。那是一種大開眼界，見過之後就不可能當成沒見過。就像科佩列夫將會學到的，更好的做法是對某些混亂睜一隻眼、閉一隻眼，只管享受人生。他回憶說：「那時我的胃裡灌滿法國干邑白蘭地，背包裡塞滿哈瓦那雪茄……它們起初讓你暈眩，但你慢慢就會習慣。不斷暢飲干邑、杜松子酒和利口酒，還有雪茄的嗆辣菸霧，看來可以讓我們在面對四周的下流齷齪事時保持泰然自若。」[81]

雖然每個人都是在不同時間越過邊界，但沒有人能忘記各自的感覺。每一個老兵都有一個故事可說。他們其中一個告訴我：「當我們看見那裡的房子時，我們哭了。好漂亮的房子，小小間的，全都漆成白色。」原是農民而現居莫斯科省的瓦西里耶維奇回憶起他怎樣被一群牛迷住。他寄住的那個農場那個夏天空無一人。農場主人就像其他數以千計的人那樣，聽到紅軍的第一聲砲聲就逃走了。玉米可以放生，它們會照料自己，牛群則已經有好幾天乏人照料了。瓦西里耶維奇欣賞牠們，觸摸牠們，感受牠們結實的肌肉。他開始為牠們擠奶。牛隻的低鳴聲是那段日子他記憶最鮮明的聲音。

他在戰爭結束前將會為很多其他牛隻擠奶，還會餵飼牠們。他回憶說：「那些牛很餓，而附近就有乾草。所以我就直接拿乾草來餵牠們。牠們必須吃東西。然後我想到，我可以讓牛廄的門開著，這樣，當我們走了之後，牠們就能自行進食。」私人農場讓在集體農場長大的瓦西里耶維奇感到入迷。「比較兩者很有意思。你知道的，我也是在農場長大。」他說。然後他突然住嘴，不想透露更多。就像其他數以千計的人一樣，他在戰爭中發現了一件真相，不由得讓人對共產革命和蘇聯夢產生懷疑。[82]當然，這種領悟在起初仍然是模糊的、不確定的，但它將永遠被記住。「兩相比較，資本主義農場比較富有。」他說。[83]

★

士兵們有各種不同的方式應付資本主義的真面目。有些人是嫉妒，有些人是被迷住。稍後，當他們進入了德國，他們的主要反應將會是憤怒。沒有人能夠明白為什麼富有的德國人要侵略他們東面的鄰居，為什麼擁有那麼多的人還想擁有更多。「我只想一拳砸爛所有的瓶瓶罐罐。」一個士兵這樣說。[84]不管去到歐洲哪裡，紅軍對布爾喬亞井井有條的生活和奇怪的財產觀念既著迷又反感。不過在那個夏天，紅軍遇到的布爾喬亞是羅馬尼亞人。他們固然是敵人，卻不是「帝國風暴兵」或百萬富翁。看見這些布爾喬亞過的好生活，引起士兵們的憤恨不滿，甚至引起他們的反蘇聯言論。他們說如果共產主義真的是那麼好，那為什麼這些農人的日子過得好得多？[85]不過，紅軍士兵並沒有縱火燒羅馬尼亞人的農場，但以搶掠他們為滿足。

波蘭的相對富有也讓紅軍吃了一驚。只不過它的鄉村備受蹂躪，沒剩多少可搶的。但隨著紅軍穿過波蘭的沙土平原和松樹林，他們被迫面對一個新的和同樣讓人痛苦的議題，亦即對他們所珍視的信仰的背叛。自大戰爆發後，國際主義便從史達林的詞令中消失，但隨著紅軍越過邊界，說他們肩負解放兄弟民族任務的神話再次恢復。理論上，波蘭人應該自視為蘇聯力量的受益人。作為納粹侵略下的受害者，他們渴盼被解放。這也是一九三九年九月英法對德宣戰的原因。不過在那時，蘇聯卻是希特勒的盟友，而波蘭同時被這兩個獨裁政權所瓜分。現在，紅軍和歐美民主國家並肩作戰，他們抵達波蘭理應值得波蘭人歡慶。法西斯主義者的占領畢竟是一個真正的噩夢。但波蘭人卻有很好理由懷疑史達林的居心。有這麼一個波蘭人至今還會說的笑話：一隻小鳥從天空掉到一堆牛糞中。有一隻貓路過，仁慈地把小鳥救起，不過接著很自然地把小鳥吃了。「這個故事的教訓是，」一個波蘭朋友向我解釋說，「不是每個把你從大便救起的人都必然是你的朋友。」

短期內，有些波蘭人會願意和紅軍並肩作戰。波蘭第一軍團一九四三年四月在蘇聯的土地上成立。他們將會在一九四四年七月為崔可夫的第八近衛軍團打開通往盧布林的路，而他們也會繼續和第八軍團並肩作戰，直到十個月後攻克柏林為止。[86]但史達林對波蘭人從來沒有好感，大部分波蘭戰士也知道這一點。他們常常抱怨他們的軍服和裝備都是次級貨，抱怨他們在冬天逼近時沒有獲發溫暖的衣服，以及抱怨他們總是被分派到最危險的任務。[87]當他們後來聽說他們的國人同胞在華沙遭遇了什麼事情之後，士氣更是跌至谷底。

一九四四年八月，受到解放指日可待的鼓舞，華沙的地下民族主義者策劃了一場鼓勵民眾參加的起義。其目的是消滅德國駐軍。因為羅科索夫斯基的部隊就駐紮在維斯瓦，雙方能夠協同行動的機率非常高。但是華沙起義失敗了，波蘭首都全體市民為此付出了流血的代價。隨著數以千計的波蘭人被屠戮，希特勒下令把整座城市夷為平地。最讓波蘭部隊憤怒的是蘇聯人沒有試圖干預。固然，羅科索夫斯基的部隊在一九四四年八月時也許無力解救華沙，但史達林當時也難以找到新的後備軍來增援。[88]「巴格拉基昂行動」的勢頭已經在攻擊明斯克的時候用盡。儘管如此，華沙波蘭民族主義者的被消滅仍然符合史達林的長期考量。這齣悲劇就像一九四〇年的卡廷大屠殺那樣，將會讓蘇波關係蒙上陰影幾十年。

作為回應，蘇聯人將會宣稱他們是為了一場超越民族利益的大業而戰。國際主義自大戰爆發之後就被淡化：當俄國部隊在一九四一年在前線和他們本來認定是兄弟的德國人展開廝殺後，這個觀念便不受重視。但認為蘇聯是一個獨一無二的先鋒性超民族國家的觀念，從來沒有被揚棄。從前的紅軍將士和游擊隊員至今仍聲稱他們的身分是「蘇聯人」，藉由這種方式可以讓前線的俄羅斯士兵和其他民族的士兵不至於有扞格。波蘭人大可以像「西部人」那樣，加入這個大家庭。這樣，他們在蘇聯體系的未來就會獲得保障。

這個簡潔的答案將永遠不符合事實。一個原因是史達林自己已經發起過一場種族清洗運動。到了一九四四年夏天，關押在「古拉格」和中亞的勞動營的犯人已經過剩，擠滿了伏爾加德意志人、車臣人、卡爾梅克人和其他所謂的「受懲罰」族群。烏克蘭人和波蘭人在戰爭最後一年開始加入他們的行列。種族身分取代了經濟地位和階級地位，成為了大規模逮捕的藉口。[89]蘇聯說詞在人民中間也行不通。俄羅斯人也許會聲稱軍中不存在種族差異，但他們在任何時候都不是少數。「我們都是一樣的」是一種帝國主義思維方式，是一種對下屬民族的主張和觀點的無視。有幾百萬的波蘭人、烏克蘭人、喬治亞人、猶太人和其他民族的人與俄羅斯人並肩作戰，有些還明言是為蘇聯政權而戰。但少數族群在軍隊裡卻未獲得一視同仁的對待。甚至有一個貶詞是專用來指他們。natsmen是個醜陋的俄語單字，是用來指稱少數民族。它將家鄉在敖得薩到塔林到烏蘭巴托的所有人混為一談，又暗示他們不值一提。

諷刺的是，最能夠和國際主義夢想相處自如的看來是猶太人。蘇聯政府在官方上譴責和懲罰反猶太主義。這讓它顯得比沙皇時代進步，也和第三帝國形成鮮明對比。就像它對科學和都市價值觀的推崇那樣，蘇聯的國際主義詞令也讓民族歷史主要是和城市聯繫在一起的猶太人受到吸引。在一九四一年，有數以萬計的猶太人自願從軍。莫斯科的大學生把他們的書本放在一旁，有政府職位的年輕共產黨員申請調往前線。在各種軍事服務中，猶太人都是最積極的自願者之一。不是所有自願者都是在蘇聯出生。在一九四一年春天向東流入蘇聯的波蘭猶太難民，還有西烏克蘭的猶太難民，很多人到夏天都加入了紅軍。當他們得知家鄉的家人已經殞命之後，更是一心一意效忠史達林。

紅軍自詡擁有一系列禁止反猶太主義的規定，包括不准使用帶有侮辱性的「猶太佬」（*zhid*）一詞來稱呼猶太人。士兵如果說出歧視猶太人的話，有可能會受到懲罰。懷抱理想主義的共產黨員（很多都是猶太人）相信蘇聯真的已經克服了沙皇時代的仇猶態度，但只有被理想主義沖昏了頭腦的猶太人會認為紅軍是一個良性的環境。官方說話小心謹慎，但士兵們（甚至很多軍官也是這個樣子）在取笑猶太人時口沒遮攔。對此，當局的反應一般都是睜一隻眼、閉一隻眼。內務人民委員部對聽來的個案作成檔案，並記下犯者所受的懲罰。有個三十一歲的士兵因為對一個猶太同袍說了以下的話而被關禁閉五天：「我父親鄙視猶太佬，我鄙視他們，我的孩子也將會鄙視他們。」[90]一個士兵因為對另一個士兵說了句「你這是什麼意思，猶太鬼！」而被逐出共青團。紅軍對猶太人的歧視固然不像納粹嚴重，但距離合格仍然有一大段距離。

取笑猶太人的笑話更加不堪。一個通俗的流言稱，軍隊裡的猶太人都使出了他們的慣用伎倆。

換言之，是他們總有辦法閃躲作戰任務，獲派較安全的辦公室工作。當數以萬計猶太人在大戰頭幾個月逃離家園時，眾人把他們稱為「塔什干游擊隊」（塔什干是很多逃難猶太人落腳的城市）。俄羅斯部隊流傳著一個笑話，說猶太人「自己組成了一支軍隊，征服了塔什干和阿拉木圖。」[91]另一個笑話說「猶太人的靈魂總是在前線，但身體總是留在烏拉山山區。」這些笑話的脈絡是當代，但其呈現的刻板印象歷史悠久。甚至有笑話說猶太人偏好彎曲的步槍。[92]

其他謠言拿逾越節血祭和卡巴拉派法術作文章。猶太醫生被指控讓那些甚至不能站的受傷俄羅斯人通過徵兵體檢。[93]一個一九四四年的笑話動用了國際錫安主義陰謀理論。話說一個叫阿布拉莫維奇的步兵每次從戰場回來總是帶著戰利品，例如一把德國步槍、一些德國地圖或德國軍旗。當他因此獲頒勛章時，有人問他是怎樣辦到的。他回答說：「簡單。我有個叫馬爾科維奇的朋友在德國人的陣營。他把德國人的東西拿給我，我把紅軍的東西拿給他。」[94]這個笑話也許會讓一些士兵哈哈大笑，但如果他們仔細打量他們的德國敵人，就會發現對方已不剩任何馬爾科維奇。

迫害猶太人是蘇聯媒體避談的德國暴行。問題的核心在於從一九四四年開始，出現了一個想像出來的受苦階層。在這場大戰中，俄羅斯自視為最大的受害者。它受到了侵略，土地受到了侵犯。當歐洲還在沉睡時，它獨力奮戰。它的人民為了保衛史達林格勒而流乾了血。打這場仗的固然是蘇聯紅軍，但在紅軍中服役的俄羅斯人要多於其他任何民族。然而俄羅斯士兵很大方，他們不分彼此，把其他民族的士兵一律稱為「俄羅斯人」。[95]俄羅斯士兵是在德國戰俘營中挨餓和死去的最大一群，而俄羅斯平民在德國入侵期間禁受了無法想像的痛苦。[96]所以，俄羅斯為戰爭所付出的代價絕對不是其他蘇聯人或蘇聯的盟友可以比擬。受害人身分不管是在國內還是在外交舞臺上都是一種資本。在國際上，它讓俄羅斯可以要求實質賠償，更遑論可以做出某種道德勒索。在國內，它可以掀起一股愛國熱潮，這股熱潮名義上是指向蘇聯，但實質上是指向俄羅斯。愛國熱潮的核心是史達林本人，哪怕他是喬治亞人。當人民受苦時，他賣力工作，和他們一起流血。他無時無刻都和他們一起受苦。

俄羅斯人受苦的細節確實很嚇人。有超過三百萬蘇聯戰俘（主要是俄羅斯裔）在納粹戰俘營死去，很多都是直接死於野蠻和非法的暴力。就連一個德國見證人（一個在一九四二年描寫德國國防軍勝利的士兵）都驚訝於德國人對待戰俘的方式的效果。這些戰俘本來有權獲得食物和遮風蔽雨處，卻因為恐懼和飢餓而陷入極不堪的狀態：「他們向我們哀哭和卑躬屈膝。他們本來是人，現在卻沒有任何身為人的跡象。」大概就是因為這樣認為，德國人更肆意地折磨他們的戰俘。德國守衛為了找娛樂而把一隻死狗扔到戰俘中間。那個見證人寫道：「俄羅斯人像瘋了似的叫喊，他們撲向那隻狗，赤手把牠撕開……把腸臟放到口袋裡，就像是收起口糧。」少數活了下來的人對戰俘營的恐怖和羞辱，特別是對吃死屍的往事，都不堪回首。[97]包括亞洲的軍隊在內，沒有一個軍隊的苦難如此深重。

平民也必須忍受各種暴力。從一九四一年入侵第一日起，德國國防軍就對游擊隊宣戰。事實上，被槍斃或吊死的除了真正的游擊戰士以外，還有旁觀者。然後德軍開始徵糧和其他財物。由此導致嚴重饑荒，以致在一些地區，有人會跑到德軍軍營乞求救濟，表示「要麼救濟他們，要麼一槍

被烙上編號的俄羅斯人戰俘。

把他們殺了。」[98]艱困生活導致占領區內疫病叢生，在一九四三年最嚴重的是斑疹傷寒。據估計，近七百五十萬蘇聯平民在納粹占領期間喪生，人數最多的是烏克蘭人（三百二十萬）、俄羅斯人（一百八十萬）和白俄羅斯人（一百五十萬）。[99]但其他受害者甚至無法留在家裡，因為納粹占領的另一個嚴重衝擊是把平民抓去從事強制勞動。至少有三百萬男女（一份著名俄羅斯資料的估計是超過五百萬）被運往德國，像奴隸一樣工作。他們很多人（八成超過兩百萬）因為工作太沉重，導致健康垮掉，像被送進屠馬場的老馬那樣被送進專門滅絕猶太人的集中營。[100]

所以俄羅斯所受到的痛苦折磨是真實無比，而且就像大部分的被迫害個案那樣，它讓當事人產生一種憤怒感、權利感和團結感。沒有人要更有耐心地承受戰爭的重擔，沒有人要更堅忍地作戰。然而如果考慮到兩個事實，俄羅斯的憤怒將會站不住腳。首先，受到納粹最一心一意暴力對待，遭遇到無可比擬的凶殘的，不是俄羅斯人民而是猶太人。其次，在占領區的蘇聯公民（包括數以萬計的烏克蘭人和波羅的海國家人民），不只不反對德國人屠殺猶太人，還歡迎和鼓勵他們這樣做。

發現這個事實的是紅軍，換言之，士兵們是最了解猶太人真正命運的人。大屠殺的第一批證據在一九四一年出土於克赤附近，當時紅軍正企圖收復克里米亞（結果失敗）。[101]但要到了一九四三年紅軍大舉向西推進後，大屠殺的全貌才開始成形。一個陰森恐怖的故事在克拉斯諾達爾浮現，那裡有七千個猶太人被毒氣毒死在特製的密封火車廂中（內政人民委員部在一九三七年便懂得利用密封的火車廂，但看到有別人也用這一招讓他們覺得驚訝）。從亂葬崗掘出的屍體被換上亞麻布衣服（這是俄羅斯對待死者的禮節），然後在一群流淚的群眾面前以極慎重的方式重新安葬。[102]

蘇聯的報紙義憤填膺地報導了在基輔附近的娘子谷的發現，那裡到一九四三年年底埋藏著至少十萬具猶太人的屍體。但這件事對蘇聯新聞局來說是個燙手山芋。那些猶太人的屍體——被澆上汽油和滿布灰燼——喚起了一個莫斯科不願面對的幽靈。正如一個論者指出的，猶太大屠殺是「蘇聯勝利的肚子裡一塊無法消化的硬塊。」[103]莫斯科永遠不會贊成屠殺猶太人，但它也不熱心於在戰爭神話裡賦予這大屠殺一個特殊地位。如果它這樣做，俄羅斯將會被迫共有受害人身分，而俄羅斯的領導階層也會被迫承認猶太人和布爾什維克有一種特殊親密關係——這種觀念是史達林多年來竭盡所能要撲滅的（方法之一是逮捕他的猶太人同志）。所以娘子谷裡的猶太人屍體就像斯摩棱斯克附近樹林裡的波蘭軍官屍體那樣，會汙染蘇聯的正義和俄羅斯的悲憤。

同樣受到危及的一個事實是有些烏克蘭民族主義者曾經歡迎納粹屠殺猶太人。在一九三〇年代和一九四〇年代的中歐，追求種族純淨的不是只有德國，仇恨布爾什維克的也不是只有德國。德國占領期間，烏克蘭的政府首腦在一九四一年指出：「猶太人強化了莫斯科對烏克蘭的箝制。所以我認為應該滅絕猶太人。我也樂於看見烏克蘭實施德國人滅絕猶太人的方法。」[104]結實和務農的烏克蘭人被鼓勵憎恨所有「猶太－莫斯科無產者。」[105]為了回應這個呼籲，有些人參加了謀殺小隊。然而，現在如果把這些舊事翻出來，將會粉碎蘇聯脆弱的民族團結。此舉斷然會損害莫斯科和一大部分烏克蘭人（包括那些正奉蘇聯之名在西線作戰的烏克蘭人）的關係。

因此，解決辦法是編輯每一份來自殺戮戰場的報告。猶太大屠殺的故事被呈現為一個更大也更可怕的故事的一部分。俄羅斯人所承受的苦難必須加以再三強調。雖然調查人員對紅軍所發現的第一個死亡集中營已經作成調查報告，但《真理報》的讀者只知道烏克蘭有些德國營地故意讓紅軍戰俘挨餓，甚至故意讓俄國人感染斑疹傷寒而死。[106]審查政策得到一件事情的幫忙：猶太大屠殺太過可怕，超過了一般人的想像。當韋斯把他第一篇關於納粹滅絕營的報導〈死亡工廠〉交給英國廣播公司時，對方不願意拿來播報。電臺的幾個主管認為，事情太聳人聽聞，有可能只是蘇聯的另一招政治宣傳花招。[107]

真相在一九四四年夏天開始浮上檯面。盧布林位於波蘭和蘇聯邊界附近。當紅軍在七月解放它時，發現這個小城因為被占領和砲轟而傷疤累累，但它有幾百年歷史的教堂和許多白色房子仍然充滿吸引力。不過這小城有一個就藏在城外三公里處的祕密。馬伊達內克是任何軍隊都會發現的第一個滅絕營。其設施龐大、結構緊密，由監獄、煤氣室和煙囪群構成，涵蓋面積二十五平方公里。有一百五十萬人在這裡被謀殺。屍體的臭氣和焚燒屍體的氣味讓盧布林居民不得不緊閉窗戶。他們無法呼吸，即使窗戶緊閉，他們也無法入睡。發生於馬伊達內克的暴行規模讓當時每個見證人震驚不已。

在發現奧斯威辛和貝爾森之前，馬伊達內克是最大的滅絕營。淒涼的小路、有刺的鐵絲網和瞭望塔一應俱全。入口大門在鐵路上方形成拱形，往前眺望，營房小屋和邪惡的煙囪在薄霧中若隱若現。每個院子裡都有一個結實的正方形絞刑架。有一些混凝土的淋浴間，寫著「淋浴和消毒」字樣。每次會有幾千男女被趕進這些房屋，他們赤身露體且極度恐懼，隱約猜到有什麼命運正在等著他們。韋斯來這裡參觀的時候，想像「齊克隆」（Zyklon）毒氣的藍色結晶體沿著天花板的管道化開，然後瀰漫整個空間的情景。他站在黨衛軍守衛曾經站過的地方，像他們那樣望向「淋浴間」。當他的眼睛不期然轉向下的時候，他看見自己腳邊有個藍色符號，細看之下認得出來是德文單字*vergast*。字旁邊畫著個頭骨和兩根交叉的大腿骨。他寫道：「我以前從來沒有見過這個單字，但它明顯是指『毒死』，但又不只是『毒死』，因為加上前綴*ver*，便有了『毒死後出來』的意思。整個字意味毒死的工作已經結束，現在輪到下一步驟。」[108]

韋斯聲稱《真理報》報導了在馬伊達內克滅絕營的一切發現，但這話不是全對。該報導確實很詳盡，引起的衝擊想必也很巨大，但它並未指出滅絕營的主要受害者是猶太人。幫了執筆者一個大忙的是，馬伊達內克確實是個種族混雜的集中營，除關押猶太人以外還關押了大量歐洲人、俄羅斯人和波蘭人。也因此，馬伊達內克的存在比較容易見報。與此形成鮮明對比的是，蘇聯報章要到了五月七日德國投降前幾小時才報導奧斯維辛集中營的存在，儘管紅軍在一月便已發現這個集中營。當時他們計算了每套留下的衣服，發現數目超過一百萬。

我們不知道士兵們對此有何感想。在馬伊達內克，他們奉命在整個集中營走一圈。他們在奧斯威辛也目睹了納粹手段的恐怖。這些所見加強了他們對希特勒的憎恨，讓他們變得無情和勇敢。塔林郊區的克魯加集中營也是如此。在那裡，被殺害的猶太人被疊在圓木之間，淋上汽油加以焚燒。[109]在一些照片中可看見紅軍士兵站在燒焦遺體旁邊的雪地上觀看，而穿著便服的官員在記錄死者人數。不過，這些士兵日後讀到的報導卻和他們所知的不一樣。《真理報》幫助他們形成另一組記憶，掩蓋了一些他們既不能思考也不可能忘記的恐怖景象。代之以披露「最終解決方案」的駭人聽聞實質，《真理報》給讀者提供的是較簡單的訓誡：蘇聯的憤怒是有道理，俄羅斯的復仇是合乎正義。

這些訓誡部分解釋了紅軍日後所表現的暴力。在士兵們的心目中，法西斯主義者幹得出來的事情不是他們幹得出來的。蘇聯政治宣傳把敵人貶低至近乎不是人的程度。然而，又以俄國人民的受害者身分又要求報復和賠償。幾個月之內，紅軍士兵就會在雙重標準的掩護下，在東普魯士犯下姦殺搶掠的勾當。同樣的不一貫表現在對待「我們的」猶太人的態度上。當一個俄國人喃喃自語說「猶太人死了更好」，他的意思會被認為和納粹不同。一九四四年，內務人民委員部聽到有士

愛沙尼亞克魯加集中營發現的火堆和屍體證實德國人的戰爭罪行。

兵這樣說：「希特勒幹得好，他痛扁猶太人。」[110]

軍隊（更精確的說是它的一些殘廢退伍軍人）把它的粗暴偏見帶給了平民百姓。他們散播的說法完全不出人意表。他們說猶太人不作戰，專門坐在溫暖的辦公室或幹任何用錢可以買得到的閒差。然後出現了各種笑話、批評和仇恨言論。一九四三年夏初，《紅星報》的編委會甚至討論是不是應該報導一些前線猶太英雄的故事。真有需要做些什麼去阻止種族暴力的升高。他們其中一個在五月寫道：「真正出現了煽動反猶的言論。」[111]預料之內的私刑在幾個月之後發生。基輔的反猶騷亂在一九四五年上演：當時兩個喝醉的烏克蘭人向內務人民委員部一個猶太人幹員找碴，被後者槍擊身亡，兩人的喪禮點燃了反猶太人的暴動。[112]不過，戰後的俄羅斯很快就會傾政府之力去打壓猶太人。一九四八年開始，他們成為了新一輪逮捕、譴責和被公開羞辱的對象。他們失去工作和尊嚴，他們的小孩被剝奪受教育的權利。最終，猶太人成為了史達林人生中最後一次大清洗的受害者。[113]

當我為本書蒐集證詞時，我發現猶太人在願意接受我訪談的老兵中占了極大比例。這種情形不是偶然，也不是出於我的偏見。其中一個理由是，老兵們仍然相信他們應該為蘇聯保守祕密。他們答應為之保密的那個國家已經消失了，但他們很多人仍然緊抓著它不放，因為那是他們政治想像力裡唯一穩定的意象。至於猶太人，他們很多人在大戰之後受到邊緣化，所以應該會比俄羅斯裔更能看出舊規定的荒謬。再來，還有忠誠的問題。猶太人在共產主義瓦解之後吃了很多苦頭，很少人歡迎沙文主義的新俄羅斯國家。所以他們比較願意和我談談。他們回憶的往事有些可怕、有些有趣、有些令人難過，但從來不是官方說法。在戰爭期間，猶太人是每個戰場上最堅決的作戰者之一。他們有很多仇要報。另外，這特殊的一代人傾向於忠於國際主義大業、忠於共產主義的烏托邦夢想、忠於正義的戰爭和忠於革命和民族團結。涅馬諾夫參加過史達林格勒會戰，後來又參加了庫斯克會戰；基里洛維奇在列寧格勒圍城戰中存活下來，後來帶領部下穿過東普魯士。兩人都參與了大戰中一些最危險的行動。

說到這裡，我不期然回憶起我和另一個猶太人戰士共度的一個早上。格里戈里耶維奇出生在基輔，父母都是猶太人，但他以蘇聯人自居。「那時候有種族歧視嗎？」他微笑著複述我的問題。「當然沒有。我們全都是蘇聯公民，彼此沒兩樣。」他指出他的最好朋友是來自高加索山區的明格列爾人。「我們親如手足。」他說。這個朋友後來雖然死了，但「我仍然是他的家庭的一分子。他父母把我當成兒子看待。」不過這並不是他對這個主題的最後結論。我問他，他在上戰場前的漫長夜晚會害怕些什麼。他回答說：「我害怕我會被看成懦夫。我知道我是猶太人，所以我必須證明我並不膽怯。」要幾年之後，他才確知他的父親被殺於娘子谷。

★第九章　掠奪屍體

從一九四一年六月德國入侵第一晚開始，紅軍花了超過三年半時間才實現他們要把戰爭帶到納粹國土的威脅。史達林在一九四四年底呼籲進軍柏林，但「巴格拉基昂行動」的勢頭到了十月便已枯竭。參與的部隊在那個秋天最後幾個月裡待在波蘭鄉村或紮營在喀爾巴阡山脈山麓。在他們為一九四五年的新年暢飲時，組成朱可夫的白俄羅斯第一方面軍的軍團還沒有拿下華沙，至少是還沒有拿下它剩餘的部分。白俄羅斯第二和第三方面軍——分別由庫斯克的英雄羅科索夫斯基和三十八歲的猛將切爾尼亞霍夫斯基率領——仍然要花工夫收窄對波羅的海要塞哥尼斯堡的包圍圈。但它們的士兵的預期心理具體可觸。復仇的時刻近在咫尺了。

阿羅諾夫在一九四四年五月在自己生長的城鎮被強徵入伍。他將僅僅九個月後就戰死於哥尼斯堡附近。他幾乎沒受過什麼訓練，軍旅生涯同時開始和結束於德軍的猛烈砲火中。六月，當收復維捷布斯克的任務臨近尾聲時，他被調派到白俄羅斯第三方面軍的一個砲兵單位。他們奉命向西推進，穿過蚊子群集的樹林和發臭的低地農田。他們的行進速度極快，七月初便抵達立陶宛首都維爾紐斯。那是一趟艱辛和不總是獲得回報的旅程。在立陶宛，他們遇到臭臉的時候要多於遇到康乃馨和紅旗相迎。通往普魯士的道路到處都是燒焦的坦克，樣子像是「雙膝跪地的駱駝」。[1]到了冬天，雪地裡會隱隱約約出現其他形狀：半凍結的蜷縮屍體的輪廓。「被我們收復的每一公尺立陶宛土地都是靠廝殺得來。」阿羅諾夫在寫給妹妹的信上說。但他的信毫無懼色。他宣稱：「由共產黨領導的人民不可能被打敗。你一定會說我又在鼓動你。不，我不是要鼓動。我只是告訴你我的想法。如果你對德國『新秩序』的所知像我看見的一樣多，一定會咬牙切齒，眼淚奪眶而出。但你先忍住。我們正在緊握拳頭，不停向西推進。」[2]

阿羅諾夫的西進之旅在十月和新年之間暫停幾星期。指揮部需要更多時間準備對柏林的協同攻擊，這波行動將會同時動用從芬蘭灣到南烏克蘭的軍隊。不過，其他地方的紅軍正在高歌猛進。它已經在一月降服羅馬尼亞，在八月三十日拿下布加勒斯特，然後一支蘇聯和南斯拉夫聯軍又在十月二十日收復布爾格萊德。德國剩下的唯一盟友匈牙利的首都布達佩斯正在被圍攻。紅軍數以百萬計地進入歐洲。邊界已經全面被越過，資本主義的異國情調世界在前線文化中幾乎不再是個謎。但德國是另一回事。向真正德國領土實施報復的前景讓最幽暗寒冷的冬日都顯得引人入勝。一月十二日，紅軍發起了將會把它從波蘭帶到普魯士再帶到柏林郊區的戰役。

讓部隊精神抖擻的力量是憤怒。從好朋友的死到城市的陷入火海，從家鄉小孩子的挨餓到害怕面對另一回的槍林彈雨，一切（包括布爾喬亞人家的富有）都被歸咎在德國人頭上。另外，自覺或不自覺地，紅軍士兵很快將會宣泄他們因為幾十年的國家鎮壓和暴力而累積起的憤怒。當他們最終在一九四五年一月下旬跨入敵人的領土時，幾乎看什麼都不順眼。雖然他們去到的只是東普魯士

（波羅的海海岸的一片風大飛地），但它畢竟是德國的土地，是向俄國施虐者的家園。它的一切看在紅軍將士眼裡都是貪婪、腐敗和狂妄的證明。士兵別祖格洛夫在寫給他還在集體農場工作的朋友的信上說：「我們很驕傲終於抵達法西斯猛獸的巢穴。我們要報仇，為我們所受的一切苦雪恨……從我們所見的一切明顯可以看出，希特勒搶劫整個歐洲是為了取悅他那些雙手染血的弗里茲們。他們從歐洲最好的農場拿走牲口。他們的羊是俄羅斯最好的美麗諾羊。他們的商店堆滿來自歐洲所有商店和工廠的商品。不久的將來，這些商品將會作為我們的戰利品出現在俄羅斯商店。」[3]

紅軍將士知道自己的行為已經變得野蠻。阿羅諾夫寫道：「我必須說戰爭把我們改變了許多。戰爭不會讓人變溫柔。正好相反，它讓我們變得相當粗鄙，非常殘忍。這是事實。」[4]但他不準備道歉，他的同袍也將不以此為恥。一個士兵從普魯士寫信回家說：「我們在東普魯士的行徑並沒有比德國人在斯摩棱斯克的行徑惡劣。我們對德國和德國人懷有深仇大恨。例如，在一間屋子裡，我們發現一個女人和她的兩個小孩被殺。你常常會看見平民倒斃在大街上。但這是德國人咎由自取，殘暴是首先由他們釋放出來的。你只要想想馬伊達內克就夠……殺死小孩當然殘忍，但德國人在馬伊達內克幹的事要冷血一千倍。」[5]

紅軍政治教育的喉舌鼓吹這種思維方式。直到一九四五年春天被史達林的宣傳部長亞歷山德羅夫抑制為止，他形塑軍隊復仇思想的人是愛倫堡。他一直呼籲紅軍對作為一個民族的德國人要恨之入骨。到了這個時候，他的文章在部隊之中已經變得極為神聖，是少數沒有被士兵們拿來捲菸的紙張之一。[6]從他筆尖流出的毒液符合士兵們的心緒，而在紅軍逼近普魯士的過程中，這些毒液的毒性毫無減少。[7]他寫道：「不只是各個軍團正在邁向柏林，所有躺著無辜者屍體的戰壕、墳墓和溝壑也正在邁向柏林……當我們穿過波美拉尼亞前進時，我們眼前是白俄羅斯被血染的鄉村……德國，你將會團團轉，在死亡的痛苦中哀號。報仇的時刻到了！」[8]報仇是合乎正義的，報仇是近乎神聖的。一個人的好朋友被殺死，他的妹妹被拐劫，他途經的村莊被德國人洗劫和縱火——這些理由已足以向德國人報仇。一個德國廚房裡掛滿閃閃亮的鍋具，櫥櫃裡放滿瓷器，也足以向德國人報仇。如果找不到德國人可殺，紅軍大可以縱火燒他們整潔的農舍、穀倉和貯存的食物。[9]

要把疲倦、恐懼和焦慮的紅軍士兵的憤怒煽動起來並不難。但在他們侵入德國領土的最初幾個月，這些人也是奉命行事。他們的「政治指導員」告訴他們，他們的新任務是為人民報仇雪恨，是充當天理的執行人。當時的一個口號這樣說：「戰場上的士兵的憤怒必然是嚇人的。他不僅要求戰，還必須成為人民的正義的法庭的化身。」[10]最後一句話出現在這個時期數以千計的士兵家書中，證明了它多能引起將士們的共鳴。一個士兵在一九四五年二月從弗拉基米爾寫道：「我們遇到了我們的第一批德國『女士』。當換成他們在他們的土地受到攻擊，他們是多麼懦弱呀。你可以感受到紅軍在各個地方的輾壓力量。法庭開審了，就是在這裡。我們會當場審判他們，而我們的指控到處都一樣：我們要報仇。」[11]那個冬天，斯列薩列夫告訴父親：「我說過我人在德國。你說我們應該把德國人對我們所做的還施其身。法庭已經開審，他們將會很久很久都忘不了我們軍隊在德國領土的推進。」[12]

斯列薩列夫是共產黨員，阿羅諾夫死時是共產黨員，數以萬計在一九四五年一月湧入東普魯士的紅軍士兵也是共產黨員。他們的黨要求黨員要有嚴格是非對錯觀念，主張公民應該要和歷史的方向看齊，把生命奉獻於建立更美好的世界。它把人類進步描繪為善與惡的鬥爭，哪怕士兵們對這種史詩式鬥爭的了解更多是得自俄羅斯民間故事而不是馬克思。簡單的道德信息像猩紅色線那樣被交織在意識形態的枯燥經線上。認真的共產黨員會奮鬥一生，去追求自我改善，然後是追求社會的完美化。一個士兵會清洗脖子以去除蝨子，但一個共產黨員的淨化任務只有到了世界末日才會結束。軍隊中的黨員是「群眾的真正領袖，了解自己有責任維持部隊的鐵的紀律和高昂的政治—鬥志狀態，以帶來戰場上的成功和保護他們單位的榮譽與光榮。」[13]

軍中報紙《紅星報》在一九四四年九月確認說：「對黨員的意識形態訓練在現下比在從前任何時候更必要。」沒有人能夠忘記軍隊在羅馬尼亞的胡搞瞎搞。面對邊界的部隊處於極大的危險中。「為了在這種新狀態中找出路向，一個共產黨員必須比從前任何時刻有更健全的意識形態裝備。」[14]為了解決這個問題，黨設法把吸收黨員的程序弄得更加嚴謹。它又為「政治指導員」們建立新的課程。但到了現階段，部隊已經太習慣以自己的角度思考。前方將士始終保有自己的獨立自主性，看不起來自後方的軟腳蝦宣傳人員。若說要建立手足情誼和道德目的感，沒有任何說教可以超越前線經驗本身。在阿羅諾夫看來，戰爭、士兵和黨是被一個神聖的觀念綁在一起。他在十一月的信中談到同住在地下屋的同袍時說：「我們是來自蘇聯的不同部分，但我們全都有一個目標：儘快打敗敵人回到祖國的家去。我們一起從維捷布斯克來到東普魯士。我們記得戰爭的一切，但我們設法談美好的事物，談我們的生活和夢想，談美好燦爛的未來。」[15]

正因為這樣，後來發生的事更加讓人心碎。那個冬天，有大量戰爭英雄——大量「燦爛未來」的推手——縱溺於戰爭罪行中。歷史學家形容他們的行為為獸性，就像他們的所作所為是發自動物本能。但他們其實早已為此做好準備。黨為此做了大量的工作，用不著痕跡的方式將他們潛移默化。除此以外，士兵們在普魯士的橫衝直撞，也是要抒發多年累積下來的挫折感，抒發幾十年來國家高壓政策所引起的受辱感、無力感和恐懼。本來一直對他們說教和責備他們大部分人性軟弱的黨，現在給了他們一張執照。同一個黨也提供他們一件免責斗篷。沒有一份政府報告或一篇報紙報導語及紅軍在東普魯士的暴行。這些暴行完全不存在於官方語言中，因此，它們不會入侵到士兵們所寫的東西裡。野蠻的畫面也許烙印在成千上萬的前線部隊意識中，但很多人雖然目睹過謀殺和強暴，他們在家書裡繼續是談天氣。

蘇聯軍官和熱心共產黨員科佩列夫是個例外。他找到詞語描寫他目睹的恐怖，也勇敢得能夠自行思考，跳脫時代的道德脈絡。他沒有怪士兵們。他甚至沒有怪敵人，儘管是這場戰爭本身催生出了暴力。他的憤怒是指向自己的黨，至少是指向一些控制著黨的人。不管納粹的紀錄有多麼讓人髮指，造成現在這場人道危機的都是共產黨的領導階層。「幾百萬人被這場戰爭獸性化，被我們的宣傳獸性化。變得凶暴和沙文主義。我曾經相信，這些宣傳在戰爭前夕是必要的，在戰爭持續期間尤其必要。我仍然相信這一點，但我已經明白到，從這一類種子會長出有毒的果實。」[16] 對有毒果實的收割早在部隊走出蘇聯邊界以前便已開始，但收成最豐富的地方是普魯士。曾經幫助贏得戰爭的言論現在看來可以合理化暴行。科佩列夫觀察部隊同仁之後指出：「這些年輕夥伴是一畢業就直接上前線。當他們唯一學到的是開槍、挖戰壕、爬過帶刺鐵絲網、衝向敵人和扔手榴彈，他們會變成什麼樣子？他們已經變得對死亡、血和殘忍無感。每一天都有新證據向他們證明，他們從報紙上讀到或從收音機聽到的戰爭不是他們親眼目睹和經驗的戰爭。」[17]

紅軍第一次傳出有殘暴行為是在匈牙利。布達佩斯陷落後，紅軍士兵肆意妄為。一個到訪者回憶說：「你不可能在布達佩斯待一天甚至只是一小時而沒有聽說士兵犯下的罪行。」[18]一些匈牙利婦女和少女被關在布達區的蘇聯軍營，受到反覆強暴。房屋和地窖的食物和葡萄酒被劫掠，然後它們的女住客再受到輪姦。甚至有傳言說一批紅軍士兵闖入大卡洛的精神病院，姦殺院內從十六歲到六十歲不等的女病人。[19]

這種情形和士兵們在羅馬尼亞的小偷小搶截然不同。他們在布達佩斯表現的殘忍是全新的東西。事情和爭奪城市的漫長戰鬥有關，這戰鬥的最後階段讓人聯想起史達林格勒圍城戰的最黑暗日子。[20]八萬紅軍將士陣亡。這是一場充滿挫折、緩慢和致命的戰役。破碎城市中有些平民帶著麵包、培根、蛋和本地葡萄酒迎接入城的紅軍，但他們發現他們的禮物無法取悅征服者。[21]雪上加霜的是雙方說不同的語言。從匈牙利戰役的最早期開始，不能溝通增加了紅軍士兵的憤怒，給當地婦女帶來災難。生還者的證言展開了一幅栩栩如生畫面。「馬拉沙·瑪麗亞，已婚，育有四個小孩，在丈夫面前被三個俄國士兵輪流強姦……另外他們還被搶去一千七百帕戈*……貝爾塔·若蘭生於

*帕戈（pengo）：匈牙利在一九二七年至一九四六年的舊貨幣，在短暫且迅速貨幣貶值後被福林取代。

一九二三年，貝爾塔・愛丹生於一九二五年，貝爾塔・伊羅娜生於一九二六年，這三姊妹在他們的父母被關起來之後遭到三個俄國士兵企圖強姦。三姊妹放聲尖叫，一些市民聞聲來到，三個士兵只好罷手。」[22]這樣的證詞一篇又一篇。

東普魯士的情況更加嚴峻。在那裡，士兵們把累積了三年的恨意一次發洩出來。當他們越過邊界，他們就是進入了敵人的巢穴。這是一種有侵犯意涵的行動，是不請自來。科佩列夫一向仰慕德國文化，也能說一口流利德語，但他一樣命令部下下車，對可恨的土地撒尿。他說：「這裡是德國，你們每個人都去解放一下。」[23]在哥尼斯堡正南面的戈烏達普附近，當一批士兵悄悄爬過邊界執行作戰任務時，他們的「政治指導員」爬到每個步兵旁邊，要他們望向前方。這些「政治指導員」們低聲說：「那裡。在那些戰壕的後面，在帶刺鐵絲網的後面，就是德國。」他們補充說，這次行動不只是一次入侵。紅軍仍然可以自視為解放者，因為有數以萬計的蘇聯人被迫在德國的營地裡工作。「在那邊，」「政治指導員」們咬牙切齒地說。「我們的姊妹正在受到奴役……讓我們在敵人自己的巢穴裡摧毀敵人。」[24]

每支蘇聯部隊在跨過邊界後都會往地上插上一面小紅旗。他們常常會召開另一次短暫的政治會議。他們會再一次聽見那些他們為之前來報仇的罪行，包括俄國女性的被強暴和後方母親的喪子之淚。在戈烏達普，有十七個士兵利用這個機會申請加入共產黨。[25]他們屬於那支將要包圍和占領戈林據守的堡壘的部隊，但就像很多其他部隊那樣，它並非原本應該的那樣久經戰陣。數以萬計參與普魯士戰役的士兵（包括阿羅諾夫在內）都是從白俄羅斯和烏克蘭的占領區強徵入伍。他們有些人沒有受過訓練，有些人缺乏裝備，只有少數人擁有戰鬥經驗。可預料的是，新兵們在戈烏達普陷入恐慌。他們的譁變得靠槍口才能平息下來。接下來的傷亡慘重並不讓人意外，而戰鬥結束後的怒氣爆發大概也不讓人意外。這些士兵已經驚嚇到無法自已的地步，他們被迫品嘗自己的怯懦，很多人都處於震撼中。但黨安撫他們說，一切都是德國人的錯。黨積極鼓勵士兵們要報復。史達林在一九四五年二月告訴每個人：「我們愈是接近勝利，就愈要保持警覺，並且對敵人的攻擊要愈發猛烈。」[26]

士兵們想必是經歷了一段夢一般的超現實插曲。去到邊界的時候，他們被告知，必須提高警覺和狠狠報復。部隊得到警告，德國間諜也許會在食物和葡萄酒裡下毒，德國女人也許會暗藏手榴彈，每個德國老百姓都可能是間諜。然後，他們卻發現他們到達的城鎮空無一人，到處都是任由他們取用的戰利品。先前，戈培爾曾警告德國人，蘇聯人是一支亞細亞蠻族大軍，燒殺擄掠無所不為。於是，數以萬計普魯士平民收拾細軟，冒著冬天的嚴寒和空襲的威脅逃難而去，形成了二次大戰的最大一波難民潮。葉爾莫連科在一月二十三日抵達小城因斯特堡之後寫道：「城裡竟然不剩半個老百姓。這是怎麼回事？難道我們會吃了他們不成？」

這個人是自欺的大師。他的軍隊將會證明它有本領犯下任何罪行。但是它也注定要承受更多的暴力和壓力。當時是一個極端的時代，每日都有死傷的可能。因斯特堡很快就會更名為切爾尼亞霍夫斯克，以紀念那個死在哥尼斯堡戰役的年輕將軍。那個一月，整座城市陷入火海。它的城堡和優雅教堂在濃煙裡若隱若現，像是殘破的骨頭。人和馬的屍體躺在大街上，旁邊是丟棄的貨車和

白俄羅斯第三方面軍一隊士兵在一九四五年一月二十四日抵達一個東普魯士城市。

焚毀的家具。不過庫房仍有待摧毀。葉爾莫連科快樂地寫道：「他們有牛油、蜂蜜、果醬、葡萄酒和各式各樣的白蘭地。平民離開的時候家裡仍維持原樣。我們無線電小組占用了一樓的一個房間。房間裡有一部鋼琴，兩張沙發，一些漂亮的椅子和扶手椅，還有一些櫥櫃和鮮花。在一個德國廚房裡，我們用德國瓷器煮了一頓棒呆的晚餐。」[27]

阿羅諾夫那個一月也在因斯特堡。他寫給妹妹的最後一封信是一張明信片。那是一張德國明信片，上面印有大教堂和漂亮廣場的照片。內務人民委員部很快就會禁止士兵使用這一類布爾喬亞圖像，但到了當時，阿羅諾夫已無須理會這項規定。「嗨，」他在明信片上寫道。「親愛的妹妹，我從因斯特堡和你打招呼。我活得好好的，寫這封信向你問候。我愛你。」[28]一段時間以後（這段日子因為鐵路要運送大量戰利品讓戰地郵務受到延誤），他妹妹收到另一封信。信上說：「正在寫信給你的人是一個你不認識的士兵。」他是在醫院裡寫了這封信，當時是他重傷住院的第三天。雖然受了重傷，但等他一旦能夠坐起來，他便想辦法要到紙筆。他繼續說：「大概已經有別人告訴過你這個讓人難過的消息，但身為阿羅諾夫最好的朋友，我覺得我有責任再告訴你他的死訊。我和你哥哥從一九四四年五月就在一起，直到他的軍旅生涯結束為止。我們一起經歷了多少的憂愁和艱辛啊。現在，就在哥尼斯堡的郊外，我們被拆開了。我寫不下去了。」[29]

★

那個寫信給阿羅諾夫妹妹的士兵後來娶了她，就像他和他最好朋友的紐帶不容切斷。紅軍士兵們的緊密關係部分解釋了後來發生的事情，因為紅軍的很多可怕報復都是成群結隊為之。箇中重要的關係不是士兵和他們德國受害者的關係，而是士兵和他們哥兒們的關係，甚至是士兵和他們共有的恐怖記憶的關係。在他們心目中，受害者幾乎算不上是人。一個士兵在一九四五年二月寫給朋友的信上說：「她們不會說半句俄語，但這讓事情更好辦。你用不著去說服她們，只需要用手槍指著她們，叫她們躺下，然後你開始辦事，結束後拍拍屁股走人。」[30]戰爭使士兵們習慣於暴力，但正在發生的事情遠遠不只是出於怒氣勃發。普魯士的事件除了有關士兵們的恨，還有關他們的希望和激情。這裡所說的激情主要是指他們對彼此的愛，還有是指他們對他們所失去的人和機會的哀痛。[31]

這種哀痛是喝再多的酒都無法抹除的。被仇恨的對象是德國的婦女，她們的屍體很快就會在通向西方的路上屢見不鮮。

年輕軍官羅比契夫目睹過湧出因斯特堡和戈烏達普的難民潮的遭遇。他在幾十年後找到勇氣，寫出他見證過的暴行。他寫道：「女人——母親和她們的女兒——躺在沿路的左右兩邊，每個人前面站著一個脫下褲子、高聲鬼叫的士兵。」他也許可以補充說，那些鬼叫的士兵中有些是少年人，而現下的可怕儀式是他們人生中的第一次性經驗。羅比契夫繼續說：「流血或是昏厥的女人會被推到路旁去，而我們的士兵會射殺企圖救女兒的人。」與此同時，一群掛著笑容的軍官站在附近，看著正在發生的一切。他們其中一個「是指示整件事情的人，不，是規定整件事情的人。他要確保每個士兵無一例外參與其中」。[32]

那個晚上，羅比契夫和部下被指派睡在其中一間遭棄的德國房屋裡。每個房間都有屍體：有小孩的屍體，有老人的屍體，還有一些死前明顯遭受過輪姦的女人的屍體。「我們都好疲倦，」羅比契夫寫道。「所以我們躺在地上，在屍體之間睡著。」[33]畢竟，屍體對他們而言已經是司空見慣，無法再讓他們感到震驚。不過他們後來去到另一間建築，發現裡面的女人屍體除了被強姦以外，每個人的下體都被塞入一個空酒瓶。羅比契夫的部下這一次就沒那麼從容了。[34]問題是同情敵人的女性是非常不受鼓勵，群體壓力也讓士兵們被綁在一起犯罪。有一次，羅比契夫受邀從一群驚懼的戰俘中挑選一個德國少女作樂。他的第一個念頭是如果他拒絕接受，他的部下也許會把他當成懦夫。更糟的是，他們也許會以為他是性無能。[35]

科佩列夫見證的第一件暴行是火燒一個普魯士城鎮。此舉完全沒有軍事理由可言。寶貴的食物和其他用品（毛毯、衣服和甚至藥物）全在一把火中付之一炬。正是這種對資源的浪費最終讓發生在普魯士的狂暴結束。正如羅科索夫斯基將會主張的，想要打勝仗需要有嚴格軍紀。但軍事考量在一開始看來被擱置了起來，或者說是被一種新的戰術取代。科佩列夫指出，這種新戰術一言以蔽之是「燒砸搶，盡情報仇。」他的很多軍官同仁都感到震驚，特別是對肆無忌憚地浪費物資感到震驚，但主其事的政治軍官卻不以為意。他說：「弗里茲們搶掠了整個世界。這就是他們為什麼有這麼多東西。他們在我們的國家縱火焚燒一切，現在我們要以其人之道，還治其人之身。我們不必為他們感到難過。」[36]科佩列夫的擔憂很快就被譏為「布爾喬亞人道主義」，而且他在向上級投訴後的幾星期內便遭到逮捕。

在那段陰冷的日子，大部分紅軍部隊的行為既不布爾喬亞，也不人道主義。一份德國情報報告說：「在被紅軍占領的少數德國地區，士兵們的行為和我們早前預料的一樣，大部分情況下還更加可怕。野蠻的殺戮、強暴女性和盲目破壞無日無之。」一個被俘的紅軍士兵告訴德國人，這一切是史達林的一道命令所鼓勵，該命令要求士兵報復德國人的暴行。上述報告的執筆人指出：「史達林命令的存在與否還未能獲得確認。」[37]那是一件不可能確認的事，因為不可能有一道鼓勵士兵強姦和破壞的命令曾經發出過。事實上，在那幾個月，對強姦和搶劫的懲罰（至少理論上）是就地正法。[38]不過，士兵們在各種要求他們報復的命令中解讀出一張縱容他們胡作非為的許可。當時的有張海報這樣說：「紅軍士兵們，你們現在站在德國領土上。復仇的時刻到了！」[39]一批德國人在一九四五年二月攔截到的紅軍士兵書信把事情表達得很清楚。一個士兵這樣對父母說：「當你走過一個焚燒中的德國城鎮時，你會心花怒放。我們正在為我們禁受過的一切報仇。我們的報仇是合乎正義。以火還火，以血還血，以死還死。」[40]

「我們在黃昏開車進入耐登堡。」科佩列夫寫道。耐登堡是個小城，比因斯特堡寒酸，也幾乎是空無一人。紅軍放火把這地方燒了。透過濃煙，科佩列夫看見一個老婦人的屍體。他寫道：「她的連衣裙被撕開，電話聽筒被擱在她骨瘦如柴的兩腿之間。他們明顯試過把聽筒插入她的下體。」幹這事的人所持的理由是她極有可能是間諜。他們其中一個解釋說：「我們是在電話亭找到她。她幹麼無端端到處跑？」[41]這是科佩列夫見證的幾樁謀殺的第一樁。在奧爾什丁，又是一堆的縱火和謀殺。在郵局附近，他遇到了一個頭上綁著繃帶的女人和一個綁著馬尾的金髮少女。兩人都在哭。女孩的腿沾滿血。女人告訴科佩列夫：「士兵把我們趕出我們的房子。他們打我們，強暴我們。我女兒才十三歲。兩個士兵強姦她。很多士兵強姦我。」她希望科佩列夫可以幫助她找到她的小兒子。另一個女人求他將她射殺。[42]

暴力已經升高到了沒有人能夠忽視的程度，但它卻從蘇聯人的意識中平白消失。像科佩列夫之類的見證人很快就被流放，德國受害人則或是被嗤之以鼻，或是被噤聲。重新發現這件事情將有賴外國觀察者（特別是歷史學家）努力蒐集證詞。在一些東普魯士城鎮，幾乎所有女性都遭到強暴。一個目擊者回憶說：「你日日夜夜都可以聽見受虐者的尖叫求救聲。」[43]在這個民族混雜的地區，一個女人是德國人還是波蘭人（也因此是俄國的盟友）無關宏旨。一個女人是年輕或年老亦無關宏旨，因為女人本身不是主要目的。[44]輪姦的受害人只是被當作德國的化身以供蘇聯國家和個人發洩仇恨。據說，很多士兵覺得德國女人「讓人倒胃口」。[45]

強姦不是紅軍士兵席捲普魯士時犯下的唯一罪行。縱火燒城，謀殺官員，砲轟逃往柏林的難民[46]——這些全是紅軍的罪行。但在所有暴力犯罪中，強姦是最盛行的。一個理由在於德國平民中女多於男（全部存活著的人口中大有可能也是如此，因為還剩下的士兵已經變得很少）。然而起作用的還有其他壓力。強姦是戰爭的尋常工具，常常和征服與軍事占領形影不離。[47]發生在東普魯士的暴行也許可以和其他地方（例如波士尼亞或孟加拉）發生的加以類比。但德蘇戰爭不是一般的戰爭，而法西斯主義也不是一般的體制。在普魯士的紅軍士兵覺得他們是在對付一個敵人民族，非徹底摧毀其世界無法讓其安靜下來。別祖格洛夫在給朋友的信的結尾處說：「可以肯定的是，如果我們現在不能讓他們真正喪膽，就無法避免未來的另一場戰爭。」[48]在他的回憶錄裡，羅比契夫猜測史達林也許曾經鼓勵切爾尼亞霍夫斯基縱容部下去從事後來世代所謂的種族清洗。[49]畢竟，在哥尼斯堡四周進行的謀殺可以為蘇聯未來在此定居鋪路，而強姦則可以帶來有蘇聯血統的下一代。

當然，把發生在東普魯士的戰爭罪行歸咎於史達林是方便之舉。就像是呼應德國在戰後對這個問題的爭論，這暴行的俄羅斯繼承人有一天必須處理極權主義統治下的個人責任的問題。[50]士兵們的行為無疑是受到了莫斯科的鼓勵。政治宣傳在塑造他們對敵人的觀感和正義化復仇上起著重要作用。蘇聯新聞局用加工過的圖片影像煽動集體仇恨。這些圖片影像在士兵們的心裡烙印極深，甚至會讓他們覺得那是他們自身經歷的一部分。可以作為證據的是，士兵們的回憶往往極為相似。就像阿蒂娜·

格羅斯曼在她對強姦的反省中指出的：「德國人聽到一個又一個俄國占領者表示，讓他們決心復仇的回憶不是一個德國人強姦一個俄國女人的那種侵犯，而是一個不同層次的恐怖畫面：德國士兵將一個俄國嬰兒從母親手上搶走，砸向牆上。嬰兒腦漿四濺，母親放聲尖叫，士兵哈哈大笑。」[51]

不過，士兵們一樣有自己的動機。他們不是被動的，而雖然國家權大勢大，他們也不是完全無助。如果說他們很多人像是在夢中行事，那一部分理由在於他們大部分人選擇用酒精來麻木理智。一個士兵在寫於二月的家書裡說：「不喝酒幾乎是不可能的。我正在經歷的事非筆墨所能形容。如果我喝醉了，一切便容易多了。」[52]一個德國作家在當時指出：「一個喝醉的俄國人和沒喝酒時的他完全是兩個人。他會失去所有理智，陷入完全狂亂的情緒，變得貪婪、粗暴和嗜血。」[53]一名匿名作者在他觀察強姦事件的日記中寫道：「酒精讓士兵們變得好色。酒精會大大增加他們的性欲望（但沒有增加他們的性能力，這是我從切身經驗得知）。我深信俄國人如果不是找到那麼多酒，強姦數字會少一半以上。這些伊凡們不是卡薩諾瓦*，要去性侵，他們必須用人工方式改變自己，把既有的抑制解除。」[54]有時，一頓豪飲下來會導致幾十個女人受害。但有時，得勝的是酒精。特姆金隸屬的部隊在匈牙利專門負責品嘗托考伊酒。這種甜酒的滋味非常棒，但在這裡，對俄國人的品味來說卻是致命的。特姆金回憶說：「當我走進一個巨大的酒窖時，裡面有一排排高大的黑色橡木桶。我看見了難以置信的一幕：地板被及膝的葡萄酒淹沒，上面浮著三個溺死的士兵。先前他們用衝鋒槍在橡木桶上射穿了一些孔，認為那是最容易讓他們的杯子斟滿的方法。然後他們喝過兩口後發現自己停不下來，最後醉倒、溺死在葡萄酒之中。」[55]

那些沒有完全喝醉的人也許可以用被壓抑的性欲來解釋他們的行為。當然，稍後當部隊把女人當成正當的戰利品之後，每當他們有機會挑選，就會選最漂亮的。[56]那位柏林日記的匿名作者從自己的地下室觀察到，俄國人「偏好胖的女人。胖被等同於美是因為胖會讓女人更加女性化，更加有別於男性的身體」。她認為這是一種原始的品味，但又不無快意地想到那些偷食物或囤積食物的柏林人要為他們的反社會行為付出代價。[57]不過不管部隊有沒有挑選他們的獵物，純粹的性欲都不是他們在普魯士找女人的主要動機。在那邪惡的頭幾個星期，強姦行為既系統化又異乎尋常的野蠻。

不過，也有足夠的理由讓紅軍士兵欲火難耐。與德國人會捉一些蘇聯女人來當軍妓不同，紅軍在前線附近並沒有野戰妓院。從官方的立場來說，性幾乎是不存在。特姆金描述了有一個團發現一盒德國避孕套之後的反應。他寫道：「他們給它們吹氣，然後像拍打氣球那樣拍打它們。」[58]黨和祖國的整個文化都是鼓勵鬥爭和犧牲。女人應該貞節，在家裡等待丈夫復員，而男人應該只想著職責。如果他們勇敢作戰又利用空閒時間來讀列寧和馬克思的作品，就不會有時間胡思亂想。

這種寡欲想像不僅見於軍隊之內，而且歷史悠久。列寧本人就對欲樂沒有好感，寧願做運動和長時間看書。隨著十月革命而來的性開放後來受到史達林的集體主義碾碎。性激情是布爾喬亞的事（私底下當然也是布爾什維克菁英成員的事）。好工人會把時間用在長時間的上班，而當他們生

＊十八世紀歐洲的風流才子卡薩諾瓦（Giacomo Casanova），是威尼斯的作家與冒險家，一生與一百多名女子共譜戀曲，因為他的文采與風流韻事成為留名青史的大情聖。

產完滾珠軸承，就會參加會議或者跟進《真理報》的最新內容。諷刺家伊里夫在日記裡寫道：「一齣蘇聯電影裡的對白：愛情是最糟糕的惡德。」就連「米羅的維納斯」都被視為色情。[59]性愛自由被愈來愈嚴格的離婚法、墮胎法和家庭法所取代。與此同時，愈來愈多人發現他們被迫分享他們的生活空間。他們通常與子女共住一室（子女睡在簾子或木頭架子後面），但有時他們也得和其他大人甚至和別的家庭共住一室。如果說蘇聯的好工人畫像總是表情嚴峻，稜角分明的五官總是缺乏笑容，那也許是因為他們很少可以在床上睡懶覺。[60]

就像大同國度的幾乎任何其他歡愉一樣，性愛是走入地下的東西。對嚴格道德和賣力工作的公開強調把性愛推到一個有菸有酒的暗處。理想與現實的鴻溝最明顯見於前線士兵中間。那是一個男性的世界，一個「莫合菸」和廉價烈酒的世界。士兵們最能夠接近他們關心的女性的地方是在信裡，或者在他們有時會回憶的往事裡。阿羅諾夫有一晚寫道：「我軍中的朋友告訴我他的人生。他不是第一次這樣做。就目前，他講到了他第一次墜入愛河的部分。」[61]他的戰前生活隱沒在想像裡，而就像所有的夢一樣，它有可能比事實還要美好。另一個士兵告訴他的朋友說：「戰爭結束後我要到南方某個地方去。我要在一間寄宿女校教數學和物理，那裡有規定女孩不准上街。我將會用上我所有的軍隊經驗。」[62]這種對女性的嚮往、躲避，與集體強暴、肚子上的刺刀相去不可以道里計。

不管他們還剩下多少欲望，很多士兵都有更強烈的動機去討厭甚至憎恨女性的代表。在戰爭的過程中，他們一直收到家裡寄來的信，這些信有些述說飢餓，有些述說強暴和死亡，但有很多是分手信。家庭被拆散，新生活在分離的世界各自確立。士兵和家人的緊張關係是軍人與平民的鴻溝的一部分。它也是軍旅生活過分男性化的一種病徵。在一個厭女的世界裡，女性是被猜疑的對象，是異類。隨著一年一年過去，士兵的信對女人愈發猜疑，也愈發有壓迫性。一個士兵寫信給蘇維埃主席加里寧說：「我們從一開始便為國家而戰。我們有些人受傷很多次，但我們並沒有對祖國和家庭吝惜我們的生命。然而，我們現在要抱怨有些女人背叛了我們……我們的小孩正在失去父親……我們必須採取嚴厲法律措施懲罰這些女人的背叛，她們對丈夫的羞辱。」[63]類似的信件數以百計。

官方政策也在改變。一九四四年七月，蘇聯開始了創造模範母親的運動，頒發勛章給生下大群健康小孩的女人。如果照片是可信的話，那麼理想的女性是嚴肅和節儉，強壯得就像坦克駕駛員，是未來的軍隊的奶媽和老師。[64]她還要好相處，天真無邪，對艱苦生活（更遑論是戰爭）不以為意。哪怕她生了很多小孩，輕浮和性愛在她的人生中沒有地位。士兵們開始讚揚這種類型的女人，夢想娶一個忠實和圓臉的太太，生一群健康和營養充足的兒子。當時，很多蘇聯部隊對幼兒表現的柔情受到了注意。至少到了四月，當地人明白到，帶著嬰兒的女人幾乎不會遭到強暴。不過，口袋裡裝滿糖果準備送給飢餓德國小孩的士兵也會擔心家裡的情形。他們已經很長時間沒有看過自己的小孩。

他們有理由感到憂慮。即使最強固的婚姻，到了這個時候都出現了緊張跡象。數以千計士兵收過的典型信件包含著一個冰冷的意象：「我們的火焰沒有熱烈得足以維持下去。」[65]別洛夫在妻子每兩次來信的中間都會懷疑自己的婚姻正在破裂。他在一九四四年三月寫道：「我收到妻子的一封信。我有預感我和她即將大吵一架。這是一種讓人不愉快的感覺，會讓人整個變遲鈍。」[66]她大概就像塔拉寧契夫的娜塔莉雅那樣，是擔心分離的代價。娜塔莉雅在一九四四年十月寫道：「如果戰爭繼續持續一段長時間，你將會完全不認識我們。你距離我們這麼遙遠真是遺憾。」[67]她丈夫用一種責備的調子回信說：「我努力抽空寫信給你，甚至行軍途中也會寫。不過我想提醒你，有時我的情緒極為惡劣，以至於我即使有時間，頂多只能寫一張明信片給你。我將會有一段很長的時間忘不了史達林格勒！」[68]

那些婚姻垮掉的士兵（不管他們自己搞了多少外遇）要更加憤怒。部分問題在於，蘇聯妻子的形象在戰時受到了理想化，被描寫成為在家裡耐心等待。事實上，在後方，掙扎求生極不容易，妻子們的真實情形不可能符合他們士兵丈夫的想像。一種新的道德觀也在前線流行起來。科佩列夫身為人夫和人父，完全準備好在戰爭結束後重拾昔日的生活。然而，在前線，他就像無數其他軍官一樣，有另一個「妻子」。「我告訴她，既然我們必須日夜在一起工作，不同床共枕是不可能的，所以何必拖延呢？重點是，『我們大概會被同一顆砲彈殺死。』」[69]然而，適用於前線丈夫的道理並不被認為適用於後方的妻子。在戰爭最後幾個月，很多士兵給政府寫請願信，要求通過法律，讓他們擁有子女的監護權、容許以書信休妻和懲罰那些背叛他們的女人。[70]

但士兵們沒有能力改變後方的情形。他們唯一能夠影響的地方是德國，在那裡，女人仍然穿著絲綢和毛皮。與穿著農裝的俄國女性不同，這些德國女人穿著撩人的西式服裝，塗脂抹粉和足登高跟鞋。[71]產生她們的整個文化看來是病態的，令人作嘔，但又充滿邪惡的魅惑力。有些德國女人被指控蓄意賣淫。一個覺得噁心的紅軍軍官指出：「德國女士們已經準備好要馬上支付『賠償金』。

沒有用的！」[72]一個士兵從普魯士寫信回家說：「歐洲是個骯髒的深淵。我看了一些德國雜誌一眼，它們讓我作嘔……就連他們的音樂也是靡靡之音。這裡是歐洲嗎？給我西伯利亞吧！」[73]另一個士兵在哥尼斯堡一個已廢棄的德軍陣地找到了一盒色情圖片。他問道：「還有東西比這個更讓人作嘔的嗎？我們的文化必然比德國人的高尚，因為你從不會在士兵中間找到這類東西。」[74]

所以，強姦是集合了復仇的欲望和砸爛德國奢侈品的衝動。它懲罰女性，加強犯者的脆弱男子氣概。它也加強了一群群士兵的情感聯繫，因為士兵們總是以一小群人而非以個人的方式行動，靠著群體的勢力取得能量和匿名性。強姦當然也是為了歡慶蘇聯男性的集體勝利。雖然女性在暴力中首當其衝，德國男人也是受害者。很多強姦之所以是發生在受害者的丈夫或父親的眼前，並非偶然。重點在於讓他們知道，他們無權無勢，必須忍受羞辱。[75]據一個女人所述，有一名律師在納粹統治期間始終維護自己的猶太人妻子，受盡威脅仍然不肯離婚。俄國人來到之後，他再次保護她，直到一粒子彈射入他的髖部為止。當他躺在地上流血等死時，眼睜睜看著三個士兵強姦他的妻子。[76]

這一類事件的檔案連篇累牘，但精確數字將永遠無從得知。暴力程度以普魯士為最高，但強姦發生在任何紅軍和敵人相遇之處。被紅軍強姦的德國女性必然數以萬計，甚至大有可能是數以十萬計。[77]然而數字是危險的工具，會在紙張上創造出和生活無多大關係的確定性。德國是一個政治宣傳的世界，至少是一個被戈培爾的筆所著色的世界。數字可以讓俄國人顯得更可怕，讓德國人變成被害者，抹去納粹的一些醜陋歷史。它們明顯可以強化紅軍是一支亞細亞蠻族大軍的印象。[78]雖然一九四五年之後的流產率和性病感染率可以充當某種證據，但其他數字就不那麼確定了。[79]當一份柏林報紙報導一名七十二歲老婦人被強暴了二十四次時，匿名的柏林日記作者沒好氣地問：「誰算出來的？」[80]

要估計強姦者的數目一樣是困難重重。老兵們不太可能自願提供一份新名單。有些軍官會向我提到他們恢復軍紀的個案（例如基里洛維奇曾經持手槍喝令兩個強姦者停手），但一般的士兵拒絕談論這種事。一個老兵告訴我：「我聽說發生了一些強姦的事情，但我自己從來沒有看到過。事實上，我們根本沒有看見任何一個德國人。在我們進入任何城鎮前，他們早已走光。」對很多人來說，沉默意味著一種選擇性失憶，而且毫無疑問是羞慚導致。但起作用的還有其他壓力。沒有軍隊會大肆宣傳自己的罪行，但蘇聯官方對強姦事件的沉默卻是到了無感的程度。內務人民委員部的檔案足以說明這一點。在前線地區負責維持軍紀的官員本來大可以把強姦事件上報，因為這些檔案被列為「絕對機密」。然而就連這些內部文件幾乎完全沒有提到集體強姦，有關個人強姦的個案也是寥寥無幾。情形就像是軍官們串通好，把強姦事件排除在文字紀錄之外，改用醉酒或不假離營的個案填補空白。

與白俄羅斯第一方面軍一起服役的內務人民委員部部隊身處紅軍的暴風眼中，但他們在報告中的語氣輕描淡寫。一個軍官這樣說：「我們在一間屋子裡找到了八個德國人，包括一個老翁、五個女人和兩個十二至十三歲的少年。」就像很多其他德國人那樣，他們自縊身亡。報告這件事情的軍官指出，雖然大部分死去的婦女都有一定年紀，但在地見證人主張，她們一定是害怕才上吊，因為大家都在說「俄國士兵會強姦德國女人」。[81]報告的執筆者對這個指控存疑，就像不相信有人自稱看見聖母顯靈，但當時可是一九四五年一月。過去六個月以來，在波蘭、波羅的海和羅馬尼亞的紅軍部隊性病感染率激增，引起憂慮。男女兩性的士兵都接到命令，每個月要接受體檢一次。[82]然而，在有關軍紀的報告上，經常被提到的是意識形態的搖擺而不是強姦。只有到了一九四五年四月和五月史達林親自干涉後，「與德國平民的關係」才開始出現在有關軍紀的報告上。[83]

同樣嚴重的是，犯下強姦案的士兵很少受到懲罰，起初尤其如此。直到一九四五年春天的最初幾個月，士兵們仍然奉著復仇的命令戰鬥。之後，當就連蘇聯領導層也看出來非軍事暴力對軍紀和軍隊戰鬥力皆不利時，有些軍官收緊了控制，有些士兵甚至會因為強姦而被處決。羅比契夫回憶，當他的部隊於一九四五年四月在西利西亞和科涅夫的軍隊會合之後，有四十個犯下暴行的士兵和軍官被當眾槍斃，以儆效尤。[84]士兵們會這樣嘀咕：「有些指揮官會為了一個德國婊子而槍斃部下！」[85]不過更普遍的情況是，那些未被寬宥的強姦犯會獲得相對較輕的懲罰。五年是標準刑期，但也可能因為上訴而減為兩年或更短，作戰表現優異的士兵更是如此。[86]不管怎樣，前線需要他們。他們的服刑幾乎一律延到戰鬥結束之後，而許多人到了那時也已經「以自己的血贖了自己的罪」，也就是已經死去或殘廢。換言之，強姦要比逃兵、侵占或企圖保護德國平民（像科佩列夫就是這個樣子）獲得較寬大對待。有一些個案被挑了出來（通常涉及其他種類的違反軍紀），但大多數個案都是直接從蘇聯的檔案消失。

在我訪談過的幾十個老兵中，不太可能每個人在這個可怕的故事中都是無罪的。但他們沒有動機和我討論這件事情。在昔日，他們有一場戰爭有待贏取。他們戰鬥，他們受苦，很多人成了殘廢。事隔六十年之後，他們記得的也許不是憤怒，而是受傷住院的漫漫長日，是夜間行軍，是戰時歌曲。跟軍團和勝利比起來，女人不值一哂。女人在俄國不值幾文錢，為什麼在德國被當成那麼特別？為什麼她們可以抵銷馬伊達內克的罪行，抵銷俄國兒童的眼淚？老人們對我說：「你想聽戰爭的事，那我們就來談戰爭。只有記者會想要知道醜聞八卦。」

★

紅軍士兵在普魯士得到的不只是回憶。這也許是一場艱難的戰役，傷亡數以萬計，但那也是一個無比豐盛的時期。德國是個富有國家。匈牙利也是，布達佩斯有大量物資可供搶掠。紙面上，戰爭的最後階段標誌著共產黨的最終勝利。但在現實上，它卻像是開辦了一個大市集。就像所有其他罪行（包括強姦）一樣，紅軍不是唯一的罪犯。他們的盟友在這場戰爭中一樣洗劫了酒窖和富有人家，幾千名前戰俘和那些當初被抓到德國來做苦工的人也是如此。[87]不過紅軍做什麼都是規模浩大。它比任何人都承受過更多痛苦和失去過更多東西，所以現在要求補償。史達林堅稱第三帝國至少欠了蘇聯人民一百億美元賠款。[88]或多或少得到政府的縱容，紅軍一踏上德國的土地就開始拿取這賠款的一部分。

針對「戰利品」的奪取和後送，一系列規定在一九四四年出爐。名單包羅廣泛。任何在戰場上所擄獲或被敵人遺棄的東西，包括武器、彈藥、燃料、食物、軍靴、牲口、火車鐵軌、汽車、琥珀和一箱箱的陳年香檳，都被視為紅軍和蘇聯政府的財產。一整間、一整間工廠在戰爭後期被拆解。

當盟軍在一九四五年進入柏林時，八成的工業機具已經被蘇聯搬走。一個美軍軍官指出：「蘇聯人拆解了屠宰場的冷凍設備，拔下餐廳廚房的爐子和管子，搬走工廠的機具，在我們來到前完成對美國勝家縫衣機工廠的劫奪。」[89]蘇聯人這樣做的藉口是在他們帝國的西部地區受到徹底的蹂躪。但即使如此，他們在柏林所進行的破壞常常是漫無目的，至少西方觀察者看不出其中的目的。與此同時，在蘇聯國內，德國戰俘也被視為一種戰利品。如果有誰可以重新組裝那些被拆解的德國工廠，非這些人莫屬。

不讓人意外地，面對戰區的一片混亂，紅軍將士會把他們找到的任何東西放入口袋。事實上，有些掠奪是作戰所必需。朱可夫前進中的部隊的補給線已經到了極限，難以為繼。當阿羅諾夫或葉爾莫連科在因斯特堡坐下來吃德國人的食物時，他們等於是得到了好幾星期以來的最佳口量配給。一個軍官在寫給家人的信中談到，哥尼斯堡陷落後，他和又累又餓的部下吃了一頓大餐。他們獲得通行證，可以進入當地的軍事庫房，裡面貯存著各式各樣的食物和物品。他們十一點進去，五點出來，喝了啤酒、葡萄酒和伏特加，吃了香腸，往自己的肚子裡塞滿餅乾、巧克力、松露、葡萄乾和棗子。[90]

當他們酒足飯飽後，有些士兵開始想到了家人。他們知道俄羅斯物資缺乏。他們的上級業已把上好的瓷器、亞麻布床單和德國毛皮裝箱。高級軍官徵用汽車把他們的東西運回家，到了戰爭後期甚至徵用一整列火車。[91]士兵們開始有樣學樣。一九四四年十二月二十六日，對俄羅斯新年而言來得及時的是，蘇聯國防部發布了一條規定，容許軍中所有人員從前線寄包裹回家。這形同縱容部隊搶掠。[92]事實上，自此以後，當軍官得知部下沒有寄太多東西回家時，往往會吩咐他們「提升搶奪的本領」。[93]

一如往常，戰利品的洗劫順序得排輩論資。只有品行良好的士兵被批准把他們的包裹寄回東部，而且一個月只可寄一件。按規定，包裹的重量依軍階而異。士兵是五公斤，將軍是十六公斤（只是理論上是如此）。[94]科佩列夫把一批罕有的珍本書寄回家。他的同僚選擇古代油畫、獵槍甚或是一臺鋼琴。[95]前線將士是第一批可以挑選戰利品的人，而他們也常常把他們沒有拿的東西大肆毀壞。[96]突然間，被分派在第二梯隊的人顯得有點倒楣。塔拉寧契夫在寫給娜塔莉雅的信上說：「我有夠衰。政府剛剛說我們每個月可以寄十公斤的東西回家（這是給軍官的配額），但我卻在一個一無所有的地方，所有東西都被搶光了，售價貴得驚人。」[97]他的失望很快就會消失，因為只要懂得怎樣尋找，即使是最不好戰的軍官和「後衛部隊裡的討厭鬼」，一樣用得完可寄回家的包裹配額。可想而知，受歡迎的項目是食品。一個把罐頭肉、糖和巧克力打包寄回家的軍官在附上的信上對妻女說：「為你們的健康而吃吧，不要有任何良心不安，絕不要想分送給別人。」[98]有些人會把一袋袋釘子甚至是玻璃片寄回家，其他禮物還有瓷器、工具、鞋子和衣服。[99]大家興高采烈地寄包裹，全無罪惡感。即使到了今天，老兵們談到這件事時還是毫不尷尬，就像是回憶一次收穫特別多的舊雜貨義賣。搞到最好的物品是技能的表徵，也是關心家人的表徵，也是有能力對付資本主義新野獸的表徵。

他們的選擇有時很古怪，至少會讓人為之感到鼻酸。例如有些士兵會把打字機寄回家，但這東西他們一輩子都用不到，因為打西里爾字母需要完全不同的鍵盤。塔拉寧契夫最後寄了一臺收音機回家，又帶點遺憾地說：「要能收聽，我們當然需要電力。不管我們戰後決定住在哪裡，我們都不準備去一個沒有電的地方。」[100]雖然他沒有說，但收音機當時在國內是真正罕有的物品。蘇聯新聞局在一九四一年已經把所有收音機都沒收了。但其他東西，包括立即就用得著的，也一樣稀缺。塔拉寧契夫繼而又寄了一些食物回家、還有一件長大衣、一張有絲被套的羽絨被、好幾張床單和一條夾層褲子（供回家以後，打獵的時候穿）。他另外還寄了一匹黑絲綢布給妻子，外加可以用來製作靴子的黃色皮革。[101]就像住在其他省分的蘇聯妻子，娜塔莉雅行將把一九四〇年代的中歐時裝帶到戰後的土耳其斯坦大草原——但不是總有配件搭配。

也有更實際的做法，塔拉寧契夫也給幾個孩子寄去鞋子，挑選的是他們一兩年內能穿的尺碼。他還寄給他們做冬天外套用的羊毛布，做內衣褲用的白色法蘭絨，做額外鞋子用的皮革。[102]他打包這些包裹時再一次充滿自豪感。基里洛維奇也是這樣。在戰爭的最後一個冬天，這位年輕的軍官都是駐紮在波蘭。在他的記憶中，他在那裡的任務是維持和平，工作包括修橋補路和防治犯罪。在他看來，正派的平民有理由對他心懷感激。輪到他要寄包裹回家的時候，他打包了兩張棉被和一臺打字機。但他也公告周知，他女兒需要一臺嬰兒車。第二天，有二十多臺不同款式的嬰兒車放在他的住處門外。「我挑了最好的一臺，」他微笑著說。當地人的慷慨看來證實了他是一名仁慈的軍人和最正派的共產黨軍官。

包裹政策有助於提高士氣，但郵務系統應接不暇。士兵們的包裹被認為具有「獨一無二的政治重要性」，而這意味著偷竊、延誤投遞和保存不善都會被算為國家罪行。但是大投遞於一月展開，而當時正是俄羅斯的隆冬。幾星期內，庫斯克（和任何士兵家屬居住處）的火車卸貨站就看似一個巨大貨倉。在一九四五年一月，有三百件包裹抵達庫斯克，但到了五月初，每月的包裹數字跳升到五萬件，前五個月的包裹總數是八萬七千件。到了五月中，有兩萬個火車廂等著卸貨。一個特殊帳棚就搭在了火車站旁邊，以便為各式各樣的包裹（裝著印花棉布、罐頭肉、果醬、打字機、腳踏車、被褥或瓷杯）擋雨。貯存還只是問題的一部分。很多收件人都是住在偏遠的村莊，沒有汽車可通。士兵們的家眷只能仰賴德軍留下的駑馬（很多都生病了或受傷）作為交通工具。到最後，動用了更多的員工（和更多的馬匹）。一間特殊的旅館蓋在了庫斯克火車站的附近，供一支特別成立來分類和發送士兵包裹的人力隊伍居住。[103]

在德國的紅軍士兵彼此偷竊。阿格耶夫在五月告訴妻子：「我目前害怕寄東西回家，因為有大量偷竊事件。」[104]不過，有些物品不會有人想要郵寄。嚴禁私人擁有的槍枝和彈藥於一九四四年夏末在波蘭的黑市市場大受歡迎。[105]除了酒和菸，士兵偏愛的其他物品包括腳踏車和手錶。有些照片中的士兵手上戴著幾隻手錶，既證明了他們戰績驕人，也顯示了他們的未來銀行存款。「德國人製造的手錶總是會壞掉，」一個老兵解釋說。「這就是為什麼我們一次要戴好幾隻。」腳踏車的情形也是一樣。紅軍士兵不太懂得騎腳踏車，更遑論是修理腳踏車。一個見證人寫道：「他們教彼此騎車，像馬戲團裡表演騎車的黑猩猩那樣坐姿僵直，往樹撞去，然後哈哈大笑。」[106]她本來可以補充說，撞壞了的腳踏車會被留在原地。總是有其他腳踏車可拿。在一張著名照片上，一個俄國士兵從

一個近衛團的步兵把他們的腳踏車送去運走。一九四五年五月。

一個氣呼呼的婦女手中搶走一輛腳踏車。另一些照片顯示紅軍士兵把腳踏車收藏起來，準備寄回家。[107]財產的觀念已經變得就像「隱私」和「和平」一樣模糊。在一片頹垣敗瓦中，沒有東西看起來是屬於任何人——除非新物主是持槍或戴有官方臂章。

　　當前線朝西向著柏林移動時，後面的士兵（甚至是派去監視他們的內務人民委員部部隊）預嘗了勝利的滋味。他們縱情搶掠，縱酒狂歡，和在地女人發生關係（有些結了婚，有些是強姦）。四年的恐懼和緊張在幾星期內釋放了出來。現在，害怕國際邊界的士兵已經不多。他們都急著發現整個世界，品嘗它，暢飲它和奪取它。晚冬和初春有大量報告描寫了大後方的混亂：有講述士兵喝醉的，有講述士兵偷衣服和珠寶的，有講述士兵假扮成平民的，有講述士兵強住在當地女人家的，有講述士兵開軍用汽車飆車的。在每個解放區，紅軍和平民的關係臻於失控。[108]內務人民委員部部隊原是軍紀的維護者之一，但它的一個分隊卻被人發現在一個波蘭城市唱「未經審查的歌曲」。他們甚至醉醺醺地出現在他們自己的黨會議，大聲咆哮，直至找到人把他們帶出去，設法使其清醒為止。[109]

★

德國人在一九四五年春天知道自己必敗無疑，但戰爭仍然沒有過去。希特勒拒絕投降。剩下的德國軍隊繼續戰鬥，不到全軍覆沒誓不罷休。這種抵抗精神和蘇聯在三年前表現出來的一模一樣，也讓柏林戰役受到延後（崔可夫原希望在一九四五年二月攻下柏林）。但紅軍不只沒有欽佩德國人的韌性，反而認為他們的頑固是他們的另一種可鄙特質。阿格耶夫對於和他戰鬥的德國人感到驚異。他在寫給妻子的信上說：「在我們俘虜的弗里茲中，有一個五十九歲。這個王八蛋牙齒掉光，但作戰起來像個機器人一樣無所畏懼，雖然他連嚼一片乾麵包都不能。」[110]阿格耶夫的憤怒部分是出自他的疑懼。他擔心紅軍雖然必勝，但打敗這樣一個敵人的代價肯定不低。

攻取柏林的戰役在四月中如火如荼展開。到了這個階段，哥尼斯堡終於陷落，普魯士城市庫什特林也是如此。這些最後的戰役（經常被形容為「清理」）戰況激烈，戰死的紅軍戰士數以千計。但攻擊柏林會犧牲多少生命讓人更加不敢想像。當時紅軍料想不到防衛柏林的最後部署工作有多麼因陋就簡。[111]就他們估計，柏林很可能已經做好萬全準備，布置了無數地雷區、詭雷和帶刺鐵絲網。不過雖然他們面對的是一個殘破、飢餓和士氣低落的敵人，紅軍士兵知道，他們已經抵達了希特勒自己的要塞，不管他們有多大優勢（紅軍和柏林守軍的人數至少是二與一之比[112]），將要上場的戰爭必然是困難重重。那些記得史達林格勒圍城戰的人（包括崔可夫本人）開始訓練另一代的士兵逐屋戰鬥的技藝。[113]

最終回在四月十六日揭幕。「前線不曾有過一日像今日，」工兵謝別列夫在當晚寫給家人的信上說，他從一九四一年起就投入戰場。「凌晨四點鐘的時候，數以千計的喀秋莎和機關槍一起開火，讓整個天空——從一邊的地平線到另一邊的地平線——明如白晝。在德國人那邊，一切都籠罩在煙霧和飛濺的泥土裡。大群大群飛鳥驚惶失措地到處亂飛，嗡嗡聲、轟鳴聲和爆炸聲響個不停。然後坦克上場。最前面一整排的探照燈突然打開，要讓德國人兩眼發花。然後各處的紅軍士兵開始一起高喊：『到柏林去！到柏林去！』」[114]崔可夫對當時的情景也有所描寫：「照明彈升上了天空，在它的光芒的照耀下，列寧彷彿活著一樣，從鮮紅的戰旗上檢閱著士兵，猶如在召喚他們，堅決同萬惡的敵人進行最後的戰鬥。」[115]隆隆砲聲震耳欲聾，讓有經驗的砲兵亦為之震撼。他們好不容易才記起要張開嘴巴，平衡耳朵內的壓力。[116]

士兵們因為歷經漫長等待後終於能有所行動而興奮，也因為勝券在握而興奮。謝別列夫寫道：「今日沒有人會想到死字。每個人只想著他們會多快攻入柏林。」在在看來，紅軍馬上就要直搗納粹的巢穴。不過，士兵被他們的樂觀情緒最後一次擺了一道。因為誤判，朱可夫對塞洛高地的攻擊

——這高地是通往柏林路上的最後一處天險——注定陷入膠著。他下令前鋒部隊打開探照燈原是為了讓敵人頭暈眼花，沒想到光線從砲轟掀起的煙塵上反射回來，反讓紅軍士兵自己頭暈眼花。[117]砲轟也讓高地變得支離破碎，難以通行。更糟的是，紅軍花了大把氣力轟炸的戰壕其實早已被棄置：前一天一個被俘的紅軍士兵向德軍披露了蘇聯進攻在即的消息，所以大部分德軍都已撤退到前鋒線後面。[118]不只沒有能夠勢如破竹地開向柏林，朱可夫的部隊反而被卡住，無法攻破德國守軍的第二條防線。

不過，這個延誤對於朱可夫的對手科涅夫來說卻是好消息。這兩位指揮官本應在攻取柏林的戰役中攜手合作。理論上，科涅夫的任務是從南面繞上來，穿過萊比錫和德勒斯登，把德國的戰線切斷為二。不過史達林鼓勵這兩位元帥相互競爭，看看誰可以首先到達柏林。所以朱可夫遇到的難題一度讓科涅夫有機可乘。這是一種奇怪的競賽，兩人終生都互別苗頭。如果說這競賽有什麼意義，那就是它保證了蘇聯能夠搶先盟軍一步攻占柏林。但從戰略的角度看，這卻是一場災難。朱可夫的憤怒迫使沒有經驗的士兵（他們有些是前戰俘，另一些是沒有受過訓練的強制勞工）強行通過充滿死亡陷阱的街道和雷區。一如以往，落隊者有可能會被槍斃或調入「懲罰營」作為懲罰。即使有經驗的部隊也因為受到各種警告和威脅而壓力沉重。在挨過朱可夫的罵以後[119]，朱可夫吩咐部下提高警覺，又建議他們使用壓倒性火力。他解釋說：「城市戰鬥是一種火力戰，一種近距離戰鬥。在進行近距離射擊時，不僅要使用自動武器，還要使用威力強大的火砲和坦克，一起在只有數十公尺的距離外開火。」[120]紅軍士兵瞄準目標開火時，沒空去管四周平民的死活。

蘇軍進入柏林。一九四五年五月。

柏林身處死亡邊緣。食物供應已中斷多日，很多水管被炸斷。柏林日記作者回憶說：「小孩大量死亡，老年人像牲口一樣吃草。」柏林市民瑟縮在地下室，靠著燭光照明。但在外頭的街道上，春光卻嘲諷地繼續如畫。柏林日記作者有一天下午爬出她的藏身之處。即使光線也讓她吃了一驚。她寫道：「從無主的花園裡，透過被火燒黑了的廢墟，傳來了陣陣百合花香。只有鳥兒不信任這個四月：沒有麻雀在我們屋頂的簷槽上。」[121]在蘇軍攻城以前，她就像任何圍城戰中的平民那樣，心心念念只想著自己的飢餓。然後砲轟開始，大地震動，砲彈爆炸聲震耳欲聾。砲轟過後來了士兵。他們緩慢推進，逐屋搜索，向每個門口和樓梯井投擲手榴彈，遇到誰都是先開火再問話。不久之後，日記作者所寫的一切莫不是有關這些陌生人：這些嗜酒、品味粗野和有著無止境需要的紅軍士兵。

隨著柏林郊區淪陷，隨著它那些迷宮似的陷阱被以謹慎步伐前進的士兵清除，更多部隊抵達解放區。柏林已經不剩多少東西可拿，但他們仍然搶奪食物和其他物品。近乎隨興地，也沒有帶著三個月前的強烈怒氣，他們對柏林女人進行了報復。這種親密關係對軍紀並無好處，對士兵們的性健康也沒有好處（儘管他們大多數人或多或少都已有點性病）。[122]醉酒和搶掠讓紅軍的聲譽在盟友和德國平民面前嚴重受損。四月，史達林和朱可夫出手干涉，發出了一系列有關財產的新命令，禁止士兵闖入平民的居住區，也禁止他們和女性平民發生關係。讓人困惑地，最著名的一道命令既譴責它所謂的對德國人的開放行為，也批評過份野蠻。[123]但它要傳達的訊息是明確無疑的：這道很快被士兵們稱為「史達林命令」的命令是要求節制。它在部隊的政治會議上被大聲讀出，而德國婦女也學會把它當成咒語，用它來阻嚇想侵犯她們的士兵。但這道命令看來在柏林並沒有起多大作用。當士兵們討論它的時候，他們眼睛裡——柏林日記作者宣稱——「閃爍著狡猾的光芒」。[124]能夠讓士兵們有所節制的除了軍官的手槍，只有不容耽擱的作戰命令。

朱可夫的軍隊在四月二十一日進入柏林。翌日，科涅夫的人馬渡過了泰爾託運河。包圍和進攻蒂爾加滕——一片長八公里和寬兩公里的地區——的是朱可夫的部隊（包括由崔可夫直接指揮的那些）。蒂爾加滕是柏林動物園的所在地，也是納粹的要塞。位於其核心的那些碉堡由高射砲所包圍，牆壁厚達兩公尺。其中一座碉堡是蓋世太保總部。位於地區邊緣的另一座碉堡是希特勒的藏身處，兼具指揮所、堡壘和大型接待室的功能。在其北面，在布蘭登堡門的後面，是帝國議會大廈。

蘇聯人選擇它作為希特勒政權的象徵。蒂爾加滕本身被蘭維爾運河貫穿，這運河本是一個讓人愉快的地標，但卻被黨衛軍用作屏障，待它底下的地下隧道被炸毀後又變成一個死亡陷阱。但那已是山窮水盡下的最後一搏。四月二十九日，整個地區飽受砲轟，熊熊大火照亮了最漆黑的夜空。最後結局會如何殆無疑義，但納粹帝國的垂死掙扎不會只是溫馴地坐以待斃。

紅軍激烈戰鬥了三天才攻占所有指標性建築。攻進帝國議會大廈是象徵性時刻。史達林計畫好讓這消息（最好是連同德國投降的消息）趕在蘇聯的五一勞動節當天發布。事實上，葉戈羅夫和坎塔里亞在議會大廈屋頂揮舞紅旗的著名照片，是在真正危險過去後的第二天才擺姿勢拍攝。進攻部隊冒著危險穿過機關槍、手榴彈和詭雷一寸一寸前進。三百個守軍（最後有兩百人被殺）守住議會大廈超過八小時。同樣情形也在其他地點上演，包括在讓人望而生畏的「動物園高射砲塔」。每次有一座這樣的碉堡被攻克，就會有數以十計（有時甚至是數以百計）的納粹部隊投降。更多的傷者和垂死者躺在地下室等死。[125]希特勒本人已經死了：他和幾個親信在四月三十日自殺身亡。「德國國防軍像斷了脊椎的小雞那樣繼續戰鬥。」一個記述這樣說。[126]要直到五月二日六點，柏林駐軍指揮官魏德林將軍才向紅軍投降。[127]

其中一個見證者是別洛夫。他在五月三日寫給莉迪婭的信上說：「我好想在五月一日寫信給你，但那天一整天我們都必須戰鬥。尤有甚者，那是非常艱苦的戰鬥，你不會有時間說話，更遑論寫信。」她的四封信在五月一日寄達，但當時他身處槍林彈雨中，而當戰鬥結束，他已經累得無法拆信。然後是柏林的投降，槍砲聲一下子全部安靜下來，這時他才終於有機會休息。「我已經很久沒有睡得那麼熟——熟睡得像屍體。」他寫道。但他知道戰爭正邁向結束。「我不知道還會不會有另一輪我們剛剛目睹的戰鬥，但我覺得不太可能。一切都在柏林結束了。」當魏德林簽署降書時，他正在熟睡。

這位中尉先前沒有目睹「巴格拉基昂行動」的結束。在他寫下最後一段日記的僅僅幾星期之後，他就受了傷，當時是一九四四年夏天。他的獎勵是獲得軍旅生涯的第一次省親假，和莉迪婭共度了第二次蜜月假期。五月三日寫信時，他心繫家裡。有一個軍官同袍先前邀他到自己的柏林豪宅慶祝五一勞動節，「在那裡，就像他們所說的，你八成可以放鬆。」但當時他只覺得對奢侈享受心存反感。「讓這些奢侈玩意兒見鬼去吧，」他寫道。「我寧願待在一間小屋裡（只要是在俄羅斯土地上的就可以），放鬆，忘掉這場戰爭的夢魘，包括忘掉殺人如麻的德國人。」奢侈享受也責備他的良知，因為他一直沒有時間寄包裹回家，儘管他渴望幫助家人。他筋疲力竭，對戰爭感到厭煩，但他的信顯示他對未來滿懷希望。

這是因為，莉迪婭已經懷孕（是在他放省親假的時候懷上）。他喊懷孕的太太為「小胖」，又深情地囑咐她要多吃多睡。他揣想他未出生的小孩日後會對父親在戰爭期間的表現有何觀感。他找不到可以責備自己的理由，為此感到自豪。他想，他的小孩「將不會感到丟臉，因為我們已把我們的職責履行到最後」。但這一切都是未來的事。在五月的這頭幾天，戰爭還沒有完全過去，而戰爭不會停歇的感覺也沒有從他腦子消失。「無疑你們正在慶祝，」他寫道。「我可以想像舉國上下有多高興。但對我們士兵來說，要掌握我們勝利的真貌是困難的。我們的目標是攻占一個城市或打贏一場戰役，而我們只有在聽到最後一聲槍聲後才會認為勝利已經到手。」

他知道勝利不遠了。「戰爭甚至也許會在你收到這封信之前結束。」他在信的結尾說。五日後，朱可夫接受德國的無條件投降。受降儀式極其隆重。當德國元首凱特爾在五月九日午夜剛過脫下手套簽署降書時，鎂光燈閃爍不停。德國代表離場後，蘇聯和盟軍代表如釋重負，葡萄酒和伏特加被擺上了絲絨面桌子上。朱可夫在蘇聯將軍們的掌聲中跳舞。[128]在場外，紅軍戰士以萬槍齊發和喝更多酒慶祝勝利。不過別洛夫將不會聽得見這場戰爭的最後槍聲，也不會看得見他在一個月後出生的女兒。五日四日，他被派至易北河的布爾格，翌日被殺。[129]

★

超過三十六萬紅軍和它的波蘭人盟友在柏林戰役中陣亡，其中大概十分之一是在攻打柏林的時候喪生。[130]這些男男女女是五月九日的慶典上的鬼魂。但有幾個小時的時間，大部分士兵記得的是生而不是死。塔拉寧契夫在寫給妻子的信上說：「我們今日凌晨三點從收音機聽到這個大喜消息。每個本已睡著的人都被叫醒，我們馬上就進行慶祝：我們用各種類型的槍枝對空鳴槍，直到天亮。我們製造出的聲音驚天動地，讓城裡的人以為有一場真正的戰鬥在開打。親愛的，你不能想像我們因為戰爭的結束有多麼心喜。不錯，你在後方也吃了很多苦，而我們的後衛部隊是和英勇的紅軍一起打敗法西斯猛獸。儘管如此，我們在前線的人仍然是最艱苦的。你必須了解我們，我們是前線將士！」[131]阿格耶夫以下這番話說出了很多人的心聲：「歷史上從來沒有人經驗過蘇聯人民今日所經驗的快樂與自豪。」[132]在薩莫伊洛夫的基地，士兵們從柏林在五月二日陷落後就開始慶祝。五月七日，他們聽見戰爭已經結束的謠言，有些人開始對空鳴槍。他們在五月八日再對空開火一次，因為BBC播報了德國投降的消息。但要直到凱特爾向朱可夫投降，他們才真正喝得酩酊大醉。[133]

其他地方的士兵並不需要等那麼久。五月五日，內務人民委員部一個邊界守衛偶然找到一桶甲醇。他把一些甲醇倒入茶壺，帶回去和另外兩個士兵分享。一壺不夠喝，所以他們又裝滿了一個三公升的容器。後來軍中廚子加入他們，打來更多甲醇。那個晚上，另有七個人加入酒宴（或者應該說喧賓奪主，因為當時原來的幾個飲者已經醉倒），快樂地忘掉戰爭還沒有結束。他們沒有能活到看見勝利。頭三個人在第二日死去，其他人將會在凱特爾簽下降書之前死去。[134]這類事件反覆在前線上演，罪魁禍首常常是甲醇，但防凍劑和石油溶劑油也有部分責任。[135]受害者至少得到一個好處：他們用不著知道和平所帶來的失望。

簽定降書的第二天，也就是五月十日，柏林一片荒涼，靜悄悄。街道空蕩蕩，公共廣場（德國國防軍曾在這裡砍樹，以為砲兵搭建防禦工事）杳無人跡，甚至看不見半隻小鳥。大部分士兵都酒醉未醒。但不是每個人都留在德國首都迎接歐戰的結束。葉爾莫連科屬於數以千計被調往東部的戰士之一。他的連在火車接近烏拉山山區時得知勝利的消息。[136]葉爾莫連科並不知道自己新任務的詳情，但他的目的地是滿洲。歐戰已經結束，蘇聯改為把槍頭對準日本。

這是第一個苗頭，透露出紅軍的作戰任務不會隨德國的戰敗而結束。正如別洛夫曾經說過的，他們已經不皺眉頭地把職責履行了到最後，但現在迎向他們的卻是許多個失望中的第一個。大部分士兵要能和家人團聚，將不是只要再等幾星期，而是要再等幾個月，甚至幾年。至於他們的期望——那些他們透過深夜長談和寫信所哺育的夢想——所要等待的時間將要更久。正如科佩列夫望著耐登堡升起的火焰時所了解到的，這些人現在能做些什麼並不清楚。看著春天在柏林的廢墟四周展開時，他們能倚靠的只有國家的無情權力。他們曾經拯救這個國家，而現在，他們將要領略它有多不懂知恩圖報。

★第十章　老劍入鞘

五月九日是莫斯科光明燦爛的一天。那天晚上一點剛過，列維坦——蘇聯新聞局的戰時播音員——的熟悉聲音就向人民宣布，對德之戰已經結束。這消息幾十分鐘內傳遍全城。大家叫醒了鄰居，拋開了首都市民一向的拘謹。一個個家庭跑到大街上，男人們手上拿著專為這個時刻保留的酒，展開了一個盛大派對，其喧鬧將持續至第二天晚上。破曉時有更多人入城來慶祝。到了下午，克里姆林宮四周的開放空間擠滿多至三百萬的人。這樣的白晝本身已經足夠讓人難忘，但就嫌還不夠似的，晚上九點之後，當春天的地平線開始消失，數以百計的探照燈一起打開，把一陣陣的紫色、紅色和金色光線傾瀉到所有知名建築上。一隊機隊低飛飛過紅場，把彩色火焰釋放到黑暗中，然後是煙花燃放——俄羅斯人記憶中最盛大漂亮的煙花表演。韋斯滿心歡喜地寫道：「歷來第一次，莫斯科把所有矜持和拘謹拋到風中。市民們用不著喝醉，一樣快樂無比。」[1]

勝利看似是屬於每個人。一時間，各色人等（不管是工廠工人、排字工人、工程師、集體農場農夫還是坦克設計師）覺得彼此毫無分別，因為大家都在打敗法西斯主義一事上吃過苦和出過力。但沒有人比士兵們更感自豪，更覺得有資格聲稱勝利是屬於他們所有。庫茲涅佐夫在五月十日寫給妹妹的信上說：「在這個薄海歡騰的日子，這信是我在柏林所寫！」他的信是寫在一張印著菩提樹下大街照片的明信片上（德文圖說被他用筆塗掉）。「沒有字眼是你不能選擇來反映這個勝利的未來歡樂。作為參與者，我以征服者和主人的身分在『獸穴』的中心四周散步，把一切盡收眼底。每個軍官和士兵的臉上都閃耀著成就了大事的無法形容喜悅。偉大的衛國戰爭結束了——它是歷史的一部黃金書。我在這個偉大的節日向你祝賀！」[2]

當時很少人有興趣去估算這幸福洋溢的一天是以何種代價換來的，也很少人有興趣去預測和平在未來將會索取何種代價。這樣的估算有可能會讓勝利本身引起質疑。當一個國家死了近兩千七百萬平民的時候，它還能號稱勝利嗎？當平民的死亡人數是士兵的兩倍時，軍隊有什麼值得人喝采的？如果蘇聯真是勝利了，怎麼還會有兩千五百萬人無家可歸，要住在地下屋或擠在無窗的走廊裡？只有波蘭可以聲稱它按比例要損失更多人命，而它現在也已經是個破碎的半殖民地。[3]德國人當然也付出了慘痛代價，它有近乎四分之三的軍事損失（包括人員和物資的損失）是發生在東線戰場。紅軍固然懲罰和打敗了入侵者，但蒙受的損失卻遠多於敵人。[4]各界對死亡人數的估計相差了幾百萬，見證了戰爭的屠殺規模。大家勉強達成的共識是至少有八百六十萬蘇聯軍事人員在大戰期間喪生（要麼死在納粹戰俘營，要麼死在戰場）。這是個「安全」數字（還有一些高很多的估計），然而這個數字已是紅軍總動員人數的近三分之一。[5]

有很多陣亡戰士是這個國家最優秀和最有生產力的公民。在戰死的男女軍人中，有四分之三年齡介於十九歲至三十五歲之間。在一九二一年出生的那一代年輕人中（他們是在基輔戰役和卡爾可夫戰役的前夕或因史達林格勒戰役本身被徵召入伍），喪生的高達九成。戰爭讓許多城鎮完全不剩青年男子，由此導致在接下來的年月人口組成裡少了好多年輕夫妻和小孩。換言之，除了帶來悲苦（這是俄羅斯婦女將要承擔幾十年的重擔），戰爭還有著長期經濟代價。從純粹金錢損失的角度來看，大戰耗去了蘇聯幾近三點五兆盧布（約為蘇聯國民財富的三分之一）。[6]對筋疲力竭和大量減少了的勞動力來說，重建國家的工作想必就像要在戰火下再挨一個冬天那樣可怕。

儘管如此，悲觀情緒在那個五月卻不太可見。在俄羅斯，以及在蘇聯帝國的大部分地區，人民都暫時放下手邊的工作，慶祝解放。勝利看來保證了蘇聯人民永遠不再會受奴役。蘇聯國家和可敬的蘇聯領袖史達林現在在世界事務上亦有了舉足輕重的地位，有權決定戰前邊界以外地區的未來。在前線，將士們（特別是年輕的軍官）放任自己去夢想烏托邦即將來臨。認為蘇聯人民理當獲得一種更美好的生活作為獎賞的想法稀鬆平常。一名蘇聯作家在一九四四年便說過：「當戰爭結束，俄羅斯的生活將會變得非常讓人愉快。」就像數以百萬計其他人一樣，他冀望蘇聯和英美建立的新友誼將能夠結出長久的果實，冀望蘇聯在世界的威望將會打開一些自一九一七年之後便關閉了的門。他繼續說：「屆時我們和西方將會有很多往來，有大量接觸。每個人將會被允許讀他喜歡讀的東西。將會有學生交換的情形，出國旅行也會變得容易。」[7]

每個人的冀望反映著各自的經驗和利益。大部分軍官偏好一種維持蘇聯紀律和保守道德觀的改革，但他們仍然相信改變將會來臨，其中很多人都覺得他們有權利甚至有責任把他們對未來的構想告訴政府。自從一九四二年以後，軍人就一直在學習怎樣思考。在一九四五年，他們用新學來的技能和秉持著個人責任感對戰後重建提出建言。這任務起初將會是艱鉅的，但這些人已經習慣了艱難。真正的改變而不是對未來幸福的承諾，現在變成了首要之務。一篇這個時期的小說中的老師角色告訴一個退伍軍人說：「在未來，要尋找到同伴來杜絕孤立無援的狀態。」[8]西蒙諾夫用另一個虛構人物辛佐夫來描繪這種堅決、懷抱著希望和改革主義的心緒。退伍軍人辛佐夫沉思道：「即使是在戰前，就已經有什麼不對勁的地方。我不是唯一這樣想的人，幾乎每個人都是這樣想……有些人偶爾會談到這個，有些人從來不談……有時，在我的想像裡，戰後的情景只是一片沉默……但繼而我記起戰爭是怎樣開始的，我由此知道了我不想要戰後的日子和以前是同個樣子。」[9]

問題在於怎樣落實這些改變和在哪裡著手。再一次，紅軍軍官們從不拙於言詞。從他們各自的駐紮地，他們寫信給他們在莫斯科的代言人：蘇維埃主席加里寧。一個中尉在那個六月寫道：「我有一整套的建議要提交給下一屆最高蘇維埃主席團的會議。」[10]就像數以千計其他人那樣，他曾見過一個獨裁政權（當然是指法西斯獨裁政權）從外面看起來是什麼樣子。他也去過馬伊達內克，這個死亡集中營在他心中流連不去。他建議加里寧，有關政治犯的法律應該重新審訂。蘇聯有自己的馬伊達內克。如果說曾有合理理由讓這些地方存在，那麼蘇聯人民所做出的犧牲已經把這些理由掃除。這種觀點幾乎在每個軍營都可以聽見呼應的聲音。不管眾人在戰前因為有負列寧的歷史大業或有負自己的使命而犯了什麼罪，這些罪現在都已經被勾消。一九三〇年代的陰影理當被驅除。

中尉不只批評了任意逮捕和監禁，還觸及集體農場的議題。「把土地還給人民吧。」他建議說。他的部下很多都是農夫，而他知道他們的觀點。他也看到了羅馬尼亞和波蘭的農業狀況。與羅馬尼亞的肥牛群和存糧豐富的穀倉相比，蘇聯的集體農場就像一個淒涼的夢。然後中尉提到了一些較小的事情：一些他部下請他傳達的不滿。他們想要更快收到信；他們想要他們戰死戰友的家人就像他們自己的家人一樣，可以收到包裹；他們也想要人人可以獲得公平的麵包配給。最後，就像任何地方的士兵一樣，他們想要投訴在備受蹂躪、無法無天的俄國街頭發生的暴力。「我們必須打擊各種各樣的流氓行為。」[11]

那個夏天幾乎任何軍官都會開列一張類似的清單。[12]俄羅斯人民在戰爭中的犧牲讓他們有資格得到比奴役更多的東西——這種意見近乎老生常談，復因為死者的鬼魂而變得尖銳和急迫。那麼高昂的人命代價不可能白白付出。認為這麼多的血是為獨裁者的野心而不是為人民的夢想而流這種想法是荒謬的。軍官們的請願信要求更多的自由、更多的教育和更活潑的文化生活。一個軍人建議成立一個統一的工作部，去監督新房屋的建造工作、供應食物的工作和重新裝備醫院的工作。另一個軍官因為對教育在戰爭期間受到忽略的情形感到憂心，要求成立一個文化部，負責監督文化生活的方方面面——從建立公共圖書館到編輯報紙。[13]但沒有人（包括那些改革主義者）要求民主，更遑論要求史達林的人頭。他們對蘇聯政府的態度相對溫和（尤其是對比於他們做出的犧牲），卻讓史達林對他們的回覆愈發冷酷。因為他們本來就一點機會都沒有。在他們那些後來被遺忘的清單上，沒有一項要求獲得實現。

我們可以說這些夢想家希望得到的，是一個千瘡百孔國家所無法給予的東西。在沒有太多工作可以提供的情形下，連個人自由也是一種奢侈。在史達林看來，只有強迫勞動和強迫性的無酬「自願」工作可以保證國家的復興。到了一九五〇年，蘇聯的經濟規模號稱是它在一九四五年時的二倍。[14]但這種成長不是透過培養人民的休閒興趣達成。歐洲的其他戰後政府（包括英國）同樣被迫採取緊縮政策。二次大戰讓歐洲貧窮了一些年，但史達林在統治晚期所表現的壓迫和赤裸裸暴力超出了任何經濟或安全需要，這必然是有其他理由導致黑暗的逼近。

具有沉思性格的退伍軍人很容易會歸咎自己。他們太遲才了解到，他們已經把精力消耗在前線。很多人都受了傷，甚至終生殘廢，只有少數人可以完全擺脫戰爭的壓力和衝擊。他們也因讓人失能的罪惡感所苦。集體憂鬱的現象阻礙了這些人殷切地追求改變。「死者在注視我。」一個士兵在一九四八年寫的一首詩上說，而這是一種所有退伍軍人都理解的感受。就像退伍軍人蓋夫特後來回憶說的，會讓人的記憶受折磨的是這樣一種想法：「我本來救得了他們，卻沒有救他們。」[15]對他們有些人而言，戰後最吸引他們的工作是尋找陣亡戰友的墳墓。

所有退伍軍人發現他們難以適應和平。在戰爭中，他們只要執行軍官的命令就好。他們的生活是環繞清晰的目標在運作，也有一些祕密小樂趣（掠奪來的干邑白蘭地或漂亮的前線妻子）可以補償軍旅生活的單調枯燥。步兵們還有一個狹窄的日常世界，而隨著和平逼近，例行性的生活和緊密的同志情誼看來讓人感到安全。但在戰爭結束後，便不再存在絕對的優先事項，不存在規則。有些士兵發現他們永遠無法習慣這種改變。時至今日，很多老兵仍然是早上五點半起床。這種習慣是退休和貧窮都無法改變的。在戰爭快結束時，有些死硬派幾乎無法忍受和平兩個字。他們飢渴地聆聽發生了另一場戰爭的謠言（這一次的敵人是英美）。[16]他們有些人甚至聲稱他們見過克里米亞辛菲洛普的第一批傷兵。[17]緊抓住熟悉的焦慮和壓力模式不放是人之常情。戰爭維護了大部分士兵所能想像的唯一生活方式，而和平則意味著要面對那個他們原來離開了的複雜世界，甚至意味著要承認他們失去了的一切。

其他戰後的政府努力幫助它們的退伍軍人適應戰後生活。[18]有些政府雖然因為戰爭而經濟凋敝，但仍然這樣做。每個地方都處境艱難，但沒有一個交戰國表現得像史達林的獨裁政權那麼冷淡。這不能全歸咎於戰爭，也不能全歸咎於退伍軍人或對死亡的回憶。是史達林本人——他在朱可夫墨漬未乾時便占去了勝利的功勞——決定了人民和政府在戰後的關係。隨著五月初的人民自發歡樂開始冷卻，獨裁政權的領袖們著手籌劃他們的勝利遊行。人民的嘉年華會將會被一場符合蘇聯路線的儀式凌駕，在其中，每個人都會被放在應有的位置上。

勝利遊行花了好幾星期籌備。到了當時，有些人已經開始懷疑，盛大場面是不是他們想要的。有些人對花費有意見，另一些人只想要私下哀悼。一個莫斯科市民指出：「我不會去參觀遊行。他們殺了我的兒子。我寧願參加安魂彌撒。」[19]持相同觀點的人開始呼籲設立一天哀悼日，甚至設立一個一年一度的哀悼週，認為只有這樣才能恰如其分對待人民的失喪。此後五十年，真正的哀思都會在每年五月初的勝利紀念日假期注入一種其他社會主義節日（包括十月革命紀念日和紅軍建軍紀念日）所沒有的莊嚴肅穆。戰爭帶來的喪親之痛是一個永遠不會散去的陰影。對有些人來說，戰爭讓他們和家庭幸福絕緣。有個婦女對人抱怨說：「我有兩個小孩，沒有得到任何幫助。這就是我何以沒什麼好慶祝的，何以沒什麼好高興的。」[20]

隨著冬天逼近，孤兒寡婦的焦慮、寂寞和對赤貧的恐懼愈發強烈。即使如此，大多數民眾還是同意搞一場國家大典，以體現對勝利的驕傲和阻遏對未來的疑慮。一如往常，勝利遊行的表演經過反覆彩排，觀眾經過精挑細選，其花費想必會讓人瞠目結舌。經過挑選的士兵、水手和空軍人員從德國和波羅的海地區抽調回國。騎兵擦亮他們的靴子，軍團的樂隊調好音準，坦克、大砲和喀秋莎火箭砲用油抹得亮可鑑人。一批批莫斯科軍校的軍校生在遊行場地預先練習踢正步。[21]包括朱可夫和他的將軍們在內，每個動作、每個步伐都是預先編排好。除了朱可夫的灰馬以外（這匹馬出了名的臭脾氣），遊行當天唯一無法控制的變數是天氣。六月二十四日舉行的盛大遊行是在滂沱大雨中進行。

這場大典明明白白顯示出一種和五月九日不同的心緒，儘管成千上萬的莫斯科市民因為還沉醉在戰爭結束的狂喜中，也許沒注意到。紅場上布滿的是圖形，不是個人。遊行隊伍中的每個長方形都是由幾十個穿制服的人構成。按照極權國家的最佳傳統，他們的一舉一動都是按照套路，甚至沒有人是望向未經彩排的方向。遊行隊伍中有很多刺眼的金色穗帶——要知道，這可是一支有強烈階級之分的軍隊，不是一支民兵或無產階級部隊。朱可夫親自檢閱部隊，高坐在臭脾氣的灰馬上，雨水嘩喇喇不停地往他身上灑。這一天的主題是勝利和威權。它清楚表明，勝利是有關德國的戰敗而不是俄羅斯的自由。在一個盛大的征服姿態中，繳獲的德國軍旗（每一面的頂部都有一隻銀鷹）在列寧陵寢的前面被丟作一堆。如果陽光普照，它們本來會隱隱發光，但在滂沱大雨中，它們只是一堆溼淋淋的紅黑東西。

史達林坐在他的安全位置上目視一切。各種記載都說他模樣疲倦，露出明顯老態。但他的嫉妒心卻絲毫沒有減少。那個晚上，在宴請兩千五百名紅軍軍官和士兵的宴會上，他舉杯向蘇聯人民祝酒。這本來應該是一個無上光榮和感激的時刻，但他說的話卻足以讓整個國家瑟瑟發抖。因為他雖然承認對德戰爭是一場真正的人民戰爭，卻不準備抬舉他的競爭對手。一般人民可以自豪的時刻過去了。因為雖然他們也許仍可被譽為英雄，但這幾百萬努力生產而讓士兵們有足夠衣食和彈藥的人被說成了史達林巨大國家機器裡的「小螺絲和小螺栓」。[22]在未來十年，他們的重要性將不大於一部機器的可替換零件。這樣的和平條件讓很多老百姓失望，但對滿懷希冀的前線將士來說，更形同是某種死亡，形同是自我的喪失。在很多方面來說，那也是一種背叛。

★

塔拉寧契夫在五月十五日寫給娜塔莉雅的信上說：「我們已經在和平環境中生活了大約一星期。大砲和機關槍不再開火，飛機不再升空，我們不必再遵守燈火管制。我們在晚上可以打開窗戶工作，呼吸新鮮空氣……不過仍然有很多工作要做。我們八成還得留在這裡兩、三個月。」他繼而指出，目前的生活完全不艱苦。他和戰友寄居在他們捷克斯洛伐克基地附近一戶人家。他們的東道主恭順而慷慨。「他們提供我們各項便利。我們一到就洗了個澡，然後各有一間房間。房間裡有漂亮的床和雪白的亞麻布床單。」[23]房間裡甚至有一臺收音機，是德國製的精品，塔拉寧契夫已經計劃好不理會客氣主人的心情，回家時把它帶走。事實上，他的信有很大篇幅是講述他先前寄了些什麼包裹回家。他另一個主要關注的是未來。就像他的戰友一樣，他渴盼知道可以解甲的日期。前線部隊大多駐紮在中歐和東歐。他們的解員不只因情感上的需求，而是因為國家已經養不起幾百萬大軍。不過較年長士兵的夢想——和家人迅速和快樂地團聚——對大部分人來說將是不可能的。沒有軍隊可以一夜之間解散。在制定運送幾百萬人的計畫的過程中，蘇聯政府樂於利用士兵來當廉價勞工，從事建築和運輸方面的工作。就像塔拉寧契夫所暗示的，這些任務範圍涵蓋重建道路和守衛柏林的廢墟，以及處理大量的前戰俘和難民。如果說人在歐洲的士兵感到無聊，那是因為在經歷過戰爭的極端世界之後，和平總是讓人感到枯燥。但有些紅軍士兵仍然有戰鬥任務要執行。

大戰並沒有結束在大肆慶祝的那個五月九日晚上。一九四五年八月，紅軍有九十個師部署在滿洲。這些部隊有些是從遠東（從蒙古蘇維埃）調來，其他是從波羅的海地區和中歐的駐軍抽調。葉爾莫連科屬於後者。他從一九四二年起穿上軍服，在歐洲參加的最後一場戰鬥是攻打哥尼斯堡——一九四五年最慘烈的戰役之一。然後，在四月底和一個上級吵了一架之後，他突然接到命令，要他登上東行的火車。六星期後，當他的前戰友在柏林撬開另一箱酒的時候，他正在大興安嶺的陰影下架設無線電站。他在六月二十八日在日記上寫道：「我們剛剛聽說通過了一條讓三十歲和以上士兵復員的法律。但那跟我無關。目前這裡沒有人可以離開。」[24]

在滿洲發生的戰鬥短暫但猛烈。表面上，蘇聯此舉是為了履行對盟友的責任，就像是說如果鮮血可以買到友好，那蘇聯願意付這個代價。在十一日的戰鬥中，有一萬二千零三十一名紅軍將士陣亡，他們的死對國內的民眾來說無甚意義。[25]史達林實際的目的是鞏固蘇聯的遠東部分，以及支持他對千島群島和庫頁島等地的主權主張。當美國在八月六日在廣島投下原子彈之後，蘇聯對美國的幫助變得多餘。這時，蘇聯更有必要迅速採取行動。事實上，紅軍對日本展開攻擊正是發生在第二枚原子彈落在長崎的同一天。華盛頓的恐怖實力展示是個讓史達林迅速注意到的警告。紅軍繼續展開攻勢，在亞洲一些最偏遠和最少人住的島嶼發動攻擊。史達林的夢想是占領北海道的一部分。這夢想本來只需要再幾星期的戰鬥便能夠實現。換言之，葉爾莫連科所見證到的除了是飢餓、恐懼和個人混亂，還是冷戰的最早槍聲。

這場新衝突的陰影也將會縈繞駐德國的紅軍。表面上，盟軍各國——美國、英國、法國和蘇聯——仍然齊心協力，在物資供應、恢復通訊和遣返流離者等事情上協助彼此。然而雙方的緊張關係從來都不是檯面下的。讓這種雙方關係具體化的原子彈很少在紅軍士兵的書信中被提及。這也許是因為它太過可怕，是蘇聯人直到莫洛托夫宣布蘇聯能自己製造一枚之前，提不起勇氣面對。但害怕美國人不是歐洲紅軍的主要問題。至少從莫斯科的角度來看，將士們最危險的傾向是對資本主義又羨又妒。

兩大超級強權注定會為敵幾十年，但他們的軍人卻有過一陣子看來可以交朋友。這種吸引力是奠基於尊重、感激和互補的社會技巧。美國部隊欣賞俄國人的不造作、酒量和即興玩樂器的才能。[26]紅軍則是感激美國人送的刮鬍刀、香菸和口香糖。對蘇聯的烏托邦主義者而言，芝加哥是一個原型，而方下巴和健康的美國士兵是他們未來子女的楷模。美國開始看起來充滿危險魅力。紅軍士兵有「魔鬼總是有最好的音樂」之說，而「政治指導員」們擔心藍調和吉魯巴在紅軍裡愈來愈流行。

英雄們在德國逗留愈久，他們會變成什麼樣子（從意識形態和紀律的角度來看）就愈不確定。

要過了一段時間，軍紀和對「懲罰營」的恐懼才在戰勝的紅軍部隊中瓦解。這種新的心緒是在一個無法無天的廢墟環境發展出來。紅軍摧毀了德國，但他們現在必須生活在他們自己製造出來的瓦礫堆中。離柏林不遠的波茨坦就是一個例子。在一九四五年七月，這個一度優雅的郊區將會成為史達林、邱吉爾和美國新任總統杜魯門舉行高峰會議的地點。但這裡可不是什麼奢華的溫泉勝地，因為城中幾乎沒有一棟大型建築是完好無缺。盟軍的轟炸機在四月十四日摧毀了這城市的主要工廠，連帶摧毀了發電廠、火車站、食物倉庫和自來水廠。當紅軍在四月二十七日抵達時，這裡已經沒有藥物、乾淨的水、電力和瓦斯供應。市民有兩星期沒有得到新鮮食物供應。因為沒有清水或暢通的下水道，他們生活在髒汙之中，疾病（包括斑疹傷寒和痢疾）迅速傳播。兒童特別脆弱，但全部人口一樣是瀕臨精神和生理崩潰。雪上加霜的是，這城市成為了難民的中途站。最後，在四月底，它成為了一場激烈戰役的上演之處，被榴彈砲和地雷炸得面目全非。[27]

這片廢墟的重建工作在任何時候都是讓人畏縮的任務。沒有可仰賴的資源，沒有食物和燃料可以提供，更嚴重的是缺少有經驗的人員。通常，當前線向前推進之後，紅軍會留下較不能幹的軍官負責重建事宜。在波茨坦，協助重建橋梁和清理街道的，都是些不適合在前線作戰的人，包括前戰俘和當初被德國人強抓到德國來的外國人。軍事當局怨嘆說，這些人「很多都不知紀律為何物」，常常會「參與縱酒和搶掠」。找到本地人幫忙非常重要，但大部分平民害怕參與。幫忙用手推車把街道瓦礫堆搬走的婦女知道她們有被攻擊和強暴的危險。有一次，有一隊工作隊的六個年輕女子在一天工作結束後遭到強暴。街上的瓦礫堆中不時也會發現屍體。[28]

和平降臨之後，強暴變得零零星星，多半是一時衝動或新部隊的抵達引起的。有些德國官員相信這是蘇聯政府默許，特別是在國定假日，住在軍隊基地附近的婦女相當危險。[29]不過，前線將士卻聲稱，犯案者是後勤部隊和平民。但卻有證據顯示，部隊的各群人都有份，事實上，那種驅使人違反軍紀的心緒往往在前線士兵中是最強烈的。雖然紅軍高層和政府高層要求部隊嚴守軍階分際，但在從前的前線地區，軍官和士兵卻發展出一種親善的關係。說來諷刺，打敗納粹的努力成為了打破史達林政權長期以來鼓勵的相互猜疑的催化劑。例如，雖然是違反規定，但很多軍官在和士兵們談話時習慣用友好和非正式的「你」而不是較正式的「您」。最不理會規定的是士官和老鳥士兵，但中尉們看來也不太甩諸如軍服怎樣穿的規定。[30]隨著士兵們安頓下來、他們被分派各種雜務和負責把新營房的牆壁漆白，表面上，他們看似開始享受類似家庭生活的幸福。[31]

在大戰期間，優秀的軍官明白了解部下的重要性，認識到必須建立部下對自己的信賴。現在，同一批軍官常常也會讓部下覺得自己好相處，對他們的犯行睜一隻眼、閉一隻眼。在他們的基地之外，一整個國家都垮陷了，但在基地的範圍內，生活卻可說是舒適的。在那年六月的波茨坦，軍隊村落在部隊四周冒了出來。那是士兵們所興建的一些布爾喬亞式樣房子，用強要來的木頭、玻璃甚至是窗框建造而成。在那之後，他們的主要關注也許可以被稱為管理家務。對於他們為取得床單、雞蛋和取暖燃料而進行的活動，一個報告稱之為「自助服務」。[32]有些房屋還備有留聲機（當然又是搶掠品），士兵們用它們來播美國爵士樂和吉魯巴。「自助服務」並沒有止步於軍營的圍欄。

在德國其他地方，士兵們向農場強取食物，要求獲得蛋和肉的固定供應。一個上校被抓到擁有三匹馬、一輛二輪馬車、三十公斤牛油和二十一隻活鵝。另一個上校要求他基地附近的民眾每日向他交什一稅，包括一百個雞蛋和二十五公升牛奶。[33]

很多這類被徵用的食物都是拿去販售，以大賺一票。黑市市場繼續火熱。幾乎沒有東西是沒有價值的。雖然電話線已經斷掉，電話聽筒仍然在歐洲其他地方擁有未來。關鍵只在於找到買家。在一個小城，紅軍部隊在和平後幾星期內就搜刮了一千五百輛腳踏車。汽油也是珍貴商品，特別是因為士兵們喜歡開著美國提供的貨車或偷來的電單車，在窄街上飆車。鑑賞家在這裡也有機會找到藝術珍品。很多德國寶物（包括從西歐擄掠回來的珍貴油畫）在一九四五年被蘇聯指定為賠償品。然而在被運出以前，收藏這些東西的貨倉並沒有比其他軍隊基地更加安全。在黑市從事藝術品買賣的涵蓋各級軍階的軍人，甚至包括憲兵。[34]稍後，這一類人甚至可能會從事更危險的勾當。到了一九四六年，一件高價藝術品可以換得的東西包括了強勢貨幣、車票和前往西方的通行證。[35]

一如往常，蘇聯當局會監聽一切本地人所說的話。一份報告指出：「顯然，除一些衷心的反法西斯主義者以外，所有德國人對紅軍駐紮在德國領土上都感到不悅。他們祈求美國人或英國人的到來。」[36]德國人以各種不同的方式表達他們的觀點。例如，少數還能夠營運的咖啡館或酒吧都有雙語店招，而這些店招的俄語部分雖然是對客人表示歡迎，但德語部分卻是鄙視的辱罵。[37]更嚴重的是，如果一個士兵在晚上獨自外出或只有兩三人同行，那麼他們很可能在黎明時被人發現遭到割喉或頭上挨了子彈。[38]如果占領想要持續，特別是如果想要讓蘇聯占領區不致吸乾史達林的資源，就必須在紅軍和它不情願的東道主之間建立某種的和睦關係。這不只是要馴服前前線將士的問題。現在，專業軍人和他們的軍官的數目遠遠被新兵、前戰俘和流徙的蘇聯平民超越。他們全都身處震驚之中，不確定戰爭是不是真的已經結束。那個六月，總政治部著手打造一個對和平的新共識。

第一步是結束仇恨。六月十一日，紅軍總政治部下令拿掉所有軍中流通的雜誌和報紙的原有刊頭「殺死德國占領者！」取而代之的是較溫和的口號：「向蘇聯祖國致敬！」[39]士兵們還被安排上一些課，分析他們前偶像愛倫堡的錯誤。這一切的目的是讓他們不要念茲在茲想著殺德國人。然而暴力已經變成一種習慣，想要消除士兵們縈懷了幾年的恨意不能光靠口號。為此，朱可夫靠著他剛從莫斯科紅場得到的威風的加持，祭出實際的威脅手段。他在六月三十日發出的一道命令中說：「仍然有很多關於穿著紅軍制服的人搶劫和強暴的投訴。」他要求軍隊在五天之內停止反德國人的行為。為此，他規定凡不是有任務在身的部隊都要留在軍營的範圍內。對於愈來愈多紅軍將士包了德國「二奶」的情形，新命令規定任何被看見進入或離開一棟私人房屋的人都會被逮捕和懲罰。因為知道軍官在各種罪行上和士兵們沆瀣一氣，朱可夫聲言凡是不能維持嚴格軍紀的軍官都會被公布姓名和撤職。[40]

這道命令在接下來幾星期收到一些效果。至少，每個軍營報告的犯罪件數都降低了。稍後的調查將會主張，軍官們繼續和他們的部下串通，把一些違反軍紀的事件壓下來，將朱可夫的憲兵蒙在鼓裡。不過，犯罪數字的持續降低仍然反映出士兵們的態度確實有了改變。[41]朱可夫的威望和士兵們對他的高度敬重也許起了重要作用。和平的逐漸發酵也是關鍵。例如強暴在六月底變得較罕見，但一個理由是士兵們和德國女子建立了較穩固的友誼。他們有些人甚至建立了某種家庭，希望如果有機會的話可以留下來，建立新的人生。這種事是那麼的普遍，以致只有最厚顏無恥的個案會受到懲罰。例如，有一個軍官從波蘭到柏林一共有六個太太，每個都懷了孕。[42]根據哥尼斯堡市長所述，那個冬天，城內唯一吃得飽的德國人是懷了蘇聯士兵小孩的女人。[43]從晚夏開始，最常見的違反軍紀情形變成是醉酒、軍裝不整和對軍官不敬。[44]復仇的欲望消退了。

占領區的另一個難題是說服士兵們相信，和平時期的工作是重要的。前線將士（包括了「懲罰營」的成員）對軍紀和固定工時的概念嗤之以鼻。一個老鳥士兵說：「我什麼場面沒有見過？他們別想我會給他們打雜。」[45]曾經接受身心訓練去殺人的人必然會覺得警衛任務百無聊賴，而他們很多人也討厭清理德國街道的瓦礫。士兵們普遍認為，清理地雷之類的危險工作應該由德國平民負責，而在很多城市，也真有不少德國平民自願做這類工作，以換取額外的食物。[46]但至少解除武裝和去軍事化被認為是一件真正的工作。拆解和運送大型的工廠想必是更奇怪的工作。每逢看見德國富裕的證據，士兵們就會納悶戰爭是因何而起，好奇那麼富有的德國人怎麼會想要他們蘇聯的土地。但不管他們的行為舉止如何，他們都必須相信他們是勝利者。不管他們承擔哪種任務，他們都必須認為生活從現在起會逐漸改善。不管有什麼煩惱，前線將士都是占領區內的菁英。

但對那些在戰爭中被俘虜的蘇聯士兵來說，情況又是另一回事。在戰爭頭幾年被希特勒俘虜的幾百萬戰俘中，只有少數到了一九四五年仍然活著。但因為戰俘總數是那麼龐大，以致到和約簽訂時，中歐還有數以萬計的戰俘等待被解救。如果他們以為自己可以快速獲釋甚至以為可以和家人團聚，他們就大錯特錯了。一九四五年五月十一日，史達林簽署了一道命令，要在中歐廣建拘禁營。光是在白俄羅斯第一方面軍和第二方面軍的轄區，就建立了四十五個這樣的營地，每一個都是設計來容納一萬人。到了六月，蘇聯的領土內共有六十九個為特殊囚犯而設的營地，歐洲有七十四個。[47]它們的目的是拘留被德國人俘虜的紅軍戰俘，以便「過濾」他們，也就是要查出間諜、揪出懦夫和懲罰所謂的祖國叛徒。

加伏里洛夫的命運可反映出蘇聯的「公道」的品質。作為一九四一年布雷斯特戰役極少數的生還者之一，他是個真正的英雄：雖然他受了傷，也必死無疑，他還是奮戰至最後一粒子彈，只留一顆手榴彈準備與敵人同歸於盡，但最終因為失血過多而昏迷。他的勇氣讓德軍動容，他們把幾乎全無生命氣息的他送到護理站，療傷後再送入戰俘營。正是這種「投降」之舉讓他在一九四五年五月獲得解放後受到指控。他的下一站是另一個拘禁營，這一次是一個蘇聯拘禁營。前後一共有一百八十萬像他一樣的戰俘落入「施密爾舒」手中。[48]

要在資源捉襟見肘時興建監獄來拘禁這些「特殊」退伍軍人並不容易，但蘇聯祕密警察總是願意變通。內務人民委員部在那個夏天找到一處適合的設施。「該營地離城市有一段距離。它設有安全圍欄和適合供特殊臨時囚犯居住的結構體。」建造監獄一向是納粹的強項。上述營地就位於小城奧拉寧堡的外圍，是薩克森豪森集中營所在地。在那裡，納粹謀殺了三萬人。紅軍在四月二十二日解放該集中營，發現幾百個生還者，但很多已經奄奄一息，來不及拯救。雖然煤氣室的設備已經拆卸，哨所已經撤除，但這座監獄建築良好又是現成的。接下來幾年，這裡將會被用來囚禁那些等待

「施密爾舒」審查的前戰俘。[49]

命運最悲慘的是所謂「弗拉索夫分子」，他們大部分人都當過戰俘。他們包括那些為了不用在戰俘營挨餓而答應為納粹作戰的人。少數還是積極的反蘇聯分子，特別是高加索、波羅的海和烏克蘭民族軍團的領袖。他們有些人在西歐結束他們的戰爭，因為他們一直在法國和比利時作戰。就像數以萬計其他蘇聯人那樣，他們在柏林淪陷後的十八個月內被史達林的前歐洲盟友「遣返」。及至一九四六年年底，一共有約五百五十萬蘇聯人被送返蘇聯。這當中有五分之一遭到即時處決或判處二十五年苦役。有些人因為不願意任由憲兵宰割而自殺，甚至殺死陪伴的家人。[50]

負責押送這些人的紅軍士兵忘記了蘇聯各民族一家親之說。「政治指導員」告訴他們，「弗拉索夫分子」是最差勁的叛徒，所以士兵們也據此對待他們的囚犯。整群人會被洗劫，他們的箱子被打開，裡面的肥皂、菸草、刮鬍刀和襪子被拿去賣。一個士兵對憲兵說：「我拿了他的襯衫擦槍。」這種事稀鬆平常。[51]在等待過濾的過程中，「特殊囚犯」被當成定罪罪犯看待。他們必須證明自己無辜。審查過程可以拖好幾個月，甚至好幾年。「施密爾舒」和它的後繼者直到一九五〇年代還在「過濾」前戰俘。[52]等待的過程中，倒楣的囚犯得面對羞辱和霸凌，如果他們被判進入勞改營，會繼續受到這種對待。到了一九四五年八月，已經有五十多萬人在工作。各種需要人力但資金短缺的產業（煤炭開採、電力、建築、木材、鋼鐵、捕魚和化學藥品等）都分得勞工配額。受罰者被認為應該感激史達林不殺之恩。

一名生還者指出，這些被謫之人的處境不比在納粹戰俘營好多少。被派到高加索山區木材場工作的前戰俘既沒外衣可穿，也沒鞋子可穿。因為沒有牢固的房子可住和沒有洗澡的方法，他們無法抵擋虱子的無窮無盡侵擾。[53]有些人常常挨餓，大部分人沒有工資。一個監工告訴他的工作隊隊員：「我不會付你們一個子兒。你們是因為背叛祖國和自私自利而被送到我們這裡來。你們來這裡就只是工作而已。」一個西伯利亞礦坑的工頭對他管理的前戰俘說：「一噸煤比你們的命值錢。」[54]他的恨意有很深的根源。很多負責管理前戰俘的人自己本來也是受害者。西伯利亞的營地和礦坑是由前「富農」控制。他們在一九三〇年代初期被共產黨沒收所有財產。現在，他們可以把怒氣發洩在被貶謫的士兵身上。他們其中一個悻悻然說：「等你們的軍官轉過身去，我們就會用飢餓和苦工要了你們的命。這是你們罪有應得，因為在一九二九和三〇年，就是你們將我們去富農化。」[55]

蘇聯政府大力要求遣返離鄉背井的蘇聯公民是出於好幾個理由。它想要拿一些叛徒來殺雞儆猴，而且它也害怕在西歐的「弗拉索夫分子」會做出「不受歡迎的反共產主義見證」。[56]不過在他們返家途中，這些戰俘也常常成了不受歡迎的資本主義美言者，因為他們和押送他們的紅軍士兵之間總是有些互動。數以萬計的前線將士都曾經對資本主義的農場和私人企業印象深刻，而他們會和他們押送的前戰俘討論這些事情。一個年輕士兵表示：「我這輩子從來沒有吃飽的時候。然則波蘭人又是怎麼能夠過上那麼有教養和富足的生活？」[57]聽到這種天真論調，前「弗拉索夫分子」會哈哈大笑。他們指出，波蘭是一個落後和飽受戰爭蹂躪的地方，根本不值得羨慕。他們有些人曾見識過法國、荷蘭，甚至是比利時的情形。有一整支的喬治亞人分遣隊曾經駐紮在霧茫茫的泰瑟爾島，有些烏克蘭人曾經被派到法國作戰。一個老兵告訴聽眾：「比利時是個文化發達的國家。它的經濟也很發達，可以讓人過上很好的生活。」當某個機靈的共青團團員反駁說比利時失業率很高時（這是蘇聯在面對資本主義的魅力時常用的自辯之詞），那個老鳥秒回，「是啊，」他附和說。「那裡的女人都無事可做，所以她們可以完全為愛情而活。」[58]

黨的回應方法是它常用的那一套，也就是說教和赤裸裸的威脅雙管齊下。士兵和囚犯一樣得要上課：上「史達林同志對蘇聯人民與德國人民的關係的觀點」、「蘇聯的基本經濟任務」和「我們在異國土地上必須更加警惕」之類的課。[59]與此同時，「施密爾舒」監視所有人的言行。「過濾」是所有前戰俘和被驅逐者的命運，他們很多人因為禁不起被懷疑的壓力而崩潰。不過，就連忠實的前線將士一樣受到監視。史達林政權唯一能使用的大規模懲罰方式是勞改營。大戰期間，「古拉格」的人數急速下跌（主要是工作太吃力而造成死亡所致），但到了一九四六年重新關滿了人。

紅軍士兵不是為了運營一座監獄而打勝仗。他們待在德國的時間愈長，他們就愈不理會莫斯科的說教和威脅。老兵之間發展出一種文化。酒、女人、祕密和強勢貨幣構成這種文化的主要部分。在和平進入第十八個月之後，史達林手下的官員看清，不應該讓老兵繼續留在國外。他們的行為太過隨意，對軍紀和意識形態的嚴謹性造成傷害。那些負責處理前戰俘和「弗拉索夫分子」的士兵尤其糟糕。到了一九四七年春天，蘇聯的德國軍部終於同意，凡是在德國待過兩年或以上的士兵，還有凡和被遣返者有密切接觸的士兵，都應該馬上調回國，不可有所延誤。[60]代替他們的是較可靠、較年輕和較不任性的士兵。前線將士對打贏戰爭很有用，但威權主義的軍事統治需要有官僚心態的人來執行。

★

第一批獲得復員的士兵在六月底聽到這個好消息。首先入選的是（含）三十歲以上的男性，以及沒有重要特殊技能的女性。這是假定較年長的男人較為渴望回家，而且肩負養活妻小的責任。恰好，在六月二十日，有一個士兵寫信給加里寧說：「你應該成立一個委員會，解除（含）三十歲以上所有士兵的動員。我們全都同意……當我過了三十歲還沒有一個兒子，我要怎麼辦！五到十年內，一個男人就會失去與異性交往的機會。那樣的桃花期在三十五歲到四十歲之後不會再有。這對任何人來說都不是祕密。」一條有關復員的法令在三天後出爐，儘管並不全面，甚至沒有照顧到全部較年長的士兵。上述的沒耐性老兵繼續說：「如果每個士兵都在同一天要求回家，你要怎麼辦？我們的守衛和軍官沒有什麼能做的，因為他們也想要回家。這是人民的權力。」61

但事實是，士兵們被困住了，至少短期內是如此。一個理由是柏林和布雷斯特之間的道路系統殘破不堪，無法讓他們所有人馬上回家。從他們自己政府的觀點看，真正的問題存在於士兵們的腦子裡。從意識形態的角度看，未經仔細準備就送他們回家實過冒險。慘澹和血腥的戰爭勝利需要英雄來點綴，而接待他們的儀式需要時間來思考和安排。再來，還要擔心士兵們也許會大讚資本主義和沒有集體農場的生活。他們也許會談到紅軍的暴行、前線的處決、「施密爾舒」或戰死士兵的悽慘死狀。對已經開始滲透前線的自由思考方式必須加以遏止，以防它會感染平民。

所以，復員被視為一種恩惠，而不是一個心存感恩的國家對每個為它而戰的男女的應有義務。

因此，「政治指導員」們召開更多的小組會議，來解釋政府想要什麼。士兵們被告知，他們的責任是「回到家之後對軍事機密和國家機密守口如瓶。」復員士兵是可以緬懷自己的部隊和戰時好友，但不應該討論太多其他東西。老兵們承認他們必須簽署一些東西。事實上，他們受到警告說，如果他們想要在退伍後獲得生活津貼，就得對一些事情三緘其口——這些事情包括死亡率、暴行、短少了的物資和有人臨陣退縮等。[62]老兵們現在的慎言（常常近乎是公然的謊話連篇）可以回溯至他們簽署保密協議的時刻。

他們不得不簽，只有這樣，他們才能展開新生活。有些士兵固然是選擇留在軍隊裡服務（弗拉基米洛維奇就是這個樣子），但大部分人都急著回家。入選的男女獲發給平民服裝和一雙鞋子。他們得到通行證和讓他們可以平安回到家的文件。他們也從一個心存感激的政府獲得食物包和其他小禮物。他們的行李很快就會從火車廂的行李架和行李箱蔓延到走道，讓空氣瀰漫著菸草味、大蒜味、潮溼毯子味和機油味。在一九四六年從艾爾福特退伍的人可望獲發給一件運動衣、一件毛衣、一件內衣和一雙皮革拖鞋（軍官會多獲一雙女鞋）。他們還會得到五公斤糖、十公斤麵粉、一個燒水壺、一些調羹、一個毯製旅行袋，一條毛巾和一些供他們在返鄉路上吃的餅乾。[63]大部分人也拿到錢，數額視軍階和服役時間長短而定。[64]但這種慷慨受到持續監視所抵消。士兵們受到警告，不可企圖把武器帶回家。在他們離開基地以前，袋子要先經過搜查。[65]這種手續多此一舉，因為任何想要武器和炸藥的人都可以在傷痕累累的家鄉土地裡挖到。

最終，就像夢必然會醒一樣，永遠離開部隊的時刻終於來臨。大部分老兵回憶說他們當時的感覺是茫然若失。不管這些人有多麼渴望回家，突然要離開軍中弟兄仍然讓他們倍感震驚。留在軍營那最後幾小時裡他們盡情唱歌。「我們唱的是雄赳赳、氣昂昂的行軍歌。」普什卡廖夫寫道。但這些歌曲都是勝利之歌。真正真情流露的是〈等我〉、〈地下屋〉、〈長路漫漫〉和〈黑夜〉這類抒發失落和鄉愁之情的歌曲，它們曾在一九四二年之後支撐一個和絕望奮鬥的消失世代。[66]這些歌曲此後將不再一樣，不再承載那麼多的意義。很多士兵在火車開出前流淚。當他們向真正了解戰爭的人道別時，當他們向唯一理解他們故事的人道別時，他們正在失去精神上的家人。他們將會終生懷念這些家人，也經常和大部分的昔日同袍保持聯絡。

回家之旅想必是一趟奇怪的旅程。既有沉重的袋子要提，也有裝著零食、菸草和通行證的較小袋子要提。在這些小袋子裡裝著戰爭的回收物，是一個士兵親睹和親歷過的事情的物質證據。幾乎在每個情況，這些證據都是以獎章開始（勝利獎章、服役獎章、勇氣獎章），甚至是一顆大紅星或一面紅旗。然後是照片。在戰爭期間，報社攝影師可以透過為士兵們拍照賺取少許外快。這些照片有些是要寄回家給妻子的肖像照，有些是會讓當事人想起夥伴的團體照。當火車還在搖搖晃晃開往布雷斯特和斯摩棱斯克的時候，車上的士兵們想必已經在翻看這些照片，琢磨一些死去已久的戰友的笑容。不管他們能活多久，都無法解釋這一切。他們收到的禮物——鞋子和手錶——現在看來有了不同的意義。在前線，這些東西是俯拾皆是的戰利品，但如今，隨著勝利和同志情誼的世界的遠去，它們變成了圖騰，珍貴而稀罕，同時受到不為人知的罪惡感（伴隨自己還活著而來的罪惡感）的折磨而變得黯淡。

火車再次越過邊界，這回是朝東和朝家的方向而去。他們經過一連串熟悉的白俄羅斯城鎮，然後是俄羅斯的城鎮。紅軍在向西推進那時候，曾經在勝利的幸福中高喊它們的名字。不過，現在士兵們有空細看這些城鎮，而他們其中一些人注意到，白俄羅斯一片荒涼，基輔千瘡百孔。大片大片的農田任其荒廢，因為現在生活在這裡的人比五年前少，而且幾乎沒有男人或馬匹可以從事粗重的工作。到處都是未爆彈和地雷。橋梁和鐵軌固然已經修復，但那些選擇搭貨車便車走完最後幾里回家路的人將會發現，道路破碎泥濘，東一堆西一堆坦克殘骸。戰時以部隊一員的身分看見這種景象是一回事（當時你知道你唯一要做的是戰鬥），戰後望向列寧格勒、普斯科夫和史達林格勒的廢墟與了解到它們必須清理和重建又是另一回事。柏林的樣子沒有比較好，但它不是士兵們的分內事，不屬於他們未來的一部分。

在每個士兵復員以前，他們還有一件事要做。一如既往，史達林那張兇猛的臉注視著一切。他的肖像被放置在每列火車最前面，他的名字招展在地方黨部屋頂上的橫幅上。但歡迎士兵回國的儀式是發自由衷。當火車開進卡爾可夫、庫斯克或史達林格勒時，裝飾在火車上的花朵不是只有黨部出錢，還有幾百個家庭的集資。在沿路上每一個停靠處，都會以紅地毯相迎，士兵們會獲贈禮物和食物。每處都有軍歌演奏，有些地方甚至有一整支管弦樂團在史達林的肖像和紅旗之間演奏。每個月臺都是旗海、花海和歡呼的人群。有些早先的回國士兵就像參加了一場又一場派對。

這種歡慶氣氛大概有助於減低士兵們回家的衝擊感，但回到家毫無疑問是一個緊張、甚至是可怕的時刻。他們固然也許一直盼著這個時刻，但與父母、子女、妻子和朋友團聚還是會讓人情

復員部隊抵達小城伊萬諾沃。一九四五年。

緒高亢。當火車開入最後一站時，士兵們會看見人群一湧而上，人人表情殷切，絕大多數是女人。到處是穿著夏天的印花連衣裙的女人，到處是手裡拿著照片的兒童（照片裡是一個消失了或較年輕的人）。當他們找到家人時，想必在剎那間再次明白到戰爭的真義。在閃爍的鎂光燈中，退伍軍人們看起來就像是屬於一個不同的物種。他們滿面灰塵，晒得黝黑，在一種久已遺忘的光中眨眼，看似和擠在他們四周的平民了無關係。他們的樣子當然老了一點，而他們的皮膚——這是他們的小孩要親他們時會感覺到的——也乾韌得像皮革。然而照片也顯示，這是洋溢真正喜樂的一刻。

一列載著復員士兵的火車抵達莫斯科。一九四五年。

歡迎儀式是地方黨部的精心籌劃。關注退伍士兵的需要不只是一種感激的表現。彩排過的歡迎也是為了要淹沒士兵們的心靈。先前有「政治指導員」在前線給士兵們灌輸觀念，現在，地方黨部忙著為他們提供教育和被認為適當的娛樂。退伍士兵們不斷收到報紙和宣傳單張。他們的客棧房間有不含酒精的飲料、糖果和菸草供應。有家人遠道來迎接的已婚男人有時會被安置在旅館中，然後由一輛馬車把全家人送回家。單身男性（特別是無家可歸的）因為需要更長時間的暫住，除了獲發公民可以使用的一般配給證外，還會供應食物包。當局也會安排他們上課。在有許多退伍軍人暫住的庫斯克，那個夏天的課程有介紹國際局勢的，有介紹俄羅斯人民輝煌歷史的，有介紹高爾基的生平和時代的，還有一些「醫學主題」的課程（大概是談虱子、酗酒和性病）。這些課程有超過兩千人參加，他們還被安排看免費電影和聽免費音樂會。讓退伍軍人獨自胡思亂想不好。[67]

更重要的是，必須有人關注住房、家庭生活和工作的事。有些退伍軍人暫住的「旅館」沒有比帳棚好多少。只要是德軍和紅軍先後到過的地方，有堅實牆壁的房屋所剩無幾。退伍軍人回家之後可能發現妻兒住在沒有廚房、沒有水和屋頂漏水的一室公寓。他們也許會發現每個人都住在一間地下防空洞裡，而屋況比他們自己在史達林格勒或克里米亞住過的還要糟糕。在一九四五年之後，地方政府挖空心思為退伍軍人尋找房屋。在斯摩棱斯克（這城市在德軍占領期間受創甚鉅），有大約四分之一的退伍軍人直到一九四六年一月還無屋可住。但這樣的比例已顯示退伍軍人受到特別禮遇。[68]在庫斯克，就連可以供人補鞋或補衣服的商店都已經被毀壞。[69]

第一批回國的士兵得到最大掌聲。稍後，在一九四六年的時候，歡迎退伍軍人的場面冷冷清清，充其量是一場講話或每人發一條麵包。不過包括第一批退伍的在內，每個退伍軍人都發現自己難於適應新生活。大部分人都先休息幾天（這是當局所允許）。他們有些人利用這段時間來熟悉家人。有太多要談的事，要不然就是有太多的沉默，太多的疑慮。接著是工作的問題。找工作最容易者是當過老師的人，特別是那些會教專門科目的人，因為國家現在比任何時候都更需要專家。其次，是那些學業被兵役打斷的學生。就像任何退伍軍人那樣，在新學期開始以後，他們有入讀大學的優先資格。[70]對那些擁有資格的人來說，服兵役可算是走向較美好生活的起點。

第一批復員的人員包括服役（含）七年以上的老兵和較年長者，還有受過三次或以上重傷的士兵。通常，這些沒有專門技能的人注定要進入農場工作。超過一半以上的部隊士兵退伍後是回到鄉村去，回到他們四年或更早以前離開的村莊。到了一九四六年一月，光是斯摩棱斯克地區就有近四萬四千名士兵復員。這之中，有三萬二千人在農業部門找到工作。少數人成了集體農場主席或農村工作隊隊長。一個退伍軍人是可以讓人肅然起敬，至少那些身體健全者是如此。然而，絕大部分退伍軍人（總數的四分之三）從前線歸來之後再次與爛泥和蟑螂為伍。[71] 一九四六年，農業歉收。在烏克蘭和南俄羅斯，人們挨餓，身體腫脹起來，人相食的傳言開始流傳。有些退伍軍人也許會納悶，他們當初究竟是為何而戰又為何受苦。

★

如果有機會，他們當然會奮力爭取向他們允諾的美好生活。他們在鎂光燈下的時間是短暫的。要任何戰後社會給予退伍軍人足夠的重視，大概是天方夜譚。有太多理由讓人排斥這些回鄉的陌生人，特別是在他們的離開所造成的家庭缺口被關上之後。蘇聯政府（和很多家庭）對它在一九四五和一九四六年選擇要褒揚的回國軍人，表達了誠摯的歡迎。至於被它選擇來羞辱和排除者，自然很快從公眾的眼前消失。然而，在一個努力遺忘往事的國家中，即使受到最盛大歡迎的退伍軍人一樣過不久便會成為舊聞。史達林將會以官方身分為這場戰事重新定調。他自鳴得意地獨攬戰爭勝利的功勞，不情願與別人分享。他也意識到，數落他所犯錯誤（特別是造成一九四一年潰敗和大屠殺的錯誤）的言論蓄勢待發。他的解決方法一貫的簡單：從一九四六年開始，有資格和他競爭勝利者桂冠的人（包括朱可夫）被降職、羞辱或監禁。到了一九四八年，即進入和平不到三年，公眾對大戰的回憶完全被禁止。[72]雖然仍然有紀念死者的嘗試，也有一些清理軍人公墓的項目，但習於反思的退伍軍人難免會納悶，國家是不是偏愛死去的英雄多於活著的英雄。[73]

起初，最容易向復員戰士提供的是物質上的幫助。加里寧所主持的蘇維埃會議每次看來都會決議給孤兒寡婦和退伍軍人加發年金和新的救濟。隨著冬天接近，貧困的退伍軍人家庭理應獲發取暖燃料（圓木或泥炭）、麵粉和馬鈴薯；每當有房屋修補完成，他們理應有優先入住資格；他們的子女免學費，獲發服裝優惠券，得到供給更多牛奶的承諾。退伍軍人本身有年金可領，多寡視乎服役時間、軍階和受過多少傷而定。但所有這些小恩小惠都掌控在工作過勞的國家官員手上。每個城鎮和村莊的資源都由地方網絡管理，也就是由那些戰爭期間在大後方工作的官僚管理。在退伍軍人看來，這些經辦業務的人是一個和他們不同的物種，雙方眼中的優先事項從來不一致。曾經在前線作戰的人和一直待在後方的人的緊張關係，表現為對公寓、食物和小孩鞋子的爭執。

殘障者的處境更讓人鼻酸。在進入和平之後的頭幾個月，身殘軍人的數字多得超過當局所能統計，其中很多都因為傷勢嚴重而在一九四五年年底前死去。不過到了一九四六年春天，政府統計出來因戰爭致殘的軍人大約是二百七十五萬。[74]就像蘇聯政府做任何事那樣，這些身殘的退伍軍人依失能和需要醫療照顧的程度分為三六九等。他們所有人都獲發年金，作為對他們無法工作的補償，很多也會收到含有蕎麥麵糊、魚乾和雞蛋的食物包。他們本應獲得最佳的醫療照護。但在這方面，情況變得棘手。由於大部分建築物都在戰爭中遭到破壞，戰後很多醫院都是設在簡陋木屋或舊有校舍。[75]醫生、護士、藥物和義肢也嚴重短缺。失去雙腿的年輕人被迫坐在裝了輪子的木板上，吃力地移動。傷殘的乞丐成為俄羅斯城鎮的尋常景象。

殘疾人在幾個方面大受打擊。不錯，蘇聯確實非常貧窮，因為缺乏資金而無法滿足人民最基本的需要，但對此，盲人、聾人或斷手斷腳的人也許還能忍耐，至少能忍耐一段時間。真正傷人的是大眾的態度。蘇聯是一個煩惱重重的國家，但也是一個設法忘記煩惱的國家。一九四六年在年輕人中間流行起來的爵士樂和浮華衣著是一個擺脫戰時緊縮陰影的運動的一部分。所以殘障人士變得礙眼。他們一般缺乏教育、影響力或金錢，[76]所以不只得不到眾人的感激，反而會被冷眼以待。他們談戰爭談得愈多，談自己的功勞談得愈多，就愈不受歡迎。最後一個打擊在一九四七年降臨；史達林下令不准乞丐（很多都是截肢者）出現在城市的街道上。選擇過城市生活的殘障退伍軍人被趕回火車上，這次是朝北而去，特別是前往拉多加湖遠端的瓦拉姆群島。史達林治下的非自願痲風病人常常死在流放地。[77]

對住在偏遠村莊的退伍軍人來說，任何一種身障都是一大負累。一個失去一條腿或雙手的人無法騎馬，[78]但他的家離最近一個火車站可能有幾十公里遠。他們的農屋因此變成了監獄。一個身障者可能多年缺乏醫療照顧、朋友和工作。國家偶爾會提出一些新的培訓計畫，但內容對曾經參與戰鬥的士兵來說是一種侮辱。例如，眼盲的退伍軍人被鼓勵學習樂器，用意是提振他們的心情，幫助他們以此維生。但很多盲人不是缺乏音樂天分就是沒有興趣學習，更遑論要他們像乞丐那樣在街頭賣藝。[79]因為缺乏更有想像力的幫助方法，這些人原有的真正技能受到荒廢。身障者本身也開始避免接受醫療照料：與其面對監獄似的醫院牆壁和醫護人員的惡劣對待，倒不如留在家裡回味往事和靠私釀烈酒緩和疼痛。[80]

酒精是人用來減輕另一種更普遍的疼痛的療方。這種疼痛就是戰爭帶來的震撼和創傷。官方幾乎不承認戰爭的心理衝擊，也幾乎不承認有現在所謂的「創傷後壓力症候群」的存在。一個理由是包括小孩在內，蘇聯幾乎人人都會做噩夢。整個國家在大戰期間都活在痛苦裡。讓事情更複雜的是，暴力的規模和激烈程度在大戰期間雖然到達了一個新的高峰，但暴力本身在經歷過內戰和幾十年政府鎮壓的蘇聯並不是新鮮事物。所以，要在人人都感受到的震撼、沮喪和筋疲力竭同真正的心理失調之間畫出界線並不容易。醫生們記錄下腦挫傷性精神病的個案，也回應了最嚴重的問題，所以精神官能症、思覺失調和狂躁症的診斷書在醫院裡疊得老高。但士兵們不太可能獲得對治戰爭震撼症的治療。他們也許會得到維他命，在極端的情況下還會被鎖起來，但大部分都是被勸告多為自己的職責著想，忘卻過去，繼續向前走。[81]瘋癲會讓人背上真正的汙名，而任何種類的依賴都會被視為軟弱。

有良知的醫生會繼續觀察病人，記錄下官方教條無法解釋的改變。在戰爭結束幾個月後，有血壓問題、消化問題和心臟病的人大為增加，[82]但這些情況都可以輕易解釋為軍旅生涯導致的普遍後果。另外，由於醫院的環境是那樣的惡劣而治療效果又是那樣的不確定，以至於願意報告症狀的患者數目從一九四六年起急速下滑。[83]當退伍士兵們談起美好舊時光時，他們從不會提幾乎困擾著每個人的失眠和長期營養不良。他們也忘記了未被治療的牙痛、虱子的長期侵擾、腹瀉和癤子。從身體的角度來說，那些能為本書提供他們往事的老兵是菁英中的菁英。受傷、惡劣飲食和壓力無疑縮短了幾百萬人的壽命。

在對美好戰爭的幻想中，最強烈的認定是戰爭把全民凝聚在一起。當然，想在為戰爭所付出的明顯代價後面找出某種隱藏利益，乃人之常情。追求單一的目標和成就也確實讓有些人變得異乎尋常地堅強。但一個溫馨共同體的觀念要不是政治宣傳的產物就是一廂情願的想法。因為對那些受到國家懲罰的人來說，戰後的生活是殘酷的。對所有其他人來說，這是一個鬆一口氣中夾雜著一絲絲焦慮的時期。另外，每個人都可以發現蘇聯社會明顯變得更嚴峻和無情。

史達林統治小圈子的政策和公共風格為一種惡毒的調子定了調。他們對前戰俘的報復性對待，他們對留意間諜的呼籲，還有他們發起的新一輪逮捕和審訊，全都是在助長人與人之間的猜疑，不利於建立共同體。我們不應該把史達林的種族滅絕計畫歸咎於退伍軍人，但他們很多人確實縱容這些計畫，成為了暴政的自願繼承人。對那些不能面對一個平靜的夜的人，仍然有些地區戰爭還沒有結束。在烏克蘭和波羅的海地區，民族主義游擊隊一直戰鬥至一九四〇年代晚期。特種部隊（伊萬諾維奇的「機動化步兵旅」的繼承者）被派去對付他們，在旁邊出力的還有保安警察。到了一九五〇年，估計有三十萬人被捕和從西烏克蘭驅逐出境。時至今日，仍有大型亂葬崗從漂亮的果園和整齊的羽扇豆田下面出土。[84]有些紅軍退伍士兵實現了戰時夢想，搬到了烏克蘭，定居在搶來的土地上，住在滿布鬼魂的空房子裡。數以千計搬到克里米亞的紅軍退伍軍人也是這樣，那裡是很多士兵退休後的心儀住處。政府壓迫韃靼人的罪行被祕而不宣。對退伍軍人來說，黑海沿岸的村莊風景如畫，足以撫平任何縈繞在他們心裡的疑慮。而且不管怎樣說，他們都是征服者，他們腳下的土地是蘇聯領土。

大戰本身也粉碎了蘇聯的家庭和社會網絡，進一步貶低了同情心、互助合作和甚至只是好禮貌的價值。社會變得對立，各方都對對方不以為然。前戰俘、退伍軍人和平民幾乎就像互不相干的部落。像格羅斯曼這類退伍軍人對戰後城市的冷漠感到震驚。他寫道：「一般人看似約定好一起推翻這個觀點：一個人總是可以在做工的人的心裡找到仁慈。」[85]不過，前線的同志情誼在戰後的世界同樣注定粉碎。即使和約已經簽定，偷竊和醉酒暴力的罪行仍將持續。事實上，人員的移動——更遑論大量槍枝的移動——只會讓這些罪行更容易發生。[86]

家庭理應是被戰爭所毀傷的士兵們的避風港。史達林的政治宣傳，還有很多戰後的文章，都把家庭呈現為這個樣子。[87]但當士兵們坐著以花環裝飾的火車回家途中，他們很少人會預期得到戰爭對家庭生活業已造成了哪些傷害。所謂的「家園前線」（home front）一直對女性非常苛刻。她們有些人像牛一樣工作，已經永遠放棄了女性的心性。[88]這種心性對她們毫無作用，不會帶來任何快樂。另外，在鄉村地區，男性近乎不存在。一個寡婦告訴亞歷塞維奇：「有三個兒子丟給了我，他們都太小，無法照顧彼此。我揹著一捆捆玉米，還有森林的木頭，還有馬鈴薯和乾草……我自己拖犁和耙地。在每一間其他小屋都住著一個寡婦或者一個士兵的太太。我們都沒有男人。我們也沒有馬匹，因為兩者都被軍隊徵用了。」[89]這些女人將會變得堅韌，不皺一下眉頭。有些人還會養成對軍隊的恨意，恨軍隊棄她們於不顧，任由她們被德國人宰割。當她們的殘障丈夫回家之後，得到的對待並不總是溫暖。事實上，有些女人還蓄意嫁給殘障者，以便可以領取政府救濟：年金、食物、燃料和醫療物資。[90]重點是知道到哪裡去可以把這些東西賣掉。

「我們那時都玩什麼遊戲？」一個在這黯淡十年長大的男人複述說，說完遲疑了片刻。「我們都不玩遊戲。我們必須快快長大。」這是事實。小孩子被告知，人生有比遊戲更重要的事。很多小孩，包括斯列薩列夫的妹妹瑪莎在內，都多年沒有上學。數以千計解甲歸田的「軍團之子」也是如此。就像他們回憶往事時所說的那樣，現在上再多的課都不可能挽回他們那些失學的歲月。也沒有事情可以抹去戰爭的畫面。瑪莎十四歲時已經全時間在農場工作。她是數以百萬計兒童的典型例子，他們都是在一有力氣翻土之後便開始工作。不過戰時的小孩儘管沒有太多有趣的事情可以回憶，他們有些消遣卻是永難忘懷。有人回憶說：「我們小時候常常玩『恐怖溝壑』。我們把手榴彈扔到郊外的溝壑，看看哪一枚還能爆炸。」這個遊戲讓他最好的朋友失去了雙手。[91]

所以家庭並不是士兵們寫信給妻子時所夢想的避風港。就算是成功重新一起生活的夫妻同樣感覺到雙方之間有道鴻溝，是再多的談話也不能彌合。這是對等待和書信的殘忍回報。塔拉寧契夫和娜塔莉雅最終將會度過難關，但他們的團聚之路充滿艱辛。在一九四五年的夏天，塔拉寧契夫在他寫的家書裡顯得愈來愈不耐煩。到了八月，他的軍隊伙食甚至變更差了，特別是他在被調到西烏克蘭之後。九月時，他曾經有一線希望可以復員，但最後他卻被調到西南部，去到另一個遍體鱗傷的地區：車臣。他在那裡的工作是重建格羅茲尼附近的鐵路。他徵用來的住處位於阿什哈巴特附近。他在寫回家的信上說：「我們的公寓有兩房和一個經過加蓋的陽臺。如果你可以來，我們將會過得很舒服。我們甚至可以一起煮飯吃。」[92]

因為塔拉寧契夫不可能拿到假，所以要由娜塔莉雅去受舟車勞頓之苦。一九四五年十月，她請了假，排隊買了車票，把小孩留在家裡，展開了一趟無法事先安排的旅程。她乘坐一列西行的火車，穿過半沙漠地帶，去到裡海，然後坐蒸汽輪船渡過裡海，再坐上開往高加索山區山麓的火車。她往返車臣的時間加起來比他和丈夫的短暫相聚要更長。在習慣了旅行的塔拉寧契夫看來，妻子跑這一趟的代價完全值得，但娜塔莉雅卻心神不寧。「你的沉默讓我看起來很可憐。」她在回家之後寫給丈夫的信上說。「自從我走了之後，你沒有寫過一行話。你不想寫任何東西……你是對我現在的樣子感到失望，不再像我們在格羅茲尼會面之前那樣想著我嗎？」當時是十一月的假期，塔拉寧契夫事實上也在同一天寫信回家：「我和我的女房東整天談到你。我已經非常習慣你的存在，以至於現在我每次回到家，都會想要找你。」他無法想像妻子在看到那個穿著軍服和心事重重的陌生人的時候所感到的不安全感。她寫道：「會不會，你已經和從前不是同一個人，而我對你來說也不再值得愛。這樣想讓我難過。我正在家裡，迫不及待地等待你回來。我要透過看著你的眼睛以確定你究竟是誰。」[93]十個月之後，她仍然在等待。

塔拉寧契夫和娜塔莉雅的故事已經幾乎是軍人夫妻能有的最好團聚故事。另一個故事——有關瓦倫蒂娜和丈夫的——十之八九對較年輕的軍人來說要更加典型。瓦倫蒂娜是戰爭爆發前不久結婚，兩人相處沒多久丈夫便被徵召到前線去。所以，夫妻二人幾乎是陌生人，而戰爭將會加大這條鴻溝。她丈夫固定寫信回家，但常常是不定時和幾封信一起寄到，信上面有審查員畫的橫線。送信人也必須找到瓦倫蒂娜的所在，因為作為彈藥工廠的一名化學家，她跟著工廠一起撤退到了別處。

她在戰爭期間都是在工廠裡工作，監督一條不停歇運轉的生產線。她的輪班長達十至十二小時，期間被內務人民委員部的人監視著一舉一動。回憶往事時，她的聲音仍然明顯帶點緊張，不過當她談及一件讓我意外的往事時，流露出輕鬆的態度。「那些德國戰俘很友善。」她說，指的是在她工廠附近工作的戰俘。「他們好愛乾淨，甚至會抹拭用來放馬鈴薯的架子。」我問她有沒有和他們其中一個說過話。「說話？」她回答說。「我和他們跳過舞。他們是方圓幾公里內的唯一男人，而他們的舞技棒呆了。」

她丈夫對德國人有自己一番經驗。她給我看他寄回來的照片，有些照片中的他穿著軍服，有些打著赤膊，正在泛舟。柏林是紅軍士兵的一個樂園。他要到了一九四六年才復員和歸國。兩人再續前緣，至少沒有以離婚收場。兩人生活在一起直至男方於二〇〇一年去世為止。他們甚至生有一子，不過這個年輕人就像很多年輕人一樣比父親早逝，死於蘇聯流行的心臟病。這家人的生活舒適而體面，住在莫斯科蛋黃區一間三房公寓。

瓦倫蒂娜讓我讀她丈夫大戰期間寫回家的信。她去泡茶時甚至建議我對著我的錄音機讀出信件的一些內容。然後我注意到她正在啜泣，就像重聽舊信讓她太過痛苦。我馬上以為這是我的錯。我把錄音機收起來，走過去安慰她，對於我勾起她的酸楚感到內疚。「不是，不是，」她一面放下茶和餅乾一面說。「我不介意那些舊信。但它們全是謊話。說什麼愛我和想家。其實他全部時間都是和一個德國女人在一起。他們甚至有個小孩。他在小嬰兒生下來那天離開了她。」瓦倫蒂娜知道這件事以後怒不可遏。她不願意和丈夫重新在一起，但當時公寓很難申請，而夫妻（又特別是退伍軍人夫妻）有優先入住資格。儘管如此，當她在一九四六年年底得知自己懷孕時，還是無法忍受。那時候墮胎是非法和危險，但她還是找到一個醫生願意為她動手術。

這一類故事大概存在於很多緊閉嘴巴的緘默後面。宏遠的憧憬被想要入住更大公寓或前往克里米亞度假的願望取代。[94]就像爵士樂的熱潮那樣，曾經在勝利頭幾星期活躍一時的利他主義很快就消逝了。退伍軍人享有若干特權，也正是這些小恩小惠和知道鄰居嫉妒他們，讓他們就像某種戰後的中產階級那樣，而和史達林主義綁在了一起。當然，他們還是害怕混亂、失序、逮捕和任何被戰後政治選擇排除的人所作的報復。英雄們當初並不是為了爭取假期和香腸而奮戰。所以，當士兵們容許他們的激情被小謊言、伏特加和家製果醬融化時，他們就是在背叛自己，哪怕只是一個小背叛。不過，史達林統治晚期的真正悲劇在於強迫正派公民出於恐懼而默許暴政，放棄了所有他們曾經為之而戰的宏大理想。

那不是一個長遠的問題，無關蘇聯的瓦解，無關共產主義的最終敗北。這些問題要等到退伍軍人的老年才會出現。第一批背叛是即時的。位於名單頂部的是集體農場。它們被保留了下來，而且常常是由退伍軍人負責讓它們運作。他們甚至幫助把這種可憎的模式輸出到重新被征服的波羅的海地區和西烏克蘭，以及看著它在蘇聯控制的地區（波蘭、匈牙利和捷克斯洛伐克等）確立起來。再來受到背叛的是大同世界的理想，即所有人齊心協力打造一個不重視階級、宗教和民族之分的社會的憧憬。這個理想受到蘇聯從納粹學來的詆毀運動（hate campaigns）、放逐和種族歧視語言所踐踏。說來可悲，蘇聯新沙文主義的受害者之一是猶太人。[95]「古拉格」大肆膨脹，如飢似渴地把新的隊伍（包括退伍軍人本身）拉入它的強迫勞工的行列。[96]就連深受前線士兵鍾愛的文學作品也受到了惡毒攻擊，很多設法理解戰爭真相的詩人和作家也是如此。[97]再一次，史達林的獨裁政權是仰賴排斥和恐懼，而那些有最多可以失去的人（儘管他們擁有的其實也少得可憐）成為了它最強力的支持者。

毫無疑問，如果希特勒在一九四一年成功攻占莫斯科，如果史達林格勒淪陷或如果戰時蘇聯政府解體，俄羅斯和很大部分的蘇聯地區將萬劫不復。更嚴重的是，整個歐洲甚至美國都有可能面臨無法想像的災難。史達林格勒戰役、庫斯克戰役和柏林戰役都是真正的勝利，而且不特對莫斯科來說是如此，對它的盟友來說也是如此。它們的人命代價是由蘇聯人民支付，而不管他們是不是心甘情願，絕大部分將士都相信他們是在打一場正義的戰爭。紅軍士兵的個性有百百種，但他們有著同一目標，而這個目標不是在傾全力摧毀一個暴政之餘又去維護另一個壓迫性不遑多讓的暴政。不幸的是，無論有多不願意，蘇聯人民先前已經默許了史達林主義的出現，而那些曾為了捍衛它而作戰和受苦的人現在也容許暴君留下。祖國從來沒有被征服，但它已經奴役了自己。

★第十一章　我們記得一切

伊凡的神話開始於戰爭之中。它是蘇聯新聞局的產物，是戰時歌曲和詩的產物，也是大家愛讀的故事的產物。即使是部隊本身，有時也會把自己想像成浪漫的自願者，是為捍衛祖國而戰的英雄。真實的戰鬥並沒有和理想化的戰鬥重合，但宣傳人員的「玩具兵」是在作戰行動前激起士氣的有用工具。簡單的英雄人物和他們的無私軍官的形象讓士兵們有一種目的感，美化殺人的殘忍勾當，以及為沒有人願意承認的戰爭罪行提供免責斗篷。基於士兵們酷愛反諷，這一類神話人物同時也可以充當自嘲之用，因為伊凡並不總是控制得了自己的武器或身體，更遑論是控制得了黨的最新指示。但雖然士兵們嘲笑乏味的莊嚴肅穆性，戰時宣傳嵌入了一些人類基本需要。即使戰爭結束後它還是一樣重要。當紅軍解甲歸田之後，勇敢和單純的士兵形象讓他們擁有尊嚴和一張公共的臉——不管他們私底下有些什麼戰時回憶。

隨著歲月推移，士兵們曾經使用的口號獲得了一種近乎神聖的回響。蘇聯祖國是一個不可侵犯的空間，它的人民在忠誠中團結在一起。對這些熟悉口號的複述隱藏了它們的意義的真正改變。在一九四一年，愛國主義是一個激進的、解放性的和甚至是革命性的理想。事實上，當希特勒的部隊從西面入侵時，這個觀念獲得了一次道德上的支持。因為，真正的愛國者終於有了入侵者可以抗擊，不再只是以祕密警察變出來的影子叛徒為靶子。一九四一年的愛國情操的湧現甚至復活了國際主義的鬼魂。因為要愛國（蘇聯意義下的愛國），就是要再一次成為追求四海一家的無產階級運動的自豪領袖。它是法西斯主義的對立面，法西斯主義暴露的醜陋強迫數以百萬計的人把希望寄託在社會主義。更直接的是，愛國主義是一件自我防衛的事情，是全體蘇聯人民對侵略的集體抗擊。對那些走入愛國主義的人而言，即對大多數俄羅斯人甚至是大部分蘇聯人而言，他們的心緒是理直氣壯的。「我們的事業是正義的。」莫洛托夫在一九四一年曾經這樣向蘇聯人民保證。不管他們的軍隊西進得有多遠，也不管這軍隊犯下多麼殘暴的暴行，大部分蘇聯人民都沒有停止相信莫洛托夫的話。

大規模死亡和受苦讓愛國衝動變得神聖。戰後最不見容於社會的是那些被認為背叛了祖國的人。不過雖然沒有失去它在一九四一年的神聖激情，愛國自豪感的意義在戰爭結束時已經有所改變。愛國變成了愛史達林政府和愛俄羅斯。[1]不只不再追求自由，愛國者現在反而自覺或不自覺地默許鎮壓少數民族和大規模逮捕，以及支持一套冷酷且致命的教條（這套教條和一九一七年把革命群眾吸引到冬宮廣場的各種自由主義承諾毫無共通處）。新的蘇聯愛國主義將會被用來譴責和排除未來年月的各式各樣異議分子。這讓退伍軍人（他們很多仍然陶醉在本來的理想主義憧憬裡）被困住。他們無法不愛國，也因此無法反對政府。這是一個有無數人曾為之流血的國家。用不了太久，退伍軍人就成為了蘇聯政權的保守碉堡。

這不是一個平順的過程，不時總是會出現一些議題讓退伍軍人怒火中燒。其中之一是史達林繼承人赫魯雪夫的裁軍構想。[2]這構想緊接赫魯雪夫對史達林的著名譴責之後出現。發表在一九五六年的所謂祕密演說中，[3]它讓許多老兵感到困惑與震驚，認為是對軍隊的明顯背叛。不過，退伍軍人和他們政府之間漫長韻事的小陽春即將來臨。布里茲涅夫的作戰履歷不值一提，但機緣（包括他很多更有才華的對手都在戰爭中陣亡）讓他步步高陞，在一九六五年之後成為了蘇聯領袖。他對布爾什維克意識形態沒有多少熱忱，對權力的興趣要大得多。代之以直接鼓吹革命理念來重振減弱了的蘇聯凝聚力，他認為透過大力宣傳戰爭神話以重建國家是更好的方法。布里茲涅夫的統治時期成為了混凝土和熱空氣的黃金時代，成為了多卷本戰爭史的年代，以及成為了大量建造戰爭紀念館的年代。[4]這一切要傳達的訊息是：全國曾經作為一體而戰鬥，喪失了許多年輕的生命，新一代對過去（和當前的領袖）欠下了數不清的忠誠和感激。

已屆中年的退伍軍人被叫去再次扮演愛國者角色。他們本來就常常聚在一起回憶往事，但現在他們更被鼓勵到學校去講述他們的戰爭經歷，以燃起年輕公民的浪漫想像力。[5]這種做法的目的是讓不知道戰爭為何物的新一代蘇聯人能夠更加珍視蘇聯的理想。神話中的蘇聯英雄回來了，重申自己對國家的忠誠。這個英雄不苟言笑，品行端正，具有毫不膽怯的勇氣。方便的是，他在很多故事中也是死去了的。雖然大部分老兵認為一九六五年的紀念日——勝利二十週年紀念——是戰爭紀念的高峰點，但一九六〇年代從史達林格勒和庫斯克飛起的歷史鳳凰卻是象徵性和平面的。[6]而真正的壓力逼它成為這樣子。例如，一旦官修的歷史得到審查官的通過，就不容許有人發表史書沒有記載的史實。[7]各個文件檔案館不再對任何人開放，特別是不對學者開放。戰時生活的各領域——包括了逃兵、犯罪、懦弱和強暴——都不容許公眾審視，而好些特殊的罪行（例如卡廷屠殺）被埋藏在堆積如山的否認裡。[8]為了取代真相（這真相無比複雜和充滿人類劣根性），蘇聯政府蓋了一座金碧輝煌的神話大廈。

很少老兵可以透過挑戰爭神話得到些什麼。一個理由是這神話適合他們。他們很多人在後來求職時都用了他們的軍中紀錄作為品格保證。服兵役讓士兵們得到豐厚年金，而詆毀後來所謂的「大剝削」總是看似是在侮辱死人。另外，英雄神話也有一部分是事實，值得後來世代感激。把它翻遍去尋找弱點和罪行也許會導致集體悲劇，甚至也許會引起對蘇聯政權的價值起疑。布里茲涅夫政權從來不缺外國批評者，這讓他的支持者有藉口呼籲國內要保持緊密團結。「戰爭就是戰爭。」老兵們說。然後又到了再次唱歌和掏出照片緬懷往事的時刻。過去的陰影受到集體光榮的金碧輝煌所驅散，指控被美化為委婉語詞。畢竟，史達林有句名言不也把強暴說成為是「跟女人找一點樂子」？[9]

用來發揚光大戰爭神話的布景和道具仍然在前蘇聯全境內被使用。即使是在經濟停滯時代建造的戰爭紀念碑，仍然讓人瞠目結舌。從前的戰場是這類紀念設施最密集的地方。例如，在塞凡堡外圍薩蓬山有一座花崗石紀念碑，由一些打磨過的石塊構成，氣勢雄偉，就像一座沒有屋頂的大教堂，甚至像一個巨大的火葬場，因為紀念碑前噴發著一道不熄的蒼白火焰。有預錄的音樂從隱藏在牆壁後面的擴音器播出。就像大部分紀念碑一樣，這座是為了紀念收復克里米亞而不是一九四一年的戰敗。在基輔（另一個紅軍在一九四一年蒙受重大羞辱的城市），為紀念這座城市的解放，一座巨大的母親俄羅斯像巍然矗立。她聳峙在聶伯河河岸，一手高舉寶劍，以確保自己高出於任何其他地標之上（包括高於附近的中世紀洞穴修道院的圓屋頂）。她裙子下方是布里茲涅夫時代大量生產的另一個項目：戰爭紀念館。這紀念館就像尋常的一樣低矮，布局凌亂，到處鋪著紅地毯。決心要參觀所有館內展示的訪客必須在半暗的環境中步行幾小時，走過一條條走廊，去到一間間展室。裡面陳設著勛章、泛黃的照片、滿布灰塵的旗幟和日趨朽壞的槍枝。

諷刺的是，基輔和塞凡堡的紀念碑都是豎立在獨立的烏克蘭的領土上。這個國家已不再是蘇聯的一部分，而它和俄羅斯的關係在二〇〇五年一月的橙色革命之後持續削弱。事實上，烏克蘭並沒有容納這兩座紀念碑所紀念的愛國精神的政治空間。有些年輕的烏克蘭人，又特別是在西烏克蘭環繞利維夫一帶的民眾，對蘇聯的紀念碑極為反感，因為它們紀念的是一場只為他們帶來痛苦的戰爭。類似情形也出現在前蘇聯共和國的其他地區。如果紀念碑的混凝土輕一點，如果它們的數目少一點，那前蘇聯共和國政府在推倒公共廣場內的列寧像和捷爾任斯基像時，便早已一併清除這些龐然大物。但那些紀念碑太過龐大，太過沉重，無法輕易支解。而且如果移走它們，說不定會留下一個無法填補的坑洞。俄羅斯不是唯一為對抗希特勒而付出高昂代價的國家。烏克蘭人是戰爭期間蘇聯陣線中平民死傷最多的民族，這一點至今仍然攸關重要。同樣的，在白俄羅斯，有些城市失去了四分之一的人口。不管這些共和國的人民對蘇聯政權有何觀感，對死者的紀念仍然重要，與幾百萬生還者有著切膚關係。紀念碑不是除之而後快的礙眼物。

對俄羅斯人來說，事情有一點小小不同，因為對德之戰主要是一場俄羅斯的戰爭。對那些在混亂及後帝國的現在奮力尋找過去百年來值得慶祝的事件的人來說，它仍然舉足輕重。莫斯科的革命紀念館是一個可以看見這些緊張關係怎樣作用的好地方。本來是為了彰顯共產黨的成就，這座紀念館在一九九一年之後重新布置（在當時，所謂的「共產黨成就」已變成一個自相矛盾詞語）。今日的革命紀念館展示著烏托邦計畫的惡果。其中一間展廳可以看見人大排長龍買東西的照片，另一間展廳可以看見「古拉格」的一些遺物。另有兩間展廳展出一些史達林從全球各地同志所收到的禮物。展示櫃裡滿是各種俗麗物品：彩繪瓷器、編織地毯、雕花玻璃和鑲花獵刀等。出於某個理由，他的墨西哥粉絲選擇送給這位偉大領袖的禮物，是一隻鑲金箔的犰狳。牠踮著虛弱的金腳，站在玻璃盒裡。

紀念館裡大部分展品都是新的，但有兩間展廳的東西沒有更動過。第一間展示一櫃櫃的勛章、肖像和營旗。第二間垂掛著迷彩網，網上繫著一些頭盔和步槍。有錄音的槍聲回響在幽暗的光線中。「人民看來有此需要，」管理員對我說。「從沒有人要求我們換掉這兩間展廳的展品。」其實這類東西不只沒有過時，反而可能需求甚殷。莫斯科的另一個景點——俯首山的勝利公園——在共產主義崩潰時正在興建。當時一些批評者呼籲規劃者放棄計畫，在園址種回松樹。[10]但工程繼續進行，現在公園已經落成，是一個由金箔和大理石構成的迪士尼風格園地。環繞閱兵場的巨大戰爭紀念館儼如一頭白色巨獸，它的偽古典風格柱廊想必會讓墨索里尼龍心大悅。

戰爭紀念已經蔚為一門產業。它的受益人很少是退伍軍人本身。受益人更多是肌肉鬆弛的中年政府官員，他們的自負受到了頻繁的週年紀念日晚宴、大型的規劃會議和甚至是六十年前的勝利助長。「英國人？」一個穿制服的女人在紀念館後頭的行政大樓入口檢查我的護照時說。「他們是站在我們同一邊的，對不對？」我溫順地點點頭，對於一句有關一九三九年的評論欲言又止。對一些死去已久的陌生人所作的決定提出爭議是荒謬的。「你可以上去了，」她說。「但邱吉爾真的不應該過那麼久才開闢第二戰場。」

對衛國戰爭崇拜所作的批評仍然看似吹毛求疵。詩人史陸斯基在詩中對年輕人說：「如果你們不喜歡這場戰爭的打法，就試試看用自己的方法打贏吧。」[11]這是一種很多戰爭老兵會附和的觀點。自文件檔案在一九八〇年代開放查閱之後，蘇聯史成為了戰場，但老兵們仍然堅持他們的回憶忠於戰爭真貌。不過，俄羅斯政府已經在至少一個重要方面拋棄了舊教條。面對帝國的失去（隨之失去的是一種能動員大眾的信條），戈巴契夫在克里姆林宮的繼承人選擇轉向俄羅斯身分認同的一根古老支柱：東正教。「我稱這些政治人物為 *podsvechniki*。」一個老兵厭惡地諷刺說。*podsvechniki* 是雙關語，是把單字 *svechka*（蠟燭）和充滿娘娘腔聯想的 *podsnezhniki*（雪花蓮）結合而成。今日的教會節慶總少不了俄國領袖出席。每逢莫斯科的救主基督大教堂舉行大典，普丁都會手捧蠟燭。（救主基督大教堂是布爾什維克在一九三一年炸毀那一座的精確複製品。）就像東正教教士現在會為變身成為政治家的前ＫＧＢ密探祝福*，他們想必也會為陣亡的紅軍將士祈禱。

大戰期間，宗教信仰在士兵之間並不普遍。真誠的信徒不多。但大部分士兵出於迷信，會利用禱告和宗教手勢作為符咒，保護自己。經過無神論的社會主義的二十年統治之後，大部分紅軍士

---

* 俄羅斯總統普丁（Vladimir Putin，一九五二年～）曾為ＫＧＢ的密探，自小信奉東正教。

兵在打仗時都不仰賴神職人員，很多人也堅決拒絕宗教。所以莫斯科的勝利公園竟會包含一座大教堂，不能不說突兀。在幾百公里之外的普洛霍羅夫卡，建築者才剛剛完成另一棟大教堂，其外觀和共青團在一九三〇年代喜歡拆毀的十九世紀俄國教堂一模一樣。它的內牆沒有按傳統的方式以壁畫裝飾，改為寫上在庫斯克會戰中喪生的紅軍士兵的名字。拱頂非常巨大，高得不是一張照片所能涵蓋。室內是八邊形，圍繞著一個中央圓頂。雖然每個士兵的名字都很小，但八面牆壁沒有一寸灰泥是沒有文字。千千萬萬個名字確保了參觀者會為之驚倒，但每個士兵的名字現在都成了俄羅斯教會的人質。

東正教會的權利主張也許會激起教條之間的衝突，但對此抱怨的老兵不多。他們有些人甚至覺得教會比布里茲涅夫時代提供的社會現實主義更適合他們的品味。香燭和教士看來更加和悼念的氣氛相宜，而裝扮成民族靈魂的東正教會也比色情和暴發戶的物質主義較不讓老人們刺眼。但新的宗教虔誠也讓非常老的老兵有困擾之處。當他們回顧戰爭，他們記得死亡有多麼單純：那只是愛國戰鬥的一部分。他們年輕時代的戰友都是為了正義而死。與此相反，隨著他們逐漸接近死亡，他們自己的死亡卻讓他們感到困惑。在共產主義消失後，他們變得難以確定他們在共產主義底下度過的人生有何意義。

把這種兩難處境描述得最好的人是舍韋廖夫。「我太太當時快死了，」他說。「她得了喉癌。她動了九次手術，後來成為了基督徒。我自己對基督教沒多少興趣，因為我是個絕對無神論者。我有時也會上上教堂，因為我喜歡宗教音樂。不管怎樣，我太太要求我為她禱告。這是一個難題，因為我不懂任何禱文，而我也一輩子沒有去過教會。但那一天，當我從大教堂回來，告訴她我說了什麼之後，她一把我抱住。她因為太感激而落淚。她知道我已經竭盡所能。」

舍韋廖夫清了清喉嚨，開始回憶他的禱告內容。「親愛的上帝。」他開始述說。「原諒我一輩子都是無神論者。這不是我自己選擇，而是因為自小沒有人帶我上教堂。我是在一個無神論的世界中長大。我仰慕俄羅斯東正教會，而近年來我開始珍視它，因為如果不是有這教會，就不會有莫斯科大公國，就不會有我們國家的基礎。所以我並沒有真地否定教會，而作為我為自己的辯護，請祢回想一下，我和其他幾百萬個無神論者曾一起拯救祖國，也因此間接拯救了東正教會。我來是為我的妻子祈求，求祢讓她康復，並原諒我……」他頓了一下。「我是怎樣作結的？對了，原諒我一輩子都是蘇聯共產黨員。」

★

政治脈絡的改變影響了大戰被紀念的方式，甚至影響了它在今日俄羅斯被想像的方式。老兵們的記憶也是如此。他們大部分人都擷取了後來的戰爭故事（擷取自電影和詩），整合到自己的回憶裡。唯一沒有改變的證據（儘管因為虱子、潮溼、昆蟲和六十年的塵封而損耗）是檔案文件。檔案館資料呼應著來自過去的真實聲音，呼應著士兵們和他們政府的典型表達方式，因為它們是在戰爭中被記錄下來。不過，認為這些紀錄是客觀真相的承載者卻是一個錯誤。有些士兵的生活領域完全沒有被記載下來，這包括了他們的玩笑話、他們的怨言，還有他們的過火行為和戰爭罪行的細節。

但檔案館的書信和其他文件仍有助於矯正大部分有關戰爭討論的僵化尊敬態度。它們最能夠幫助我們理解紅軍的性格和士兵們作戰的理由，特別當這些理由是會隨著時間而改變。主要的難題不是缺乏材料，而是追蹤意義上的改變。在一九四五年變得相當清晰的詞語和觀念在戰爭剛開始時，常常帶有其他意涵和較為曖昧的想法。

典型的例子是「祖國」（motherland）的觀念。從托爾斯泰以還，所有作家都指出俄羅斯士兵愛俄羅斯土地。同樣情況也許也適用於其他人（例如喬治亞人），儘管每個文化對家的意義的理解不同。[12]現在這個概念再一次清晰起來，至少對從不是蘇聯人的人是如此，但對早期的蘇聯世代來說，祖國卻是一個棘手的觀念，沒有清晰的邊界或單一意義。它也許可以指一個村落或一個地區，但它同時也是「我們」蘇聯人生活在其中的整個空間，一個只缺正式名分的多民族帝國。民族多樣性在蘇聯文化裡更容易帶來困擾而不是驕傲。至於愛國主義，一九四一年的入侵讓它的意義變得較為明晰，至少起初是如此。「祖國」變成了入侵者想要從「我們」奪走的空間。納粹德國的傲慢（它暗示著落後的蘇聯一定會被打垮）激起了紅軍士兵的真正憤怒，而幫助了一些人撐過令人驚恐的最初幾星期。[13]

這個祖國的觀念雖然強大，但後來還是發生了改變。它仍舊是指一個蘇聯士兵可以愛的東西，但隨著戰爭的邁進，他們學會用新的方式去想像它。來自閉塞落後地區的農民瞥見了普斯科夫的廢墟，看見了克里米亞的高山，瞧見了聶伯河沿岸的峭壁。隨著他們繼續移動和戰鬥，他們對於他們要保衛的東西的意識擴大了。他們在一九四三年向西朝柏林進發，而這一點攸關重要。在此之前，當家籠罩在敵人砲火下的煙霧中，祖國看來必然較不光鮮亮麗。一九四三年初開始，隨著紅軍從史達林格勒進發，母親的觀念和政治地理學有了一個新鮮的、緊密的連結。蘇聯邊界很快不再是遙遠的觀念，而是變成了寬闊的河流和真正的山脈。從黑海的葡萄園到波羅的海的沙丘，全變成是「我們的」。但在一個強烈民族沙文主義的時代，「我們的」逐漸變成是指「俄羅斯的」。在這個大帝國裡的一個共和國竟然可以選擇獨立，這種想法對於仍然會聚會聯誼的老兵們來說仍然近乎是侮辱性的。[14]

在那時候，在這個神話之外，還有其他種被徵召入伍的軍人，他們很多都是被迫和受到威脅去的。伊凡和祖國的神話很少考慮到西烏克蘭人，甚至很少考慮到在一九四四年夏天被強徵入伍的白俄羅斯少年人。它們很少注意到俄羅斯以外的民族忠誠，也不會提及有人不情願作戰的事。紅軍使用威脅和子彈強迫很多狐疑者穿上軍服和留在戰場上。霸凌（身體上和語言上的霸凌）總是前線文化的一部分。暴力和恐嚇在戰後被用來平息見於波羅的海地區和西烏克蘭的造反。蘇聯解體後，這些故事重新出現，它們被記錄在檔案館的檔案裡，但大部分仍有待歷史學者探索。它們顯示，有些士兵——被遺忘了的那些——必然幾乎完全是由恐懼驅動。

最終，總算有一些領域是任何人都能夠理解——至少我們很容易會這樣認為。在這個恐怖的世界中，恐懼看起來很自然，而有些對這地區的歷史毫無了解的人，也許會用它來解釋幾乎一切。但假定這些蘇聯人——一個暴力宇宙中的生還者——就像一個習慣和平的民族那樣會對恐懼起反應，則是一種誤解。這並不是說恐懼不重要（它無所不在），但在這個野蠻和致命的世界，恐懼是相對的。它必須經過仔細斟酌——這是一種紅軍士兵常常從小養成的習慣。例如，正如一九四一年的逃兵所顯示的，當德國人比任何政委更加可怕，而迎向敵人的砲火又必死無疑時，單單靠恐嚇是不夠的。到了一九四四年，實力的天秤發生了改變：在很多新兵被徵召的地區，紅軍明顯占了上風。這是「一九四三年游擊隊」的時期，很多人雖然還是有合理的恐懼，但都趕在為時太晚前加入邁向勝利一方。

戰爭創造了一個任何選擇對士兵和平民來說，都同樣有著潛在致命性的環境。說來諷刺，從軍看來是馴服夢魘的一個方法。對很多人來說，它比納粹的種族屠殺政權較不危險。它也比戰時的勞動營較不那麼不可預測和嚴酷。特別是，從軍讓人擁有一種意義感，一種目的感。這對近衛兵團和共產黨黨員來說特別是如此。但集體目的感延伸至遠超過這一小群菁英分子之外。一個例子是「懲罰營」。軍隊極少願意花工夫訓練「懲罰營」的成員，事實上，蓄意羞辱他們，讓他們感覺自己不完全是人，才是軍隊對待他們的一貫方法。他們幾乎可以肯定自己會在下一場戰役陣亡。他們有些人開小差，有些人恐慌得不得了，絕大部分人將會死去。但可以作為當時的文化的證言的（和作為戰後英雄神話的強大力量的證言的），是有些生還者在他們對屠殺和恐懼的記憶中，會回憶起自豪感和目的感。[15]他們固然是棄兒和可憐蟲，但對敵人的恨確保了他們因為憤怒而奮不顧身作戰。

如果光是恐懼不足以讓士兵作戰，那麼光靠意識形態也做不到這一點。意識形態也是一個意義經歷了改變，需要仔細重構的字眼。進步和道德的觀念在很多蘇聯人的自我觀感中具有核心地位。意識形態包含一系列不同的東西，不是一套簡單的通用碼。「我們有信念。」軍官、士兵和內務人民委員部的軍官都這樣堅稱。「機動化步兵旅」的年輕軍官伊凡諾維奇一輩子都如此堅信著，這讓他最終得以進入了KGB。即使在二〇〇二年過世時，他也要求把他按照共產黨員之禮下葬。當他必須向莫斯科市民同胞開槍時，是他的信念在支持他。信念也增強了他的體力，讓他得以在德軍防線後方的冰冷沼澤完成二百四十公里的強行軍。在那些透過從軍獲得冒險機會和晉升的前農民之中，他是典型例子。認為整體農村人口對共產主義有很大的愛是不智的，但在那些有新觀念生根的地方，他們卻可能表現出會讓人聯想到宗教裁判所和新聖戰的狂熱。這一類意識形態是真正的信仰，而且是冷酷無情和個人性的。

史達林主義的意識形態形塑了時代的語言，到一九四一年已成為每個人的世界的一部分。即使一個半文盲的新兵一樣懂得尊重「政治指導員」，知道他扮演什麼角色；即使一個農民一樣學會怎樣唸那個笨拙的形容詞「無產階級的」。但在戰前時期，更正式和更系統性的意識形態只有受過夠多教育的人才能掌握和理解。當這一類信念發展至極端，在戰時會顯得荒謬。一個受傷的軍校生一九四一年在醫院的病床上寫信回家說：「請寄一些我可以讀的書給我。不要是關於這場戰爭的。寄給我一本經典吧，例如列寧的《國家和革命》。」[16]戰爭本身揭露出學究式的馬克思主義—列寧主義的幼稚和不切題。隨著戰鬥展開，一種新的理解占了上風：那是一套幾乎任何士兵都能懂的較簡陋信念。在一片愛國熱潮中自願從軍是一回事，在衝鋒陷陣時思考無階級性和辯證法又是另一回事。沒有一個步兵會在空氣開始震動和尖叫聲四起時求助於馬克思。

莫斯柯文的心路歷程是很多共產黨員都會經歷到的。起初，這位「政治指導員」雖然頭腦清楚而且是個有點經驗的軍人，卻一樣信奉戰前電影宣傳那一套。在戰爭一開始，他相信自己的陣營必然勝利。這是歷史的判決，個人生命在歷史面前顯得微不足道。但這種對老謊言的信仰在德軍的無情砲火中被粉碎。一九三八年的輕信烏托邦主義要麼瓦解，要麼被其他東西取代。在莫斯柯文的情況（一如數以千計像他一樣的人），他所秉持的信仰存活了下來，因為不為什麼理想而死是不可想像的。另外，也沒有易得的替代選項。如果一個蘇聯共產黨員要有信仰，那這信仰將會是以某種方式由蘇聯的範式塑造，甚至連無信仰的人也會借用它的語彙。儘管如此，戰時的信仰是較為黯淡、較不細緻和較為直接。在住在森林的那些淒涼夜晚，為朱可夫和史達林歡呼要勝於讓搖搖晃晃的信仰無處可以寄託。觀念要比目的感較不重要，而在戰鬥之中，生還本身就有夠烏托邦。

勝利——甚至只是戰敗將會被延後的第一個徵兆——再次改變了信仰的性質。正如史達林在一九四三年指出的，軍隊的連連取勝是蘇聯共產主義行之有效的一個證明。這主義產生了許許多多的坦克、許許多多的砲彈、許許多多的飛機、許許多多懂得使用它們的年輕人。但是前線士兵對意義做出了自己的判斷。他們的共產主義和理論手稿上的灰色世界天差地遠。士兵對進步、集體和習得技術的價值等充滿信心。他們所謂的共產主義信仰是關於正義戰勝黑暗。它證明了只要有某種正當的意願和努力，戰前幾十年的所有痛苦都將會獲得修正。那也是某種的會員證。只要一個人是好士兵、好戰友，那麼即使他有小小的行為差錯也不打緊。

另外，到了一九四二年底，戰前的意識形態概念已從士兵對自己在蘇聯命運中所占位置的意識，更多關注在軍事經驗和軍事訓練上。即使在政治軍官被降職之後，奠基於意識形態的精神講話繼續在前線進行，但現在國家和領袖都要求士兵學習戰術、學習怎樣正確使用武器和體會命令的價值。對軍隊的成功來說，轉向專業主義具有關鍵性，而黨也有一陣子公開臣服於軍隊自己的指揮官。但對一個軍人而言——不管是一個軍官還是精通單一任務的技士——「好」士兵的形象是結合了愛國精神和男子氣概，是結合了忠於集體和專業技能。技能給予士兵們信心，集體給予他們溫暖，而支撐他們挺過整場戰爭的常常是他們對集體的愛。他們有些人選擇加入共產黨，但此舉在他們心目中只是跨出一小步。不過，當新兵們說出入黨宣誓時，心裡想著的可不是一九三七年的意識形態，甚至不是正統派政委的教導。

戰爭結束後（甚至在朱可夫接受德國投降之前），前線的集體主義成為了史達林政權的眼中釘。按照國家自己的說法，退伍軍人是英雄，但獨裁者絕不可能允許他們把艱難贏來的自信和公共精神應用在對國家的治理上。退伍軍人的悲劇——或部分悲劇——在於他們的犧牲對形塑戰後的政治來說幾乎不值一提。不錯，他們的象徵價值是巨大的。但他們只是被利用，沒有被諮詢。一個理想士兵的形象取代了各式各樣從前線歸來的戰士。當這樣的英雄受到讚揚時，真正的退伍軍人受到了誤解，被以不是他們自己選擇的方式理想化，又在其他任何方面受到忽略或回絕。在布里茲涅夫的時代，把老兵塑造為成熟社會主義的溫順模範符合當權者的利益。毫無疑問，未來的政權將會發展出自己一套利用這些衛國戰爭象徵的方法。等最後一個老兵死去，對德勝仗的繼承人要把什麼話或想法放入戰爭英雄的嘴巴裡就不會再有禁忌。但就目前，他們還得繼續受一陣子的束縛。當老兵還活著的時候，他們仍然能夠為自己說話。

★

在庫斯克，可以找到老兵的地方是一棟模樣陰森的建築，大家提到它時仍然稱之為軍官俱樂部。現在有點失修，這棟建築本來是臨近一間電影院。電影院在二〇〇三年經過大整修後回復原來的大教堂身分。我到訪時，雖然時值坦克大戰的六十週年紀念日前夕，但整個地方仍然到處都是鷹架和沙包。一如以往，當地的老兵協會在建築後頭的一個大廳間裡舉行了一個會議。走進裡面就像跨過了一條時間的斷層線，因為列寧就在牆上俯視一切，他下面的發亮書架上放著一排排陰沉的回憶錄。這房間的樣子一定已經有二、三十年沒有改變。一張大桌子占去大部分的空間，就像當初沒有想到要容納人。老兵們就在那裡，表情肅穆嚴峻，在電鑽的噪音中吃力聽著主席講話。當時是早上九點。他們習慣了遵守紀律，全都準時出席。

主席之前答應給我五分鐘說話時間。他的原意是讓我說明來意和記下幾個名字之後，就恢復原來的議程。這是一個彆扭的安排，因為它讓我儼然成為了一個闖入者。但讓我最糗的八成是我的外國人身分。我解釋說，我在找一些自願接受訪談的人。一如往常，我表示我希望有人告訴我他們記得的往事，又答應不打探隱私。老兵們先是一陣猶豫，然後有人告訴我，我應該回莫斯科去。他說那裡有書本記載我們這類人想知道的任何事。桌子四周的臉馬上像環繞海邊岩石區潮水潭的海葵那樣密閉起來。不過稍後有人把我叫到他旁邊，要求我再次說明我的目的。他就是非凡的舍韋廖夫，而在我第二次說明來意並承諾會以千邑待客之後，他答應第二天早上到我的房間。他的大方慷慨感染了其他人。第二天，當我在我的飯店房間用借來的茶炊安排一個宴會和在書桌上放上一疊空白卡式錄音帶時，我發現樓下大堂來了一行人。第一個在九點左右來到了我的房間，吃了遲來的早餐。最後一群人是在近十四小時後離去。

那個晚上，我夢見砲轟，看見屍體，在打結的俄語單字中驚醒過來。我腦子的一部分已經裝滿老兵們的故事所隱含的恐怖畫面。不過雖然我的想像力提供了鮮血和火焰，老兵們在我們交談時並沒有多談戰爭恐怖陰森的方面。當他們憶述戰前的生活、戰役之間的空檔生活和怎樣適應戰後生活的往事時，他們可以活靈活現得像是說故事人。然而，他們所講的戰爭故事卻平淡得像任何一部正式的戰爭史。就連一連講話幾小時的老兵在談到暴力時也是把細節略去。他們沒有打算重現戰爭的殘忍畫面，而是傾向於採取已消失的蘇聯語言，談論榮譽與自豪，談論正義的復仇，談論祖國，談論史達林，談論信仰的絕對必要性。談到戰鬥的時候，他們往往是採取局外人的態度，彷彿講述的是他們透過螢幕看到的畫面。他們的故事裡有屍體，有眼淚，但沒有血，沒有屎，沒有神經緊繃。

當我開始為了寫這本書而做研究的時候，這種有所保留的態度讓我困擾。但到了我去庫斯克的時候，我開始了解，老兵們的抽離不只是他們年長的一種表現，不是某種需要治療的心理弱點，也不純粹是自我防衛。相反地，他們所使用的意象，他們選擇沉默和使用委婉詞語，都透露出他們得以保持韌性的祕訣。在戰爭期間，想要感受每一種恐怖的深度是很容易的，但那也是致命的。生存之道在於堅忍地接受現實，專注在手頭上的工作。士兵們的語言都是公事公辦和充滿樂觀，因為除此以外的任何語言都會引起絕望。六十年後，透過講述讓人毛骨悚然的故事以引起同情或爭取注意不是難事，但對老兵們來說，這相當於對他們的集體驕傲和他們的生活方式的一種背叛。

大戰帶給退伍軍人的好處非常少。認為大戰可以讓國家變得更強大和更積極樂觀的假設，敵不過站在史達林格勒兩分鐘所目睹的光景。我問每個受訪的老兵，服役有沒有改善他們的生活，而他們大部分告訴我的是他們失去的東西。這份清單包括青春歲月、自由時光和健康，然後是數以十計的人：戰友，父母，家人。雖然大部分士兵都接受了有用的訓練，但他們大部分人都相信（不管正確與否）這些技能可以輕易在和平時期習得。至於戰利品（羽毛枕頭和小孩的鞋子），則相對於士兵家眷在戰爭期間所受的物質損失和不舒適來說，只算是少得可憐的補償。戰爭年金曾經極有價值。在一九九〇年代的艱困年頭，有些老兵靠著分享自己的年金給成年的子女或孫子女使其能夠溫飽。但在如今的通貨膨脹世界裡，這份年金開始變得不值錢。唯一有頗大比例老兵承認的收穫是，戰爭的悽慘讓他們更懂得珍惜劫後歸來的生命。珍愛生命是他們共有的最吸引人特質之一。

庫斯克的老兵是贏家。他們既不是前戰俘，也不是「懲罰營」的罪犯。他們的沉默讓他們不用回憶不義的往事，儘管這樣告訴他們會是無禮的。但他們無一能毫髮無傷地度過戰爭。他們還能夠向我回憶砲轟、狙擊和受傷，是他們堅韌、活著的證明。那是一整代人能保持尊嚴的反映。也許正是這些士兵的極度節制幫助了他們取得勝利。士氣主要依賴的畢竟是希望。對他們來說，記憶是神聖的，是活的。「老人們回來這裡追憶往事時會說些什麼？」我問普洛霍羅夫卡紀念館的管理員。她回答說：「他們不會說太多話。他們看來沒有這個需要。有時他們只是靜靜站著和落淚。」

大事年表

一九三八年

三月十三日 德國宣布兼併奧地利

九月二十九日 慕尼黑會議同意將蘇臺德區轉讓給德國，但承諾保證捷克斯洛伐克其他領土完整

一九三九年

三月十五日 德國入侵捷克斯洛伐克

三月三十一日 英國向波蘭提出安全保證

八月二十三日 德國和蘇聯簽署互不侵犯條約

九月一日 德國部隊入侵波蘭；兼併但澤

九月三日 英法對德宣戰

九月十七日 紅軍從東面開進波蘭

九月二十八日 德國部隊攻占華沙

十一月三十日 俄國入侵芬蘭

十二月十四日　蘇聯被逐出國際聯盟

一九四〇年

二月十一日　蘇聯攻擊芬蘭的曼海姆防線

三月三日　紅軍攻占維堡（維普里）

三月十二日　芬蘭與蘇聯簽署和約，割讓卡累利阿地峽和拉多加湖沿岸地區

五月十日　德國入侵荷蘭、比利時和盧森堡

五月二十九日　英軍開始從敦克爾克撤退（至六月三日完成）

六月十四日　德軍進入巴黎

六月十七至二十三日　蘇聯占領波羅的海三國

六月二十二日　法國與德國簽署停戰協定

八月十一至十八日　不列顛戰役高峰

九月七日　對倫敦第一次空襲

十二月九日　第八軍團在北非發動攻勢

一九四一年

六月二十二日　德國入侵蘇聯；芬蘭攻擊卡累利阿蘇維埃共和國

六月二十七日　羅馬尼亞對蘇聯宣戰
六月二十八日　德軍攻占明斯克
七月三日　史達林第一次對蘇聯人民發表戰時講話
七月十六日　德軍抵達斯摩棱斯克
七月二十五日　德軍攻占塔林
八月三十日　姆加（通往列寧格勒的最後一條鐵路線）被德軍占領
九月十七日　基輔周圍的蘇聯部隊被包圍
九月三十日　莫斯科戰役開打
十月二日　德軍攻占奧廖爾
十月十二日　德軍攻占卡盧加
十月十三日　德軍攻占加里寧
十月十六日　「莫斯科恐慌」高點
十月二十日　莫斯科宣布進入被圍困狀態
十月三十日　克里米亞的塞凡堡開始遭圍攻
十一月三日　德軍攻占庫斯克
十一月二十二日　德軍奪取了克林
十一月二十六日　德軍攻占伊斯特拉

十二月六日　紅軍在莫斯科附近展開反擊戰
十二月七日　日本偷襲珍珠港，突襲英屬馬來亞
十二月八日　美國和英國對日宣戰
十二月十五日　紅軍收復克林和伊斯特拉
十二月二十五日　紅軍開始在克里米亞東部建立橋頭堡
十二月三十日　紅軍收復卡盧加

一九四二年

二月十五日　新加坡落入日本手中
五月八日　德軍攻擊克里米亞東部
五月十二日　紅軍在卡爾可夫附近展開攻勢，以失敗告終
五月二十日　德軍重新奪取克赤半島
七月三日　塞凡堡陷落
七月三十日　史達林發布「第二二七號命令」，禁止後退一步
八月二十三日　史達林格勒四萬人死於空襲
九月十三日　德軍對史達林格勒發起進攻
十月二十三日　阿萊曼戰役（Battle of El Alamein）開打

十一月十九日　紅軍在史達林格勒附近展開反攻

一九四三年

一月三十一日　包路斯在史達林格勒投降
二月二日　最後一批德國部隊在史達林格勒投降
二月八日　紅軍收復庫斯克
二月十四日　紅軍奪取羅斯托夫
二月十六日　紅軍奪取卡爾可夫
三月十五日　德軍再次奪回卡爾可夫
七月五日　德軍在庫斯克展開攻勢
七月十二日　紅軍在庫斯克附近發動反攻
八月五日　紅軍收復奧廖爾和別爾哥羅德
八月二十三日　蘇聯收復卡爾可夫
九月三日　盟軍入侵義大利
九月二十五日　紅軍收復斯摩棱斯克
十一月六日　紅軍收復基輔

一九四四年

一月二十七日　列寧格勒完全解圍

四月二日　紅軍進入羅馬尼亞

五月九日　塞凡堡獲解放

五月十三日　克里米亞的德軍徹底被打敗

五月十八日　內務人民委員部部隊驅攏克里米亞的韃靼人，將他們放逐中亞

六月二日　盟軍登陸諾曼第

六月二十二日　蘇聯在白俄羅斯發起「巴格拉基昂行動」

七月三日　紅軍收復明斯克，俘虜十萬德軍

七月十八日　紅軍在羅科索夫斯基率領下進入波蘭

八月一日　華沙起義開始

八月二十五日　巴黎獲解放

十月二日　波蘭民族主義軍隊在華沙投降

一九四五年

一月十七日　紅軍攻占一片頹垣敗瓦的華沙

二月四日　雅爾達會議展開

二月十三日　布達佩斯落入紅軍手中
四月九日　哥尼斯堡向紅軍投降
四月十三日　紅軍攻占維也納
四月十六日　發動對柏林的最後攻勢
四月二十三日　紅軍抵達柏林
四月三十日　希特勒和幾個心腹助手自殺身亡
五月二日　柏林向紅軍投降
五月八日　「歐戰勝利紀念日」；在柏林附近，凱特爾向朱可夫投降（正式降書在九月九日午夜剛過簽署）
五月九日　紅軍攻占布拉格；這一天是蘇聯的正式勝利日
七月十七日　波茨坦會議展開
八月六日　第一顆原子彈落在廣島
八月八日　蘇聯對日本宣戰。
八月九日　第二顆原子彈落在長崎
八月十四日　日本宣布投降
九月二日　日本代表在美國軍艦「密蘇里號」上簽署降書

資料來源說明

本書廣泛參考有關士兵、戰鬥和第二次世界大戰的著作。不過，它的大宗是奠基於好幾種不同的第一手資料來源。大部分細節直接來自前蘇聯和德國的檔案館。這些檔案館的清單連同它們在注釋中所用的簡稱，見本文最後。

相關文件包括了士兵們的書信和日記、政治軍官和祕密警察的報告、準備用於政治宣傳的報告、軍事情報報告和對戰俘的盤問報告。另外，我採用了蘇聯政府的資料，包括和在戰後背控以進行反政府鼓動的士兵有關的檔案。很多這些檔案都包含從半文盲回答人蒐集到的證據，所以它們讓我們能一窺那些不會寫字或選擇不寫字的士兵的世界。最後，我還從平民資料來源蒐集到一些資料，是關於軍隊對它所解放或占領的地區的衝擊，以及關於軍人家眷的處境和士氣。我常常發現自己閱讀的文件自六十年前存檔之後就沒有被打開過。在每種情況下，我都會改掉文件中提到的名字，除非該資料已在別的地方發表過。

我也使用了一系列已出版的資料來源，特別是過去十年出現在俄羅斯書店的多卷本戰時文件彙編。它們名副其實包含數以萬計的文件，而雖然最敏感的資料仍未解封，這些文件彙編本身業已構成一個龐大的第一手資料來源。

在使用回憶錄、戰爭小說和其他文學性資料來源時，我的態度比較慎重。回憶錄（不管是誰寫的）出了名不可靠，而這在一個審查制度非常嚴格的政權來說尤其如此。在蘇聯，民族學材料的蒐集（包括歌詞的蒐集）是受到嚴格限制。有關戰爭的小說和電影從來不是自發的。不過，文學能為退伍軍人的記述的風格和內容提供線索。例如，閱讀西蒙諾夫的作品，或是觀看一九六〇年代和一九七〇年代的許多戰爭電影，可以讓我們譯解老兵們的證言（他們相信蘇聯官方多年來編織的故事就是他們自己的故事）。

那些證言是我的另一個資料來源。為了撰寫本書，我蒐集了近兩百篇訪談，這些訪談大部分是我獨自進行，不然就是在一位俄國助理的幫助下進行。訪談地點通常是老兵們自己的家，有時是在莫斯科，有時是在外省，有時是在烏克蘭或喬治亞。我很榮幸地有時可以訪問同一個人好幾次，並和他們建立友誼——這是我的工作生活的最大樂趣之一。很多老兵都能夠指正我的誤解，其他人則帶來他們收藏的文件和照片以供討論。我感謝他們每一位。

我對老年人願意回憶戰時的往事感到驚訝，對細節的豐富（很多都是有關日常生活）感到高興。無疑有很多事已被遺忘和受到壓抑，也有很多事是經過修飾，但這些證言的價值在於為戰爭本身提供人的聯繫。戰後的記憶故事——和選擇性遺忘的故事——本身是一個更大的求生故事的一部分。猜疑——或至少是一種合理程度的謹慎——是另一部分。在很多老兵眼中，我在各方面都是外人：一個女人、一個平民、一個學界人士和一個外國人。為減少一些我的在場會導致的偏見，我請一位男性退伍軍人幫我進行一些額外的訪談，又委託一名烏克蘭母語人士在烏克蘭進行一批訪談。因此，我能夠接觸到一批頗為不同的證言和政治意見。如果說那些訪談主要是傳達了一種無批判性和愛國的蘇聯觀點，那是因為大部分生還者至今還是以這種方式看待大戰。這種想像力的受抑制也是我必須講述的故事的一部分。

檔案館名單

莫斯科

GARF　Gosudarstvennyi arkhiv Rossiiskoi Federatsii（俄羅斯聯邦國家檔案館）

RGAKFFD　Rossiiskii gosudarstvennyi arkhiv kinofonofotodokumentov (Krasnogorsk, Moscow region)（俄羅斯國家電影、錄音與照片檔案館）

RGALI　Rossiiskii gosudarstvennyi arkhiv literatury i iskustva（俄羅斯國家文學與藝術檔案館）

RGASPI　Rossiiskii gosudarstvennyi arkhiv sotsial'no-politicheskoi istorii（俄羅斯國家社會史與政治史檔案館）

RGASPI-M　Rossiiskii gosudarstvennyi arkhiv sotsial'no-politicheskoi istorii–molodezh（共青團檔案館）

RGVA　Rossiiskii gosudarstvennyi voennyi arkhiv（俄羅斯國家軍事檔案館）

TsAMO Tsentral’nyi arkhiv ministerstva oborony (Podol’sk, Moscow region)（國防部中央檔案館）

庫斯克

GAOPIKO Gosudarstvennyi arkhiv obshchestvenno-politicheskoi istorii Kurskoi oblasti

GAKO Gosudarstvennyi arkhiv Kurskoi oblasti（庫斯克省國家檔案館）

斯摩棱斯克

GASO Gosudarstvennyi arkhiv Smolenskoi oblasti（斯摩棱斯克省國家檔案館）

TsDNISO Tsentr dokumentatsii noveishei istorii Smolenskoi oblasti（當代史檔案中心）

弗萊堡

Bundesarchiv-Militärarchiv（聯邦軍事檔案館）

注釋

前言

1. John Garrard and Carol Garrard (Eds), *World War 2 and the Soviet People: Selected Papers from the IV World Congress for Soviet and East European Studies*, Houndmills, 1993, pp. 1–2.
2. G. F. Krivosheev, (general editor), *Grif sekretnosti snyat: Poteri vooruzhennykh sil SSSR v voinakh, boevykh deistviyakh i voennykh konfliktakh* (Moscow, 1993), p. 127.
3. 同前，p. 141。
4. 至今還不可能精確估計被德軍俘虜的紅軍將士的數目，原因之一是很多戰俘在被俘期間死去。對戰爭的頭五個月，德國方面的數字至今仍然是兩百五十六萬一千人（Krivosheev, p. 336）。整場戰爭的被俘紅軍人數也許高於四百五十萬人。Krivosheev, p. 337; N. D. Kozlov, *Obshchestvennye soznanie v gody velikoi otechestvennoi voiny* (Saint Petersburg, 1995), p. 87（此書給出的數字超過五百萬人）。
5. Krivosheev, p. 161.
6. John Erickson, 'The System and the Soldier' in Paul Addison and Angus Calder, eds, *Time to Kill: The Soldier's Experience of War in the West* (London, 1997), p. 236.
7. 一度得到最多支持的數字是八百六十六萬八千四百人。一個討論見 Erickson, 'The System,' p. 236. 這場戰爭的統計數字出了名的不可靠，所以有可能真正的數字要高上幾百萬。
8. 見第四章 p. 154 和第五章 p. 200。
9. Antony Beevor, *Stalingrad* (London, 1998), p. 30.
10. Krivosheev (p. 92) gives a figure of 34,476,700 for the women and men who 'donned military uniform during the war'.
11. The classic American accounts include S. L. A.Marshall, *Men Against Fire: The Problem of Battle Command in Future Wars* (New York, 1947) and Samuel A. Stouffer *et al., The American Soldier* (2 vols, Princeton, 1949).
12. Among the first post-war studies was E. Shils and M. Janowitz,'Cohesion and disintegration in the Wehrmacht in World War Two', *Public Opinion Quarterly*, 12:2, 1948. The Wehrmacht's performance is examined comparatively in Martin van Creveld, *Fighting Power: German and US Army Performance, 1939–1945* (London and Melbourne,

1983). A more recent, but classic, account is Omer Bartov, *Hitler's Army: Soldiers, Nazis and the Third Reich* (New York, 1992).

13. 引 述 見 Catherine Merridale, *Night of Stone: Death and Memory in Russia* (London, 2000), p. 218. For a moving account of the famine, 見 R. Conquest, *Harvest of Sorrow* (Oxford, 1986).

14. 這個暴力故事在拙著 *Night of Stone* 有深入介紹。

15. Richard Overy, *Russia's War* (London, 1997), pp. xviii–xix.

16. 對戰時詩歌一個更詳盡的討論，見 K. Hodgson, *Written with theBayonet: Soviet Russian Poetry of World War Two* (Liverpool, 1996).

17. 格羅斯曼本人受到譴責，因為他的偉大戰爭小說《生命與命運》被認定為「缺乏人類感情、友誼、愛和對小孩的關懷。」有關這本書的被查禁，見 *Night of Stone,* pp. 319-20。

18. 這句子是Tim O'Brien's *The Things They Carried* (London, 1991) 其中一篇故事的篇名。

19. 在這方面，最積極的提倡者之一是莫斯科科學院的 Elena Senyavskaya，她對同仁（包括我）的慷慨幫助和熱情鼓勵促進了一整個新的研究學派。一個例子是她的 *Psikhologiya voiny v XX veke: istoricheskii opyt rossii* (Moscow, 1999)。

20. 最受重視的系列是Russkii Arkhiv's *Velikaya otechestvennaya*。這套書是戰時法律、法規和軍事命令的重印本，自一九九〇年代起在莫斯科陸續出版。它的腥紅色裝幀讓很多老兵覺得它和他們的身分很匹配。

21. 有些已經出版。見 *RossiyaXX vek, sbornik rabot pobeditelei* (Moscow, 2002).

22. 社會科學家 Oksana Bocharova 和民俗學家 Mariya Belova 也曾在不同時間各自進行過訪談，以及在訪談後繼續和老兵們保持聯絡。在有些情況中，和老兵們的通訊持續多月。

23. 引述見 John Ellis, *The Sharp End: The Fighting Man in World War II* (London, 1980), p. 109.

24. 討論見 Nina Tumarkin, *The Living and the Dead: The Rise and Fall of the Cult of World War II in Russia* (New York, 1994).

25. 這些盤問和訪談的成果收藏在弗萊堡的聯邦檔案館的軍事部。我是拜一些德國同仁的幫助才有參閱機會。

26. Donald S. Detwiler et al. (Eds), *World War II German Military Studies* (24 vols, New York and London, 1979), vol. 19, document D-036.

27. *Russian Combat Methods in World War II*, Department of the Army pamphlet no. 20-230, 1950. Reprinted in Detwiler, vol. 18.

28. 這個觀察來自 Lt-Gen Martel, applied to Soviet troops in 1936. 引述在 Raymond L. Garthoff, *How Russia Makes War* (London, 1954), p. 226; 也見同前，p. 224.
29. 有些人用這種稱呼來回答一九三七年人口普查中對所屬「民族」的詢問。站在另一個極端的是那些回答自己「絕非蘇聯人」的人。見 Catherine Merridale, 'The USSR Population Census of 1937 and the Limits of Stalinist Rule,' *Historical Journal,* 39:1, March 1996, pp. 225–40.
30. 有關這支民主軍隊（或說準民主軍隊）的討論，見 Mark von Hagen's *Soldiers in the Proletarian Dictatorship: The Red Army and the Soviet Socialist State, 1917–1930* (Ithaca and London, 1990).
31. David Samoilov, 'Lyudi odnogo varianta: Iz voennykh zapisok', part 2, *Avrora*, 1990, no. 2, p. 51.
32. 見 Bartov 的重要著作 *The Eastern Front, 1941–45: German Troops and the Barbarisation of Warfare* (London, 1985).
33. 第一次是在一九四〇年代被討論，這一理論因為 Shils and Janowitz, *op. cit.* 的著作而被放上政策議程。
34. 這個爭論從 Omer Bartov, *Hitler's Army* 一書中發展出來。
35. 見第三、四章。
36. Beevor, *Stalingrad*, p. 173.
37. 這個問題關乎戰後政府。見 Vera S. Dunham, *In Stalin's Time: Middleclass Values in Soviet Fiction* (Cambridge, 1976), especially pp. 214–24.

第一章

1. 這歌曲是由德米特里・波克拉斯（Dmitry Pokrass）和丹尼爾・波克拉斯（Daniil Pokrass）作曲，但人們記得的是作詞者列別捷夫－庫馬奇的名字。
2. 這個影片的敘述可見 O. V. Druzhba's *Velikaya otechestvennaya voina v soznanii sovetskogo i postsovetskogo obshchestva: dinamika predstavlenii ob istoricheskom proshlom* (Rostov on Don, 2000), p. 22.
3. John Erickson, *The Road to Stalingrad* (London, 1975), pp. 27–8.
4. Druzhba, pp. 22–3.
5. 不計尾數的話，紅軍陣亡了大約一百七十萬人，德軍陣亡了一百六十八萬六千人。不過德軍作戰時間要多十個月，而且大部分時間都是同時兩線作戰。大英帝國的部隊約有七十六萬七千人陣亡，美軍的陣亡人數約為八萬一千人。
6. Sheila Fitzpatrick, *Stalin's Peasants* (Oxford, 1994), pp. 80–1.
7. 前「富農」的兒子從一九四二年四月起獲准參加前線的戰鬥。見第五章，一九九頁。
8. Lev Kopelev, *No Jail for Thought* (London, 1977), p. 13.

9. 引述見 Robert Conquest, *Harvest of Sorrow* (Oxford, 1986), p. 233.
10. Varlam Shalamov, *Kolyma Tales* (Harmondsworth, 1994), p. 43.
11. A.Werth, *Russia at War* (London, 1964), pp. 112 and 136.
12. Stephen J. Zaloga and Leland S. Ness, *Red Army Handbook*, 1939–1945 (Stroud, 2003), p. 157。蘇聯的裝甲車數目略多於兩萬三千輛。
13. 也可見 Stephen Kotkin, M*agnetic Mountain: Stalinism as a Civilization* (Berkeley and Los Angeles, CA, 1995), p. 238.
14. Sheila Fitzpatrick, *Everyday Stalinism. Ordinary Life in Extraordinary Times: Soviet Russia in the 1930s* (Oxford, 1999), p. 18.
15. 同前，pp. 90–1.
16. 見 Kotkin, p. 246.
17. Vyacheslav Kondrat'ev, 'Oplacheno krov'yu,' *Rodina*, 1991, nos. 6–7, p. 6.
18. 細節出自 Harold Shukman 編著的精采的傳記摘要，*Stalin's Generals* (London, 1993 and 1997).
19. 這些飛機事實上更有可能是「道尼爾17型」或「亨克爾111型」。基里洛維奇的記憶顯示，蘇聯人在還沒有非常熟悉各種德國飛機之前，「梅瑟」是他們對德國飛機的通稱。
20. Werth, p. 200.
21. 在他的經典之作中，Antony Beevor 主張，在史達林戰役之前，蘇聯猶太人完全想不到納粹有種族屠殺計畫。（*Stalingrad*, p. 56）但事實上，雖然蘇聯在一九三九年《德蘇互不侵犯條約》簽訂後很少提到德國的反猶太主義，也雖然沒有人猜得到「最後解決方案」的幅度，蘇聯公民在一九三九年之前一直受到德國種族主義證據的轟炸，包括反猶主義，而且很多波蘭和奧地利猶太人逃離納粹統治的情形也印證了他們蘇聯猶太同胞的擔心。
22. Detwiler (Ed.),*World War II German Military Studies*, vol. 19, D-036, pp. 3–4.
23. 這個主張貶低了帝俄後期的成就，見 Jeffrey Brooks, *When Russia Learned to Read: Literacy and Popular Literature, 1861–1917* (Princeton, NJ, 1985).
24. Druzhba, pp. 9–10.
25. 同前，p. 29.
26. Fitzpatrick, *Everyday Stalinism*, p. 69.
27. 訓練的品質見 William E. Odom, *The Soviet Volunteers: Modernization and Bureaucracy in a Public Mass Organization* (Princeton, NJ, 1973). 也可見 Reina Pennington,*Wings,Women and War: Soviet Airwomen in World War II* (Lawrence, KA, 2001).
28. Fitzpatrick, *Everyday Stalinism*, p. 75.

29. Zaloga and Ness, p. 147.

30. 這個出自一九四一年五月。Rossiiskii gosudarstvennyi arkhiv sotsial'no-politicheskoi istorii (RGASPI), 17/125/44, 57.

31. Angelica Balabanoff, 引述在 Merridale, *Night of Stone*, p. 148. 同一種觀感也見於來自其他獨裁政權的人民，包括伊朗作者納菲西（Azar Nafizi）。

32. Gosudarstvennyi arkhiv obshchestvenno-politicheskoi istorii kurskoi oblasti (GAOPIKO), 1/1/2807, 14.

33. 根據內務人民委員部自己的數字，一九三九年的囚犯數為一百六十七萬二千四百三十八人。一個對於囚犯數字的討論，見 Anne Applebaum, *Gulag*, pp. 515–22.

34. Kopelev, p. 92.

35. V. M. Sidelnikov, compiler, *Krasnoarmeiskii fol'klor* (Moscow, 1938), pp. 142–3.

36. 戰時的諷刺見 Samuel Hynes, *The Soldier's Tale: Bearing Witness to Modern War* (London, 1998), especially p. 151.

37. Druzhba, p. 29.

38. 同前。

39. E. S. Senyavskaya, 'Zhenskie sud'by skvoz' prizmu voennoi tsenzury', *Voenno-istoricheskii arkhiv, 7:22*, 2001, p. 82.

第二章

1. 有關戰爭暴行的報告在整場戰爭相當頻繁。見 Rossiiskii gosudarstvennyi voennyi arkhiv (RGVA), 9/31/292, 315 (December 1939)。有關未埋葬的死者，見 RGVA 9/36/3821, 56。就像一個報告者所說的，這景象「在士兵們前去攻擊的路上影響了他們的政治——道德狀態。」

2. Krivosheev, p. 78. 他對「無可挽回的損失」的數字是十二萬六千八百七十五人。「無可挽回的損失」這個範疇包括那些戰死或受傷和生病的人，也包括那些在行動中失蹤的人。

3. 同前，p. 79.

4. 同前，p. 78.

5. 同前，p. 64.

6. Carl van Dyke, 'The Timoshenko Reforms: March–July 1940', in the *Journal of Slavic Military Studies* (hereafter JSMS), 9:1, March 1996, p. 71.

7. 這次訪談是為了一齣在二〇〇二年在俄羅斯電視播映的紀錄片拍攝。

8. RGVA 9/31/292, 257 (December 1939); 9/36/3821, 7 (December 1939).

9. RGVA 9/31/292, 318.

10. 同前。

11. Donald S. Detwiler *et al*. (Eds), *World War II German*

Military Studies (London and New York, 1979), vol. 19, p. 5.

12. 同前。

13. 見 Roger R. Reese, *Stalin's Reluctant Soldiers: A Social History of the Red Army, 1925–1941* (Lawrence, KA, 1996), pp. 2–3.

14. 見 Mark von Hagen, *Soldiers in the Proletarian Dictatorship: The Red Army and the Soviet State, 1917–1930* (Ithaca, NY, 1990), pp. 21–50.

15. Erickson, 'The System and the Soldier', in Paul Addison and Angus Calder (Eds), *Time to Kill* (London, 1997), p. 234.

16. RGVA 9/31/292, 137.

17. RGVA 9/36/3818 (information from the training camp at Chita), 292–3, 309.

18. O. S. Porshneva, *Mentalitet i sotsial'noe povedenie rabochikh, krest'yan i soldat v period pervoi mirovoi voiny* (Ekaterinburg, 2000), p. 221.

19. Von Hagen, p. 273.

20. 這個研究也收入在 I. N. Shpil'rein, *Yazyk krasnoarmeitsa* (Moscow and Leningrad, 1928). 感謝 Moscow Psychological Institute 的 Dr V. A. Kol'tsova 向我介紹這個史料。

21. 見 Mark von Hagen, 'Soviet soldiers and officers on the eve of the German invasion: Towards a description of social psychology and political attitudes', *Soviet Union/Union Sovietique*, 18, 1–3 (1991), pp. 79–101.

22. Victor Kravchenko, 引述於 Reese, p. 13.

23. Porshneva, p. 110.

24. Anna Politkovskaya, *A Dirty War*, trans. John Crowfoot (London, 2001), p. 44.

25. Reese, p. 51.

26. Gabriel Temkin, *My Just War* (Novato, CA, 1998), p. 104.

27. Reese, p. 4.

28. 同前，p. 42.

29. RGVA 9/31/292, 2.

30. 同前，9.

31. 別爾哥羅德軍區的住房危機——一種典型現象——被描繪於 KPA 1/1/2114, 13。

32. 這些問題的例證見 GAOPIKO, 1/1/2772, 16–17.

33. RGVA 35077/1/6, 16.

34. 同前，18.

35. GAOPIKO 1/1/2776, 85.

36. RGVA 9/31/292, 14–21.

37. RGVA 9/36/3818, 142, RGVA 9/36/4263, 29.

38. RGVA 9/31/292, 69.

39. Reese, p. 50.

40. RGVA 35077/1/6, 53.

41. Reese, p. 47.
42. 同前，p. 44. See also Gosudarstvennyi arkhiv Smolenskoi oblasti (GASO), 2482/1/12, 8.
43. RGVA, 35077/1/6, 403.
44. TsAMO, 308/82766/66, 25.
45. PURKKA order no 282, 引述在 RGVA 9/362/3818, 48.
46. RGVA 9/36/4229, 77–92.
47. Reese, p. 55, 引述守則。
48. RGVA 9/36/4229, 150.
49. 這些例子出自 RGVA 9/36/4282, 147–9.
50. RGVA, 9/31/292, 43.
51. RGVA 9/36/3818, 292.
52. P. N. Knyshevskii (Ed.), *Skrytaya pravda voiny: 1941 god. Neizvestnye dokumenty* (Moscow, 1992), pp. 14–21.
53. 見 Zaloga and Ness, pp. 189–91; RGVA, 9/36/4262, 40–2.
54. RGVA 9/36/3818, 206.
55. RGVA 9/36/4262, 40.
56. RGVA 350077/1/6, 403.
57. RGVA 9/31/292, 91.
58. RGVA 9/36/3818, 249, 292–3.
59. 引述在 Reese, p. 63.
60. 同前，p. 124.
61. *Stalin's Generals*, p. 255.
62. Knyshevskii, p. 218.
63. Roger R. Reese, 'The Red Army and the Great Purges,' in J. Arch Getty and Roberta T. Manning, *Stalinist Terror: New Perspectives* (Cambridge, 1993), p. 213.
64. RGVA 9/31/292, 46–7. 一九三九年每月的自殺統計可見於同一檔案。
65. Knyshevskii, p. 219.
66. Reese, *Reluctant Soldiers*, pp. 163–4.
67. RGVA 9/36/4282, 148 (January 1940).
68. RGVA 7/36/3818, 123–4.
69. Reese, *Reluctant Soldiers*, p. 93.
70. van Dyke, p. 79.
71. Werth, p. 71.
72. 二〇〇三年四月基輔採訪。
73. 引述在 von Hagen, *Soviet Soldiers*, p. 99.
74. L. N. Pushkarev, *Po dorogam voiny* (Moscow, 1995), p. 11.
75. 紅軍在這裡的參與描述於 RGVA 9/31/292, 160–1.
76. 同前，209.
77. 同前，181–2.
78. RGASPI-M, 33/1/1406, 4.
79. M. Dean, *Collaboration in the Holocaust: Crimes of the Local Police in Belorussia and Ukraine, 1941–1944* (Houndmills, 2000), p. 9.

80. RGVA 9/31/292, 279.
81. TsAMO, 308/82766/66, 16, refers to directive of GlavPURKA of 14 January 1941.
82. Vestnik arkhivista, 2001: 3, 56–9.
83. GAOPIKO, 1/1/2772, 16 (22 April 1941).
84. TsAMO, 308/82766/66, 17.
85. RGASPI, 17/125/44, 23.
86. TsAMO, 308/82766/66, 17 (15 January 1941).
87. RGVA 9/31/292, 75.
88. 這個主題的討論見 Garthoff, p. 231.
89. RGVA 9/31/292, 288 (15 December 1939).
90. 同前，250–1.
91. 初級團體見前言注12引述的 Shils and Janowitz。
92. Reese, p. 171.
93. 缺乏團隊精神見 RGVA, 9/36/3821, 54.
94. RGVA 9/31/292, 245.
95. 同前，288 (15 December 1939).
96. RGVA 9/36/3821, 44.
97. RGVA 9/31/292, 255 (2 December 1939).
98. RGVA 9/36/3821, 2.
99. RGVA 9/31/292, 361.
100. 同前，351.
101. RGVA 9/36/3821, 8.
102. Krivosheev, p. 63.
103. RGVA 9/31/292, 290.
104. 同前，288 (15 December 1939).
105. 同前，253 (2 December 1939).
106. 同前，363.
107. 同前，360.
108. 同前，374.
109. Garthoff, p.236.
110. RGVA 9/36/4282, 47.

第三章

1. 埃夫塞夫的回憶引述在 P. N. Knyshevskii *et al.*, *Skrytaya pravda voiny: 1941 god. Neizvestnye dokumenty* (Moscow, 1992), pp. 330–1.
2. John Erickson, *The Road to Stalingrad* (London, 1975), p. 92.
3. 同前，p. 112.
4. Knyshevskii, p. 331.
5. Erickson, *Stalingrad*, p. 104.
6. Werth, p. 150.
7. Rossiiskii gosudarstvennyi arkhiv literatury i iskusstva (RGALI), 1710/3/49, 8.
8. *Rossiya XX vek: Dokumenty. 1941 god v 2 knigakh*, vol. 2

(Moscow, 1998), p. 422.

9. Erickson, *Stalingrad*, p. 106.
10. RGALI, 1710/3/49, 9.
11. Erickson, *Stalingrad*, pp. 118–9.
12. 紅軍在芬蘭潰敗後，季莫申科於一九四〇年五月取代無能的伏羅希洛夫。
13. 巴甫洛夫在七月七日接受盤問時所作的證詞，重印於 *1941 god*, pp. 455–68.
14. 同前，p. 456.
15. Erickson, *Stalingrad*, p. 116.
16. *1941 god*, p. 459.
17. 引述在 Werth, pp. 152–3.
18. 同前，pp. 153–4.
19. 巴甫洛夫的聲明見 *1941 god*, p. 459.
20. Werth, p. 157; *Stalin's Generals*, p. 49.
21. *Velikaya otechestvennaya*, 2(2), p. 58（在 text of order 270，博爾金因為受表揚得到特殊待遇）。
22. *1941 god*, pp. 472–3.
23. Werth, p. 181.
24. *1941 god*, pp. 434–5.
25. 二〇〇三年七月在庫斯克採訪 Shevelev。
26. Gosudarstvennyi arkhiv obshchestvenno-politicheskoi istorii kurskoi oblasti (GAOPIKO), 1/1/2636, 40–2.
27. *Moskva voennaya*, p. 49.
28. 同前，p. 43.
29. Druzhba, p. 302.
30. RGASPI, 17/125/44, 70, 72.
31. 二〇〇一年四月在莫斯科省採訪 Mikhail Ivanovich。
32. *Moskva voennaya*, p. 51.
33. GAOPIKO, 1/1/2636, 41.
34. RGASPI, 17/125/44, 69.
35. *Moskva voennaya*, p. 52.
36. Detwiler (Ed.), vol. 19, D-036, pp. 3–4.
37. 一小群注定敗亡的民族主義者的故事，是我二〇〇二年九月在提比里斯（Tbilisi）進行的一系列訪談中聽來的。
38. GAOPIKO, 1/1/2636, 43.
39. *Moskva voennaya*, p. 53.
40. RGASPI, 17/125/44, 69–71.
41. *Moskva voennaya*, p. 52.
42. 同前，pp. 53–5.
43. GAOPIKO, 1/1/2636, 51–2.
44. Knyshevskii, p. 59.
45. 同前，pp. 60–1.
46. RGASPI, 17/125/44, 71–3.
47. *Moskva voennaya*, p. 55.

48. 囚犯全部被槍決。德軍攻占利維夫後，把屍體暴露在監獄廣場，讓市民看見。這是一招有效的宣傳策略，讓一個本來就反蘇聯的城市愈發激烈反對史達林。
49. RGASPI-M, 33/1/360, 10–11.
50. Druzhba, p. 21.
51. Werth, p. 165.
52. Comments reported in *Moskva voennaya*, p. 68.
53. 同前，p. 69.
54. GAOPIKO, 1/1/2638, 30.
55. GAOPIKO, 1/1/2807, 9.
56. GAOPIKO, 1/1/2636, 50–1.
57. GAOPIKO, 1/1/2807, 9.
58. Werth, p. 149.
59. 同前，pp. 166–7.
60. GASO, R1500/1/1, 2–3.
61. 同前，6.
62. Knyshevskii, pp. 14–16.
63. Report to Mekhlis, July 1941. 引述在 Knyshevskii, p. 66.
64. Temkin, p. 38.
65. 引述在 Werth, p. 148.
66. *1941 god*, p. 499.
67. Erickson, *Stalingrad*, p. 162.
68. Zaloga and Ness, p. 69.
69. Knyshevskii, p. 204.
70. Detwiler (Ed.), vol. 19, C-058, pp. 18–19.
71. ‘O boevykh deistviyakh 6 armii pri vykhode is okruzheniya’, *Voenno-istoricheskii arkhiv*, 7 (22), 2001, p. 109.
72. M.V.Mirskii, *Obyazany zhizn’yu* (Moscow, 1991), p. 19.
73. Knyshevskii, p. 65.
74. Erickson, *Stalingrad*, p. 121.
75. Knyshevskii, p. 266.
76. 同前，pp. 264–5.
77. *Velikaya otechestvennaya*, 6, p. 61。同時被禁的還有那些「以一小群或單獨」逃出包圍的士兵。
78. Krivosheev, p. 114.
79. *1941 god*, p. 469。這種簡陋火箭的大量生產是由國防委員會一道祕密命令（「第六三一號命令」）授權。
80. Knyshevskii, pp. 104–6.
81. Detwiler (Ed.), vol. 19, p. 123.
82. *Velikaya otechestvennaya*, 6, pp. 42–3 (order no. 081).
83. 同前，p. 47 (no. 085).
84. *Vstrechi s proshlym*, 1988, no. 6, p. 443.
85. RGASPI, 17/125/87, 1.
86. RGASPI, 17/125/47, 47.
87. RGASPI, 17/125/47, 23.

88. 韋斯對這場戰役的記載主要是正面的，形容它是在蘇聯對德作戰的第一次勝利。一個不同的觀點見 Beevor, *Stalingrad*, pp. 28–9.
89. 引述在 Werth, p. 172; Knyshevskii, p. 203.
90. Druzhba, p. 20.
91. Martin Dean, *Collaboration in the Holocaust: Crimes of the Local Police in Belorussia and Ukraine, 1941–44* (Houndmills, 2000), p. 26.
92. Knyshevskii, p. 55.
93. 同前，p. 304.
94. *Velikaya otechestvennaya*, vol. 2, part 2, pp. 58–60.
95. GASO, R1500/1/1, 6.

第四章

1. *Velikaya otechestvennaya*, 15: 4(1), Moscow, 1997, p. 40. The captured German document is Hoepner's 'Storming the Gates of Moscow: 14 October–5 December 1941', dated December 1941.
2. 同前，p. 41.
3. Krivosheev, p. 139; Erickson, 'The System', p. 225.
4. S. G. Sidorov, *Trud voennoplennykh v SSSR 1939–1956 gg.* (Volgograd, 2001), p. 60.
5. 同前，p. 61.
6. Erickson, p. 233.
7. Erickson, 'The System,' p. 238.
8. *Velikaya otechestvennaya*, 4 (1), p. 41.
9. Werth, pp. 238–9.
10. V. I. Yutov and others, *Ot brigady osobogo naznacheniya k 'vympely', 1941–1981*(Moscow, 2001), p. 45.
11. 二〇〇一年四月對伊萬諾維奇的訪談。M. M. Gorinov *et al.* (Eds), *Moskva voennaya, 1941–1945: memuary i arkhivnye dokumenty* (Moscow, 1995), p. 103.
12. *Velikaya otechestvennaya*, 4 (1), p. 56.
13. Overy, p. 118.
14. A. E. Gordon, 'Moskovskoe narodnoe opolchenie 1941 goda glazami uchastnika', *otechestvennaya istoriya*, 2001: 3, pp. 158–61.
15. Gosudarstvennyi arkhiv obshchestvenno-politicheskoi istorii kurskoi oblasti (GAOPIKO), 1/1/2773, 18–21.
16. Gordon, pp. 158–63.
17. Report dated 14 January 1942, Knyshevskii, p. 227.
18. 同前，p. 226.
19. Bundesarchiv-Militärarchiv, Oberkommando des Heeres, RH2-1924, p. 23.
20. Overy, pp. 116–7.
21. Knyshevskii, p. 184. Report from Volokolamsk Front, 27

October 1941.

22. N. D. Kozlov, *Obshchestvennye soznanie v gody velikoi otechestvennoi voiny* (St. Petersburg, 1995), p. 24.
23. Knyshevskii, p. 313.
24. *Moskva voennaya*, p. 167.
25. *Velikaya otechestvennaya*, 2 (2), pp. 108–9.
26. *Moskva voennaya*, pp. 167–8.
27. RGALI, 1814/4/5, 42.
28. Tsentr dokumentatsii noveishei istorii smolenskoi oblasti (TsDNISO), 8/1/212, 4.
29. Knyshevskii, pp. 187–8.
30. 在他對德國國防軍的研究中，Omer Bartov 也主張嚴厲的紀律、膚淺的意識形態信仰和害怕死亡，在德國士兵中間創造出某種連結。見 *The Eastern Front, 1941–45: German Troops and the Barbarisation of Warfare* (Houndmills, 1985), pp. 144–5.
31. Archive of the Komsomol, hereafter RGASPI-M, 33/1/360, 3–8.
32. TsDNISO, 8/2/99, 1–2.
33. E. M. Snetkova, *Pis'ma very, nadezhdy, lyubvy. Pis'ma s fronta* (Moscow, 1999), p. 1.
34. RGASPI-M, 33/1/276, 4.
35. *Stroki, opalennye voiny. Sbornik pisem voennykh let, 1941–1945*, 2 izd. (Belgorod, 1998), pp. 115–6.
36. Gordon, pp. 160–1.
37. 涅夫斯基在一二四二年打敗條頓騎士；斯頓科伊在一三八〇年打敗韃靼人；米寧和波扎爾斯基在十七世紀驅逐波蘭人；最後兩位將軍在一八一二年領兵打敗拿破崙。
38. Stalin, 'Rech' na parade krasnoi armii', in *O velikoi otechestvennoi voine Sovetskogo Soyuza* (Moscow, 1947), pp. 37–40.
39. *Moskva voennaya*, pp.44–5.
40. Werth, p. xvi.
41. Kursk NKVD report, GAOPIKO, 3605/1/307, 1–3.
42. TsDNISO, 8/1/25, 7–8.
43. Gosudarstvennyi arkhiv smolenskoi oblasti (GASO), 1500/1/1, 16–18.
44. 見 Vasil Bykov, 'Za Rodinu! Za Stalina!', *Rodina*, 1995, no. 5, pp. 30–7.
45. 口號見 E. S. Senyavskaya, *Frontovoe pokolenie: istoriko-psikhologicheskoe issledovanie, 1941–1945* (Moscow, 1995), p. 83.
46. Memorial essay no. 2272: 'Memoirs of Valish Khusanovich Khabibulin,' Ed. Nina Pavlovna Bredenkova (Tyumen' 2002).
47. TsDNISO, 1555/1/3, 3–5.

48. Knyshevskii, p. 355.
49. TsDNISO, 1555/1/3, 5.
50. *Moskva voennaya*, p. 167.
51. RGASPI-M, 33/1/1395, 6.
52. *Velikaya otechestvennaya*, 2 (2), p. 155.
53. 見頁面中的照片。
54. Sidorov, p. 60.
55. *Velikaya otechestvennaya*, 2 (2), p. 114–5.
56. 同前，p. 155.
57. 同前，pp. 114–5; 193–4.
58. 同前，p. 166, 6, p. 120.
59. Werth, p. 370.
60. *Velikaya otechestvennaya*, 2 (2), p. 73.
61. 同前，pp. 252–3; 166 (on thieving).
62. 莫斯科戰鬥的例子見 Knyshevskii, p. 184.
63. 引述在 Knyshevskii, p. 164.
64. TsDNISO, 1555/1/3, 3.
65. *Velikaya otechestvennaya*, 6, p. 97, order no. 307 of Glav PURKKA.
66. TsAMO, 206/298/2, 15, 49–50.
67. Bundesarchiv-Militärarchiv, RH2-124, p. 22.
68. Werth, p. 422.
69. GASO, 1/1/1500, p. 15.
70. TsDNISO, 8/2/82, 50.
71. Werth, pp. 705–7.
72. RGASPI, 17/125/169, 5–8.
73. TsDNISO, 8/1/25, 12.
74. ‘Vystuplenie po radio’, 3 July 1941, in Stalin, *O velikoi otechestvennoi voine*, p. 15.
75. TsDNISO, 8/1/25, 12.
76. 見 John A. Armstrong (Ed.), *Soviet Partisans in World War II* (Madison, 1964), p. 3.
77. 關於一般的戰地郵局見 *Velikaya otechestvennaya*, 6, pp. 76 and 134.
78. Ponomarenko’s figures, from RGASPI 69/1/19, 129.
79. 「大後方」是游擊隊用來稱呼未被占領的蘇聯部分的稱謂。
80. GASO, 1500/1/1, 25–35; TsDNISO, 8/2/99, 17.
81. Armstrong, p. 170.
82. *Pis’ma s fronta i na front* 1941–1945 (Smolensk, 1991), pp. 77 and 94–5.
83. Stalin, *O velikoi otechestvennoi voine*, p. 43.
84. Bundesarchiv, RH2-1924, p. 21.
85. Overy, p. 117.
86. V. L. Bogdanov *et al.* (Eds), *Zhivaya pamyat’: pravda o voine*, vol. 1 (Moscow, 1995), pp. 392–6.

87. *Rodina*, 1995, no. 5, p. 68.
88. RGALI, 1814/4/5, 32.
89. Werth, pp. 388–9.
90. 這資訊來自阿德希姆斯克紀念館和克赤的本地人。
91. Evseev，引述在 Knyshevskii, pp. 334–7.
92. Werth, p. 398.
93. *Rodina*, 1991, nos. 6–7, p. 68.
94. 同前，p. 60 (voenyurist Dolotsev).
95. *Zhivaya pamyat*, (diary of Vladimir Ivanov), p. 388.

第五章

1. RGVA, 32925/1/504, 34.
2. 見 Chuikov's account in Werth, pp. 444–5.
3. *Rodina*, 1995, no. 5, p. 60.
4. 二〇〇二年四月在莫斯科對拉霍夫進行的訪談。RGVA, 32925/1/504, 34.
5. 我給這些戰時懦弱的解釋引用了一位受訪者的回答。事實上，我訪問過的幾乎所有老兵都把紅軍在不同時候的戰敗歸咎於中亞人或烏克蘭人。他們大部分還給這些群體舉出「好」代表的例子。不過，他們很少能在他們親身認識的人中說出一個壞榜樣。
6. 一九四二年九月十七日的特殊命令提到軍中的少數民族。*Velikaya otechestvennaya*, 6, pp. 173–4.
7. 見 Beevor, *Stalingrad*, pp. 84–5.
8. *Velikaya otechestvennaya*, 6, p. 153.
9. *Velikaya otechestvennaya*, 2 (2), pp. 276–7。根據較近期的蘇聯數字，真正的數目至少為九千萬人，見 Sidorov, p. 60。
10. 引述於 Vasily Chuikov, *The Beginning of the Road*, trans. Harold Silver (London, 1963), p. 175.
11. *Velikaya otechestvennaya*, 2 (2), p. 278.
12. GASO, 1/1/1500, 31.
13. 引述於 Roger R. Reese, *The Soviet Military Experience: A History of the Soviet Army, 1917–1991* (London, 2000), p. 115.
14. 所有數字都引述在 Overy, p. 160.
15. Erickson, 'The System', p. 244.
16. *Rodina*, 1995, no. 5, p. 61.
17. 葛林的故事出現在二〇〇二年莫斯科的電視紀錄片。不過他人很好，願意同一年在莫斯科把他的故事對我重說一遍，並回答我的問題。
18. Erickson, 'The System', p. 236. 這個數字肯定太低。至少有一百萬囚犯從古拉格釋放，被派去前線。其中大部分都是在某種懲罰單位服務。不過也有些人被抽調到正規單位，專門負責危險任務，例如用手清除地雷。見第六章。

19. *Velikaya otechestvennaya*, 6, pp. 176–7.
20. 同前，p. 157.
21. *Velikaya otechestvennaya*, 2 (2), 351.
22. 也可見 Overy, p. 160.
23. Krivosheev, pp. 125–6;Werth, p. 408.
24. TsAMO, 1128/1/4, 61.
25. 見 Volkogonov's biographical essay in *Stalin's Generals*, pp. 317–21.
26. Erickson, *Stalingrad*, p. 349.
27. Anfilov's biographical essay in *Stalin's Generals*, p. 64.
28. *Velikaya otechestvennaya*, 6, p. 176.
29. 同前，p. 161.
30. *Velikaya otechestvennaya*, 2 (2), pp. 372–3.
31. Order no. 307 of the Defence Commissariat, 同前，pp. 326–7.
32. Chuikov, *The Beginning*, p. 284.
33. TsAMO, 1128/1/4, 61.
34. *Velikaya otechestvennaya*, 2 (2), p. 359.
35. 例子見同前，pp. 281–3 and 318–20.
36. TsAMO, 206/298/4, 6. 關於這齣劇更多內容也可見 Werth, pp. 423–6.
37. Temkin, p. 137; Werth, p. 622. 事實上，T－34 使用柴油引擎，這讓它比先前大部分坦克型號較不容易爆炸。不過，確實有大量 T－34 在戰鬥中著火焚燒。
38. 見 Overy, p. 195.
39. 同前，p. 197. 老兵今天還記得這些牌子。
40. *Velikaya otechestvennaya*, 2 (2), p. 287.
41. Svetlana Alexiyevich, *War's Unwomanly Face*, trans. Keith Hammond and Lyudmila Lezhneva (Moscow, 1988), p. 128.
42. RGASPI-M, 33/1/1454, 36.
43. Garthoff, p. 249.
44. Van Creveld, p. 112; RGASPI, 17/125/78, 123.
45. 受勛見 *Velikaya otechestvennaya*, 2 (2), pp. 360–1; 肩章制度見 *Velikaya otechestvennaya*, 2 (3), pp. 30–1.
46. TsAMO, 523/41119c/5, 51 (relates to an artillery regiment).
47. Bundesarchiv-Militärarchiv, RH-2, 2467, p. 127.
48. V. V. Pokhlebkin, *Velikaya voina i nesostoyavshiisya mir. 1941–1945–1994* (Moscow, 1997), p. 150.
49. 引述在 Werth, p. 474.
50. Alexiyevich, p. 96.
51. 史達林和國防委員會在一九四二年四月批准招募女性作為戰鬥人員，見 *Velikaya otechestvennaya*, 2 (2), pp. 212–3 and 214–5.
52. RGASPI-M, 1/47/26, 175.
53. 反應真實情況的討論見 Chuikov, *The Beginning*, pp. 221–34. 這位元帥描述了女性的工作，但總是帶著屈尊俯就的語氣，把她們當成只是女孩子。

54. RGASPI-M, 1/47/49, 87.
55. *Velikaya otechestvennaya*, 2 (2), 285.
56. Alexiyevich, pp. 46–7.
57. 第一批女狙擊手從一九四三年二月開始訓練。
58. Alexiyevich, p. 14.
59. Reina Pennington, *Wings*, includes a chapter tracing Raskova's career.
60. Gosudarstvennyi arkhiv rossiiskoi federatsii (GARF), R9550/6/62.
61. Interview, Kaluga, August 2002.
62. RGASPI-M, 33/1/563, 7.
63. *Pis'ma s fronta i na front*, p. 87.
64. Van Creveld, p. 73.
65. Samoilov, 'Lyudi', part 1, pp. 52–3.
66. GASO, 2482/1/12, 12.
67. RGASPI-M, 33/1/19, 52.
68. 同前，72.
69. 同前，85.
70. 同前，84.
71. GASO, 2482/1/12, 7.
72. RGASPI-M, 33/1/19, 101.
73. *Velikaya otechestvennaya*, 2 (2), 281.
74. RGASPI-M, 33/1/19, 36.
75. Samoilov, 'Lyudi', part 1, p. 56.
76. RGASPI-M, 33/1/1454, 6.
77. *Po obe storony fronta: Pis'ma sovetskikh i nemetskikh soldat, 1941–1945* (Moscow, 1995), p. 43.
78. RGASPI-M, 33/1/360, 106.
79. Chuikov, *The Beginning*, p. 66.
80. 同前，pp. 78–9.
81. Werth, pp. 448–9; Beevor, Stalingrad, pp. 104–6.
82. 引述在 Werth, p. 450.
83. 引述在 Beevor, *Stalingrad*, p. 201.
84. I. K. Yakovlev *et al.* (Eds), *Vnutrennye voiska v velikoi otechestvennoi voine, 1941–45 gg., dokumenty i materialy* (Moscow, 1975), p. 16.
85. 我聽到的版本是一位退休將軍所講述，據說是來自對祕密軍事檔案的研究。除非學者可以看到文件，否則這個謠言將會持續。
86. Krivosheev, p. 125. 紅軍部隊和空軍的陣亡總數據估計是四十七萬 (Overy, p. 212)。至於整場戰役（從一九四二年七月十七日至一九四三年二月二日）蘇聯士兵被殺、受傷和失蹤的總數，根據 Krivosheev 的估計是一百一十二萬九千六百一十九人。
87. 好幾個老兵都向我提到這件事。一個較文雅的版本見於 Temkin, p. 90。

88. Viktor Astaf 'ev, 'Snachala snaryady, potom lyudi', in *Rodina*, 1991, nos. 6–7, p. 55.
89. Alexiyevich, p. 59。翻譯者的意思可能是迫擊砲而不是地雷。
90. 二〇〇三年五月在基輔的採訪。
91. RGASPI-M, 33/1/1454, 8.
92. 同前，18–19.
93. Chuikov, *The Beginning*, p. 159.
94. 一個不一樣的戰爭比喻，見 Philip Caputo 的精采論述，收錄於 *A Rumor of War* (London, 1985), p. 268.
95. John Garrard and Carol Garrard, *The Bones of Berdichev: The Life and Fate of Vasily Grossman* (New York, 1996), p. 159.
96. Werth, p. 467.
97. Beevor, *Stalingrad*, p. 195.
98. 引述在 Chuikov, *The Beginning*, p. 253.
99. Krivosheev, p. 127.
100. Beevor, *Stalingrad*, p. 232.
101. 同前，p. 249.
102. 同前，p. 263.
103. TsDNISO, 8/1/25, 5.
104. *Po obe storony*, p. 194.
105. 同前，pp. 195–6.
106. 例如見 Werth, p. 554.
107. *Velikaya otechestvennaya*, 2 (3), pp. 36–7.
108. Werth, p. 560.
109. *Po obe storony*, p. 213.
110. Werth, p. 468.
111. TsAMO, 206/298/4, 11.
112. 引述在 Werth, p. 490.
113. 「政治指導員」們同意這一點，而蘇聯戰爭史學者 Amnon Sella 在一個對士氣的評估中也同意這一點。見 *The Value of Life in Soviet Warfare* (London, 1992), p. 170.
114. RGVA, 32925/1/504, 29.
115. RGASPI, 17/125/214, 97.
116. 見 Peter Kenez, 'Black and White,' in Richard Stites (Ed.), *Culture and Entertainment in Wartime Russia* (Bloomington, 1995), p. 162.
117. *Pis'ma s fronta i na front*, p. 88.
118. RGASPI-M, 33/1/1454, 66.
119. Bundesarchiv-Militärarchiv, RH2-2467, p. 54.
120. 引述自 Vasil Bykov in 'Za Rodinu! Za Stalina!'.
121. RGASPI-M, 1/47/24, 26–34.
122. RGVA 32925/1/514, 48.
123. RGVA 32925/1/504, 4 and 20.
124. 同前，31.

125. 數以萬計「古拉格」囚犯也出於同樣理由被批准前往前線作戰服役。服役除了讓他們自己得贖，也讓他們家人得以恢復常人生活。見 Kozlov, *Obshchestvennye soznanie*, p. 11; Druzhba, p. 30; Amir Weiner, *Making Sense of War: The Second World War and the Fate of the Bolshevik Revolution* (Princeton, NJ, 2001), p. 148.
126. Viktor Astaf 'ev's novel *Proklyaty i ubity*, reissued Moscow 2002，以悲痛的細節呈現這種觀點。
127. 在十一月的第一波攻擊事實上是針對羅馬尼亞人，但重點是向敵人逼近。有關紅軍對德國人的憎恨，見 L. N. Pushkarev, 'Pis'mennaya forma bytovaniya frontovogo fol'klora,' *Etnograficheskoe obozrenie*, no. 4, 1995, pp. 27–9.Pushkarev 自己也在前線，他是民族學家和歷史學家。
128. 見 Werth, pp. 411–4.
129. Simonov's 'Kill Him!' is quoted in Werth, p. 417.
130. RGALI, 1828/1/25, 35.
131. Beevor, *Stalingrad*, p. 219.
132. Belov's diary, 'Frontovoi dnevnik N. F. Belova' (hereafter Belov) is published in full in *Vologda*, issue 2 (Vologda, 1997), pp. 431–76; For this comment, see Belov, pp. 446–7.
133. Belov, p. 442.
134. GASO, 1/1/1500, 37–38.
135. RGVA, 32925/1/504, 94; Beevor, *Stalingrad*, p. 264.
136. RGASPI-M, 33/1/157, 2.
137. Sidorov, pp. 83–5.
138. RGASPI-M, 33/1/157, 3–4.
139. RGASPI-M, 33/1/1454, 73.

第六章

1. 'Prikaz verkhovnogo glavnokomanduyushchego', 23 February 1943, in Stalin, *O Velikoi otechestvennoi voine*, pp. 89–90.
2. *Velikaya otechestvennaya*, 2 (3), p. 97.
3. 在史達林格勒，德軍有九萬一千人被俘虜，十四萬七千人陣亡。與此同時，光是在十一月到二月的反攻中（即不計八月到十月的損失），紅軍有接近四十八萬五千七百三十五人被殺、失蹤或受傷。這些數字見於 John Erickson and Ljubica Erickson, *The Eastern Front in Photographs* (London, 2001), p. 137.
4. TsAMO, 223 SD/1/6, 10, gives details of the non-reporting practices of rifle divisions in January–February 1943.
5. *Night of Stone*, p. 274.
6. 關於在潘菲洛夫勇士間的恐懼見 RGASPI, 17/125/185, 23. 更一般性的狀況見 D. L. Babichenko, *Literaturnyi Front* (Moscow, 1994).

7. 二〇〇二年十月斯摩棱斯克採訪 Ilya Nemanov。
8. Druzhba, pp. 33–4.
9. Samoilov, 'Lyudi', part 2, pp. 50–1.
10. Lev Lvovich, second interview, Moscow, July 2003. On Samoilov, see above, p. 148.
11. Samoilov, 'Lyudi', part 2, p. 57.
12. E. S. Senyavskaya, *Chelovek v voine*, p. 80; RGALI 1814/6/144, 21 (Diaries of Konstantin Simonov).
13. Stouffer, vol. 2, p. 186.
14. *Rodina*, 1991, nos 6–7, p. 53.
15. L. N. Pushkarev, *Po dorogam voiny: Vospominaniya fol'klorista-frontovika* (Moscow, 1995), pp. 34–42.
16. Sidelnikov, p. 9.
17. Translation by Lubov Yakovleva, *Twentieth-Century Russian Poetry*, pp. 623–4.
18. Ya I. Gudoshnikov, *Russkie narodnye pesny i chastushki Velikoi Otechestvennoi Voiny* (Tambov, 1997), p. 6.
19. Alexiyevich, p. 46.
20. 一九九八年莫斯克採訪 Nina Emil'yanova。
21. Sidelnikov, p. 9; Alexiyevich, p. 46.
22. Pushkarev, *Po dorogam voiny*, pp. 22–3.
23. Kozlov, p. 105.
24. 'The Crossing', trans. April FitzLyon, *Twentieth-Century Russian Poetry*, pp. 561–7.
25. Gudoshnikov, pp. 83–9.
26. 同前，p. 5.
27. RGALI, 1828/1/25, 35.
28. Temkin, p. 90.
29. 二〇〇三年七月庫斯科訪談。
30. Van Creveld, *Fighting Power*, 討論學到教訓的方式。
31. Erickson, 'The System', p. 239.
32. 美軍見 Van Creveld, *Fighting Power*, especially pp. 77–9.
33. 證言引述在 Senyavskaya, *Frontovoe pokolenie*, p. 85.
34. 這些請願常常被當作指控逃兵的證據。例如見 RGVA, 32925/1/526.
35. Samoilov, 'Lyudi,' part 1, p. 69.
36. 見 *Rodina*, 95, no. 5, p. 60; 連結到我身上的同樣故事可見另一個 *shtrafnik*, Ivan Gorin, in 2002. 也可見 Victor Astaf'ev's *controversial novel*, Proklyaty i ubity (Moscow, 2002).
37. 二〇〇二年十一月對葛林進行的訪談。
38. *Rodina*, 95:5, p. 63.
39. *Velikaya otechestvennaya*, 2 (3), pp. 109–10.
40. Temkin, p. 34.
41. *Stalin's Generals*, p. 354.
42. *Velikaya otechestvennaya*, 4 (4), pp. 17–18.
43. Erickson, 'The System', p. 246.

44. M.V.Mirskii, *Obyazany zhizn'yu* (Moscow, 1991), p. 193.
45. *Velikaya otechestvennaya*, 4 (4), p. 7; Overy, p. 201; Rokossovskii, *Soldatskii dolg*, pp. 207–10.
46. Suvorov, p. 99.
47. RGASPI-M, 33/1/1405, 1.
48. *Pis'ma s fronta i na front*, p. 90.
49. Belov, p. 452.
50. 同前，p. 453.
51. Bundesarchiv, RH2/2624.
52. Gosudarstvennyi arkhiv kurskoi oblasti (GAKO), R 3322/10/21, 15.
53. GAKO, R 3322/10/21, 1–39.
54. 同前，1–3.
55. GAOPIKO, 1/1/3478, 14–15.
56. GAKO, R3322/10/5, 44.
57. GAKO, R3322/10/4, 511; 3322/10/5, 44.
58. GAKO, R 3322/9/106, 12–13.
59. GAKO, R3322/10/8, 27–33.
60. GAKO, R3322/10/14, 58–64.
61. GARF, R9550/6/339 (on nettles) and 527 (wild meat).
62. RGASPI-M, 33/1/1404, 16.
63. GAKO, R3322/10/1, 55.
64. *Stroki, opalennye voiny* (Belgorod, 1998), p. 71.
65. *Velikaya otechestvennaya*, 4(4), p. 7.
66. Zaloga and Ness, pp. 163–80; *Velikaya otechestvennaya*, 4 (4), p. 7.
67. Zaloga and Ness, p. 169.
68. 一九四三年蘇聯工廠生產了一萬五千五百二十九輛標準型T-34坦克和（在十二月）兩百八十三輛改良型（T-34-85s）。同前，p. 180.
69. 同前，p. 174.
70. 見 John Erickson, *The Road to Berlin* (London, 1983), p. 109.
71. *Velikaya otechestvennaya*, 4 (4), p. 7; Erickson, 'The System', p. 239.
72. *Po obe storony fronta*, p. 52.
73. Erickson, 'The System', pp. 239–40.
74. Detwiler (Ed.), vol. 19, C-058, p. 23.
75. 同前。
76. *Po obe storony fronta*, p. 52.
77. L. N. Pushkarev, 'Pis'mennaya forma bytovaniya frontovogo fol'klora,' in *Etnograficheskoe Obozrenie*, 1995, no. 4, p. 30.
78. *Po obe storony fronta*, p. 51.
79. 根據 Krivosheev 對一九四三至一九四五年給出的數字，坦克組員的陣亡率約為步兵的一半（因一九四一至四二年悲慘的數個月內資料缺乏故不包含在內）。但有鑑於雙方的巨大死亡率，這個統計數字並不令人欣慰。見 Krivosheev, pp. 218–9, Table 79 (Red Army Losses by Arm of Service).

80. Erickson, 'The System', p. 239; 也可見 Reina Pennington 對同一本的貢獻，尤其是 pp. 257–8.
81. 描述見 John Ellis, *The Sharp End*, pp. 153–4.
82. *Velikaya otechestvennaya*, 4 (4), p. 26.
83. 同前，p. 33.
84. Belov, p. 454.
85. 同前，456.
86. Overy, p. 203.
87. 同前，203.
88. *Velikaya otechestvennaya*, 4 (4), p. 250.
89. Belov, p. 456.
90. Krivosheev, p. 132.
91. M. V. Ovsyannikov (Ed.), 55 *let Kurskoi bitve* (Kursk, 1998), memoir of B. Ivanov, pp. 276–7.
92. Erickson, *Berlin*, pp. 104–5.
93. *55 let Kurskoi bitve*, memoir of B. Bryukhov, pp. 265–6.
94. Interview, Prokhorovka, July 2003.
95. *55 let Kurskoi bitve*, B. Bryukhov, pp. 265–6.
96. *Po obe storony fronta*, p. 53.
97. *55 let Kurskoi bitve*, memoir of B. Ivanov, p. 277; V. V. Drobyshev (Ed.), Nemtsy o russkikh (Moscow, 1995), p. 28.
98. Alexiyevich, p. 107.
99. Erickson, *Berlin*, p. 108.
100. Overy, p. 211.
101. Belov, p. 456.
102. *Pis'ma s fronta i na front*, pp. 90–1.
103. Bundesarchiv, RH2/2624.
104. 別洛夫早在七月就注意到這現象。Belov, p. 453.
105. *Nemtsy o russkikh*, p. 28.
106. 同前，pp. 32–3.
107. Belov, p. 457.
108. 引述在 Werth, p. 685.
109. *Pis'ma s fronta i na front*, p. 91.

第七章

1. Glantz and House, *When Titans Clashed*, p. 180.
2. Stalin, *O velikoi otechestvennoi voine*, pp. 117–20. 在他對戰爭經濟的評估中，Richard Overy 同意史達林的看法認為，只有一種中央計劃經濟可以生產出得以維持蘇聯戰事所需的產出水平。見 Overy, p. 227。他的說法也許是事實，但這並沒有讓蘇聯的戰時生產系統顯得不野蠻，或者讓史達林成為蘇聯在戰時的救主。

3. RGASPI-M, 33/1/1405, 50.
4. 同前，109–10.
5. *Po obe storony fronta*, p. 86.
6. V. I. Ermolenko, *Voennyi dnevnik starshego serzhanta* (Belgorod, 2000), p. 37.
7. Van Creveld, p. 83.
8. *Rodina*, 1991, nos. 6–7, p. 53.
9. 這首詩是〈記住阿萊莎〉。'Remember, Alyosha', trans. Lyubov Yakovleva, *Twentieth-Century Russian Poetry*, pp. 619–21.
10. 「施密爾舒」成立於一九四二年五月十三日，是獨立於內務人民委員部。有關這個組織，見 Viktor Suvorov (pseud.), *Inside the Soviet Army* (New York, 1982), p. 240.
11. 這個字來自德文的 *Hilfswillige*（自願幫助者）。
12. 勞動營的壓迫見 Temkin, p. 53. On hiwis,，他們對特別部的疑惑見 Kopelev, p. 98.
13. Samoilov, 'Lyudi', part 1, pp. 52 and 67.
14. Glantz and House, p. 180.
15. TsDNISO, 6/1/1484, 173 (refers to Smolensk region in April 1944).
16. Belov, p. 465.
17. Ermolenko, p. 36.
18. Samoilov, 'Lyudi', part 2, p. 56.
19. *Po obe storony fronta*, p. 99.
20. RGASPI-M, 33/1/1454, 52.
21. GASO, 2482/1/1, 35.
22. Snetkova, p. 38.
23. RGASPI-M, 33/1/1454, 107.
24. 放假有時被用來獎勵異常勇敢的人，但通常獲准放假的都是受傷嚴重、因而無法享受假期的人。在史達林格勒的時候（一九四二年十月九日），有固定放假的規定，但實際上它是被當成一種獎勵而非權利來執行。TsAMO, 1128/1/4, 32.
25. RGASPI-M, 33/1/1189, 3.
26. 見上面 p. 127.
27. *Pis'ma s fronta i na front*, pp. 95–6.
28. 同前，p. 97.
29. GAKO, 3322/10/21, 296.
30. GAKO, 3322/10/22, 2, 9 and 10.
31. GAOPIKO, 1/1/3478, 7. The CC resolution is reprinted in the same file, ll. 85 ff.
32. TsDNISO, 6/1/1697, 190.
33. GAKO, 3322/10/46, 30 and 41.
34. *Pis'ma s fronta i na front*, 98。一「普特」重約十六公斤。即使瑪莎家人的飲食從馬鈴薯獲得補充，仍然兩個月就會用完一「普特」麵粉。

35. TsDNISO, 6/1/1695, 144, 219.
36. RGVA, 32925/1/515, 70.
37. TsDNISO, 8/2/109, 15.
38. TsDNISO, 6/1/1484, 33 and 39.
39. 例如 GAKO, R 3322/10/1, 在城市解放後，定義了他們在一九四三年二月的角色。
40. Garrard and Garrard, *Bones*, p. 155.
41. 這種由生還者見證的偏好，也被地方警察和負責管理戰利品的官員注意到。
42. RGASPI-M, 33/1/1406, 52.
43. RGASPI-M, 33/1/1208, 71.
44. TsAMO, 136/24416/24, 275.
45. RGASPI-M, 33/1/1494, 48.
46. *Stroki, opalennye voiny*, p. 182.
47. RGVA, 32925/1/514, 47.
48. Yu. N. Afanas'ev (Ed.), *Drugaya voina* (Moscow, 1996), p. 433. 這個資料來源聲稱英國部隊的梅毒個案增加了一倍。
49. Armstrong, p. 164.
50. 一個例子見 RGVA 32925/1/515, 267.
51. GAKO, R3322/9/93, 15.
52. RGASPI-M, 33/1/1454, 78.
53. Alexiyevich, p. 65.
54. Pennington, *Wings*, p. 67.
55. Temkin, p. 202.
56. RGASPI-M, 33/1/1494, 48.
57. 同前，78–9.
58. RGASPI-M, 33/1/1405, 100.
59. 同前，64–5.
60. 飢餓的情況在鄉村地區特別嚴重，因為住在偏鄉的人常常無權領配給證。在蘇聯任何地方偷竊食物的懲罰都是死刑。見 William Moskoff, *The Bread of Affliction*, pp. 108–9.
61. RGASPI-M, 33/1/1404, 7.
62. 同前，8 and 5.
63. 同前，3.
64. RGASPI-M, 33/1/1405, 17.
65. RGASPI-M, 33/1/1454, 61.
66. Alexiyevich, p. 79.
67. 捐血見 Overy, p. 227.
68. RGASPI-M, 33/1/493, 1–6.
69. Samoilov, 'Lyudi', part 1, p. 70.
70. RGASPI, 17/125/80, 3.
71. GAKO, 5166/1/24, 4–7.
72. Reina Pennington, 'Women in Combat in the Red Army,' in Addison and Calder (Eds), *Time to Kill*, p. 257.

73. GAKO, 5166/1/24, 4.
74. Reese, *The Soviet Military Experience*, p. 110.
75. Leonid Piterskii, 'Deti na voine,' *Istochnik*, 1994, no. 1, 54–60.
76. Samoilov, 'Lyudi', part 2, p. 79.
77. 士兵看來渴望有動物的陪伴。其他軍隊的情形，見 Keegan, p. 242。有關其他前線的狗隻，見 Bykov, *Ataka s khody*, p. 189。
78. Samoilov, 'Lyudi', part 2, pp. 68–70.
79. V. A. Zolotarev, G. N. Sevost'yanov *et al.* (Eds), *Velikaya otechestvennaya voina, 1941–1945* (Moscow, 1999), book 4, pp. 189–90.
80. 與烏克蘭有關的數字見 Weiner, p. 173.
81. *Velikaya otechestvennaya voina*, 4, p. 190.
82. 斯摩棱斯克附近一個武裝集團因為「拒絕接受共產黨的領導」而被殲滅。GAOPIKO, 8/1/36, 14–16.
83. Werth, p. 792.
84. *Drugaya voina*, pp. 318–9。後一種命運等待著索忍尼辛，也等待著科佩列夫。見第九章。
85. TsDNISO, 8/1/9, 10.
86. GASO, 1500/1/1, 42.
87. Overy, pp. 130–1.
88. RGASPI, 17/125/94, 34–6; 17/125/165, 46 and 46r.
89. 在戰爭初期，烏克蘭民族主義者曾經和德軍合作，因為雙方有驅逐布爾什維克的共同目標，但這個搖搖欲墜的聯盟到了一九四二年已難以為繼。
90. *Stalin's Generals*, pp. 296–7; Overy, p. 311。正是為了報復這一類行動，民族主義游擊隊員和知名的通敵者在一九四四年在基輔被公開吊死。
91. 見 Weiner, pp. 248–50.
92. RGASPI-M, 33/1/73, 1–5.
93. 見在 Armstrong 重製的報告 p. 735.
94. GASO, 1500/1/1, 40.
95. 同前，39.
96. Armstrong, p. 731.
97. GASO, 1500/1/1, p. 44.
98. 見 Armstrong, p. 45.
99. GASO, 1500/1/1, 46.
100. 同前，52.
101. 引述在 Armstrong, p. 738.
102. GASO, 1500/1/1, 52.
103. 引述在 Armstrong, p. 737.
104. Werth, p. 827.
105. 同前，p. 830.
106. RGASPI-M, 33/1/1406, 57.
107. 導遊會在你走上山的時候告訴你，「薩蓬」一詞來自土耳其文的肥皂。

108. 今日在克里米亞的挖掘仍然可以找到士兵的屍體。一位畢生從事挖掘這一類屍體的人告訴我，一九四四年陣亡的紅軍士兵的配備要比和他們戰鬥的德國人好很多。

109. Werth, pp. 838–9.

110. 同前，p. 835; Erickson, *Berlin*, p. 195.

111. Brian Glyn Williams, 'The Exile and Repatriation of the Crimean Tatars', *Journal of Contemporary History*, 37:3 (July 2002), pp. 325–7.

112. 大部分被編進所謂「韃靼軍團」的韃靼人都是來自伏爾加河，不是來自克里米亞。到一九四三年秋天，「韃靼軍團」不過只有七個營。見 S. I. Drobyazko, 'Sovetskie grazhdane v ryadakh vermakhta' in the essay collection, *Velikaya otechestvennaya voina v otsenke molodykh* (Moscow, 1997), p. 128.

113. 根據最多人引用的數字（N. F. Bugai 的估計），被放逐的韃靼人略多於十九萬一千人，共四萬七千個家庭。見 P. Polyan, *Ne po svoei vole* (Moscow, 2001), p. 126; Williams, p. 334.

114. 關於從高加索放逐見 Polyan, pp. 116–27.

115. Williams, p. 333.

116. 韃靼的「罪」的討論見 Alan Fisher, *The Crimean Tatars* (Stanford, CA, 1978), pp. 153–64.

117. 同前，p. 166.

第八章

1. 因為這個行動規模龐大，所以各種記述對它的發動時間各有出入。在一些記述裡，第一聲槍聲是在六月二十一日響起，其他記述把開打日說成是六月二十二日或六月二十三日。

2. 這條戰線長約七百二十公里。Werth, pp. 860–1。

3. Bundesarchiv-Militärarchiv, RH2-2338, 1 (January 1944).

4. Belov, p. 468 (21 March 1944).

5. 同前，p. 462 (28 November 1943).

6. 同前，p. 465 (12 January 1944).

7. 同前，p. 468 (13 March 1944).

8. 同前，p. 470 (7 April 1944).

9. Bundesarchiv, RH2-2338, monthly report, March 1944, pp. 1–2.

10. Belov, p. 464 (12 December 1943); p. 465 (17 January 1944).

11. Ermolenko, p. 39.

12. 見 Catherine Merridale, 'The Collective Mind', *Journal of Contemporary History*, 35:1, January 2000, p. 41.

13. 一般來說，它們和其他「非道德」或「不尋常事件」被歸為一類。如果會被解釋，那解釋一定是根據自殺遺書或死前最後話語。由於士兵本身並不知道「創傷」這個字，他們自然會把自己的痛苦歸因於更直接的原因：通常是歸因於單相思或政治失望。一些白俄羅斯一九四四年的例子見於 RGVA, 32925/1/516, 177.

14. 英軍在同一時期採用死刑的情況，見 David French, 'Discipline and the Death Penalty in the British Army in the War against Germany during the Second World War', *Journal of Contemporary History*, 33:4, October 1998, pp. 531–45.

15. 感謝 Simon Wessely 教授讓我注意到紅軍心理傷員統計數字和成人思覺失調症平均發病率間的相關性。

16. Richard A. Gabriel, *Soviet Military Psychiatry* (Westport, CT, 1986), p. 47. 這個估計是根據倖存者和他們的心理學家進行的訪談，Gabriel 由此得出一個大略數字：紅軍每千人中有六名心理傷員。不管這個數字有多粗略，它和美軍的情形相比（每千人有三十六至三十九名心理傷員）仍然讓人驚訝。

17. 見 *Night of Stone*, p. 304. 當我在二〇〇二年再次問這些問題時，俄羅斯精神科醫師的共識已經有所改變。與歐美醫學的接觸明顯改變了主流看法，至少對正在執業的醫生是如此。不過，退休的戰時醫護人員，包括我在庫斯克和斯摩棱斯克訪談過的護士和精神科醫師，並沒有改變他們的立場。

18. Amnon Sella 的樂觀陳述：*The Value of Human Life*, p. 49.

19. Gabriel, p. 56.

20. 感謝莫斯科軍事心理學研究所的 V. A. Koltsova 博士在二〇〇二年將這份未出版的材料與我分享。另參見 Albert R. Gilgen *et al*., *Soviet and American Psychology during World War II* (Westport, CT, 1997).

21. Gabriel, p. 63.

22. 有些人獲得了釋放，哪怕他們從此背負著患有心理疾病的汙名。很多人在戰俘營度過餘生。也有些人加入了白海的殘障者聚落，過著遺世獨立的生活。命運最悲慘者十之八九是留在一所蘇聯精神治療醫院裡。

23. Gabriel, pp. 42–8.

24. Vyacheslav Kondrat'ev, cited by George Gibian, 'World War 2 in Russian National Consciousness,' in Garrard and Garrard,*World War II and the Soviet People* (London, 1993), p. 153.

25. Order of the deputy defence commissar, no. 004/073/006/23 ss; 26 January 1944, *Velikaya otechestvennaya*, 2 (3), p. 241.

26. 這類工作利用罪犯一事見 the captured report of the 4th tank army, Bundesarchiv RH-2471, p. 16, 4 August 1944. 也可見 RH-2471, 33 (prisoner of war reports). Temkin (p.

124) 也回憶到有罪的殺人犯在他們單位用於偵察工作。

27. Viktor Astaf 'ev, *Tam, v okopakh* (*Vospominaniya soldata*) (Moscow, 1986), p. 24.
28. 一些例子見於 GARF 7523/16/388。其中一些檔案提到那個為曾經在前線犯罪的士兵恢復勳章的委員會。
29. Drobyshev, p. 94.
30. 和第一次世界大戰的英軍的類似之處，見 Frank Richards, *Old Soldiers Never Die* (London, 1933), p. 194.
31. Drobyshev, p. 94.
32. Vasily Chuikov, *The End of the Third Reich*, trans. Ruth Kisch (London, 1976), p. 40.
33. Drobyshev, p. 94.
34. *Velikaya otechestvennaya*, 14, p. 619; report dated 1 October 1944.
35. Lev Kopelev, *No Jail for Thought*, trans. Anthony Austin (London, 1977), p. 38.
36. *Velikaya otechestvennaya*, 2 (3), pp. 265–6.
37. 同前，p. 295.
38. *Velikaya otechestvennaya*, 6, p. 247, 有關於 the 2nd Baltic Front 的後備政治單位糟糕的廚房狀態。
39. TsAMO, 523/41119s/1, 17; 也可見來自德國情報單位的類似報告 , RH2-2338, 10 (1944).
40. RGVA, 32925/1/516, 177 (April 1944).
41. RGVA, 32925/1/515, 139–40.
42. RGVA 32925/1/516, 4 and 178.
43. *Velikaya otechestvennaya*, 14, 590.
44. TsAMO, 523/41119s/1, 169.
45. Ermolenko, p. 52.
46. 見 Overy, pp. 238–9; Erickson, *Berlin*, pp. 198–200.
47. Chuikov, *Third Reich*, p. 27.
48. Belov, p. 469 (31 March 1944).
49. 同前，pp. 473–4 (18 June 1944).
50. Glanz and House, p. 209.
51. 引述在 Garthoff, p. 237.
52. Erickson, *Berlin*, p. 225.
53. RH2-2338, 44-07, 1–2.
54. GASO, R1500/1/1, 63.
55. Chuikov, *Reich*, p. 28.
56. 放假見 RH2-2467, 118。打下敵機和通風報信的獎勵見 RH2-2338.
57. Sidorov, pp. 99 and 108.
58. *Pravda*, 19 July 1944;Werth, p. 862.
59. Ermolenko, p. 46.
60. 同前，p. 50.
61. *Pis'ma s fronta i na front*, p. 92.
62. Stalin, *O velikoi otechestvennoi voine*, pp. 145–6.

63. RH2-2338, March and April 1944.
64. 例如見 *Pravda*, 26 August 1944.
65. 德國的情報報告一貫強調這一點，例如見 RH2-2338; 44-08 (monthly intelligence report for August 1944).
66. 有關基於種族的烏克蘭民族主義，見 Amir Weiner, *Making Sense*, pp. 240–1.
67. 見 Leo J. Docherty III, 'The Reluctant Warriors: The Non-Russian Nationalities in Service of the Red Army during the Great Patriotic War 1941–1945,' *JSMS*, 6:3 (September 1993), pp. 432–3.
68. RH2-2468, 35.
69. 同前，80.
70. 同前，35 and 38.
71. 細節出自 RGASPI, 17/125/241, 93–4.
72. RH2-2468, 35.
73. 這是德國情報機關特別指出和相信的一點，見 RH2-2338, 44-09, 1.
74. 這個發現確認了 RH2-2468, 80 的評論。
75. RGASPI, 17/125/241, 88.
76. 同前，89.
77. 同前，91–2; 95.
78. 同前，95.
79. *Velikaya otechestvennaya*, 6, pp. 292–5.
80. Ermolenko, pp. 59 and 62.
81. Kopelev, p. 53.
82. 宣傳部門的擔心完全有道理，見 Senyavskaya, *Frontovoe pokolenie*, p. 91.
83. 有關這一點的其他證據，見 *Bundesarchiv*, RH2-2338, 45-02, 2–3.
84. Beevor, *Berlin*, p. 34.
85. 他們的評論被忠實地蒐集起來。例如一九四四年夏天的例子可見 RGVA, 32925/1/515.
86. Chuikov, *Reich*, p. 34.
87. RH2-2468, 6–7, 27.
88. 例如見 Glantz and House, p. 214 的評估。更詳細的說明見 Erickson, *Berlin*, pp. 247–90.
89. Weiner, p. 149.
90. RGVA 32925/1/516, 176 (April 1944).
91. RH2-2337, 58.
92. 重點是這種槍的槍管可以繞過牆角。
93. Bundesarchiv, RH2-2337, 70–71.
94. 這些笑話是老兵們向我憶述，出現在一個以上的訪談中。它們還可以在德國國防軍有關蘇聯反猶太主義的報告中找到，見 Bundesarchiv, RH2-2337
95. 一九四三年一名士兵的信精確描述這個結果，見 Senyavskaya, *Frontovoe pokolenie*, p.83.

96. 事實上，烏克蘭人的平民死傷人數是全蘇聯最多，占比則是以白俄羅斯最大。
97. Werth, pp. 702–6.
98. Bartov, *The Eastern Front*, p. 132.
99. *Velikaya otechestvennaya* voina, 4, p. 289.
100. 見同前，p. 289; 也見 *Vserossiiskaya kniga pamyati, 1941–45* (Moscow, 1995); Obzornyi tom, p. 406; Glantz and House, p. 51.
101. Werth, pp. 387–8.
102. 同前，702; Bundesarchiv, RH2-2337, 104.
103. Garrard and Garrard, *Bones*, p. 174.
104. Weiner, p. 260.
105. For a discussion of this, see Garrard and Garrard, *Bones*, pp. 180–7.
106. *Pravda*, 3 August 1944.
107. Werth, p. 890.
108. 同前，p. 892.
109. 同前，p. 702.
110. RGVA 32925/1/515, 2.
111. RGASPI, 17/125/190, 16.
112. 我聽過好些對發生在基輔波迪爾區（Podol district）的反猶暴亂的原因的解釋。這個解釋是 Antony Beevor 提供給我的，他是以他在莫斯科看過的檔案文件為根據。
113. Overy, pp. 309–11; on the Doctors' Plot, see Louis Rapoport, *Stalin's War Against the Jews* (New York, 1990); Jonathan Brent and Vladimir P. Naumov, *Stalin's Last Crime: The Doctor's Plot* (London, 2003).

第九章

1. Chuikov, *Reich*, p. 18.
2. RGASPI-M, 33/1/261, 9 and 24.
3. RGASPI-M, 33/1/1409-19, 6.
4. RGASPI-M, 33/1/261, 29.
5. 攔截的信件，Bundesarchiv, RH2-2688, 51 (January 1945).
6. 感激 W. Brus 教授帶給我這個有關愛倫堡的戰時立場的洞見。
7. Christopher Duffy, *Red Storm on the Reich* (London, 1991), p. 274.
8. 引述在 Werth, p. 965.
9. 見 Beevor, *Berlin*, p. 34.
10. Bundesarchiv, RH2-2467, 82.
11. *Khronika chuvstv* (Vladimir, 1991), pp. 175–6.
12. *Pis'ma s fronta i na front*, p. 93. Letter dated 26 February 1945.
13. Bundesarchiv, RH2-2467, 86.
14. Werth, p. 944.

15. RGASPI-M, 33/1/261, 27.
16. Kopelev, p. 14.
17. 同前，p. 13.
18. Julius Hay, 引述在 Norman Naimark, *The Russians in Germany: A History of the Soviet Zone of Occupation, 1945–49* (Cambridge, MA, 1995), p. 70.
19. 見 Naimark, *loc. cit.,* and also RH2-2686, 37.
20. 見 Glantz and House, p. 235.
21. Bundesarchiv, RH2-2338, 45-01.
22. Bundesarchiv, RH2-2686, 33.
23. Kopelev, p. 36.
24. Bundesarchiv, RH2-2467, 9.
25. 同前。
26. Stalin, *O velikoi otechestvennoi voine*, p. 100 (23 February 1945). 這種說法呼應了一個早前階段（階級戰爭階段）對資本主義的說法：階級敵人會在無產階級勝利臨近時，做出最孤注一擲的抵抗。
27. Ermolenko, p. 105.
28. RGASPI-M, 33/1/261, 35.
29. 同前，38.
30. Bundesarchiv, RH2-2688, 13 (captured letter).
31. 類似的令人印象深刻的冷血故事，見此書中屠殺牛隻的敘述：Tim O'Brien, *The Things They Carried*, pp. 75–6.
32. Leonid Rabichev, 'Voina vse spishet', *Znamya*, 2005, no. 2, p. 163.
33. 同前，p. 163.
34. 同前，p. 159.
35. 同前，p. 165.
36. Kopelev, p. 37.
37. Bundesarchiv, RH2-2338, 44-10, 3.
38. Kopelev, p. 50.
39. Werth, p. 964.
40. Bundesarchiv, RH2-2688, 12.
41. Kopelev, p. 39.
42. 同前，pp. 46–53.
43. Naimark, p. 74.
44. 這一點看來是明顯的，儘管 Werth（p. 964）認為強姦只是士兵們的性挫折的發洩。
45. Bundesarchiv, RH2-2688, 13.
46. Overy, p. 260.
47. For discussions, see Susan Brownmiller, *Against Our Will: Men, Women and Rape* (London, 1975); Sylvana Tomaselli and Roy Porter (Eds), *Rape: An Historical and Social Enquiry* (Oxford, 1986).
48. RGASPI-M, 33/1/1409-19, 6.
49. Rabichev, p. 164.

50. Rabichev 的文章和 Kopelev 的書至今還是在俄羅斯討論這個問題的唯一作品。就像二〇〇五年在莫斯科舉行的勝利日慶祝所顯示的，想要得到一個對戰爭的忠實評估為時尚早。
51. Atina Grossman, 'A Question of Silence: The Rape of German Women by Occupation Soldiers,' *October*, 72, spring 1995, p. 51.
52. Bundesarchiv, RH2-2688, 13.
53. 引述在 Naimark, p. 112.
54. Anonymous (sic), *A Woman in Berlin*, trans. James Stern (London, 1955), pp. 93–4.
55. Temkin, p. 197.
56. Beevor, *Berlin*, p. 326.
57. *A Woman in Berlin*, p. 64.
58. Temkin, p. 202.
59. Igor Kon and James Riordan, *Sex and Russian Society* (London, 1993), pp. 25–6.
60. 一個較近期的類比，見 Gilles Kepel 對阿爾及利亞伊斯蘭主義者的評論：那些「貧窮的年輕人」被他們擁擠的家庭強迫禁欲，結果就是，他們「譴責那些他們自己被剝奪的歡愉。」引述在 Jason Burke, *Al Qaeda: The True Story of Radical Islam* (London, 2004), p. 133.
61. RGASPI-M, 33/1/261, 27.
62. N. Inozemtsev, *Tsena pobedy v toi samoi voine: frontovoi dnevnik N. Inozemtseva* (Moscow, 1995), p. 108.
63. GARF 7523/16/79, 56.
64. 這種宣傳的例子見 *Pravda*, 13 July 1944, p. 3 (account of Olga Ivanovna Kotova and her ten children).
65. Pushkarev, *Po dorogam voiny*, p. 154.
66. Belov, p. 469.
67. RGASPI-M, 33/1/1414, 57.
68. RGASPI-M, 33/1/1405, 67.
69. Kopelev, p. 29.
70. GARF, 7523/16/79, 59, 有另一封信要求軍人父親可以擁有孩子的監護權。
71. 軍人妻子收到丈夫寄來的德國女裝時常常感到反感，見 Beevor, *Berlin*, p. 407.
72. 引述在 Naimark, p. 108.
73. RH2-2688, 51.
74. 同前，52.
75. On this aspect of rape, see Ruth Harris, 'The "Child of the Barbarian": Race, Rape and Nationalism during the First World War,' *Past and Present*, 141 (November 1993), pp. 170–206.
76. *A Woman in Berlin*, p. 219.
77. 最大的數字出自 Barbara Johr，她的估計是整個德國有兩百萬女人被強姦。見 Naimark, p. 133。另參見 Helker Sander, 'Remembering/Forgetting', *October*, 72, spring 1995, p. 21.

78. Atina Grossman, 'Silence', p. 46.

79. 性病的統計數字可以在內務人民委員部的檔案和前線附近的醫院的紀錄中找到。雖然該部對性病通常採取冷淡的態度。但內務人民委員部偶爾也會記錄性病傳染的速度。例如見 RGVA 32925/1/516, 178.

80. *A Woman in Berlin*, p. 17.

81. RGVA, 32925/1/526, 43. See also Naimark, p. 74.

82. *Velikaya otechestvennaya*, 2(3), p. 304 (order of 11 July 1944).

83. 例如，三件發生在一九四五年四月的輪姦案子都記錄在 RGVA,32925/1/527, 132。三件案子的犯者都移交給了「施密爾舒」。

84. Rabichev, p. 164.

85. Kopelev, p. 51; Temkin, p. 201.

86. GARF, 7523/16/424, 85 and 98, for example.

87. 見 Douglas Botting, *In the Ruins of the Reich*, pp. 23–4.

88. Naimark, p. 10.

89. Botting, p. 99.

90. Snetkova, p. 47.

91. GARF, R7317/6/16, 81.

92. 這一點證實了國防委員會在一九四四年十二月二十三日的決議。*Velikaya otechestvennaya*,2(3), 344–5.

93. Temkin, p. 199.

94. *Velikaya otechestvennaya*, 2(3), 344.

95. Kopelev, pp. 39–40.

96. Beevor, p. 35.

97. RGASPI-M, 33/1/1405, 146.

98. Snetkova, p. 47.

99. 見 Beevor, *Berlin*, pp. 407–8.

100. RGASPI-M, 33/1/1405, 157.

101. 同前，152.

102. 同前，158.

103. GAOPIKO, 1/1/3754, 5–9.

104. RGASPI-M, 33/1/1454, 139.

105. TsAMO, 233/2354/1, 28.

106. *A Woman in Berlin*, p. 60.

107. 見三七一頁照片。

108. 關於波蘭的敘述見 RGVA, 32925/1/527, 86–7.

109. 同前，108.

110. RGASPI-M, 33/1/1454, 125.

111. Beevor, *Berlin*, pp. 177–8. 不同觀點見 Glantz and House, p. 255.

112. 進攻的紅軍和波蘭部隊共兩百五十萬人，抵抗的德軍約一百萬人。Glantz and House, p. 261; Overy, p. 266.

113. Glantz and House, p. 260.

114. *Pis'ma s fronta i na front*, p. 160.

115. Chuikov, *Reich*, p. 146.

116. Beevor, *Berlin*, p. 218.

117. Chuikov, *Reich*, p. 147.

118. Overy, p. 268.

119. Beevor, *Berlin*, p. 222.

120. Chuikov, *Reich*, p. 184.

121. *A Woman in Berlin*, pp. 13 and 17.

122. 見 Beevor, p. 412。一個曾經在白俄羅斯工作的軍中護士告訴我：「他們全感染了性病。所有的人！」這當然是一種誇大其詞，但當她看見一個沒有染上性病的病人時想必大為驚訝。

123. A version appears in RGVA, 32925/1/527, 10–11.

124. *A Woman in Berlin*, p. 107.

125. Overy, p. 273; Beevor, *Berlin*, p. 372; Chuikov, *Reich*, pp. 242–9.

126. Glantz and House, p. 269.

127. Chuikov, *Reich*, p. 251.

128. Beevor, *Berlin*, p. 405.

129. Belov, p. 476.

130. Glantz and House, p. 269. 較高的數字是根據 Krivosheev 對三個方面軍（白俄羅斯第一和第二方面軍、烏克蘭第一方面軍）的全部估計。

131. RGASPI-M, 33/1/1405, 137.

132. RGASPI-M, 33/1/1454, 146.

133. Samoilov, 'Lyudi', part 2, p. 96.

134. RGVA, 32925/1/527, 50–3.

135. 其他案例幾乎出現在同樣檔案中的每一頁，見 RGVA, 32925/1/527, 48; 233.

136. Ermolenko, p. 126.

第十章

1. Werth, p. 969.

2. RGASPI-M, 33/1/1406, 70.

3. 一個理由是波蘭猶太人被滅絕。這導致人口減少了近三百萬。波蘭的總人命損失近六百萬，相當於戰前總人口的兩成。見 John Keegan, *The Second World War* (London, 1989), p. 493.

4. 各家數字互有出入，而由於所有數字都是估計數字，所以無法比較損失的規模。一個近期的俄國研究顯示，紅軍和德軍的陣亡比例是 1.3:1（這已經把雙方盟友的損失包含在內）。只計戰場上的死者的話，陣亡比率也許高於 1.6:1。見 *Velikaya otechestvennaya Voina*, 4, p. 292; Glantz and House, pp. 292 and 307; Krivosheev, pp. 152–3

and 384–92.

5. Overy, pp. 287–8.

6. 一九四〇年的官方兌換價是五・三盧布兌一美元，但因為整個蘇聯時期都實行外匯管制，所以這個兌換率無甚意義。*Velikaya otechestvennaya Voina*, 4, p. 294; Overy, p. 291.

7. Vsevolod Vyshnevsky, 引述在 Werth, p. 942.

8. 見 Vera S. Dunham, *In Stalin's Time: Middleclass Values in Soviet Fiction* (Cambridge, 1976), p. 11.

9. 引述在 *Drugaya voina*, p. 298.

10. GARF, 7523/16/79, 173.

11. 同前。

12. GARF, 7523/16/79 包含好些其他要求，包括大赦和重新檢討刑法。

13. 同前，17.

14. Overy, p. 292.

15. Dunham, p. 9;Merridale, *Night of Stone*, p. 323.

16. 這謠言甚至被士兵寫入家書，例如見 Snetkova, p. 48。

17. E. Yu. Zubkova, *Obshchestvo i reformy, 1945–1964* (Moscow, 1993), p. 43.

18. 關於適應生活見 Ben Shephard, *A War of Nerves* (London, 2000), pp. 328–9.

19. *Moskva voennaya*, p. 708.

20. 同前，p. 707.

21. 清單全都是軍方人士：*Voenno-istoricheskii arkhiv* – 12 (3), 2000. 這天的訓練內容印在同前，no. 8, 2000, pp. 259–77.

22. Werth, pp. 1002–3.

23. RGASPI-M, 33/1/1405, 157–8.

24. Ermolenko, p. 143.

25. 戰役的更多細節見 Glantz and House, pp. 278–82.

26. 敘述可見 Joseph Polowsky's testimony in Studs Terkel, *A Good War: An Oral History ofWorld War II* (New York, 1984), pp. 444–50.

27. GARF, 7077/1/19, 7–10.

28. GARF, 7399/1/3, 126.

29. 引述在 Naimark, p. 74.

30. GARF 7317/7/147, 7317/7/118, 31.

31. GARF, 7077/1/19, 13.

32. 同前。

33. GARF, 7399/1/3, 153–4.

34. 同前，125–7.

35. 同前，34; 7317/7/147, 76.

36. 同前，98.

37. GARF, 7077/1/178, 10–11.

38. GARF, 7399/1/3, 95.

39. GARF, 7399/1/1, 2.
40. 同前，14–15.
41. 眾多例子中有個是法蘭克福的例子 (GARF 7399/1/3, 11–15), 七月時那裡的軍紀有了改善。關於柏林也可參見 GARF, 7317/7/124b, 36–9。
42. GARF, 7317/10/23, 48–9.
43. Naimark, p. 74.
44. GARF, 7399/1/1, 16.
45. GARF, 7317/7/124b, 5.
46. 有關德國人有責任為清理地雷而死，見 GARF, 7523/16/79, 215。
47. *Velikaya otechestvennaya Voina*, 4, p. 191.
48. 同前。
49. GARF, 7077/1/178.
50. *Velikaya otechestvennaya Voina*, 4, 191–2; Overy, pp. 302–3. 關於一般遣返戰俘的討論見 Nikolai Tolstoy, Victims of Yalta (London, 1977).
51. 事情經過與採訪可見於 GARF, 7317/20/15, 42–68.
52. *Velikaya otechestvennaya Voina*, 4, pp. 192–3.
53. GARF, 5446/48a/13, 9–11.
54. 同前，26–7.
55. 同前，27.
56. Overy, p. 302.
57. GARF, 7317/7/124v, 18–19.
58. GARF, 7317/20/13, 76.
59. GARF, 7399/1/3, 42; 7317/20/13, 74.
60. GARF, 7184/1/65, 180.
61. GARF, 7523/16/79, 163.
62. TsAMO, 136/24416/24, 19–21.
63. GARF, 7184/1/57, 347–8.
64. *Velikaya otechestvennaya*, 2(3), 378.
65. GARF, 7184/1/57, 347.
66. Pushkarev, *Po dorogam voiny*, p 160.
67. GAOPIKO, 1/7/3755, 53.
68. TsDNISO, 6/1/2005, 16.
69. GAOPIKO, 1/13755, 5.
70. GARF, 7523/16/54, 1.
71. 州紀錄中斯摩棱斯克的數字 (TsDNISO, 6/1/2005, 12–16) 與區域報告 (6/1/2005, 24, 47).
72. 這個故事見 Nina Tumarkin, *The Living and the Dead*, p. 104; Garrard and Garrard, *Bones*, pp. 215–6.
73. 關於蘇聯人民委員會對軍人公墓的清理見 GAKO, R3322/10/81, 33–4. 西蒙諾夫回憶到以蘇聯秩序取代士兵記憶中的體驗注記於 RGALI, 1814/6/144, 52.
74. GARF, 5446/48a/2657, 161.
75. 截至一九四五年五月為止，在一千九百一十三棟被徵用為醫院的建築中，有三百三十棟本來是學校，有八十四棟本來是學校宿舍。GARF, 5446/48a/2657, 161.

76. TsDNISO, 37/1/264, 8.

77. Tumarkin, p. 98.

78. GARF, 8009/35/20, 2.

79. 同前，2–3.

80. *Night of Stone*, p. 315.

81. 文獻上的例子見 Dunham, pp. 10–11.

82. 來自列寧格勒醫院的報告 TsGASPb, 9156/4/321, 14–15.

83. *Night of Stone*, p. 305, 也參考戰後列寧格勒的報告。

84. 見 Overy, p. 312.

85. Grossman, *Life and Fate*, p. 141.

86. On Leningrad, see Ehrenburg, p. 11.

87. See Dunham, especially Chapter 13, pp. 214–224.

88. 當時在列寧格勒附近農村地區工作的醫生發現農婦出現停經現象，他們認為這是哀痛引起。不過也大有可能是營養不良和工作粗重的結果。見 *Night of Stone*, pp. 312–3.

89. Alexiyevich, p. 206.

90. GARF, 8009/35/20, 2–3.

91. *Night of Stone*, p. 314; see also Werth, p. 520.

92. RGASPI-M, 129.

93. RGASPI-M, 33/1/1404, 131; 33/1/1405, 118.

94. 關於 Vera Dunham 對妓女的結論見 *In Stalin's Time*, p. 214.

95. 見 Overy, pp. 309–11; *Bones*, pp. 219–28; *Night of Stone*, p. 273.

96. Applebaum, *Gulag*, pp. 414–23.

97. *Night of Stone*, pp. 317–9; 也可見 Robert Service, *A History of Twentieth-Century Russia* (London, 1997), p. 319.

第十一章

1. 有關退伍軍人在一九四五年之後秉持的史達林主義和俄羅斯民族主義，見 Druzhba, p. 43.

2. 就像史達林一樣，他也開除了朱可夫。見 Robert Service, *Twentieth-Century Russia*, p. 372.

3. 赫魯雪夫攻擊他所謂的對史達林的個人崇拜，也攻擊史達林獨裁政權的很多過火行為。見 N. S. Khrushchev, *Khrushchev Remembers*, trans. Strobe Talbott (London, 1970), pp. 559–618.

4. 回憶見 Michael Ignatieff, 'Soviet War Memorials,' *History Workshop Journal*, 17 (Spring 1984), pp. 157–63.

5. 進一步的證據 Ignatieff, 同前，and Nina Tumarkin, *The Living and the Dead*, 書中追溯四十年關於二戰的狂熱。

6. 一九六五年的老兵回憶見 *Kolomenskii almanakh*, vyp 4 (Moscow, 2000), p. 238.

7. R.W. Davies, *Soviet History in the Gorbachev Revolution* (Houndmills, 1988), p. 101.

8. 卡廷的故事只在一九九〇年以後才出現，見 R.W. Davies, *Soviet History in the Yeltsin Era* (Houndmills, 1997), pp. 18–19.

9. 這是對南斯拉夫外交官吉拉斯（Milovan Djilas）的一句評論。見 Djilas, *Conversations with Stalin* (New York, 1962), p. 111.

10. 完整故事見 Nina Tumarkin, 'Story of a War Memorial', in Garrard and Garrard (Eds),*World War II*, pp. 125–46.

11. 見 George Gibian's 'World War 2 in Russian National Consciousness', in Garrard and Garrard, 同前，pp. 147–160.

12. 喬治亞老兵的政治態度比俄羅斯老兵還要「蘇聯」，一大理由是喬治亞的祖國觀念是支離破碎的，而且喬治亞時至今日仍然深受種族仇恨所困擾。

13. Werth, p. 155.

14. Druzhba, p. 43. 這類民族主義的堅持明顯見於二〇〇二年和二〇〇三年我在喬治亞和東烏克蘭所進行的訪談中。

15. 證言見 *Rodina*, 1991, 6–7, 尤其是 pp. 61–3，證明懲罰營的倖存者告訴我的內容。

16. M. Gefter (Ed.), *Golosa iz mira, kotorogo uzhe net* (Moscow, 1995), p. 41. .

參考書目

Addison, P. and Calder, A. (Eds), *Time to Kill: The Soldier's Experience of War in the West, 1939–1945*, London, 1997.
Afanas'ev, Yu. N. (Ed.), *Drugaya voina, 1939–1945*, Moscow, 1996.
Alexiyevich, S.,*War's Unwomanly Face*, trans. Keith Hammond and Lyudmila Lezhneva, Moscow, 1988.
Andreyev, C., *Vlasov and the Russian Liberation Movement: Soviet Reality and Emigré Theories*, Cambridge, 1987.
Anonymous, *A Woman in Berlin*, trans. James Stern, London, 1955.
Applebaum, A., *Gulag: A History of the Soviet Camps*, London, 2003.
Armstrong, J. A. (Ed.), *Soviet Partisans in World War II*, Madison, WI, 1964.
Astaf 'ev, V., *Proklyaty i ubity*, Moscow, 2002.
Astaf 'ev,V., 'Tam, v okopakh', *Pravda*, 25 November 1985.
Babichenko, D. L. (Ed.), *Literaturnyi front: istoriya politicheskoi tsenzury, 1932–1946 gg.*, Moscow, 1994.
Bacon, E., *The Gulag at War: Stalin's Forced Labour System in the Light of the Archives*, Houndmills, 1994.
Bartov, O., *Hitler's Army: Soldiers, Nazis and War in the Third Reich*, New York, NY, 1991.
Bartov, O., *The Eastern Front, 1941–45: German Troops and the Barbarisation of Warfare*, London, 1985.
Beevor, A., *Berlin: The Downfall 1945*, London, 2002.
Beevor, A., *Stalingrad*, London, 1998.
Belov, N. F., 'Frontovoi dnevnik N. F. Belova, 1941–1944', in *Vologda*, vol. 2, pp. 431–76, Vologda, 1997.
Bogdanov,V. L. (Ed.), *Zhivaya pamyat': pravda o voine*, 3 vols, Moscow, 1995.
Botting, D., *In the Ruins of the Reich*, London, 1985.
Brent, J. and Naumov,V. P., *Stalin's Last Crime: The Doctor's Plot*, London, 2003.
Brownmiller, S., *Against Our Will: Men,Women and Rape*, London, 1975.
Bukov, K. I., Gorinov, M. and Ponomarev, A. N. (Eds), *Moskva voennaya: memuary I arkhivnye dokumenty 1941–1945*, Moscow, 1995.
Burke, J., *Al Qaeda: The True Story of Radical Islam*, London, 2004.

Bykov, V., *Povesti raznykh let*, Moscow, 1990.

Caputo, P., *A Rumor of War*, London, 1978.

Chuikov,V. I., *The Beginning of the Road*, trans. Harold Silver, London, 1963.

Chuikov,V. I., *The End of the Third Reich*, trans. Alistair Horne, London, 1967.

Conquest, R., *The Harvest of Sorrow: Soviet Collectivization and the Terror-Famine*, Oxford and New York, NY, 1986.

van Creveld, M., *Fighting Power: German and US Army Performance, 1939–1945*, London and Melbourne, 1983.

Dallin, A., *German Rule in Russia, 1941–1945: A Study in Occupation Politics*, 2nd edn, London and Basingstoke, 1981.

Davies, R.W., *Soviet History in the Gorbachev Revolution*, Houndmills, 1988.

Davies, R.W., *Soviet History in the Yeltsin Era*, Houndmills, 1997.

Dean, M., *Collaboration in the Holocaust: Crimes of the Local Police in Belorussia and Ukraine*, 1941–1944, Houndmills, 2000.

Detwiler, D. S. et al. (Eds),*World War II German Military Studies*, 24 vols, New York, NY, and London, 1979.

Djilas, M., *Conversations with Stalin*, New York, NY, 1962.

Docherty, L. J. III, 'The Reluctant Warriors: The non-Russian Nationalities in Service of the Red Army during World War II,' *Journal of Slavic Military Studies*, 1993, 6:3, pp. 426–45.

Drobyazko, S. and Karashchuk, A., *Vostochnye legiony i kazach'i chasti v Vermakhte*, Moscow, 1999.

Drobyshev, S. (Ed.), *Nemtsy o russkikh*, Moscow, 1995.

Druzhba, O. V., *Velikaya otechestvennaya voina v soznanii sovetskogo i postsovetskogo obshchestva: dinamika predstavlenii ob istoricheskom proshlom*, Rostov-on-Don, 2000.

Duffy, C., *Red Storm on the Reich: The Soviet March on Germany 1945*, London, 1991.

Dunham,V. S., *In Stalin's Time: Middleclass Values in Soviet Fiction*, Cambridge, 1976.

van Dyke, C., *The Soviet Invasion of Finland, 1939–1940*, London, 1997.

van Dyke, C., 'The Timoshenko Reforms, March–July 1940,' *Journal of Slavic Military Studies*, 1996, 9:1, pp. 69–96.

Ehrenburg, I., *Post-War Years, 1945–1954*, trans. Tatiana Shebunina and Yvonne Kapp, London, 1966.

Ehrenburg, I., *Russia at War*, trans. Gerald Shelley, London, 1943.

Ehrenburg, I., *The War, 1941–1945*, Cleveland, OH, and New

York, NY, 1964.

Ehrenburg, I. and Grossman, V. (Eds), *The Black Book*, New York, NY, 1981.

Ellis, J., *The Sharp End: The Fighting Man in World War II*, London, 1980 and 1990.

Erickson, J., *The Road to Berlin: Stalin's War with Germany, vol. 2*, London, 1983.

Erickson, J., *The Road to Stalingrad: Stalin's War with Germany, vol. 1*, London, 1975.

Erickson, J. and Erickson, L., *The Eastern Front in Photographs*, London, 2001.

Ermolenko, V. I., *Voennyi dnevnik starshego serzhanta*, Belgorod, 2000.

Evdokimov, E. L., *Politicheskie zanyatiya v Krasnoi Armii*, Leningrad, 1933.

Fisher, A., *The Crimean Tatars*, Stanford, CA, 1978.

Fitzpatrick, S., *Everyday Stalinism. Ordinary Life in Extraordinary Times: Soviet Russia in the 1930s*, Oxford, 1999.

Fitzpatrick, S., *Stalin's Peasants: Resistance and Survival in the Russian Village after Collectivization*, Oxford, 1994.

Fitzpatrick, S. (Ed.), *Stalinism: New Directions*, London, 2000.

French, D., 'Discipline and the Death Penalty in the British Army in the War against Germany during the Second World War,' *Journal of Contemporary History*, 1998, 33:4, pp. 531–45.

Gabriel, R., *Soviet Military Psychiatry*, Westport, CT, 1986.

Gabriel, R., *The Mind of the Soviet Fighting Man: A Quantitative Survey of Soviet Soldiers, Sailors and Airmen*, Westport, CT, 1984.

Gabriel, R., *The Painful Field: The Psychiatric Dimension of Modern War*, New York, NY, 1988.

Garrard, J. and Garrard, C., *The Bones of Berdichev: The Life and Fate of Vasily Grossman*, New York, NY, 1996.

Garrard, J. and Garrard, C. (Eds), *World War 2 and the Soviet People: Selected Papers from the IV World Congress for Soviet and East European Studies, Harrogate, 1990*, Houndmills, 1993.

Garthoff, R. A., *How Russia Makes War*, London, 1954.

Gefter, M. (Ed.), *Golosa iz mira, kotorogo uzhe net: vypuskniki istoricheskogo fakul'teta MGU 1941 g. v pis'makh i vospominaniyakh*, Moscow, 1995.

Geiger, H. K., *The Family in Soviet Russia*, Cambridge, MA, 1968.

Getty, J. A. and Manning, R. (Eds), *Stalinist Terror: New Perspectives*, Cambridge, 1993.

Getty, J. A. and Naumov, O. V., *The Road to Terror: Stalin and the Self-Destruction of the Bolsheviks*, New Haven, CT, and London, 1999.

Gilgen, A. R. *et al., Soviet and American Psychology during World War II, Westport*, CT, 1997.

Glantz, D. M., *From the Don to the Dnepr*, London, 1991.

Glantz, D. M., 'From the Soviet Secret Archives: Newly-Published Soviet Works on the Red Army, 1918–1991. A Review Essay,' *Journal of Slavic Military Studies*, 1995, no. 8.

Glantz, D. M. and House, J., *When Titans Clashed: How the Red Army Stopped Hitler*, Edinburgh, 2000.

Goncharova, A.V. (Ed.), *Voiny krovavye tsvety: ustnye rasskazy o voine*, Moscow, 1979.

Gordon, A. E., 'Moskovskoe narodnoe opolchenie 1941 goda glazami uchastnika,' *Otechestvennaya istoriya*, 2001, no. 3, pp. 158–63.

Gozman, L. and Etkind, A., *The Psychology of Post-Totalitarian Russia*, London, 1992.

Grinker, R. and Spiegel, J., M*en Under Stress*, Philadelphia, PA, 1945.

Gross, J. T., *Revolution from Abroad: The Soviet Conquest of Poland's Western Ukraine and Western Belorussia*, Princeton, NJ, 1988.

Grossman, A., 'A Question of Silence: The Rape of German Women by Occupation Soldiers,' *October*, 1995, no. 72, pp. 43–63.

Grossman,V., *Forever Flowing*, trans. Thomas P.Whitney, New York, NY, 1986.

Grossman,V., *Gody voiny*, Moscow, 1989.

Grossman,V., *Life and Fate*, trans. Robert Chandler, London, 1985.

Guderian, H., *Panzer Leader*, London, 1977.

Gudoshnikov, Ya. N. (Ed.), *Russkie narodnye pesny i chastushki Velikoi Otechestvennoi Voiny*, Tambov, 1997.

Gudzovskii, I., 'Iz voennogo dnevnika 1941–2,' *Rodina*, 1991, nos 6–7, pp. 66–7.

Gusev, S. I., *Uroki grazhdanskoi voiny*, Moscow, 1921.

von Hagen, M., *Soldiers in the Proletarian Dictatorship: The Red Army and the Soviet Socialist State, 1919–1930*, Ithaca, NY, and London, 1990.

von Hagen, M.,'Soviet Soldiers and Officers on the Eve of the German Invasion: Towards a Description of Social Psychology and Political Attitudes,' *Soviet Union/Union Sovietique*, 1991, 18:1–3, pp. 79–101.

Harris, R., 'The "Child of the Barbarian": Race, Rape and

Nationalism during the First World War,' *Past and Present*, 1993, no. 141, pp. 170–206.

Herr, M., *Dispatches*, New York, NY, 1977.

Hirschfeld, G. (Ed.), *The Politics of Genocide: Jews and Soviet Prisoners of War in Nazi Germany*, London, 1986.

Hodgson, K.,*Written with the Bayonet: Soviet Russian Poetry of World War II*, Liverpool, 1996.

Holmes, R., *Acts of War: The Behavior of Men in Battle*, New York, NY, 1987.

Hynes, S., *The Soldier's Tale: Bearing Witness to Modern War*, London, 1998.

Ignatieff, M., 'Soviet War Memorials,'*History Workshop Journal*, 1984, no. 17, pp. 157–63.

Inozemtsev, N., *Tsena pobedy v toi samoi voine: frontovoi dnevnik N. Inozemtseva*, Moscow, 1995.

Ivanov, F. I. (Ed.), *Voennaya psikhiatriya: uchebnik dlya slushatelei akademii i voennomeditsinskikh fakul'tetov meditsinskikh institutov*, Leningrad, 1974.

Keegan, J., *The Face of Battle*, London, 1977.

Keegan, J., *The Second World War*, London, 1989.

Keep, J. L., *Soldiers of the Tsar*, Oxford, 1985.

Kellett, A., *Combat Motivation: The Behavior of Soldiers in Battle*, Boston, MA, 1982.

Khrushchev, N. S., *Khrushchev Remembers*, trans. Strobe Talbott, London, 1970.

Knyshevskii, P. N. (Ed.), *Skrytaya pravda voiny: 1941 god. Neizvestnye dokumenty*, Moscow, 1992.

Kolomenskii almanakh, Moscow, 2000.

Kon, I. and Riordan, J., *Sex and Russian Society*, London, 1993.

Kondrat'ev,V., 'Oplacheno krov'yu', *Rodina*, 1991, nos 6–7, pp. 6–7.

Kopelev, L., *No Jail for Thought*, trans. Anthony Austin, London, 1977.

Kotkin, S., *Magnetic Mountain: Stalinism as a Civilization*, Berkeley and Los Angeles, CA, 1995.

Kozhurin,V. S. (Ed.), *Narod i vlast' 1941–1945: novye dokumenty*, Moscow, 1995.

Kozlov, N. D., *Obshchestvennye soznanie v gody Velikoi Otechestvennoi Voiny*, Saint Petersburg, 1995.

Krivosheev, G. F. (Ed.), *Grif sekretnosti snyat: poteri vooruzhennykh sil SSSR v voinakh, boevykh deistviyakh i voennykh konfliktakh*, Moscow, 1993 (also trans.: *Soviet Casualties and Combat Losses in the Twentieth Century*, London, 1997).

Krupyanskaya,V. Yu., *Frontovoi fol'klor*, Moscow, 1944.

Krupyanskaya, V. Yu. and Mints, S. I., *Materialy po istorii pesny*

Velikoi Otechestvennoi Voiny, Moscow, 1953.

Lebedeva, N. S., *Katyn': prestuplenie protiv chelovechestva*, Moscow, 1994.

Levasheva, Z. L., *Moral'nyi oblik sovetskogo voina. Rekomendatel'nyi ukazatel' literatury*, Moscow, 1950.

Linz, S. J. (Ed.), *The Impact of World War II on the Soviet Union*, Totowa, NJ, 1985.

Littlejohn, D., *Foreign Legions in the Third Reich*, San Jose, CA, 1987.

Lukov, G. D., *Psikhologiya. Ocherki po voprosam obucheniya i vospitaniya sovetskikh voinov*, Moscow, 1960.

Lynn, J., *The Bayonets of the Republic: Motivation and Tactics in the Army of Revolutionary France, 1791–1794*, Urbana, IL, 1984.

Marshall, S. L. A., *Men Against Fire: The Problem of Battle Command in Future Wars*, New York, NY, 1947.

Merridale, C., *Night of Stone: Death and Memory in Russia*, London, 2000.

Merridale, C., 'The Collective Mind: Trauma and Shell-shock in Twentieth-century Russia,' *Journal of Contemporary History*, 2000, 35:1, pp. 39–55.

Merridale, C., 'The USSR Population Census of 1937 and the Limits of Stalinist Rule,' *Historical Journal*, 1996, 39:1, pp. 225–40.

Mirskii, M. B., *Obyazany zhizn'yu*, Moscow, 1991.

Moskoff,W., *The Bread of Affliction: The Food Supply in the USSR during World War II*, Cambridge, 1990.

Mosse, G., *Fallen Soldiers: Reshaping the Memory of the World War*, Oxford, 1990.

Naimark, N. M., *The Russians in Germany: A History of the Soviet Zone of Occupation, 1945–1949*, Cambridge, MA, 1995.

'O boevykh deistviyakh 6 armii pri vykhode iz okruzheniya', *Voenno-istoricheskii zhurnal*, 2001, 22:7, pp. 108–112.

O'Brien, T., *The Things They Carried*, London, 1991.

Odom, W. E., *The Soviet Volunteers: Modernization and Bureaucracy in a Public Mass Organization*, Princeton, NJ, 1973.

Overy, R., *Russia's War*, London, 1997.

Pennington, R.,*Wings,Women and War: Soviet Airwomen in World War II*, Lawrence, KS, 2001.

Pervyshin,V. G., 'Lyudskie poteri v VOV,' *Voprosy istorii*, 2000, no. 7, pp. 116–122.

Pesennik, edited collection, Moscow, 1950.

Pis'ma s fronta i na front, 1941–1945, edited collection, Smolensk, 1991.

Piterskii, L., 'Deti na voine', *Istochnik*, 1994:1, pp. 54–60.

Piterskii, L., 'Syn polka', *Rodina*, 1995, no. 2, pp. 63–8.

Pokhlebkin, V.V., *Velikaya voina i nesostoyavshiisya mir, 1941–1945–1994*, Moscow, 1997.

Politkovskaya, A., *A Dirty War*, trans. John Crowfoot, London, 2001.

Polyan, P., *Ne po svoei vole*, Moscow, 2001.

Porshneva, O. S., *Mentalitet i sotsial'noe povedenie rabochikh, krest'yan i soldat v periode pervoi mirovoi voiny*, Ekaterinburg, 2000.

Pushkarev, L. N., 'Pis'mennaya forma bytovaniya frontovogo fol'klora', *Etnograficheskoe obozrenie*, 1995, no. 4, pp. 27–9.

Pushkarev, L. N., *Po dorogam voiny: vospominaniya fol'klorista-frontovika*, Moscow, 1995.

Rabichev, L., 'Voina vse spishet,' *Znamya*, 2005, no. 2, pp. 142–67.

Rapoport, L., *Stalin's War Against the Jews*, New York, NY, 1990.

Reese, R. R., *Stalin's Reluctant Soldiers: A Social History of the Red Army, 1925–1941*, Lawrence, KS, 1996.

Reese, R. R., *The Soviet Military Experience: A History of the Soviet Army, 1917–1991*, London, 2000.

Richards, F., *Old Soldiers Never Die*, London, 1933.

Rokossovskii, K. K., *Soldatskii dolg*, Moscow, 1972.

Rzhevskaya, E. M., *Vechernyi razgovor: povesti, rasskazy, zapiski*, Saint Petersburg, 2001.

Samarin, G., *Patrioticheskaya tema v pesennom tvorchestve russkogo naroda*, Frunze, 1946.

Samoilov, D., 'Lyudi odnogo varianta. Iz voennykh zapisok', *Avrora*, 1990, nos 1 and 2, pp. 42–83 and 50–96.

Sella, A., *The Value of Human Life in Soviet Warfare*, London, 1992.

Senyavskaya, E. S., *Frontovoe pokolenie. Istoriko-psikhologicheskie issledovanie, 1941–1945*, Moscow, 1995.

Senyavskaya, E. S., *Psikhologiya voiny v XX veke: istoricheskii opyt Rossii*, Moscow, 1999.

Senyavskaya, E. S., 'Zhenskie sud'by skvoz' prizmu voennoi tsenzury', *Voenno-istoricheskii arkhiv*, 2001, 7:22, pp. 81–107.

Serdtsova, A. P. and Karpov, G. D., *22 iyunya 1941 goda. Istoriya i sud'by lyudei*, Moscow, 1995.

Service, R., *A History of Twentieth-Century Russia*, London, 1997.

Shalamov, V., *Kolyma Tales*, trans. John Glad, Harmondsworth, 1994.

Shalit, B., *The Psychology of Conflict and Combat*, Westport,

CT, and London, 1988.

Shapkin, Ya.M. and Al'man, I. A. (Eds), *Khronika chuvstv*, Yaroslavl, 1990.

Shchepetov, K., *Nemtsy – glazami russkikh*, Moscow, 1995.

Shcherbakova, I. L. (Ed.), *Chelovek v istorii: Rossiya-XX vek; vserossiiskii konkurs istoricheskikh issledovatel'skikh rabot starsheklassnikov*, Moscow, 2002.

Shephard, B., *A War of Nerves: Soldiers and Psychiatrists, 1914–1994*, London, 2000.

Shils, E. and Janowitz, M.,'Cohesion and distintegration in the Wehrmacht in World War II,' *Public Opinion Quarterly*, 1948, no. 12, pp. 280–315.

Shindel', A. D. (Ed.), *Po obe storony fronta: pis'ma sovetskikh i nemetskikh soldat*, Moscow, 1995.

Shpil'rein, I. N., *Yazyk krasnoarmeitsa*, Moscow and Leningrad, 1928.

Shukman, H. (Ed.), *Stalin's Generals*, London, 1993.

Sidel'nikov,V.M. (Ed.), *Krasnoarmeiskii fol'klor*, Moscow, 1938.

Sidorov, S. G., *Trud voennoplennykh v SSSR 1939–1956 gg*,Volgograd, 2001.

Simonov, K., *Glazami cheloveka moego pokoleniya*, Moscow, 1989.

Simonov, K., *Soldatskie memuary*, Moscow, 1985.

Snetkova, E. M., *Pis'ma very, nadezhdy, lyubvy: pis'ma s fronta*, Moscow, 1999.

Stafonovskii, G. A. (Ed.), *Poslednyi pis'ma s fronta*, 3 vols, Moscow, 1991.

Stalin, I.V., O *Velikoi Otechestvennoi Voine Sovetskogo Soyuza*, Moscow, 1947.

Stites, R. (Ed.), *Culture and Entertainment in Wartime Russia*, Bloomington and Indianapolis, 1995.

Stone, N., *The Eastern Front, 1914–1917*, London, 1975.

Stouffer, S. A. (Ed.), *The American Soldier*, 2 vols, Princeton, NJ, 1949.

Stroki, opalennye voiny: sbornik pisem voennykh let, edited collection, Belgorod, 1998.

Suvorov, V., *Den' M: Kogda nachalas' vtoraya mirovaya voina?*, Moscow, 1994.

Suvorov, V., *Inside the Soviet Army*, New York, 1982.

Sword, K., *Deportation and Exile: Poles in the Soviet Union, 1939–1948*, Houndmills, 1994.

Temkin, G., *My Just War: The Memoirs of a Jewish Red Army Soldier in World War II*, Novato, CA, 1998.

Terkel, S., *The Good War: An Oral History of World War II*, New York, NY, 1984.

Thomson, A., *Anzac Memories: Living with the Legend*, Melbourne, 1994.

Todd, A. C. and Hayward, M. (Eds), *Twentieth-Century Russian Poetry*, London, 1993.

Tolstoy, N., *Victims of Yalta*, London, 1977.

Tomaselli, S. and Porter, R. (Eds), *Rape: An Historical and Social Enquiry*, Oxford, 1986.

Tumarkin, N., *The Living and the Dead. The Rise and Fall of the Cult of World War II in Russia*, New York, NY, 1994.

Velikaya Otechestvennaya: Russkii Arkhiv, multi-volume edition, Moscow, 1997–2005.

Velikaya Otechestvennaya Voina, 1941–1945, voenno-istoricheskie ocherki, 4 vols, various editors, Moscow 1998–1999.

Velikaya Otechestvennaya voina v otsenke molodykh, various contributors, Moscow, 1997.

Volkova, N. B., 'Materialy velikoi otechestvennoi voiny v fondakh TsGALI SSSR,' *Vstrechi s proshlym*, 1988, no. 6, pp. 435–59.

Vserossiiskaya kniga pamyati, 1941–1945, Moscow, 1995.

Vyltsan, M. A., 'Deportatsiya narodov v gody velikoi otechestvennoi voiny,' *Etnograficheskoe obozrenie*, 1995, no. 3, pp. 26–44.

Vyltsan, M. A., 'Prikaz i propoved: sposoby mobilizatsii resursov derevni v gody voiny,' *Otechestvennaya istoriya*, 1995, no. 3, pp. 69–80.

Weiner, A., *Making Sense of War: The Second World War and the Fate of the Bolshevik Revolution*, Princeton, NJ, 2001.

Werth, A., *Russia at War*, London, 1964.

Williams, B. G., 'The Hidden Ethnic Cleansing of Muslims in the Soviet Union: The Exile and Repatriation of the Crimean Tatars,' *Journal of Contemporary History*, 2002, 37:3, pp. 322–47.

Yakovlev, A. N. (Chief Ed.), *1941 god*, 2 vols, Moscow, 1998.

Yakovlev, I. K. (Ed.), *Vnutrennie voiska v velikoi otechestevnnoi voine 1941–1945 gg*, Moscow, 1975.

Yukov, V. I. *et al., OZNAZ: Ot brigady osobogo naznacheniya k 'vympely': 1941–1981*, Moscow, 2001.

Zaloga, S. J. and Ness, L. S., *Red Army Handbook, 1939–1945*, Stroud, 2003.

Zhukov, G. K., *Vospominaniya i razmyshleniya*, 2 vols, 13th edn, Moscow, 2002.

Zubkova, E. Yu., *Obshchestvo i reformy, 1945–1964*, Moscow, 1993.

鳴謝

有機會撰寫本書和為本書從事研究是種榮幸，而我也受惠於很多人的慷慨、耐心、博學和支持。出力最多的是在前蘇聯時期幫我忙的一系列研究助理和嚮導，特別是社會學家博恰羅娃（Oksana Bocharova）和民族學家別洛娃（Mariya Belova）。斯特羅加諾娃（Elena Stroganova）在各階段繼續為我提供有智慧和有想像力的支持，而我也要對莫斯科的普希金娜（Ekaterina Pushkina）和希姆丘克（Aleksei Shimchuk），第比利斯的齊赫澤（Khatuna Chkheidze），以及雅爾達的希皮科（Larisa Shipico）致上謝意。從德國檔案館找到的資料是靠弗萊堡的福格爾波爾（Carsten Vogelpohl）和布里斯托的格雷斯（Thomas Greis）出色的整理歸類。

沒有資金，這樣規模的計畫不可能達成。特別幸運的是，我獲得「英國經濟與社會研究委員會」的資助，讓我可以在前蘇聯廣泛遊歷和研究，然後讓我免去平常的大學教學旁騖，可以專心閱讀、思考和寫作。這個委員會的研究資助在各方面都非常寶貴，而我也感激委員會的匿名評審針對我的最初計畫書所給予的意見。在我完成手稿的過程中，「藝術與人文研究委員會」的資助讓我多了幾個月的平靜時光，而我也感激布里斯托大學和倫敦大學瑪麗皇后學院的耐心和慷慨的經濟支持。我要特別感謝英國廣播公司——尤其是資深製作人迪伊（Tim Dee）——委託我參與製作談論喬治亞的史達林主義和克里米亞的節目。這兩個節目讓我可以在兩個景致優美的地點旅遊和工作，受益於有啟發性的同伴和創新的建議。

我的旅行的一大收穫是有機會造訪一系列的檔案館和圖書館。在此，我要感謝下列圖書館的工作人員：「莫斯科國家公共歷史圖書館」、「劍橋大學圖書館」和「倫敦圖書館」。我也必須感謝下列檔案館的工作人員：「俄羅斯聯邦國家檔案館」、「俄羅斯國家軍事檔案館」、「俄羅斯國家文學與藝術檔案館」、「俄羅斯國家社會史與政治史檔案館」和「共青團檔案館」。在庫斯克，我有幸可以在「國家社會史與政治史檔案館」和「庫斯克地區國家檔案館」查找檔案，而在我短暫停留於斯摩棱斯克期間，「斯摩棱斯克地區國家檔案館」和「當代歷史文件中心」也為我開放。有兩位研究人員在「波多利斯克的國防部中央檔案館」幫了我不少忙，而我也要感謝弗萊堡的「聯邦軍事檔案館」為我提供大量和德國軍事情報有關的文件。最後，我要向「俄羅斯電影、聲音與攝影國家檔案館」致謝，它讓我找到很多用作本書插圖的照片。

戰時士兵的生活是我的一個新研究領域。幸而，在每個階段，我都就近找到專家為我提供忠告和評論。許多人曾在談話中激發我的思考，包括柯林斯（Ian Collins）、卡茨納爾森（Ira Katznelson）、科茲洛夫（Vladimir Kozlov）、內馬克（Norman Naimark）、雷諾斯（David Reynolds）、舍伊寧（Artem Sheinin）、謝潑德（Ben Shephard）、史密斯（Steve Smith）和蘇爾古拉澤（Simon Surguladze）。莫斯科的斯特亞斯加亞（Elena Senyavskaya）——她的作品繼續讓我受益良多——在我的研究的早期階段特別有幫助，他的老師——民族學家和戰爭老兵——普什卡廖夫（Lev Pushkarev）也是如此。我也感激所有參與二〇〇四和二〇〇五年在劍橋國王學院「歷史與經濟學中心」舉行的兩次研討會的人（主題為文化與戰鬥動機）。感謝馬肯（Inga Huld Markan）籌劃這兩次研討會，又特別感謝羅斯柴爾德（Emma Rothschild）的無盡鼓勵。

要把極端豐富的材料整合為一本書的過程常常很驚人。幸而我有兩位得天獨厚的主編可以仰賴，一位是「費伯」的貝爾頓（Neil Belton），另一位是「大都會圖書」的貝爾施特爾（Sara Bershtel）。他們兩位從一開始就給予我建議和鼓勵，寫作過程中以友誼和熱情支持我。我也受惠於他們的助理和有才智的下屬。我的倫敦經紀人羅賓遜（Peter Robinson）總是願意閱讀我的草稿和加以評論，並在困難時刻為我提供葡萄酒和關懷。我還有幸和紐約的艾瑪．帕里（Emma Parry）共事，她的同理心（和有見地的談話）經常讓人覺得如同喝了一杯茶。家父菲利普．梅里杜爾（Philip Merridale）——他本身也是一名老兵——讀了初稿，毫不猶豫地向我指出有哪些不妥的地方。在漫長的起草和編輯過程中，金斯頓（Jasper Kingston）與我長相左右。最後，我要向畢沃爾（Antony Beevor）和布瑞斯威特爵士（Sir Rodric Braithwaite）兩位深深致謝，因為他們在二〇〇五年的繁忙春天撥冗閱讀完成了的手稿，為我提供專業意見和糾正了一些最嚴重的錯誤。

和以上提到的任何一位共事已經榮幸有餘，但這個研究還讓我有機會會見和認識一個異乎尋常世代的成員，也就是在偉大衛國戰爭期間作戰的紅軍男女。我受惠於他們所有人，一大原因是他們經歷許多痛苦後仍然好好活著、懷有希望、和諧的人生對我大有啟發。其中有兩位特別需要在此一提。為了保護當事人的隱私，本書提到大部分老兵時都採用化名，唯獨拉霍夫（Lev Lvovich Lyakhov）和涅馬諾夫（Ilya Natanovich Nemanov）維持本名。他們都表示樂於被提到，甚至為此感到自豪。兩人都對本書貢獻良多，完全值得自豪。所以當我後來聽說他們相繼去世，不禁深感遺憾。我希望他們的故事多少可以充當他們的勇氣、智慧和幽默的紀念碑。

老兵們的影像如今仍然能夠讓俄羅斯——甚至是史達林時代的俄羅斯——活現在我的腦海中。只要再聽一次訪談的錄音，看看他們其中一封告誡信或一幅照片，他們描述的整個世界就會再一次在我的記憶中展開。雖然是個沒有當過兵的女人，但我卻喜歡上紅軍的老軍歌。只要想到克里米亞大草原或聶伯河的懸崖，或是看到檔案揚起輕微的塵埃，我都會有一種鄉愁的感覺。到俄羅斯追逐二戰讓我用舊了一本護照和穿舊了兩雙靴子。回到英國之後，我也常常是埋首在以西里爾字母印刷的紅色書本的書牆下面。那是一種奇怪的生活，難望別人能分享，更難望別人能了解。基於這些理由，也基於其他一大堆理由，我對佩恩（Frank Payne）有數不清的虧欠。

索引

文獻

〈殺死他！〉 Kill Him! 218
〈焦爾金〉 Vasily Tyorkin 233
〈等待我〉 Wait for Me 229-230, 233
《布列斯特－立托夫斯克條約》 *Treaty of Brest-Litovsk* 49
《生者與死者》 *The Living and the Dead* 70, 126
《在莫斯科附近打敗德國軍隊》 *Defeat of the German Armies near Moscow* 214
《如果明日發生戰爭》 *If There Is War Tomorrow* 44-45
《坦克人》 *The Tank Man* 48
《俄國人在第二次世界大戰的戰鬥方法》 *Russian Combat Methods in World War II* 31
《前線！》 *Front!* 193
《星期日泰晤士報》 *Sunday Times* 124
《紅星報》 *Red Star* 88, 137, 339, 347
《涅夫斯基》 *Alexander Nevsky* 43-44
《真理報》 *Pravda* 5-6, 54, 74, 137, 162, 193, 320, 336-338, 360
《馬利諾夫卡的婚禮》 *The Wedding at Malinovka* 110
《馬門教授》 *Professor Mamlok* 58
《偉大的公民》 *The Great Citizen* 214
《國家和革命》 *State and Revolution* 433
《鄂木斯克省真理報》 *Omskaya Pravda* 285
《與白芬蘭人的三星期戰鬥》 *Three Weeks of Fighting the White Finns* 105
《德蘇互不侵犯條約》 *Nazi–Soviet pact* 97, 100, 453
《戰爭與和平》 *War and Peace* 31, 75
《鱷魚》 *Krokodil* 65

人名

二至四畫

丁尼生 Tennyson 233
切爾尼亞霍夫斯基 Ivan Chernyakovsky 343, 357
巴布石金 Babushkin 46
巴托夫 Omer Bartov 34
巴甫洛夫 D. G. Pavlov 110-115, 141, 458
巴格拉基昂 Bagration 303-304, 315-316, 318, 329, 343, 378, 444
巴爾索夫 Viktor Barsov 204-205
戈巴契夫 Gorbachev 427
戈利科夫將軍 General Golikov 223
戈培爾 Goebbels 31, 351, 363
戈登 Abram Evseevich Gordon 150-153, 161
戈盧別夫 Golubev 113-114

五畫

加伏里洛夫 P. M. Gavrilov 399
加里寧 Kalinin 13, 146, 231, 361, 386, 403, 411, 441
包路斯將軍 General Paulus 207, 211
卡門什奇科夫 Kamenshchikov 110-111
卡爾普 Aleksandr Karp 201-203, 205
古德里安 Guderian 146
古謝夫 Ivan Gusev 251-253, 257
史坦貝克 John Steinbeck 28
史陸斯基 Boris Slutsky 427
史達林 Stalin 3, 5, 24, 26, 30, 32, 34-37, 41, 43, 45, 47-48, 50-53, 57-59, 61-62, 64, 68-71, 73, 75-79, 87-88, 91, 93, 97-99, 101, 103, 106-107, 110-112, 115-118, 122-128, 130, 136-139, 141, 143, 148-150, 153-155, 157, 161, 164-166, 171, 174-175, 177, 179, 182-183, 185-193, 196-197, 204-208, 210-221, 223-226, 228-231, 234-236, 238-239, 240, 245-246, 261, 263-266, 268, 270, 282, 291-292, 295-296, 299, 304, 308, 310-311, 320-322, 328-333, 335, 340, 343, 345, 349, 351, 355, 357, 359, 362, 365-366, 373-374, 376-377, 385, 387-388, 389, 391-396, 399-400, 402, 406, 409-410, 412, 414-415, 419-420, 422-424, 426, 431, 433-435, 437-438, 441-443, 453, 459, 464, 467, 470-471, 485, 497, 499
尼采 Nietzsche 298
布里茲涅夫 Leonid Brezhnev 423-425, 428, 435
布萊爾 Tony Blair 42
布瓊尼 Budyennyi 192, 238
布蘭特 Karl-Friedrich Brandt 261
弗拉索夫將軍 Andrei Vlasov 291
瓦西里・史達林 Vasily Stalin 58
瓦西里耶維奇 Ivan Vasilevich 327
瓦圖京 Nikolai Vatuin 255, 292

六畫

伊萬諾維奇 Mikhail Ivanovich 148-149, 174, 180, 414, 460
伏羅希洛夫 Kliment Voroshilov 46, 57, 64, 95, 130, 187, 192, 458
列別捷夫－庫馬奇 Vasily Lebedev-Kumach 44-45, 230-231, 452
列寧 Lenin 7, 12, 20, 24, 33, 49-50, 63-64, 66-67, 69, 75-76, 83, 88, 90, 100-101, 110, 138, 145-146, 151, 161, 165, 177, 181, 187, 192, 225-226, 250, 271, 283-285, 308, 340, 359, 373, 386, 390, 406, 425, 433, 436, 441, 444, 485
列維坦 Yury Levitan 383
吉甘 Efim Dzigan 44, 48, 53
多諾典伊 Dorodnyi 155-156
安菲洛夫 Vladimir Anfilov 284
安德烈耶維奇 Vasily Andreyevich 286
托特爾本 Tottleben 298
托爾斯泰 Tolstoy 75, 228, 430
朱可夫 Georgy Zhukov 57, 149, 192, 208, 240, 254, 265, 304, 315-317, 343, 367, 373-374, 376, 379-380, 389-390, 397, 410, 434-435, 445, 485

米哈伊羅芙娜 Valeriya Mikhailovna 38-39, 40-41
米高揚 Sergo Mikoyan 129
米寧 Minin 161, 461
考邁拉將軍 General Kamera 155
艾森豪 Eisenhower 303, 317
西蒙 Max Simon 252
西蒙諾夫 Konstantin Simonov 70, 126, 155, 169, 179, 218, 229-230, 233, 267, 280, 386, 447, 484

七畫

克魯普斯卡婭 Krupyanskaya 234
別拉什 Yury Belash 35
別洛夫 Nikolai Belov 218-219, 242-243, 254-255, 260-261, 269, 303, 306-308, 316, 361, 377, 379-380, 470
別斯梅爾特內 Bessmertnyi 286
別德內 Demyan Bednyi 230
利斯科夫 Alfred Liskow 110-111
坎塔里亞 Kantaria 377
希特勒 Hitler 22, 29, 32, 41, 48, 57-58, 74, 76, 90, 97, 112, 117-118, 126, 128, 133, 136, 142, 145, 173, 200, 205, 220, 231, 255, 263, 296-298, 304, 328-329, 338-339, 345, 372-373, 376-377, 398, 420-421, 425, 445
杜魯門 Harry Truman 394
沃多皮亞諾夫 Vodopyanov 46
沃科夫 Misha Volkov 122-123, 132, 156-158, 205
狄格帖諾夫 Vasily Degtyarev 91
貝利亞 Lavrenti Beria 300
貝科夫 Vasil Bykov 165
里賓特洛甫 Ribbentrop 117

八畫

亞歷山德羅夫 G. F. Aleksandrov 345
季莫申科 Semen Konstantinovich Timoshenko 112, 458
帕申 P. L. Pashin 274
帖木兒 Tamurlane 185, 204
彼得羅夫 Evgeny Petrov 181
拉欣 Ivan Rakhin 294
拉斯科娃 Marina Raskova 199
拉霍夫 Lev Lvovich Lyakhov 65, 186, 189, 227-228, 256-258, 463, 499
波扎爾斯基 Pozharsky 161, 461
波諾馬連科 Ponomarenko 139
舍韋廖夫 Anatoly Shevelev 275, 277, 428-429, 436
邱吉爾 Churchill 126, 394, 427
阿巴庫莫夫 V. S. Abakumov 118
阿曼丁格 Karl Allmedinger 297
阿斯塔菲耶夫 Victor Astaf'ev 267
阿蒂娜・格羅斯曼 Atina Grossmann 357-358
阿羅諾夫 Yakov Zinovievich Aronov 343-347, 350, 352-353, 360, 367

九畫

柯涅楚克 Aleksandr Korneichuk 193
科佩列夫 Lev Kopelev 53, 55, 68, 313, 326, 348, 350, 355-356, 362, 365, 368, 381, 473
科涅夫 Ivan Konev 57, 192, 365, 374, 376
科斯莫傑米揚斯卡婭 Zoya Kosmodemyanskaya 226
約瑟夫・維薩里奧諾維奇 Joseph Vissarionovich 214
耶尼克 Edwin Jaenicke 297
韋斯 Alexander Werth 124-125, 151, 162, 170-171, 197, 210, 213, 290, 296, 298, 336-337, 383, 460

十畫

庫茲涅佐夫 Orest Kuznetsov 113, 276, 383
庫圖佐夫 Mikhail Kutuzov 151, 161
拿破崙 Napoleon Bonaparte 19, 38, 75, 128, 151, 229, 259, 303, 461
朗費羅 Longfellow 233
柴契夫 Vasily Zaitsev 226
格里戈里耶維奇 Boris Grigorevich 340
格羅莫夫 Gromov 46
格羅斯曼 Vasily Grossman 25, 210, 276, 358, 415, 451
浦羅高菲夫 Sergei Prokofiev 44
涅夫斯基 Alexander Nevsky 43-44, 161, 461
涅馬諾夫 Ilya Nemanov 216-218, 225-226, 277, 340, 499
特瓦爾多夫斯基 Aleksandr Tvardovsky 24, 233
特姆金 Gabriel Temkin 82, 128, 358-359
納塔諾維奇 Ilya Natanovich 68-71
馬泰爾 Martel 75
馬雷什金 Malyshkin 291
高爾基 Gorky 45, 408

十一至十二畫

基里洛維奇 Kirill Kirillovich 57-60, 77, 148, 283-284, 340, 364, 369, 453
基洛夫 Sergei Kirov 67
崔可夫 Vasily Chuikov 192, 206-211, 312, 319, 329, 372-373, 376
捷爾任斯基 Feliks Dzerzhinsky 66, 425
莫洛托夫 Vyacheslav Molotov 74, 97, 109, 113, 116-117, 120, 135, 152, 393, 422
莫斯柯文 Nikolai Moskvin 127-128, 142-143, 158, 161, 163-164, 170-171, 174-176, 189, 220, 291, 293-296, 318, 433-434
莫德爾 Walter Model 255
麥可揚 Anastas Mikoyan 55, 58
麥格拉克利澤 Shalva Maglakelidze 173
麥赫利斯 Lev Mekhlis 87, 96, 136, 141, 169-170, 179, 192
凱特爾 Keitel 379-380, 445
博爾金 Ivan Vasilevich Boldin 57, 113-115, 141, 458
博羅金諾 Borodino 57, 146, 258-259, 303
提穆爾・伏龍芝 Timur Frunze 58
斯列薩列夫 Aleksandr Slesarev 242, 251, 255-256, 260, 262, 271-

272, 274, 321, 323, 346, 416
斯列薩列夫 Vasily Slesarev 176-177
斯維拉娜・亞歷塞維奇 Svetlana Alexiyevich 232-233, 278
普什卡廖夫 Lev Pushkarev 235, 405, 498
華西列夫斯基 Aleksandr Vasilevsky 187
費久寧斯基 I. I. Fedyuninsky 126, 129
隆美爾 Rommel 240-241
馮・舒倫堡 von Schulenburg 113

十三至十四畫

塔拉寧契夫 Vitaly Taranichev 241-242, 247, 264-265, 279-283, 297, 362, 368-369, 379, 391-392, 416-417
奧弗利 Richard Overy 24
奧莉加・伯格霍爾茲 Ol'ga Berggolts 226
奧爾洛娃 Raisa Orlova 64
愛倫堡 Ilya Ehrenburg 138, 218, 345, 397, 478
愛森斯坦 Sergei Eisenstein 43
瑞斯 Roger Reese 85, 94, 498
萬斯于克夫 Vasyukov 155-156
葉戈羅夫 Yegorov 377
葉廖緬科 Marshal Yeremenko 139
葉爾莫連科 Vasily Ermolenko 266, 269, 308, 315, 318, 320-321, 326, 351-352, 367, 380, 392-393
葛林 Ivan Gorin 164, 190, 230, 237-239, 463, 468
頓斯科伊 Dmitry Donskoi 161
圖列巴耶夫 Ibrai Tulebaev 172
圖哈切夫斯基 Mikhail Nikolaevich Tukhachevsky 67, 93-94
瑪麗亞・奧克佳布斯卡婭 Mariya Oktyabrskaya 286
維克托羅夫 Anatoly Viktorov 200
蒙哥馬利 Montgomery 240-241
蓋夫特 Mikhail Gefter 388
赫梅利尼茨基 Bohdan Khmelnitsky 214
赫魯雪夫 Nikita Khrushchev 423, 485

十五畫以上

墨索里尼 Mussolini 151, 426
德魯日巴 O. V. Druzhba 124
鄧尼金 Denikin 46
魯伯 Kurt Reuber 212
魯德內娃 Zhenya Rudneva 68
霍特將軍 General Hoth 255
霍普納 Erich Hoepner 146-149
謝尼亞夫斯卡婭 Elena Senyavskaya 71
謝別列夫 Petr Sebelev 373
謝爾蓋 Sergii 161, 177
薩莫伊洛夫 David Samoilov 34, 116, 200, 204, 227-228, 237, 268-269, 285, 287-288, 289, 380
魏德林將軍 General Weidling 377
羅比契夫 Leonid Rabichev 354, 357, 365
羅科索夫斯基 Konstantin Rokossovsky 94, 211, 219, 247,

255, 317, 329, 343, 355, 444
羅特米斯特羅夫 Rotmistrov 255-256
蘇沃洛夫 Alexander Suvorov 161, 240
鐵木辛哥 Semen Timoshenko 57

地點

三至四畫

上因克爾曼燈塔 Upper Inkerman lighthouse 109
凡爾登 Verdun 63
千島群島 Kurile islands 393
大卡洛 Nagy-Kallo 349
大興安嶺 Grand Khingan mountains 392
小阿爾漢格爾斯克 Maloarkhangel'sk 242, 255
中央廣場 central square / Red Square紅場 19-20, 162
切爾尼亞霍夫斯克 Chernyakovsk 351
巴伐利亞 Bavaria 34, 110
巴庫 Baku 69, 118
戈烏達普 Goldap 350-351, 354
日洛賓 Zhlobin 134-135
木偶劇院 Puppet Theatre 149
比亞維斯托克 Bialystok 111-115, 128
比亞維斯托克沼澤 Bialystok marshes 111

五畫

冬宮廣場 Palace Square 422
加利西亞 Galician 133
加里寧 Kalinin 13, 146, 231, 361, 386, 403, 411, 441
北海道 Hokkaido 393
北德維納省 Northern Dvina 57
卡廷 Katyn 98, 329, 424, 486
卡累利阿 Karelian 73, 105, 440
卡塞爾 Kassel 212
卡爾可夫 Kharkov 13, 55, 98, 107, 182, 186, 223, 239, 250, 262, 266, 293, 306, 384-385, 406, 442-443
卡爾梅克大草原 Kalmyk Steppe 186
卡盧加 Kaluga 14, 28, 146, 151, 175, 282, 441-442
古比雪夫 Kuibyshev 148
古拉格 Gulag 67, 238-239, 291, 311, 330, 402, 419, 426, 463, 467
古爾祖夫 Gurzuf 297
史達林格勒 Stalingrad 5, 32, 36, 61, 68, 70, 76, 110, 171, 182-183, 186, 189-193, 196-197, 204-208, 210-221, 224, 226, 234, 239, 245-246, 264, 304, 320, 332, 340, 349, 362, 373, 385, 406, 409, 420, 423, 431, 438, 442-443, 467, 471
布良斯克 Bryansk 100
布格河 Bug 111-112
布達佩斯 Budapest 344, 349, 366, 445
布雷斯特 Brest 112, 114-116, 399, 403, 405
布爾格 Burg 344, 379
布蘭登堡門 Brandenburg Gate 376

弗拉季高加索　Vladikavkaz　186
弗拉基米爾　Vladimir　346
瓦拉姆群島　Valaam　412
瓦盧伊凱　Valuiki　187
白采爾科維　Belaya Tserkov　140
白俄羅斯　Belorussia　14, 59, 99-100, 110, 121, 127, 129, 132, 134, 136, 139, 145, 161, 173, 233, 300, 303-304, 306-307, 311, 315, 317-318, 321, 324, 334, 343, 346, 350, 352, 364, 399, 406, 425, 431, 444, 475, 478, 482

六至七畫

伊斯特拉　Istra　26-27, 149, 441-442
伊熱夫斯克　Izhevsk　91
伏爾加河　Volga　57, 135, 148, 182, 185, 192, 203, 205-208, 210, 213-214, 218, 240, 474
伏羅希洛夫格勒　Voroshilovgrad　187
因克爾曼　Inkerman　109, 181
因斯特堡　Insterburg　351-352, 354, 356, 367
考夫諾　Kovno　13, 112, 158-159
考斯　Chaus　294
克赤　Kerch　26, 36, 155, 178-181, 296-297, 300, 335, 442, 463
克里姆林宮　Kremlin　45, 68, 146, 320, 383, 427
克拉特諾　Kletna　162
克拉斯諾達爾　Krasnodar　189, 335
克林齊　Klintsy　162
克魯加　Klooga　14, 338-339
別爾哥羅德　Belgorod　240, 255, 262, 443, 455
利瓦季亞　Livadiya　296-297
利佩茨克　Lipetsk　219
利維夫　Lvov　110, 122-123, 133, 317, 321-322, 425, 459
杜布諾　Dubno　173
杜布羅夫諾　Dubrovno　59-60
沃爾霍夫　Volkhov　165, 192, 226, 291
沃羅涅日　Voronezh　39, 182-183, 187, 219, 223, 241, 255, 262
貝加爾－阿穆爾鐵路　Baikal–Amur railway　92
貝爾森　Belsen　337
車里雅賓斯克　Chelyabinsk　194, 286
辛菲洛普　Simferopol　296, 388-389
里加　Riga　112

八至九畫

姆加　Mga　145, 441
姆格林　Mglin　162
帕累　Pale　162
帕斯尚爾　Passchendaele　63
拉多加湖　Lake Ladoga　225, 412, 440
明斯克　Minsk　110, 113-115, 120, 173, 316-320, 329, 441, 444
易北河　Elbe　379
東普魯士　East Prussia　14, 338, 340, 344-348, 350, 352, 356-357
東線　Eastern Front　21, 107, 200, 212, 320, 384

法捷日 Fatezh 151
波多利斯克 Podolsk 29, 497
波美拉尼亞 Pomerania 346
波茨坦 Potsdam 394-395, 445
波羅的海 Baltic 14, 92, 97-99, 112, 134, 145, 174, 245, 317, 322, 335, 343, 345, 365, 390, 392, 400, 414, 419, 431, 440
長崎 Nagasaki 393, 445
阿什哈巴特 Ashkhabad 280, 416
阿德希姆斯克 Adzhimuskai 181, 463
阿魯布克 Alubka 297
拜伊哥爾摩 Belyi Kholm 275
柏林 Berlin 14, 32, 34, 47-48, 55, 57, 111, 117, 150, 172, 185, 224, 235, 249, 305, 316, 323, 329, 343-344, 346, 357, 359, 364, 367, 371-381, 384, 392, 394, 398, 400, 403, 406, 418, 420, 430, 445, 484
科布林 Kobrin 116
科克捷別利 Koktebel 297
科斯特羅馬 Kostroma 161
科登 Koden 112
科雷馬 Kolyma 239
科爾貝格 Kolberg 110
耐登堡 Neidenburg 356, 381
（莫斯科）革命紀念館 Museum of the Revolution in Moscow 425-426

十畫

俯首山 Poklonnaya Hill 426
哥尼斯堡 Koenigsberg 94, 343, 350-351, 353, 357, 363, 367, 372, 392, 398, 445
娘子谷 Babi Yar 36, 162, 335, 341
庫什特林 Kustrin 372
庫布揚斯克 Kupyansk 187
庫里科沃原野 Kulikovo Pole 258-259
庫頁島 Sakhalin 393
庫班河 Kuban 185
庫斯克 Kursk 19-20, 26, 37-38, 61, 67, 84, 94, 116, 118-120, 125, 151-152, 162, 223, 240-243, 245-249, 251, 254-256, 260, 264-265, 272-273, 285-286, 293-294, 304, 306, 326, 340, 343, 370, 406, 408-409, 420, 423, 428, 436-437, 438, 441, 443, 449, 458, 475, 497
格羅茲尼 Groznyi 416-417
格羅德諾 Grodno 112-114
格蘭奇 Granki 175
泰瑟爾島 Texel 401
泰爾託運河 Teltow Canal 376
烏拉山 Urals 70, 147, 194, 332, 380
烏曼 Uman 132, 141
特維爾 Tver 98
紐倫堡 Nuremberg 171
索姆河 Somme 63

索科利尼基區　Sokolniki District　117
茲拉托烏斯特　Zlatoust　216-217
馬伊達內克　Maidanek　36, 337-338, 345, 366, 386
馬克拉　Makela　104
高加索山區　Caucasus　51, 85, 177, 182-183, 191, 240, 340, 400, 417

十一至十二畫

勒熱夫　Rzhev　171
基輔　Kiev　21, 26, 55, 84-85, 100, 109, 112, 120, 122, 134, 145, 147, 156-157, 162, 186, 264-265, 280, 289, 335, 339-340, 384, 406, 424-425, 441, 443, 456, 466, 473, 478
捷爾諾波爾　Tarnopol　123, 132
救世主城門　Spassky Gates　148
救主基督大教堂　the cathedral of Christ the Saviour　427
敖得薩省　Odessa province　57
曼納海姆　Mannerheim　105
梅科普　Maikop　189
莫吉廖夫　Mogilev　318
莫斯科　Moscow　12, 14, 20, 27-31, 45, 48, 52-53, 55-57, 59-60, 64, 69-70, 74, 107, 109, 111-112, 115-116, 118-121, 123-125, 135, 139, 141, 145-149, 151-155, 157, 161, 166, 169, 174, 176-177, 186-187, 190, 192-193, 197, 204, 206, 214, 220, 223, 226, 229, 235, 240, 261, 263, 276, 289, 292-293, 303, 307, 313, 320, 322, 324, 326-327, 331, 335-336, 357, 383, 386, 389-390, 393, 397, 402, 408, 418, 420, 425-429, 433, 436, 441-442, 447-448, 451, 458, 462-463, 475, 478, 480, 496-497
莫斯科大劇院　Bolshoi Theatre　149
勝利公園　Park of Victory　57, 426, 428
博布魯伊斯克　Bobruisk　136
博布羅伊斯克　Bobrusky　319
博托沙尼　Botoshani　325
博羅金諾戰役全景博物館　Borodino panorama　57
喀爾巴阡山脈　Carpathian mountains　317, 343
斯塔羅貝爾斯克　Starobel'sk　187
斯德哥爾摩　Stockholm　74
斯摩棱斯克　Smolensk　27, 44, 70, 98, 115, 139, 143, 157, 162, 174, 176-177, 212, 242, 264, 271, 273, 275, 277, 289, 291, 295, 335, 345, 405, 409-410, 441, 443, 449, 468, 473, 475, 484, 497
普列莫爾斯基大道　Primorsky boulevard　109
普利佩特沼澤　Pripet Marshes　116, 307, 318
普哈維茨基　Pukhovichi　136
普洛霍羅夫卡　Prokhorovka　36, 40, 251, 256-260, 428, 438
普斯科夫　Pskov　406, 430
舒切利亞伯　Shchelyabug　260
華沙　Warsaw　69, 98, 117, 152, 329, 343, 439, 444
萊比錫　Leipzig　374
費奧多西亞　Feodosia　178, 297
鄂木斯克　Omsk　285
雅爾達　Yalta　109, 296-297, 444, 496

十三至十五畫

塔林 Tallinn 57-58, 60, 112, 322, 330, 338, 441
塔曼半島 Taman peninsula 264
塞凡堡 Sevastopol 26, 109-110, 177-178, 181-182, 297-298, 424-425, 441-442, 444
塞洛高地 Seelow Heights 373
奧卡河 Oka river 146
奧拉寧堡 Oranienburg 399
奧博揚 Oboyan 255-256
奧斯威辛 Auschwitz 36, 337-338
奧廖爾 Orel 146, 240, 242, 254-255, 260-262, 265, 293-294, 306, 321, 326, 441, 443
奧爾什丁 Allenstein 356
新切爾卡斯克 Novocherkassk 183
蒂爾加滕 Tiergarten 376-377
頓河 Don 12, 23, 63, 182, 185, 187, 205-206, 212
頓河盆地 Don basin 182
頓河畔羅斯托夫 Rostov-on-Don 187
圖拉 Tula 91, 177
察里津河 Tsaritsa 205
滿洲 Manchuria 380, 392
維亞濟馬 Vyaz'ma 27, 147, 175
維捷布斯克／維堡 Vitebsk/ Vyborg 69, 73, 286, 293, 343, 347, 440
維普里 Viipuri 73, 440
維爾紐斯 Vilnius 322, 343
廣島 Hiroshima 393, 445
德勒斯登 Dresden 374
德斯尼亞河 river Desnya 266
魯德尼亞 Rudnya 139

十六畫以上

盧比揚卡大樓 Lyubyanka 20
盧布林 Lublin 329, 336-337
諾沃切卡斯克 Novocherkassk 187
錫瓦什湖 Sivash 296
聶伯河 Dnepr 13, 33, 48, 59, 134, 203, 264, 268-269, 290, 292-293, 306, 316, 424, 430, 499
舊奧斯科爾 Staryi Oskol 182
薩克森 Saxony 34, 399
薩克森豪森 Sachsenhausen 399
薩蓬山 Sapun ridge 298, 424
羅夫諾 Rovno 59-60, 112
羅索什 Rossosh 187
羅斯托夫 Rostov 182-183, 187, 223, 443
蘇馬羅科沃 Sumarokovo 177
蘭維爾運河 Landwehr Canal 377

組織

土耳其斯坦軍團 Turkestan legion 172

內務人民委員部　People's Commissariat for Internal Affairs / NKVD　66-67, 79, 94, 100, 106, 117, 122, 134, 141, 148, 181, 188, 215-216, 221, 235, 243, 246, 268, 274, 289, 299-300, 314, 320, 324, 331, 338-339, 352, 364, 371-372, 380, 399, 418, 432-433, 444, 454, 471, 481
巴黎公社工廠　Paris Commune factory　118-119
布爾什維克　Bolsheviks　21, 48-50, 63-64, 67, 69-70, 103, 116, 119, 171-173, 263, 335-336, 359, 423, 427, 473
共青團　komsomol　65-66, 70, 87-88, 95, 103, 120, 133, 178, 210, 230, 256, 323, 331, 402, 428, 448, 497
非常委員會　Chrezvychainaya Kommissiya / Cheka　66
俄羅斯人民黨　People's Parties of Russia　291
俄羅斯委員會　Russian committees　291
俄羅斯解放軍　Russian Liberation Army / ROA　291
施密爾舒　SMERSh　268, 289-293, 399-400, 402-403, 471, 481
紅軍總政治部　Political Administration of the Red Army / PURKKA　87, 397
英國廣播公司　BBC　336, 497
格里辛團　Grishin regiment　294
烏克蘭反抗軍　Ukrainian Insurgent Army / UPA　292
烏克蘭兵團　Ukrainian legion　173
特別部　Special Section　89, 134, 148, 165, 180-181, 229, 236, 268, 471
航空與化學國防協會　Osoaviakhim　64-65, 77
莫斯科大學　Moscow University　27, 152, 235
斯佩茨納茲　Spetsnaz　148
黑海艦隊　Black Sea Fleet　109
督戰隊　Zagradotryady　106, 188, 191
德國中央集團軍　German Army Group Centre　317
德國國防軍　Wehrmacht　132-133, 140, 145-146, 158, 162, 212, 240, 250, 269, 277, 297, 319, 322, 333, 377, 380, 461, 477
機動化步兵旅　OSMBON　148-149, 174, 180, 289, 414, 433
黨衛軍　SS　132, 146, 152, 171, 249, 252, 255, 257, 261, 322, 337, 377

其他

大君主行動　Overlord　303
大剝削　the great exploit　424
巴巴羅薩行動　Operation Barbarossa　112, 174, 304
巴格拉基昂行動　Operation Bagration　303-304, 315-316, 318, 329, 343, 378, 444
冬季戰爭　Winter War　74, 106
卡巴爾－巴爾卡利亞共和國　Kabardino-Balkariya　300
弗拉索夫分子　Vlasovites　291-292, 400-402
白俄羅斯　Belorussia　14, 59, 99-100, 110, 121, 127, 129, 132, 134, 136, 139, 145, 161, 173, 233, 300, 303-304, 306-307, 311, 315, 317-318, 321, 324, 334, 343, 346, 350, 352, 364, 399, 406, 425, 431, 444, 475, 478, 482
立陶宛　Lithuania　97, 322, 326, 343-344
共青團小組長　komsorg　87-88

匈牙利 Hungary 41, 221, 344, 349, 358, 366, 419
印古什 Ingushetiya 300
克里米亞戰爭 Crimean War 75, 298
車臣 Chechnya 300, 330, 416-417
亞美尼亞人 Armenians 33, 300
孟加拉 Bangladesh 357
拉脫維亞 Latvia 97, 99, 322
東正教會 Orthodox Church 161, 428
波士尼亞 Bosnia 357
波蘭 Poland 41, 92, 97-98, 100, 110-111, 151, 172-173, 186, 261, 288, 312, 317, 328-331, 336, 338, 343-344, 356, 365, 369-370, 372, 379, 384, 386, 398, 401, 419, 439, 444, 453, 461, 481-482
芬蘭 Finland 39, 41, 73-76, 88, 90-92, 96, 101-107, 129, 131, 149, 168, 317, 344, 439-440, 458
金帳汗國 Golden Horde 259
政治指導員 politruk 12, 87-90, 94, 96-97, 101-104, 106-107, 126-127, 136, 141, 143, 151, 163, 166, 170, 175, 187-188, 192, 214, 230, 232-233, 236, 254, 260, 267, 314, 319, 326, 346-347, 350, 393, 400, 404, 408, 433, 466
泰勒主義 Taylorism 310
烏克蘭 Ukraine 13, 19-20, 31, 33, 38, 44, 51, 60, 69, 75, 85, 92, 99-100, 105, 109, 117, 122-123, 128-129, 134, 136, 142, 145, 165, 171, 173, 185-186, 195, 212, 214, 240, 245, 255, 260, 262, 264-266, 269, 271, 280, 291-292, 296, 300, 308, 313, 318, 321-322, 324-326, 330-331, 334-336, 339, 344, 350, 400-401, 410, 414, 416, 419, 425, 431, 447-448, 463, 473, 477-478, 482, 486
班雅 Banya 86
租借法案 lend-lease 21
馬克思列寧主義 Marxism–Leninism 33
捷克斯洛伐克 Czechoslovakia 391, 419, 439
第三帝國 Third Reich 3, 31, 331, 366
喀秋莎 Katyusha 139, 213, 231, 254-255, 265, 298, 373, 390
喬治亞共和國 republic of Georgia 85
斯基泰人 Scythian 299
斯摩棱斯克戰役 battle of Smolensk 139
雅庫特人 Yakuts 33
愛沙尼亞 Estonia 14, 57-58, 97, 322, 339
達恰 dacha 19
潘菲洛夫二十八勇士 Panfilov men 153
橙色革命 Orange Revolution 425
羅馬尼亞 Romania 41, 218, 296-297, 324-326, 328, 344, 347, 349, 365, 386, 441, 444, 467
羅曼諾夫王朝 Romanovs 196
蘇芬冬季戰爭 Soviet–Finnish war 74
韃靼人 Tatars 297, 299-300, 414, 444, 461, 474

貓頭鷹書房 464

伊凡的戰爭：重回二戰東線戰場，聆聽蘇聯士兵消失的聲音

作　　者　梅里杜爾
譯　　者　梁永安
選書責編　張瑞芳
協力編輯　劉慧麗
校　　對　林昌榮
版面構成　張靜怡
封面設計　林宜賢
行銷統籌　張瑞芳
行銷專員　段人涵
總 編 輯　謝宜英
出 版 者　貓頭鷹出版

發 行 人　凃玉雲
發　　行　英屬蓋曼群島商家庭傳媒股份有限公司城邦分公司
104 台北市中山區民生東路二段 141 號 11 樓
劃撥帳號：19863813；戶名：書虫股份有限公司
城邦讀書花園：www.cite.com.tw　購書服務信箱：service@readingclub.com.tw
購書服務專線：02-2500-7718~9（周一至周五上午 09:30-12:00；下午 13:30-17:00）
24 小時傳真專線：02-2500-1990~1
香港發行所　城邦（香港）出版集團／電話：852-2877-8606 ／傳真：852-2578-9337
馬新發行所　城邦（馬新）出版集團／電話：603-9056-3833 ／傳真：603-9057-6622
印 製 廠　中原造像股份有限公司
初　　版　2022 年 1 月
定　　價　新台幣 780 元／港幣 260 元（紙本平裝）
新台幣 480（電子書）
I S B N　978-986-262-523-1（紙本平裝）
978-986-262-522-4（電子書 EPUB）

讀者意見信箱　owl@cph.com.tw
投稿信箱　owl.book@gmail.com
貓頭鷹臉書　facebook.com/owlpublishing

【大量採購，請洽專線】(02) 2500-1919

城邦讀書花園
www.cite.com.tw

國家圖書館出版品預行編目資料

伊凡的戰爭：重回二戰東線戰場，聆聽蘇聯士兵消失的聲音／梅里杜爾（Catherine Merridale）著；梁永安譯 . -- 初版 . -- 臺北市：貓頭鷹出版：英屬蓋曼群島商家庭傳媒股份有限公司城邦分公司發行 , 2022.01
面；　公分 . --（貓頭鷹書房；464）
譯自：Ivan's war : life and death in the Red Army, 1939-1945
ISBN 978-986-262-523-1（平裝）

1. CST：第二次世界大戰　2. CST：戰史
3. CST：軍人　4. CST：俄國

712.84　　110019866